法槌千钧

雷钧 ◎ 著

知识产权出版社
全国百佳图书出版单位
—北京—

图书在版编目（CIP）数据

法槌千钧 / 雷钧著. —北京：知识产权出版社，2022.12
ISBN 978-7-5130-8450-5

Ⅰ. ①法… Ⅱ. ①雷… Ⅲ. ①法院—工作—中国—文集 Ⅳ. ①D926.2-53

中国版本图书馆 CIP 数据核字（2022）第 208492 号

内容提要

本书是作者的"法学论文集"，汇编了作者在法院工作期间写作的文章，也是作者对自己近 40 年法院工作进行的总结，展示了作者的理论研究成果和对司法改革问题的所思所想，以及在审判实践中的经验总结，以期能为从事政法工作的同人提供一些经验参考。本书是以中国特色社会主义法治理论为指导、理论与实践相结合的一部力作，是实践探索的记录、理论思考的升华，是一部厚重之作。全书共有三编 36 篇文稿，内容涉及司法理论、司法改革、审判实务，凝聚着一名老法官厚重的思考和实践的智慧，值得广大法学和法律工作者品鉴。

责任编辑：张水华　　　　　　　　　　　责任校对：谷　洋
封面设计：臧　磊　　　　　　　　　　　责任印制：孙婷婷

法槌千钧

雷　钧　著

出版发行：知识产权出版社 有限责任公司	网　　址：http://www.ipph.cn
社　　址：北京市海淀区气象路 50 号院	邮　　编：100081
责编电话：010-82000860 转 8389	责编邮箱：miss.shuihua@163.com
发行电话：010-82000860 转 8101/8102	发行传真：010-82000893/82005070/82000270
印　　刷：北京九州迅驰传媒文化有限公司	经　　销：新华书店、各大网上书店及相关专业书店
开　　本：720mm×1000mm　1/16	印　　张：20.75
版　　次：2022 年 12 月第 1 版	印　　次：2022 年 12 月第 1 次印刷
字　　数：370 千字	定　　价：79.00 元
ISBN 978-7-5130-8450-5	

出版权专有　侵权必究
如有印装质量问题，本社负责调换。

序

雷钧同志的《法槌千钧》一书是以中国特色社会主义法治理论为指导，理论与实践相结合的一部力作，是实践探索的记录，是理论思考的升华，是一部厚重之作。

二十世纪八十年代，雷钧同志在西北政法大学（原西北政法学院）学习时，我给他们讲过课，他当时给我的印象是勤于思考。他是一名长期深耕于司法审判一线的专家型法官。从军经历磨砺了他雷厉风行的实干作风，勤学善思给予了他勇于创新的干事风格，司法审判铸就了他公平正义的价值追求。从他1982年开始从事司法审判工作的四十年，是他亲身参与并见证我国改革开放以来人民司法事业发展的四十年。实干的作风、创新的智慧，尤其是他对实现司法公正的制度的深邃思考，使得他把每一轮司法改革都当成了不负法官使命、不忘司法初心的探索实践：他率先于基层法院开通了"140"诉讼电话，成立了全国法院第一个"诉讼服务中心"，创建"一线审判模式"，首推以法官为核心的"法官制"审判运行机制改革，提出设立审判监督委员会，破除法院庭室限制，实行人员分类管理和案件质量终身负责制，对我国长期以来带有浓厚行政管理色彩的传统审判机制大胆"动刀手术"，这些改革举措与二十多年后自上而下全面推行的法官员额制改革相互映照，被称为司法改革的"黄陵模式"。雷钧同志也因此荣膺"中国改革优秀人物""全国法治人物"，获评"全国法院审判业务专家"，成为全国司法审判系统学习的榜样。

"夫功之成，非成于成之日，盖必有所由起"，我国的司法改革摸石履冰，百般折返，尤难于起初。雷钧同志秉持了对人民司法事业的挚爱，书写了司法改革"道虽远，行将必至"的实践范本，难能可贵的是，作为司法改革道路上的探路人、先行者，雷钧同志在繁忙的司法审判工作之余，勤于思考，善于总结，撰写了大量的司法实践理论文章，精心选编整合出版，为从事司法审判工作的同志提供参考，也为我国新时代如火如荼的司法改革提供实践借鉴。本书共有三编36篇文稿，内容涉及司法理论、司法改革、审判实务，凝聚着一名老法官厚重的思考和实践的智慧，值得广大法学和法律工作者品鉴。

"罗马城不是一天建成的。"法治国家的建设，本身也是一个道阻且长、不断修正和反复实践的过程。中国能否成为真正的法治国家，取决于这个国家的每一个人。与法学院的学者相比，法官对于法律的理解更为直接、微观和具体，他们是法律的具体操作者和无数鲜活法律故事的书写人，由此他们的思考应当成为我们审视当前司法领域改革的直接素材。他们也许没有法学理论专家思考得宏大深入，但他们以不改的初心和滚烫的热情，以艰苦的实践诠释着对于法治信念的真挚理解和真切期望。法学理论和法治实践的互动互促，应当是国家法治事业不断前进的动力和途径。作为他曾经的老师，我对雷钧同学勤学善思、学以致用的突出成就表示赞佩，他笔耕不辍，著述逾百万字，用数十年的理论思考和实践探索为创建中国"司法学""审判学"等法治学新学科作出了独特的贡献；作为西北政法大学校长，我对于雷钧校友传承"老延大"红色基因，积极践行"严谨、求实、文明、公正"的校训，信仰法治、知行合一的事业成就感到自豪；作为法治工作队伍中的同人，雷钧同志德法兼修、政法兼具，是我们同龄人中的佼佼者，我向他学习、致敬！基于此，雷钧同志的《法槌千钧》一书出版之际，应邀为之作序。唯冀本书面世之时，能够得到法学法律界同人的关注与共鸣，更希望年轻的法学法律工作者从中获得启发和新知。

杨宗科[1]
2022年2月26日于西安明德门

---

[1] 杨宗科，陕西岐山人，教授、法学博士、博士生导师，现任西北政法大学校长。

目 录

第一编 司法审判理论沉思

略论雷经天的司法思想与当代价值	3
马锡五审判方式与当前中国司法工作的发展趋向	12
破解与重构	
——民事诉讼调解担保制度的完善	26
论公司法结构的解释功能与运用	35
试论《行政许可法》在堵塞腐败源头方面的意义	46
浅谈受贿罪证据的收集及认定	50
基本解决执行难问题的思考与探索	55
新时期人民法院参与社会管理创新的维度和限度	
——关于近年延安市法院参与社会管理创新实践的调研报告	63
法治视野下公正司法的现状及对策	
——关于加强公正司法推进法治延安建设的调研报告	71
富县法院："群众说事，法官说法"	
——嵌入式司法服务助推县域社会治理现代化	82
关于赴宝塔区、洛川、甘泉县法院开展学习和实践科学发展观活动的调研报告	94

第二编　司法改革实践探索

黄陵县法院法官制改革的成因及思索
　　——在"黄陵模式"与中国法官制改革研讨会上的发言　　103
黄陵法院法官制改革的背景及特点　　111
"黄陵模式"为司法改革提供了路径选择
　　——黄陵法院法官制改革的价值新考量　　114
基层法院审判运行机制研究
　　——以西部基层法院主审法官制改革为例　　122
审判团队改革的探索与实践
　　——以延安两级法院审判团队改革为样本　　131
基层法院内设机构设置的检视与重构　　143
专业法官会议机制的运行模式与职能定位研究
　　——以审判权运行机制改革为背景　　155
司法改革语境下法官养成机制的构建
　　——以预审法官的选任和培养为视角　　166
关于建立司法委员会的制度构想　　175
关于新时期建立健全巡回审判工作机制的调研　　180
司法群众路线的创新与发展
　　——延安法院推行"一线审判模式"调查　　190
健全人民法庭工作机制　回应群众多元司法需求充分发挥人民法庭在
　　法院工作中的基础作用
　　——关于延安法院加强人民法庭建设的调研报告　　204
更新观念　探索人民法庭的科学管理方式　　214

第三编　审判实务调查研究

关于苹果产业营销纠纷的调研报告
　　——对延安法院近三年苹果产业营销纠纷审判实践的思考　　221

目录

关于民事审判质效评估数据体系分析的调研报告
　　——以2014年延安市中级人民法院民事审判工作为例　　229

民营经济发展法治环境存在的问题及对策研究
　　——关于延安市民营企业涉诉案件的调研　　240

排查化解涉众纠纷　切实推动平安建设
　　——陕西延安中级人民法院关于涉众型经济案件的调研报告　　249

法院贯彻调解优先原则情况的调研报告　　254

深化依法治国实践视角下的法院行政审判工作
　　——关于全市法院行政审判工作的调研　　264

罚金刑执行难及对策研究
　　——关于延安两级法院罚金刑适用及执行情况的调研　　275

延安市中级人民法院关于开展扫黑除恶专项斗争工作的调研报告　　285

法治信访建设的实践探索及推进路径
　　——以延安两级法院涉诉信访工作为视角　　294

"刑事和解"制度发轫于陕甘宁边区对建立和完善我国当代刑事和解
　　制度仍有意义　　303

城乡统筹背景下法院工作的新思考　　311

从解决执行难的角度解读拒不执行判决、裁定罪
　　——以延安市两级法院拒不执行判决罪为实例　　317

后记　　323

第一编
司法审判理论沉思

略论雷经天的司法思想与当代价值*

雷经天，广西南宁人，出生于1904年，受其父进步思想影响，在中学时期即参加学生运动。1925年加入中国共产党，参加过"五卅"反帝运动、北伐战争、南昌起义、广州起义、百色起义、苏维埃运动、土地革命战争、长征、抗日战争、解放战争和司法改革运动等。1935年10月，经过长征来到陕北。1937—1945年，在陕甘宁边区高等法院先后担任庭长、院长，是边区高等法院院长任职时间最长的一位。当今，学术界对雷经天的研究、著述主要集中在其革命生涯及贡献方面，而研究其司法思想的比较少。雷经天作为中国共产党法治事业的开创者之一，其司法思想在历史上发挥了重要作用，为新中国人民司法制度的建设和发展奠定了基础，故本文拟对雷经天司法思想的内容、成因、历史意义及当代价值作一定的分析、研究。

一、雷经天司法思想的主要内容

雷经天司法思想主要体现在其会议讲话、报告及司法实践中，主要内容有：法律平等的思想、便利人民诉讼和注重实效的司法思想、关于使用司法干部的思想、重视证据及预防犯罪的思想及关于狱政的思想。

（一）法律平等的思想

雷经天在1940年的边区司法工作报告中提出："新民主主义的法律的特点，第一，表现在这个法律真正平等的

---

* 本文写于2016年9月。

精神。这里的平等与资产阶级的'平等'是迥乎不同的……边区执行的法律因为是新民主主义的法律，所以这个法律不但保护无产阶级和资产阶级，也保护一切抗日阶级抗日人民的利益的，只有这样，才能获得真正的平等。"❶

其实，雷经天关于法律平等的思想在1937年审理黄克功枪杀刘茜案时就有所体现。1937年10月5日，发生了轰动全国甚至引起世界瞩目的革命功勋军人黄克功因爱生恨枪杀女学生刘茜的杀人案。此案发生在陕甘宁边区高等法院刚刚成立3个月，各项法制还未完善的特殊时期，因有革命军人立过重大战功可以将功抵过的惯例，黄克功借此向毛主席写信："念我十年艰苦奋斗，一贯忠于党的路线，恕我犯罪一时，留我一条生命，以便将来为党尽最后一点忠。实党之幸，亦功之最后希望也。"❷ 雷经天在深入调查取证，证实黄克功确系枪杀刘茜的凶手后亦致信给毛泽东："共产党员有犯法者，从严治罪。为什么要这样做呢？因为共产党员都是无产阶级优秀的战士，共产党应有铁的纪律，正因如此，我们才能够号召更多的人民参加这伟大的抗日斗争，使这些纲领能够迅速、普遍、更加彻底地实现，我们共产党员，每一个布尔什维克都应该是实现这一纲领的先锋和模范，由于如此，共产党员犯法者应从重治罪，所以必须对黄克功处以极刑。"❸ 该主张得到了毛泽东的认可，最终黄克功被判处极刑。雷经天法律平等、废除特权的思想，为树立边区法治权威，在边区群众及军队中树立正确的法治观念、运用法治思维正确处理矛盾纠纷，起到了积极作用，也为促进抗日民族统一战线的形成，反击国民党反动派丑化共产党的形象产生了重要影响。

（二）便利人民诉讼和注重实效的司法思想

便利人民诉讼和注重实效的司法思想是雷经天司法思想最具特色的内容和重要组成部分。（1）关于便利人民诉讼。雷经天认为，边区新民主主义的政权是人民的政权，最高权力属于人民，司法也应当为人民服务、以便利人民为原则，故应实行简化的诉讼程序，如不限制诉讼主体、不限制诉状形式、接受口头起诉、不收取诉讼费等，同时，实行公审及巡回审判制度。（2）关于注重实效。雷经天认为，法院不必"故意摆设庄严的法堂，使犯人恐惧"，边区审问案件主要以弄清事实，解决问题为主。特别是民事案件，主张以"调解为主，审判为主"，注重真正化解矛盾纠纷，而非形式上的追求结案，"沿袭旧的观念，只知作形式上的判决，不注意实际效果，认为案件既经判决，即为完事，至于当事人双方实际争执问题，是否合理得到解决，则不计

---

❶ 雷经天著，《向前集》，广西人民出版社，2009年。
❷ 出自《黄克功案档案卷宗》全宗15－543。
❸ 同❶。

及，遭有不服，介绍上诉，做出一纸判决，算为责任已尽，其实纠纷问题仍然存在，诉讼案件未能减少。办案机关与诉讼人民均无利益"。1943年，雷经天在关于边区司法工作的发言中，提出在区乡司法工作中，应该派忠实可靠的人去调解，密切联系群众，建立起制度，为群众解决问题。雷经天在实践中积极推行调解制度，在自身处理案件中切实注重案件实效，让双方当事人充分发表意见，他动之以情，晓之以理，以事说法，以法说事，使双方冷静理性面对，这样既解决了问题，又得到了边区人民的广泛认可。

（三）关于使用司法干部的思想

雷经天对于使用司法干部有着深刻的见解：（1）政治过硬，密切联系群众。雷经天认为，司法干部最重要的是："关于干部，我以为经过土地革命斗争锻炼出来的工农干部，虽然他们的文化程度较低，不懂旧的法律条文，但他们的政治立场坚定，与群众发生密切的联系，能够负责地为群众解决问题，给予教育训练，就是边区司法干部的骨干。"❶ 在实践中，雷经天任用和提拔的几乎都是工农干部，占据边区司法干部的绝大多数。而对于外来的、有一定法学功底的知识分子，雷经天的态度是："我们也一样的可以使用，但没有经过长期的考验，政治面目还不清楚以前，我们是不敢付以重大责任的。"在具体任用司法干部中，雷经天任用作审判的知识分子仅有任扶中一人。（2）提出作为司法干部的标准：大公无私、严正、廉洁、敏感、果敢、毅力、细心、谨慎。（3）重视司法干部的培训。雷经天任用的司法干部大多是出生于革命斗争的工农分子，文化程度不高，几乎未接受过法律教育和实践。但司法工作的特殊性要求司法工作者必须掌握一定程度的法律知识才能应对工作的实际需要，雷经天也认识到了这一问题，故主张"工农分子要知识化""在法律知识上是要努力提高的"，具体的做法是：利用司法干部开会时增加短期培训、举办训练班、出训练题目等。

（四）重视证据及预防犯罪的思想

雷经天认为，对于刑事案件的被告人，应完全取消刑讯逼供，取消肉刑。在定罪时，应该重视证据，需获得切实能认定犯罪的证据。而关于犯人的口供，如果是通过正当手段得来，则可采信；如果是通过刑讯逼供得来，则不可采信。如1943年3月6日，雷经天在陕甘宁边区党政联席会议上的报告中提出："还有些打人杀人的凶犯，乡政府也可捉他，但要细心，要证据"，"各机关、民众团体，是否可以随便捉人，处罚人，这个也要郑（慎）重，有证据、事实方可捉。""各区乡长、群众团体，各机关就是说：没有司法职权的，

---

❶ 雷经天著，《向前集》，广西人民出版社，2009年。

捉了人……送上级处理，切不可用刑迫供，为了证明自己没错。"

雷经天还重视犯罪的预防。在陕甘宁边区党政联席会议上的报告中，雷经天提出要重视犯罪的预防，认为作为与群众联系最为密切的乡政府组织更应该重视犯罪的预防工作。对于群众中出现的矛盾纠纷，应通过调解手段及时化解，防止这些矛盾纠纷上升为犯罪。他举例说："过去安塞，有过这样的事：一媳妇和她父亲经常吵架，因乡政府开头不管而后酿成流血的大事，一般乡政府只知捉人、罚钱，不注意小事，我们乡政府应注意这些小事。"

（五）关于新型狱政的思想

雷经天关于新型狱政的思想具体而实际：（1）尊重犯人人格。严禁对犯人进行打骂，边区犯人除失去自由外，与边区法院工作人员待遇相同，经批准可接见亲朋，与外界通信。（2）对监狱犯人以教育改造为主，具体方式为在集中劳动和学习中进行改造。雷经天认为，除非犯人对社会危害极大，无改造的可能性，否则都应该给其改过自新、重新回归社会的机会。他认为对犯人监禁的目的不是对其惩罚，而是对其进行教育改造，让其早日回归社会，有为社会作贡献的机会。通过组织犯人进行劳动和政治思想学习，让犯人受到教育，认识到自己的错误，为犯人刑满释放后融入社会打下良好基础。（3）重视犯人的卫生和健康。重视犯人的居住环境及个人卫生，定期安排边区医院为犯人进行健康检查。（4）为鼓励犯人切实改过自新，规定了减刑释放制度。对于犯人中表现好、切实改过自新的可以减刑、提前释放。（5）对刑满释放的犯人，愿意的可安排工作。

二、雷经天司法思想的成因

雷经天的司法思想主要形成于其在陕甘宁边区高等法院工作期间，成因主要有：历史环境因素、苏维埃政权时期的司法传统、马列主义的法律学说及毛泽东的新民主主义思想影响、雷经天个人因素。

（一）历史环境因素

雷经天的司法思想形成时期，正处于抗日战争时期，而此时期的陕甘宁边区作为对敌作战总后方，社会环境相对稳定，但总体还处于战争状态，人民生活艰苦，陕甘宁边区政权的主要任务：一是发动群众为抗战服务，自然应群众需求而提供平等、高效的司法服务，特别是对法律的平等保护，重证据，便利注重实效的诉讼等；二是巩固政权，故对司法人员的任用标准中，首要的便是政治立场坚定；三是为了保存抗战力量，客观上要求对犯人实行宽大的政策。

（二）深受苏维埃政权时期的司法传统、马列主义的法律学说及毛泽东的新民主主义思想影响

雷经天在边区高等法院工作时期，正是边区从苏维埃政权向抗日民主政权转变的时期，因此其司法思想受苏维埃政权时期的司法传统影响颇深。苏维埃政权的司法思想主要有：（1）苏维埃的司法机关是镇压民族反革命，保障人民民主利益，巩固抗日根据地的政权。（2）司法人员的选任。苏维埃政权从有选举权的革命群众中而非专业的知识阶级中提拔司法人员。（3）便利群众及群众参与的思想。苏维埃时期实行公审及巡回法庭制度，吸收群众旁听，在案件与群众团体或地方机关有关时从中选取陪审员参加审判。（4）尊重犯人。苏维埃时期实行尊重犯人，禁止肉刑，重证据不重口供，不拿犯人东西，改善犯人待遇的政策。

马列主义的法律学说认为法律是阶级统治的工具，代表统治阶级的意志。毛泽东的新民主主义理论是对中国革命和实践的概括、总结，是马克思列宁主义同中国实际相结合的产物。延安整风运动的目的是通过整风运动使人们更加深刻地理解马列主义，并重视将马列主义同中国的实践相结合，雷经天作为老党员老革命，通过整风运动及在中央党校的学习，受到了马列主义、毛泽东新民主主义思想的洗礼，并将其融入了自身司法思想及实践中。

（三）个人因素

雷经天进入边区高等法院工作前曾参加和领导过学生运动、"五卅"反帝运动、北伐战争、南昌起义、广州起义、百色起义、苏维埃运动、土地革命战争、长征等革命活动，是一位斗争经验丰富、政治立场坚定、忠于党、忠于人民的革命家，因此其司法思想里体现了为维护党及政权稳定、保存革命力量而有的法律平等思想、便利人民诉讼的思想、以劳动改造和学习相结合的改造犯人思想。因为有相同的革命斗争经历，在任用司法干部上注重于任用工农分子。此外，雷经天在大学期间接受的是理科教育，并未系统学习过法律知识，故其司法思想主要来源于边区高等法院的司法实践，在司法干部任用上，因接受的法律思想差异较大，导致其对系统接受过法律学习的知识分子不够重视。

三、雷经天司法思想的历史意义

（一）为维护边区政权、社会秩序稳定及经济发展发挥重要作用

雷经天重视证据及犯罪的预防，在案件的审理中注重实际矛盾纠纷的解决和平等保护抗日群众的利益，在民事纠纷的处理中重视简化程序、调解解决矛盾纠纷及公审对群众的法治教育意义等司法思想和实践符合当时边区实

际的做法，亦取得了良好的社会效果，切实巩固了边区政权、维护了社会稳定并为保障边区经济的发展发挥了重要作用。

（二）为壮大抗日力量作出一定贡献

雷经天司法思想的形成时期处于特殊的抗日战争时期，主要矛盾是帝国主义同中华民族的矛盾，因此需要团结一切抗日力量抗击日本帝国主义的侵略，为适应这一需求，边区实行了建立抗日民族统一战线的政策，旨在团结一切力量抗日。雷经天在司法实践中尊重犯人人格，除非对社会危害极大、无改造可能性的犯人外一律实行宽大的政策，通过实行集中劳动和学习对犯人进行改造，注重犯人健康及为刑满释放人员寻找工作机会等方式，切实使相当一部分犯人真心悔过并转变为抗日力量，这为壮大抗日力量作出了一定的贡献。

（三）为中国司法制度的建立奠定基础

雷经天在边区推广的便民司法，简化诉讼程序，注重对矛盾纠纷的实际化解，推行民事调解制度和公审制度，尽管其理论稍显粗糙，但对后来的马锡五审判方式和中国的司法制度产生了一定影响。比如，在当今中国的审判实务中，仍然重视民事调解制度的运用，把案结事了，即矛盾纠纷的实际化解作为评价案件质量高低的重要标准；将调解作为审理离婚案件的必经程序；近年推行并逐步完善的案件繁简分流机制也是简化诉讼程序、便民司法的典型。

四、雷经天司法思想的当代价值

雷经天司法思想是陕甘宁边区特殊历史时期的产物，其中很多思想现在看来是有局限性的，但是其关于法律平等、便利人民的诉讼、注重实效、重视司法干部的培训等思想对当代司法仍具有重要意义。

（一）坚持严格公正司法

党的十九大报告指出，"中国特色社会主义进入新时代，我国社会主要矛盾已经转化为人民日益增长的美好生活需要和不平衡不充分的发展之间的矛盾"。十九大后，习近平总书记对政法工作作出重要指示，强调要"坚持以人民为中心的发展思想，增强工作预见性、主动性，严格公正司法，努力创造公正的法治环境，增强人民群众的获得感、幸福感、安全感"。而严格公正司法是雷经天的法律平等思想的题中之意，当代中国已经进入中国特色社会主义新时代，人民群众的物质生活需求基本得到满足，对精神需求的追求不断提升，体现在司法领域，表现为对公正司法、社会公平正义的要求比以往更加强烈。如果在司法领域不能严格公正司法，必然会影响社会的和谐、稳定，影响中国特色社会主义法治建设，影响社会主义经济的发展及各项事业的推进。因此，坚持严格司法，实现法律的平等精神，在当代中国大有必要，甚至比边区时期更具现实需求。要在司法中做到严格公正司法，必须做到以下几点：

1. 坚持党的领导

十九大报告指出，"坚持党对一切工作的领导"，"必须把党的领导贯彻落实到全面依法治国全过程和各方面"。坚持党的领导是实现严格公正司法的核心，是实现中国特色社会主义法治中国的根本保障，是被历史证明了的正确的选择。第一，只有坚持党的领导才能把握正确的政治方向，实现公正司法。司法工作是一项特殊的工作，与公民的权利、义务、生命和财产息息相关，与人民群众的切身利益，与社会的长治久安、和谐稳定，与社会公平正义的实现密不可分。只有坚持党的领导，才能确保司法不偏离正确的方向，才能保证公正司法和人民群众的利益得到维护和实现。第二，党的领导是公正司法的组织保障。"中国共产党是唯一的执政党，党的领导具有协调各方职能、统筹各方资源、建设政法队伍、督促依法办事、创造执法环境的号召力和行动力。"

2. 加强对司法人员的选任和培训

"徒法不足以自行"，一部良法是保证实现社会公平正义的前提，但仅有良法而没有合格的司法人员，社会的公平正义必然无法真正实现。而当今中国，社会经济发展不平衡，司法人员的素质参差不齐，部分司法人员因缺乏系统的法学教育和自身综合能力的不足导致在具体司法实践中司法不公的现象时有发生。因此，对于新进司法人员，必须严格选任程序和选任条件，选取具有职业良知和专业素养过硬的人担任。而对于现任司法人员，必须加强培训和考核，使其具有符合自身职业需求的素养，能在具体的司法中真正做到严格公正司法，担负起实现社会公平正义的重任。

3. 净化法治环境，培育公民法治信仰

良好的法治环境，才能促进司法人员对公正司法的信仰，使得严格公正司法得以实现。为此，习近平总书记提出领导干部要"始终对宪法法律有敬畏之心，牢固确立法律红线不能碰触、法律底线不能逾越的观念，不要去行使依法不应该由自己行使的权力，更不能以言代法、以权压法、徇私枉法"。而中国典型的熟人社会的客观社会交往形态，影响了部分群众和干部在司法活动中的思维模式和行为模式，领导"打招呼"，违规干预司法的现象时有发生，这使司法人员不得不权衡各种利弊，有时甚至会以牺牲司法公正为代价。

良好的法治环境、公民内心对法治的信仰能够对公正司法起到促进作用。公民法治的信仰养成，必然促进其对法治的关注和监督力度加强，从而使司法人员对自身的司法工作作出更严格的要求，倒逼严格公正司法的实现。

4. 推行"阳光司法"，加大司法公开力度

权力必须在阳光下运行，才能得到充分的监督，得到正确的行使。司法权作为一项与群众利益密切相关的权力，更应该在阳光下运行，受到充分监督，保障司法公正的实现。在司法实践中，应切实加大司法公开的力度，充分利用传统和新型的公开平台，实现审执信息依法全方位、无死角的公开，促使司法公开向纵深推进，使司法接受社会各界及新闻传媒的充分监督。但是，司法公开的程序和方式必须要符合法律的规定，防止超越法律的"监督"，防止监督滥用导致变相的司法不公正。

（二）坚持司法为民

党的十九大报告提出"坚持以人民为中心"，十九届三中全会强调"全面贯彻党的十九大精神，坚持以人民为中心"，而雷经天司法思想中很重要的一点就是便利人民诉讼和重实效，换言之，就是坚持司法为民的思想。

1. 以"司法为民"为出发点，建立便民司法机制

首先，应建立便利人民诉讼的制度，具体为：切实落实立案登记制度，解决人民群众立案难的问题；建立简便的旁听制度并加大宣传力度，使群众能便利地参加庭审和旁听；告知群众查阅相关案卷、裁判文书的权利及方式等。其次，重视调解在司法中的应用。调解能真正地化解矛盾纠纷，达到最佳法律和社会效果；同时，也有利于群众增长法律知识，培育法治信仰，预防违法犯罪。在具体的司法实践中，调解应重视个案的特殊性，根据案件的"个性"来选择不同的调解方式，注重司法调解与多元纠纷化解机制的衔接，坚持自愿平等的原则，尊重案件当事人的个人权利，确保真正做到司法为民，从根源上化解矛盾纠纷。

2. 实现"司法为民"，必须兼顾"公正与效率"

司法为民必须兼顾司法公正与效率。实体公正、程序公正都属于司法公正的范畴，实体公正是目的，程序公正是实现实体公正的方式，只有制定规范严格的程序并自觉遵守，才能保证实体公正的实现。司法公正是实现司法为民的内在要求，是一种实质要求，司法再高效，不能做到司法公正也不能说做到了司法为民。但"迟来的正义非不正义"，如果只重视司法公正，而忽略司法效率，这种公正就会大打折扣。因此，要实现"司法为民"，必须兼顾"公正与效率"。雷经天的司法思想在陕甘宁边区时期发挥过重大作用，为边区政权建设、社会稳定、经济的发展，为新中国司法制度建立奠定了坚实的基础。如今，我国虽然进入中国特色社会主义新时代，司法制度、环境等均发生了巨大的变化，但雷经天的司法思想中平等、为民等内核仍可满足人民

群众对司法的需求，亦符合新时代社会主义司法的本质与追求，故依然具有重要的现实意义。

参考文献：

［1］上海社会科学院院史办公室．重拾历史的记忆：走进雷经天［M］．上海：上海社会科学院出版社，2008：56，176．

［2］《雷经天传》编写组．雷经天传［M］．北京：中央文献出版社，2011：122．

［3］雷经天．向前集［M］．南宁：广西人民出版社，2009：237，251－252，272，275－276．

［4］雷经天．关于改造司法工作的意见，1943年12月18日，陕西省档案馆档案，全宗号15．

［5］艾绍润．陕甘宁边区审判史［M］．西安：陕西人民出版社，2007：8，11．

［6］刘全娥．雷经天新民主主义司法思想论［J］．法学研究，2011（3）：195．

［7］习近平．决胜全面建成小康社会夺取新时代中国特色社会主义伟大胜利：在中国共产党第十九次全国代表大会上的报告［N］．人民日报，2017－10－18（2）．

［8］习近平对政法工作作出重要指示［EB/OL］．［2018－01－22］．http：//www.XinHuanet.com/politics/2018－01/22/c1122296147.htm．

［9］随从容．论习近平的"严格执法、公正司法"思想［J］．东岳论丛，2016（2）：168－169．

马锡五审判方式与当前中国司法工作的发展趋向[*]

一、马锡五审判方式的成功经验

马锡五审判方式可以简明地概括为：深入实地，调查研究，总结经验，改进作风，依靠群众，获取证据，坚持原则，坚持民主，宜调则调，宜判则判，调解与审判相结合，程序简便，服务人民。马锡五审判方式充分体现了党的实事求是、群众路线、为人民服务的思想。

马锡五同志的审判方式之所以能够得到党中央的重视和支持，在边区大力推广运用，深受广大人民群众的欢迎，并对新中国的现当代司法制度产生深远的影响，有以下四条成功经验值得我们借鉴、参考、学习。

（一）坚持党的领导，宣传党的政策

马锡五同志出身于贫苦的农民家庭，多年艰苦的农村生活，和贫苦农民吃在一起、住在一起，使其深深地懂得农民生活的艰辛和不易，增加了对国民党反动派、地主阶级等一切剥削压迫人民的统治者的憎恨和反抗。马锡五同志参加革命后，在长期的工作实践中，看到我们的党正是以先进的理论作指导，领导人民翻身解放，处处为人民着想，处处为人民办事的党，首先在感情上取得了认同，在思想上有了深刻的理解和认识，在革命熔炉的熏陶下，养成了他坚持党的领导，坚决服从并执行党和政府政策法令

---

[*] 本文写于 2017 年 7 月。

的党性原则和优良品质。马锡五同志在审判工作实践中，还特别注重宣传党的政策。一是宣传党的民主政策。党中央进驻陕北，成立了陕甘宁边区政府后，制定了《陕甘宁边区施政纲领》，积极推行和大力实施抗日民主统一战线政策，尤其是实行人民当家做主的民主政治。于是马锡五同志在审理案件中实行公开审理的原则，他审理的大量案件，无一不是公开审理的，邀请群众旁听案件，征求群众对案件的处理意见，彻底改变了旧社会"衙门口朝南开，有理无钱莫进来"的剥削本质和腐朽作风，使人民真正感到人人平等、当家做主人的民主政治气氛，体现了司法工作的民主性，深受群众欢迎，产生了特殊的政治效果，成为陕甘宁边区执行人民当家做主政治的象征和典型。二是宣传党的调解及其他具体工作的政策。马锡五同志根据毛泽东主席关于正确处理人民内部矛盾的理论政策，在民事审判工作中提出了"调查研究，调解为主，就地解决"基本方针，实行审判与调解相结合的原则，在调解工作中又总结出许多行之有效的方法和经验，妥善化解了大量矛盾纠纷，为维护边区社会政治稳定、经济发展、抗日民族统一战线的形成作出了积极的贡献。如他在处理杨兆云缠诉案件时就是根据1943年整风运动中毛主席关于做好财政经济问题和指示精神，首先从区乡干部是否严格执行政策法令的角度，抓住了解决本案的症结，既纠正了区乡干部的错误，又宣传了党中央关于做好此项工作的政策方针，改变了他们的思想作风。

（二）坚持群众路线，发挥核心作用

马锡五同志审理的案件之所以能够做到"赢的输的都会自愿服从"，其宝贵经验只有一条，即"办案要走群众路线"。马锡五能认真贯彻执行党中央关于走群众路线的方针政策。一是在思想上走群众路线。他能改变过去"坐堂问案"式的审判方式，走出法庭，没有架子，自觉地从思想上、感情上融入到广大人民群众当中，成为群众中的普通一员，同时，又是党的干部，代表党的形象，这一双重身份使其能够想群众之所想，急群众之所急，为民解忧。二是在审判方法上走群众路线。他在处理农村民事纠纷案件时，为了查明案件事实，深入案发地调查研究，通过向知情群众询问、走访、座谈等方式征求群众处理意见，并作为获取证据、掌握案件事实、科学公正断案的主要手段。三是审判方式上走群众路线。他实行审判与调解相结合的方式，不仅使当事人在群众这面镜子面前不得不服从公断，而且通过顺乎人情法理的调解结案，可以取得群众的同情和拥护。这种审判方式，可以调动一切积极因素，为争取抗日战争的胜利发挥了巨大的作用，而且在我国当代司法审判中仍然是不可或缺的重要方法。马锡五同志认为，群众路线是党的根本政治路线和组织路线，也是党的一切工作的基本方法，因为"人民群众是真正伟大的，群众的创造力是无穷无尽的，我们只有依靠人民群众，才是不可战胜的"。所以，当审判工作依靠与联系人民群众来进行时，也就得到了无穷无尽的力量，无论如何错综复杂的案件或纠纷，也会易于弄清案情和解决。马锡五同志在工作中能够积极发挥党员干部在群众中的模范带头核心示范作用，为在边区普及法律知识、改善干群关系、提高党在边区群众中的威信作出了积极的贡献。陕甘宁边区成立初期，一方面，边区的法律法规很不健全，判案曾引用国民党《六法全书》中的进步条款，审判制度处于形成阶段，审判方式多采用封建的坐堂纠问式的方法；另一方面边区广大群众，尤其是贫雇农（约占农村人口的70%），文化水平相当低，多数是文盲，根本没有法律意识，更没有举证意识，故坐堂问案审结的案件出现了好多问题，群众多为不满，被人们批评为主观主义的审判方式。这种主观主义的方法，不仅在司法工作中存在，而且在其他各项工作中均表现比较突出。所以，毛泽东主席在1943年6月1日发表了《关于领导方法的若干问题》，其中讲到，"许多地方和许多机关工作推不动的一个基本原因，就是缺乏这样一个团结一致、联系群众的经常健全的领导骨干。这种领导骨干的标准应该是对党和人民事业无限忠心，联系群众，有独立工作能力，遵守纪律，无论是执行战争、生产、教育（包括整风）等中心任务，或是执行检查工作、审查干部和其他工作，除采取一般号召和个别指导相结合的方法外，都须采取领导骨干和广大群众相结合的方法"。马锡五同志受党的多年教育培养，就是具有这样标准的领导骨干，在工作中，他（始终牢记）把自己看成是劳动人民群众中的普通一员，但他始终牢记自己是党的代表，明确自己的使命和任务，在繁忙的工作中积极发挥党员的模范带头和核心示范作用，坚决贯彻执行党的方针政策、坚持群众路线，实行巡回、就地审判，通过对具体案件的处理，进行政策法律宣传，教育群众，以减少纠纷，增强群众团结，促进生产；能以身作则，和群众一道参加劳动生产，树立了党的干部的优良作风和高大形象；能有计划地选择带有普遍性并有发展趋势的案件、比较复杂案件或当事人思想阻力较大的案件就地审判、邀请群众参与，有效地提高了群众的法律认识和守法精神；同时，还注意教育区乡干部转变作风、提高素质、调解民间纠纷。他在处理民间纠纷时，多让区乡干部及随行的干部去处理，给他们指出处理的原则方式。

（三）坚持司法为民，化解矛盾纠纷

一切便于人民诉讼，是马锡五审判方式"亲民、爱民、为民"思想的一项重要内容。马锡五同志在坚持司法为民方面注重做到以下几点：一是执行边区高等法院司法为民的政策。陕甘宁边区各级司法机关诉讼手续完全是以便利人民诉讼为原则，甚为简便。无论一审或二审机关，受理人民群众的民刑诉讼，口头申请或出面起诉都有同等效力。当事人要求法院代书呈状或口诉者，即无条件代为缮写，当时各级司法机关免收一切诉讼费；在审级设置上，也是从便利群众诉讼出发，采取实事求是、为人民服务的两级两审制；在审判监督方面，实行再审与复核制度等。对于这些政策和制度，马锡五同志都是坚定不移地、有创造性地贯彻执行。二是主动为边区人民群众服务。马锡五同志每年都要主动走出法庭，携卷下乡，深入人民群众当中，一边帮助群众生产，一边为群众排忧解难，运用依靠群众、调查研究、分清是非、依法裁判、审判与调解相结合的方法手段，为群众化解矛盾纠纷，促进革命生产。三是不拘形式为民服务。马锡五同志审理案件，不拘形式，不分时间地点，只要群众有了矛盾纠纷，找他诉讼，他都躬谨接待，有冤可以诉，有屈可以伸。他实行巡回办案、就地审判的方式，深受群众欢迎。如他审理的著名的"乌鸦告状"苏氏兄弟三人冤案就是他在农场田间劳动中听了被告申诉后查清案件真相的。

（四）坚持实事求是，符合时代特征

马锡五审判方式之所以得到广泛推广应用，受到党中央、边区政府和广大群众的称赞和一致好评，与以下四方面的因素是分不开的。一是与边区政权及法制建设分不开。马锡五审判方式的产生，不是偶然的，有其深刻的政治根源和思想基础，它的产生是人民司法制度之发展完善的必然结果。陕甘宁边区高等法院等人民政权组织的相继建立，是马锡五审判方式产生的政治基础；在1937—1944年长达7年多的时间中，边区政府、边区参议会及边区高等法院制定了《陕甘宁边区施政纲领》《组织法》《诉讼法》《调解法》《监所法》及审判制度、诉讼制度等大量的大政方针、法律法规及司法制度，为马锡五审判方式的产生奠定了良好的法律基础。二是与所处的时代背景分不开。陕甘宁边区政府、参议会等政权机关成立后，党中央在边区大力推行人民当家做主、人人平等的民主政治，制定了深入实际、调查研究、相信群众、依靠群众的党的群众路线方针政策。同时，陕甘宁边区的人民群众刚刚得到解放，翻身当家做了主人，摆脱了国民党反动派等封建专制主义的剥削压迫，生产力得到解放，经济得到进一步发展，民事纠纷等案件大量增多，由于对法律政策不太懂，所以，亟须能熟悉党和政府的政策法令，在思想上、感情上能贴近群众、关心群众，主持公道主义、能为老百姓说话及排忧解难的司法干部为他们妥善化解矛盾纠纷，这就是马锡五同志所处的党的政策、群众基础的时代背景。三是与他实事求是的精神分不开。马锡五同志在深刻领会、准确理解党的路线方针政策的基础上，坚持实事求是的原则，深入农村进行了大量的调查研究，摸清了陕甘宁边区人民群众的思想动态、迫切需要的实际情况及所处的时代背景,理论联系实际,在长期的司法工作实践中,摸索出一套适应陕甘宁边区需要的、化解矛盾纠纷行之有效的审判方式,即后来著名的"马锡五审判方式"。四是与党中央、边区政府的重视、支持、宣传分不开。马锡五同志的司法工作受到边区群众的热烈欢迎,成效显著。后来,在边区政府召开的专员、县长联席会议上,毛泽东主席曾专门接见了马锡五同志,听取他的汇报,并赞扬他善于从实际出发,正确执行了党的政策,为他题词"一刻也离不开群众"。1943年,马锡五受到边区参议会参议长谢觉哉的接见、表扬。1944年1月6日,林伯渠在《边区政府一年工作总结报告》中指出"提倡马锡五审判方式,以便教育群众";同年3月12日,《解放日报》以"马锡五审判方式"为题,发表了评论。1944年6月,由李维汉执笔,经毛泽东、周恩来审阅后,发给中外记者的一个介绍材料即《陕甘宁边区建设简述》中曾讲到,"提倡审判与调解、法庭与群众相结合的审判方式,即马锡五方式"。1945年6月29日,王子宜院长在《边区推事审判员联席会议总结》报告中对马锡五审判方式的特点又进行了概括总结。总之,在党中央、边区政府、参议会、新闻报纸的重视、支持、宣传下,马锡五审判方式在边区得到了广泛的推广应用,镇压了大量的反革命分子及敌人,化解调处了大量的民间纠纷,为维护边区的政治稳定、经济发展作出了积极的贡献。

二、马锡五审判方式对当前中国司法工作的启示

马锡五审判方式虽然产生于20世纪40年代初期,距今已有70多年的历史了,对新中国的司法制度建立、审判方式的改革曾经作出过巨大的历史贡献,但是,直到现在,它仍然没有过时,它坚持党的领导、走群众路线、审判与调解相结合、为人民服务的精神,依然影响着当代中国司法工作的发展趋向。

(一)准确理解当前中国所处的时代背景和发展方向

一是在党的指导思想上强调要不断开辟马克思主义发展的新境界,即要用有中国特色的社会主义理论体系指导我们的各项工作。党十六大以来我们党特别强调了创新。创新包括很多方面,首先是理论的创新、观念的更新。我们要不断开拓马克思主义理论发展的新境界,包括大胆地吸收和借鉴人类文明的一切精华,包括中国古代文明、世界文明和中华民族五千年以来形成的现代文明。反对把马克思主义同人类的其他文明成果对立起来的自我孤立化的倾向。只有用发展着的马克思主义,才能够科学解释并正确指导新的实践。为什么马克思主义必须发展呢?主要因为马克思和恩格斯毕竟生活在一百多年以前,而现在的世界和中国发生了翻天覆地的变化,所以对于马克思主义原有的理论绝不能简单固守，必须不断发展它。当代中国的发展中的最新的马克思主义就是有中国特色的社会主义理论体系，它的灵魂就是解放思想、实事求是、求真务实，它的根本任务就是实现人民的共同富裕，全面提高人民群众的综合素质，走有中国特色的社会主义道路。

二是我们全党的工作重心发生了转移。我们对社会主义的认识发生了重大转变，全党的工作重心也发生了转移。以 2002 年为标志，它的主要内容从以经济建设为中心转移到以经济、政治、文化、社会全面的建设特别是到以人为本、和谐社会的目的为中心。在社会主义目的层面上，社会主义本质的论断把它规定为"实现人民的共同富裕"，这是很重要的。但是，在经济发展的低级阶段上，人们确实主要追求温饱和富裕，而在温饱问题以至富裕问题解决以后，人们必然追求超出物质生活的更多、更高的东西。拿我国现阶段来讲，社会发展问题、政治发展问题、人的发展问题都更加突出了，可见，在经济发展的较高阶段上，光讲共同富裕就不够了。"三个代表"重要思想强调，实现人民的富裕幸福是我们建设社会主义的根本目的，促进人的全面发展是马克思主义关于建设社会主义新社会的本质要求。科学发展观进一步强调要以人为本，全面、协调、可持续发展，社会和谐是中国特色社会主义的本质属性。这些论述已经涵盖并且丰富和发展了邓小平关于社会主义本质的论断，体现了我们对社会主义本质的认识，从经济到全面特别是到以人为本的深化。

三是党的历史定位和执政条件发生了转变。党中央对我们党的历史方位进行了长期和深入的研究，得出一个重要判断，这就是十六大报告所说的"两个转变"——从革命党转变到执政党，从计划经济条件下执政转变到市场经济条件下执政。"两个转变"论高度概括了我们党 90 多年奋斗的主要成果，集中反映了我们党现在面临的主要考验，它强调的中心思想是执政。这突出表明了我们执政党意识的新觉醒。"两个转变"论是对我们党情的基本判断，是我们加强和改进党的建设的基本根据，开拓了我们党的建设的新视野。在此基础上，我们党提出了以改革创新精神全面加强党的建设的新思路，进而在执政理念、执政基础、执政方略、执政能力、执政方式、执政体制等许多重大问题上提出了新观点，也提供了研究其他国家政党建设的新视角，这标志着我们党的建设开始进入了新阶段。我们现在需要研究的是执政党的建设，从这个角度看，"两个转变"论的提出，是一个很重要的进展。

同时，我们还要正确认识党的宗旨和根本任务。自从《共产党宣言》发表以来，为绝大多数人谋利益始终是共产党的根本宗旨。而且，先进阶级、先进政党都只是人民群众当中的一部分，我们不能只见树木不见森林。现在，我们党作为全中国人民的领导核心，一个顺理成章、并不复杂的结论是，必须把全中国人民都当作党的社会基础。只有这样，我们才能增强党的凝聚力和影响力，把全国人民团结在自己周围。我们在坚持和巩固党的阶级基础，实质是保持党的先进性的同时，必须扩大党的群众基础，把全中国人民更加紧密地团结在党的周围。唯有如此，才能领导我们民族实现伟大复兴。

四是中国社会主义初级阶段社会意识多样化。进入21世纪的中国，全面参与经济全球化，加速工业化、市场化、城镇化、信息化、现代化，社会意识形态发生巨大变化。改革开放40多年来，我国社会主义市场经济深入发展，社会经济成分、分配方式、就业方式、社会结构、利益关系发生了重大变化，"人们的观念、观点和概念，一句话，人们的意识，随着人们的生活条件、人们的社会关系、人们的社会存在的改变而改变"，社会意识多样化已成现实。再加上我国全面参与经济全球化，加速信息化和现代化进程，在这一过程中与各种文明和文化的交往日益频繁，国际国内各种思想文化相互激荡。中国社会主义意识形态建设必须正视这一现实，并在社会意识多样化中不断增强社会主义意识形态的凝聚力与吸引力。要用社会主义核心价值体系引领社会思潮，就是用社会主义意识形态中最本质的东西引导和牵领多样化的社会思潮。

当今中国社会的社会思潮，从其主要影响的社会层面看，主要以学术思潮、政治思潮、民间思潮三种形式出现。学术思潮活动的范围主要在知识界、教育界、学术界，处于社会上层建筑的顶端，主要影响、辐射政治精英和社会精英，直接影响的人数从整个社会看也许不是太多，但它对整个社会思潮的走向、对国外思潮向国内思潮的转化、对民间群体诉求的理论化和思潮化却具有不可小视的牵动作用；它又是政治思潮和民间思潮的重要来源，并在很大程度上影响着政治思潮和民间思潮的走向。政治思潮影响的范围，比起学术思潮来说，要广泛得多，它主要影响学界、政界、商界和社会各界的中上层，特别活跃于党和国家发展的关键时期，聚焦于中国社会发展的方向性问题和重大政策性问题，同时通过不同的社会意识形态影响民间思潮，特别是通过各种媒体、网络、文学艺术等渠道，影响社会中下层群体。民间思潮往往活跃于一定阶层的群众之中，通过大众哲学、伦理道德、宗教和信仰、社会心理、通俗文学艺术等载体，从城市到农村影响广大的社会中下层。

综合分析当前中国的社会思潮，总体上是好的，向着正确的、崭新的、健康的、文明的、积极的方向发展，但也存在一些值得反思的倾向。虽然我们党的指导思想来自西方的马克思主义，但中国五千多年来形成的中国传统文化哲学思想在广大人民群众的思想、生活、工作中发挥着积极的作用。目前，影响群众的中国哲学思想正在由儒家思想向道家思想方向转移。毛泽东时代，人们大多数受儒家思想中的"修身、齐家、治国、平天下"理念影响，渴望提高人的政治、业务素质，建功立业，积极地投入到全心全意为人民服务的工作中去，报效祖国，实现自己的人生价值；随着政治、经济、社会、文化发展到一定程度，人们逐渐开始接受道家思想的影响，慢慢淡化了对功名政治的追求和关心，强化了对人的个体、本体重要性的认识，思想上有热爱自然、回归自然，认识自然之道、自然之物的倾向，更加注重人的生命长寿、身体健康、身心愉快，开始追求过一种清淡、闲散、高雅的生活。

五是广大人民群众的地域分布、职业分布发生了显著的变化。司法工作主要是为党和政府的工作大局、为广大人民群众服务的。在这些服务对象中，农民和工人阶级占的比重较大，中国农民有9亿多，且大多分布在广大的农村，主要从事单纯的农业生产劳动。近年来，随着我国政治、经济、社会、文化的不断发展，尤其是社会主义市场经济体制的不断深化和发展，司法工作的服务对象发生了显著的变化。一是随着民主政治和科学文化的发展，广大群众尤其是农民、工人的政治素质、文化程度有了明显提高，维权意识明显增强；二是随着经济的发展，广大农民大多数离开赖以生存的土地，来到城市，一部分从事建筑等行业，成为农民工；一部分从事交通运输等行业；一部分从事宾馆、酒店、餐饮等第三产业服务业；一部分从事商品贸易经销，成为个体工商户或私营企业家。随着城乡一体化的发展，大多从流动住户逐渐发展到购房定居，成为社区的居民，以致农村人口逐渐减少，城市社区人口逐渐增多；三是国有企业改革导致一批工人下岗后，从事第三产业或到私营企业工作等。大批农民由农村转移到城市，使城市人口随之增多，矛盾纠纷也相应地增多，从而导致司法工作的服务方向和工作重心也相应地由农村向城市转移。

（二）坚定有中国特色的社会主义司法工作的正确政治方向

1. 坚持高举中国特色社会主义伟大旗帜，努力实现人民法院工作指导思想的与时俱进

"始终坚持党的事业至上、人民利益至上、宪法法律至上"，是胡锦涛同志对社会主义民主法治建设规律的科学总结，是对马克思主义法治思想和社会主义法治理念的丰富和发展。"三个至上"是新时期人民法院工作必须始终坚持的重要指导思想。

始终坚持党的事业至上是人民法院工作沿着正确方向前进的政治保证。做好新形势下的人民法院工作，加强和改善党的领导是关键。在坚持党的领导这个重大政治原则的问题上，头脑要十分清醒，立场要十分坚定，旗帜要十分鲜明，决不能有丝毫动摇。各级人民法院一定要把全部工作放在提高党

的执政能力、巩固党的执政地位、履行党的执政使命的高度去谋划、去思考。要始终高举中国特色社会主义伟大旗帜，坚定不移地坚持中国特色社会主义道路，坚定不移地坚持中国特色社会主义理论体系，坚决抵制敌对势力对我国社会主义司法制度的攻击，坚决抵制各种错误政治观点的影响，确保马克思主义法律观和社会主义法治理念对人民法院工作的指导地位。要始终把人民法院工作置于党的绝对领导之下，自觉坚持党的基本理论、基本路线、基本纲领、基本经验，自觉贯彻党的路线方针政策，在思想上、政治上、行动上与党中央保持高度一致，自觉向党组织报告工作，接受党的监督，保证党对司法活动的有效领导。

始终坚持人民利益至上是中国特色社会主义政治制度对人民法院工作的必然要求。人民当家作主是社会主义民主政治的本质和核心，人民当家作主的社会主义制度是人民司法制度的基础。要始终不渝地坚持全心全意为人民服务的根本宗旨，时刻把人民群众的呼声视为加强和改进人民法院工作的信号，把人民群众的需要视为加强和改进人民法院工作的重点，把人民群众的满意视为加强和改进人民法院工作的标准。要下大力气解决人民群众反映强烈的少数案件中存在的司法不公问题，下大力气解决事关人民群众利益的涉法涉诉信访问题，着力化解社会矛盾，始终把实现好、维护好、发展好最广大人民根本利益作为人民法院工作的出发点和落脚点。

始终坚持宪法法律至上是依法治国的基本方略。社会主义宪法和法律是党领导人民制定的，是党的主张和人民意志相统一的体现，也是中国革命、建设和改革开放伟大实践的科学总结，理应得到全社会的一体遵循。人民法院要始终坚持公民在法律面前一律平等的原则，严格实施宪法和法律，维护宪法和法律权威，维护社会公平正义。人民法院要通过全部审判活动，教育公民和全体社会成员以法辨明是非、以法定纷争、以法促和谐，增强全社会的公民意识和法治观念，维护社会主义法制的统一、尊严、权威。

"三个至上"体现了坚持党的领导、人民当家作主、依法治国的有机统一，体现了中国特色社会主义司法制度政治性、人民性、法律性的有机统一。支持"三个至上"是坚持社会主义法治理念的必然要求，是坚持中国特色社会主义政治发展道路的必然要求。

2. 坚持以科学发展观统领司法工作全局，努力实现人民法院工作思路的与时俱进

科学发展观是马克思主义关于发展的世界观和方法论的集中体现，是我国政治经济社会发展的重要指导方针。我们要按照党的十七大报告阐述的"科学发展观"——"第一要义是发展，核心是以人为本，基本要求是全面协

调可持续发展,根本方法是统筹兼顾",紧密联系人民法院的工作实际,不断深化对人民法院工作规律性的认识,着力转变不适应科学发展观的思想观念,努力实现人民法院工作思路的与时俱进。

按照科学发展观的要求,人民法院在工作思路上要紧紧围绕党和国家工作大局,做到"四个更加注重":一是要更加注重推动发展。发展是我们执政兴国的第一要务。人民法院要立足于中国特色社会主义事业的总体布局,通过各种审判和执行活动,更加自觉地为大局服务,更加善于运用法律手段调节经济社会关系,促进经济社会又好又快的发展。二是要更加注重保障民生。努力保障和改善民生,是化解各种社会矛盾、保持社会和谐稳定的根本之策。要坚持以人为本、司法为民,既要通过司法手段保护人民群众在经济、社会生活方面的正当权益,还要正确认识和把握人民群众的新要求、新期待,不断满足人民群众日益增长的司法需求,赢得广大人民群众的拥护和支持。三是要更加注重维护国家安全和社会稳定。保障国家安全和社会稳定,是顺利推进改革发展的重要前提。要切实增强政权意识、忧患意识、责任意识,把确保国家安全,特别是政治安全放在人民法院工作更加突出的位置。要从有利于遏制犯罪、稳定治安大局、增强人民群众安全感出发,严格以法律规定为依据,准确把握宽严相济的刑事政策,依法惩治各种刑事犯罪活动,努力维护社会稳定。四是要更加注重促进社会和谐。要按照党中央关于构建社会主义和谐社会的要求,将最大限度地增加和谐因素、最大限度地减少不和谐因素确定为人民法院的工作目标,把最大限度地实现案结事了贯穿于审判工作全过程,把是否促进社会和谐作为评判和检验人民法院工作的重要标准。

要按照科学发展观的要求,建立行之有效的政绩考评体系。人民法院要树立正确的政绩观,不仅要以提高结案率、执结率、调解率为政绩,更要以止争息诉、案结事了、胜败皆服为政绩;不仅要看推出多少项改革、颁布了多少规定、办了多少案件为政绩,更要以解决了多少实际问题、人民群众是否满意、社会是否普遍认同为政绩。要按照这一要求,认真总结经验,从实际出发,建立科学有效、简便易行的政绩考评体系,使每一个法院的法官干警的工作状况都能得到准确的反映。

要按照科学发展观的要求,在审判工作中努力实现法律效果与社会效果的统一。这是中国特色司法规律的内在要求,是新形势下司法工作的目标追求。在具体案件的处理上,既要实现个案的公平正义,又要注重程序正义;既要实现个案的公平正义,又要兼顾人民群众对司法公正的普遍认同;既要坚持依法纠错,又要注意维护判决的稳定性和权威性。在坚持"以事实为根据，以法律为准绳"这一根本裁判原则的前提下，最大限度地实现法律效果与社会效果的统一。

（三）进一步提高思想认识，切实转变审判理念，正确处理好六个方面的关系

一是要克服片面强调法律效果的思维模式，努力实现政治效果、法律效果、社会效果的有机统一。准确地认定事实、适用法律不是司法的最终目的，司法的最终目的是做到案结事了，维护公平正义，实现社会和谐。这就要求我们法官在审理案件时，目光不要仅盯在本案的事实和所要适用的法律上，要学会把案件放在更大的社会背景下去分析，研究判决可能引发的社会问题和可能激发的社会矛盾，通过全面了解、协调各种复杂关系，调动各方面社会力量，寻找一条最能从根本上解决问题的途径，从而确保案件得到圆满解决。

二是要克服机械适用法律的思维模式，充分运用法律精神、法律原则去理解法律、解释法律，根据社会现实的需要，根据公平正义的要求，对法律进行必要的扩大解释和缩小解释，在合理合法的基础上，大胆突破法律文义的限制，追求法律条文背后的法律精神。特别是在目前一些法律规定和现实生活相脱节的情况下，法官要根据实际状况及时向上级法院提出修订完善的建议意见，使法律和司法解释更加切合实际。在法律和司法解释还没有修改之前，法官要充分利用自由裁量权，利用法官对法律的释明权，作出最符合实际、最能体现公平正义原则的裁判，努力实现定分止争，案结事了。

三是要克服机械地追求法律事实的思维模式，穷尽各种手段，最大可能实现法律事实与客观事实的统一。现在，不少法官仅仅依赖于用当事人提供的证据去获得法律事实，而失去了努力使法律事实接近客观事实的热情，在当事人请求法官出面调查证据时，往往以有关法律规定为借口，拒绝为当事人提供司法上的援助。这与社会主义法制的本质是相违背的，与法官应该努力查明案件事实的职责也是相违背的。一个合格法官，应该永远保持追求事实真相的激情和为获得客观事实克服困难、一往无前的勇气和决心。

四是要克服过分强调程序公正的思维模式，坚持实体公正与程序公正并重。程序公正对于实现社会主义法治具有非常重要的意义，但根本上，程序公正还是为实体公正服务的，两者是手段和目的的关系，不可本末倒置。在审判实践中，必须坚持程序公正与实体公正并重，通过程序的保障，努力实现实体公正。

五是要克服过分依赖法律解决问题的思维方式，处理好适用法律和执行政策之间的关系。不少法官认为政策不是法律渊源，不具有法律强制力，所以适

用法律时不注重执行政策，这种观念是片面的。首先，党和国家的政策是国家意志，决定着法治的发展方向，决定着社会公平正义的具体内涵，决定着法律的基本原则和法官应坚持的基本态度。深刻理解党和国家的基本政策，是做好法院工作的基础。其次，政策作为一种指导思想、基本原则，被潜移默化地融入具体的法律规定中，所以深刻理解党和国家的基本政策，对于准确理解法律、适用法律具有重要的作用。甚至在法律没有规定的情况下，我们可以通过政策去探求国家的真实意志以及社会公平正义的具体内涵，从而用来指导我们的审判。最后，"宽严相济"的刑事政策，"能调则调、当判则判、调判结合、案结事了"的民事政策，虽然也不是具体的法律规定，但对于我们适用法律、裁判案件具有重要的指导作用。可以说，法律是看得见的政策，政策是看不见的法律。

六是要克服片面强调法官中立的思维方式，在诉讼方式上尽可能公开透明、尽可能对弱势群体提供必要的司法援助。让审判工作更透明，主要是要改变传统的庭审方式，扩大公开审理案件范围，让社会上更多的人参与到案件审理中来。特别是对一些疑难案件、社会上影响大的案件、双方当事人情绪对立的案件都可以扩大庭审、听证的规模。西方一位法学家说过，"我们不仅要实现正义，而且要用看得见的方式实现正义"。在审判中，除了一些不能公开的审判机密，对于涉及整个审判流程的信息、庭审过程，甚至判决事实认定、法律适用、判决理由等都应该全面向社会公开，要把审判权完全置于阳光下，置于老百姓的视野中，杜绝暗箱操作，堵塞各种容易造成司法不公的漏洞，让老百姓看得清清楚楚。另外，要改变过去片面强调"一步到庭，证据举在法庭，有理说在法庭"的做法，克服过分强调法官中立性的思维模式，从老百姓维护自身权益的能力还较弱的实际出发，自觉承担起更多的社会责任和法律责任，尽可能地帮助当事人调查取证，查明事实。

（四）深入开展司法为民的审判工作"六进"活动

我们继承和发扬马锡五审判方式的优良司法传统，必须要把党的方针政策、群众的思想变化与需求、所处的时代背景有机地结合起来，一方面通过发挥司法职能作用，主动为群众排忧解难，化解矛盾纠纷，促进社会和谐；另一方面，在司法工作中，还要承担起宣传党的思想路线政策，用社会主义核心价值体系引领社会思潮、纠正不良风气，提高国民素质的神圣职责和光荣使命。当前最重要的是做好审判工作"六进"活动，即审判工作进农村、进社区、进学校、进企业、进机关、进市场活动。

1. 要充分认识开展审判工作"六进"活动的重要意义

开展审判"六进"活动，是为了满足新时期人民群众对审判工作的新期盼、新要求而作出的重要决定，具有重要的现实意义。一是能够体察民情、了解民意，满足人民群众对审判工作的知情权、参与权、表达权、监督权的司法需求，切实保障民生，维护群众利益；能够将审判活动置于人民群众的监督之下，确保司法公正、廉洁、文明和高效；能够进一步密切与人民群众的联系，将公正高效权威的司法形象建立在最广泛的民意认同的基础之上，从而保障在全社会实现公正与正义。二是能够促进广大干部群众深入学习法律，增强法治意识，强化权利义务的观念，自觉遵纪守法，依法维护权利。三是能够引导广大农村、社区、机关、学校、企业和市场管理者依法管理、依法办事，进一步提高全社会法治化管理水平，维护改革发展稳定大局。四是通过开展审判"六进"活动，延伸审判职能，能够增强人民法院积极参与社会治安综合治理工作的力度，有利于综合治理工作的深入开展。

2. 开展审判"六进"活动的主要内容

一是要选择典型案件深入案发地开庭审理。要根据案件的具体情况和农村、社区、学校、企业的不同需要，选择涉及生产、房产、婚姻、继承、分家析产、赡养等有法治教育意义的典型案件到案发地进行审理，做到审理一案教育一片，最大限度地增加和谐因素，最大限度地减少不和谐因素。要对涉及孤寡老人、残疾人及智障人的案件，尽可能就地审理，对在当地影响较大、党政机关高度关注的案件应当有选择地就地开庭，就地宣判。要积极推进巡回办案，坚持和完善假日法庭、农忙晚间法庭、车载流动法庭和速裁法庭等做法，方便群众诉讼，化解矛盾纠纷。省法院、各中院、区县基层人民法院审理"六进"案件，所占比例分别不少于全年审结案件总数的0.5%、1%、2%、3%。院长、副院长要带头到农村、社区调研，庭长、副庭长要亲自深入农村、社区、街道办事处担任审判长审理案件，推动活动有效开展。公开开庭审理案件时，要尽可能邀请辖区人大代表、政协委员或相关专业人员、社区干部、村委会干部、人民群众代表、新闻界人士、法律界人士、司法行政人员以及其他有社会影响的人士旁听，采取召开座谈会等形式听取意见和建议，在裁判案件时予以高度重视。根据案件审理需要，邀请社区、机关、厂矿、学校中具有丰富社会经验和专门知识，热心公益事业的人员协助法院调解案件，力争使当事人和解或达成调解协议，最大限度地化解纠纷，做到案结事了。

二是要延伸审判职能，结合案件审理做好法制宣传。要结合典型案件的审判，深入社区、厂矿、学校、农村以案说法，进行面对面形象生动的法制宣传教育。结合辖区内的拆迁、征地、企业改制或破产等具体情况进行咨询，帮助群众了解有关法律法规及维权途径。人民法院应当用群众喜闻乐见的法制宣传专栏等形式进行普法宣传。人民法院网站也要建立专栏,结合审判案件及执行案件特点,进行深入浅出、通俗易懂的法制宣传并及时更新宣传内容。要在"6·26 世界禁毒日"等法制宣传日,以散发宣传品及在街道、社区进行宣讲等方式进行宣传,解答群众的法律难题,答复群众的咨询。要加强与新闻媒体的联系,及时报道有重大影响案件的有关审判和宣判情况,扩大法制宣传效果。基层人民法院特别是人民法庭,要积极与辖区中小学校加强联系,少年法庭庭长要担任兼职法制辅导员或法制副校长,对中小学生定期进行未成年人保护、网络安全、犯罪预防等方面的教育,增强未成年人的法治意识,提高依法自我保护能力。

三是要积极参与社会治安综合治理。要在确保押解安全的前提下,到案发地审理或宣判严重危害社会治安的多发型刑事案件,配合各地开展平安创建活动,打击、威慑犯罪,增强人民群众的安全感。要建立案件回访制度,有选择地对已经审结的案件进行回访,了解案件审判的社会效果和所在社区、乡村群众的反馈意见,进一步改进审判作风,提高案件质量。要为被判处有期徒刑宣告缓刑的刑事犯及未成年犯建立档案,深入社区走访群众,随时了解其改造情况及现实表现,配合公安机关做好监管和教育工作。要针对审判工作中发现的农村、社区、学校、企业、机关在日常工作、制度建设、安全管理等方面存在的问题,积极提出司法建议,督促他们依法规范管理,堵塞漏洞,防患于未然。要依法加大对人民调解组织的指导力度,增强其化解矛盾纠纷的能力,促使多元化的矛盾化解机制有效发挥作用。

参考资料:

[1] 张希坡. 马锡五审判方式 [M]. 北京: 法律出版社, 1983.
[2] 最高人民法院党组中心学习组理论文章。

破解与重构[*]
——民事诉讼调解担保制度的完善

司法实践中,债权人为尽快收回债权而不得已作出让步达成调解协议,但最终债务人却拒不履行调解的案件时有发生,严重影响了债权人进行调解的积极性和调解的成功率,损害了法院的司法权威。为了消除债权人的顾虑,促成当事人达成并最终履行调解协议,2004年9月16日最高人民法院公布的《关于人民法院民事调解工作若干问题的规定》(以下简称《调解规定》)第11条规定:"调解协议约定一方提供担保或者案外人同意为当事人提供担保的,人民法院应当准许。案外人提供担保的,人民法院制作调解书应当列明担保人,并将调解书送交担保人。担保人不签收调解书的,不影响调解书生效。当事人或案外人提供的担保符合担保法规定的条件时生效。"2010年6月最高人民法院印发的《关于进一步贯彻"调解优先、调判结合"工作原则的若干意见》中要求:"进一步规范调解协议督促条款,担保履行条款的适用……对原告因质疑被告履行调解协议的诚意而不愿调解的案件、争议标的额较大的案件,以及调解协议确定的履行期限较长或者分期履行的案件,可以通过适用督促条款、担保履行条款,促进调解协议的达成,促使义务履行人自动履行调解协议。要注意总结调解经验,制定规范性的表述协议的方式,明确条款的生效

---

[*] 本文写于2013年6月。

条件，防止调解结案后双方当事人对协议条款的理解产生歧义。"不难看出，调解担保制度可激发当事人特别是债权人调解的积极性，保障调解协议可以确实履行，同时其将民事程序法与实体法相结合，开创了民事调解的司法新实践，促进了民事诉讼制度的健全完善。但是，制度设计伊始，因缺乏相关的实践经验，如何适用该制度只能由各级法院在自身实践中进行探索，本文以某市两级人民法院相关调解案例为研究起点，以诉讼理论和司法实践为基础，针对调解担保制度的现实不足，加以完善，并设计调解担保制度的初步方案。

一、理论概述：民事诉讼调解担保的概念

调解担保是指人民法院在对民事案件进行调解的过程中，经当事人协商达成调解协议，约定由一方当事人提供担保或者案外人同意为当事人提供担保并经人民法院予以认可的制度。[1]该制度的实施可以有效地保证权利的实现，激励当事人达成调解协议，使大量纠纷能尽快解决；同时本制度也是实体法和程序法结合的典范，将担保引入了调解制度，使担保这一实体法上的制度延伸到了程序法领域，将实体法与程序法相结合，为保护债权人的利益提供了多重保障。

调解担保制度起源于担保制度，制度的设计是为了担保特定债权的实现，以在特定的第三人信用或财物上及债务人的财务上设定担保物权的方式来保障债权的履行。所以两种制度的基本原理相同，都具有担保债权的特定性、担保的财产权性、担保的变价性、担保的从属性等特性。但因其存在的阶段不同，因此，二者在发生场合、担保方式、表现形式、所担保债权性质等方面存在着很大的区别，在法律规定和司法实践中有着自身的要求和特点。

二、案例分析：民事诉讼调解担保的实证分析

案例一：原告王某诉被告常某合同纠纷一案，经法官调解双方达成调解协议，原告认为被告本质上缺乏调解的诚意，要求由第三人提供担保，双方协商最终由被告朋友李某以自己的房屋做抵押承担担保责任。随后，法院仅对担保条款做了形式审查，在进入执行后，发现该房屋早在1年前就已经设立了抵押担保，并且做了抵押登记，导致执行不能，债权人权利无法实现。

案例二：原告李某诉被告张某债权纠纷一案，庭审中双方在法官主持下

---

[1] 王松：《论我国调解担保制度的建立与完善》，载于《安徽广播电视大学学报》2006年第1期，第23页。

达成调解协议，为保证协议的履行，由被告以自己所有的一套住宅作为抵押，设定担保条款，双方均在调解协议上签字、盖章。但在履行期限届满之后，被告以房屋未设立抵押登记为由主张担保条款尚未生效，拒绝履行。原告的债权不能如期实现。

案例一中，法院对担保条款做了形式审查，但并未了解担保物的权利状态，最终导致在已设立抵押权的房屋上重复设保，最终导致执行不能。因此，不禁提出疑问，如果法院在调解担保达成之时，就对担保物的权属状态进行深入的审查，是否就能避免这个情况出现。案例二中，担保人以调解协议与担保条款生效时间不一致拒绝承担担保责任，导致担保虚设，债权人的权利最终无法实现，且如果担保人恶意拖延不进行权利登记，那么债权人是否根本就无法实现他的权利，这也需要在司法实践中加以解决。这些问题阻碍调解担保制度目的最终实现。下文中，笔者将对民事调解担保条款存在的问题进行深入的分析探讨。

（一）法院对调解担保条款的审查权限不明

所谓的审查权限就是指人民法院对调解担保条款审查的范围，具体可以是审查的内容、审查的深度等。《调解规定》中要求：调解协议约定一方或者案外人同意为当事人提供担保，法院应当准许。按照通常的理解，担保人提供担保，需要经过法院的准许，那么法院在准许之前是否应当对担保条款进行审查，规定中没有明确。笔者对某市两级法院适用调解担保的案件进行了统计分析。分析统计结果得知，在调解担保案件中，不同法院甚至同一法院的不同法官对于自身审查权限的认识分歧较大，形式审查和实质审查都各有"市场"，法院的审查对担保条款的效力是否有实质的影响等都是困扰法官的难题。实践中，大多数法院提倡当事人选择第三人担保证人，很大的原因就是在物保的情况下是否对担保物权利状况进行实质审查存在困惑。

表1 法院对调解担保案件进行审查的情况

年份		2010年	2011年	2012年	占比
调解担保案件数/件		123	226	349	
法院审查案件数/件	实质审查案件数/件	23	48	78	21%
	形式审查案件数/件	55	125	223	58%
不审查案件数/件		45	53	48	21%

（二）担保人拒不签收调解书

《调解规定》第11条第2款规定："案外人提供担保的，人民法院制作调解书应当列明担保人。担保人不签收调解书的,不影响调解书生效……当事人自己提供担保时,如果其拒绝签收调解书,则视为其不同意调解。"也就是说,在当事人一方提供担保的情况下,一旦其不予签收,那么视为其拒绝调解,法院必须及时判决。但是当案外人提供担保时,其拒绝签收调解书不影响调解书的效力。这里就出现了一个问题,在这种情况下,调解书的生效与担保人是没有实质性的关系,但调解担保条款给付内容的实现,根本上是依赖于担保人担保责任的实现,其拒绝签收调解书是在行动上表明了其拒绝承担担保责任,那么,即使调解书是有效的,担保条款也不具有执行力。一旦债务人不履行调解书,而担保人又以其未签收调解书进行抗辩,那么,债权人的权利就难以得到有效的保障。司法实践中,担保人事后拒不签收调解书已经成为制约调解担保制度正常发挥效力的极大阻力,而且也成为债务人勾结担保人拖延执行程序的一个惯用手法,是一个相当棘手的问题。

（三）调解担保和调解书生效时间不一致

《调解规定》第 11 条第 3 款规定:"当事人或者案外人提供的担保符合担保法规定的条件时生效。"调解书的生效时间是根据案件情况确定的,对于需要制作调解书的案件,调解书经双方当事人签收后生效;不需要制作调解书的案件,双方及相关人员在调解协议上签字时生效。担保条款的生效则以担保法的规定为准❷。这就可能在司法实践中造成调解书和担保条款的生效时间不一致。其原因在于"虽然当事人在调解过程中可能就有关调解担保的内容达成一致,但这种调解担保毕竟是独立于原来的债权债务关系的另一个具有担保性质的法律关系,因此只有调解担保符合担保法规定的条件时才能生效。于是,在实践中,就有可能造成调解担保和调解书生效的时间不同"❸。如张某诉强某借贷纠纷一案,双方在调解协议中单列担保条款,由张某朋友刘某以自己的房产抵押作为履行担保,三方签收了调解书。随后,强某拒绝履行债务,执行人员遂依据调解书中的担保条款执行担保人刘某的房产,但发现房产未进行抵押登记,担保未生效,执行部门不能对该房产采取执行措施,调解担保和调解书均无法实现,债权人利益无法实现,也不能就调解书再行起诉,从根本上截断了债权人另行寻求救济的途径。再者,如果债务人和担保人恶意串通,对需要登记或者交付的担保财产不登记不交付使担保不成立,恶意抗拒、拖延执行,也是对债权人权利的极大损害。

---

❷ 根据新法优于旧法的原则,《担保法》规定不同于《物权法》的部分,以《物权法》为准。

❸ 黄冠猛:《民事调解担保制度的不足及建议》,http://bjxcfy.chinacourt.org/public/detail.php?id=206&apage=5,2013 年 5 月 28 日访问。

（四）担保条款的设置方式不明

担保条款的书写、格式在调解担保中是一个不容回避的问题，但在《调解规定》中并未涉及相关的内容。实践中，对于担保条款如何设置存在两种认识，第一种意见认为可将担保条款放置在调解内容主文之后、日期与签字之前，作为调解书主文的一部分看待，执行时直接提供生效的调解书即可，据调查延安市法院基本采用这种做法，将担保条款作为调解书的一项内容；另外一种意见认为应该单独出具一份调解担保书，由双方当事人签字盖章，执行时债权人需一并出具调解书和调解担保书。第一种意见的缺陷在于在某些情况下调解书和担保书的生效时间不一致，导致一份文书有两个生效时间；第二种意见既存在第一种意见的不足，同时因为民事诉讼法有严格的程序要求，对法律文书的种类有明确的规定，因此制作单独的调解担保书是否具有法律效力值得商榷。

除此之外，调解担保的启动，担保的范围和方式，担保竞合的效力认定及担保人权利受到侵害时的救济等基本问题也值得学界和实务界进一步的探讨。在此，笔者根据民法学、民事诉讼法学基本理论和人民法院司法实践，在现行民事诉讼框架之内，对民事诉讼调解担保制度进行补强和完善。

三、破解与重构：完善民事调解担保制度的探索

"法律制度是经验型很强的知识，在社会实践中产生并在社会实践中发展。"[1] 民事调解担保制度的构建也应如此，要将其建立在深厚的民事法学理论和扎实的司法实践经验的基础上，以《调解规定》的相关条文为基本框架，从保障债权人、债务人及担保人权利，规范调解担保程序，提高调解案件履行率等角度出发，依法合理地完善和构建民事调解担保制度。

（一）民事调解担保的启动、担保的范围、担保的方式

1. 调解担保的启动

《民事诉讼法》第 9 条规定："人民法院审理民事案件，应当根据自愿和合法的原则进行调解；调解不成的，应当及时判决。"自愿、合法是调解最重要的、首要的原则，调解担保作为调解程序的一个附随、分支程序，自愿、合法应是其题中之意。因此，调解担保程序的启动应该严格尊重当事人和担保人的个人意愿，由当事人自己启动，法院居中主持。由一方当事人提供担保的，由当事人双方协商一致，提供担保一方出具书面申请；由案外人提供担保的，当事人协商一致，由被担保方提出书面申请，担保人签字，申请内

---

[1] 陈卫东：《程序正义之路》（第二卷），法律出版社 2005 年版，第 480 页。

容要写明担保人基本信息，担保的方式、是否自愿等。此外，法官要当面询问担保人担保是否是自愿的，排除欺诈、胁迫等严重危害担保人权益的情形。如不违反自愿、合法原则，则主持启动调解担保程序。

2. 调解担保的范围

调解担保的目的就是保证在债务人不履行调解书的给付内容的情况下，债权人的权利能够实现。在大方向上要把握以原则："对原告因质疑被告履行调解协议的诚意而不愿调解的案件、争议标的额较大的案件，以及调解协议确定的履行期限较长或者分期履行的案件，可以通过适用督促条款、担保履行条款。"❶ 具体来说，调解担保的案件范围应该限定在具有给付内容的调解案件的范围内，包括给付物、金钱、行为等。给付的形式是物的，此处仅指种类物且不具有人身专属性；作出一定行为的，要注意的是行为是指可以由他人替代的行为，专属于债务人自身或者债权人明确要求必须由债务人本人作出的行为不能担保，在以一般行为❷为给付内容的情况下，担保人可以选择自己行为或以雇用他人行为支付报酬的方式实现自己的担保义务。

3. 调解担保的形式

根据我国《担保法》《物权法》等法律的规定，现行的法定担保方式有定金、保证、抵押、质押、留置五种。定金因交付时间段的限制首先可以排除；调解担保是保证人自愿为债权人债权设定的担保，因此没有留置适用的空间。剩下的三种要根据担保人的不同区别认定。当一方当事人提供担保时，保证应当被排除在外，因为担保的前提就是另一方通常是债权人对债务人本人的履行能力和诚信度产生了严重的怀疑，如果再让债务人以自身作保显然不能达到担保的目的，而且一般来说债权人也是不会同意的，所以债务人的担保可以适用抵押或质押两种方式。案外人或者说第三人提供担保时，可以采用保证、抵押、质押的方式，既可以是人的担保，也可以是物的担保。

（二）民事调解担保中法院的审查权限

法院在调解担保中的地位和影响力是通过其可介入的程度来体现的，调解担保是当事人和担保人自愿的行为，法院居中主持，但为了保证担保条款目的的实现，法院可以在确认调解协议的同时依职权对担保条款进行审查，但审查的内容要严格限定。

1. 形式审查

包括审查担保人的主体资格，以确定其是否具有作出担保行为的能力和资格，比如是否为完全民事行为能力人、限制民事行为能力人等，审查担保

---

❶ 源自《关于进一步贯彻"调解优先、调判结合"工作原则的若干意见》。

❷ 可以由他人替代的行为。

的形式，如前所述，债务人作为担保人只可提供抵押与质押；案外人作担保则可选择保证、抵押、质押中的一种或几种。此外，我国法律对可进行抵押、质押的财物从正反两面进行了限制，所以法院还要审查担保物及其对应的担保方式是否合法。

2. 实质审查

即审查担保是否符合《物权法》规定的生效要件。如果违反法律规定的强制性规定则极可能导致担保无效，比如抵押物属于他人或抵押质押财产为禁止担保的财产等。一旦担保被认定为无效就会严重影响债权人权利的实现。因此，法院要对担保条款进行实质性审查，如果发现担保条款有可能无效或者效力不确定的，法院应及时向当事人和担保人释明，并告知当事人可以重新约定担保，当事人、担保人不同意的，法院不能违反自愿原则强行要求重新提供担保或更换担保人，但是可以在调解书中注明这一情况。此外，法院还需审查担保条款是否明确、具体、具有执行力，比如担保物的情况是否足够详细，担保人担保的额度是否具体等。

（三）担保条款的效力认定

这个问题笔者认为涉及两个方面：一是担保人不签收调解书时担保条款效力的认定；二是调解书与担保条款生效时间不一致时担保条款效力的认定。

1. 担保人不签收调解书时担保条款的效力认定

《调解规定》第11条第2款规定：案外人提供担保的，人民法院制作调解书应当列明担保人，并将调解书送交担保人。担保人不签收调解书的，不影响调解书生效。可见，担保人拒绝签收调解书不影响调解书的效力，但是调解协议中的担保条款对其可能没有效力。笔者认为这个问题可以通过一些技术性的处理来解决。根据民诉法的规定调解的生效时间是，对于需要制作调解书的案件，调解书经双方当事人签收后生效；对于不需要制作调解书的案件，当事人及审判人员、书记员在调解协议上签章时生效。《调解规定》第13条对"其他不需要制作调解书的案件"做了解释，"当事人各方同意在调解协议上签名或者盖章后生效，经人民法院审查确认后，应当记入笔录或者将协议附卷，并由当事人、审判人员、书记员签名或者盖章后即具有法律效力。当事人请求制作调解书的，人民法院应当制作调解书送交当事人。当事人拒收调解书的，不影响调解协议的效力。一方不履行调解协议的，另一方可以持调解书向人民法院申请执行"。因此，笔者认为：首先，当事人、担保人就调解协议的内容和担保条款达成一致意见后，法院主持另行制作调解协议并根据《调解规定》第13条的内容，要求当事人、担保人同意，各方及审判人员、书记员在调解协议上签字后协议即生效，而不应要求当事人签收调解书后调解书生效；法院应在调解协议上载明"本调解协议经当事人、担保人及审判人员、书记员签字后即发生法律效力，本院将根据调解协议制作调解书，调解书作为申请法院执行的依据"。❶ 其次，在需要制作调解书的情况下，在调解书中载明，"上述调解协议已经（经法院确定的调解协议签订日期）生效，如当事人、担保人不履行调解协议义务，本调解书作为申请执行的依据"；并将调解书送达当事人、担保人。在这种情况下，根据《调解规定》第13条，如果当事人、担保人拒收调解书，不影响调解协议的效力。债务人、担保人不履行调解协议，权利人也可以持调解书向人民法院申请执行，就不存在担保人不签收调解书致使担保条款无法执行的问题。

2. 调解书与担保条款生效时间不一致时担保条款效力的认定

根据《物权法》第15条规定："抵押合同及质押合同，除法律另有规定或者合同另有约定外，自合同成立时生效；未办理物权登记的，不影响合同效力。"也就是说，《物权法》规定抵押合同及质押合同均在合同成立时生效；抵押权或者以登记为生效要件，或者以抵押合同成立为生效要件；质权或者以交付为生效要件，或者以登记为生效要件。❷ 结合《物权法》上述规定，在调解已经生效的情况下，针对不同的担保，解决思路如下：

一是以登记为生效要件的，未经登记担保物权不成立，如果是因担保人拒绝登记，法院可以限定担保人在一定的期限内进行登记，如果其拒绝，法院可以强制其登记或者在调解书中注明情况后依据担保条款约定的内容直接执行担保财产；如果是因债权人或者登记机构的原因未能登记的，有证据证明担保人已经充分履行了自己的义务，如将权利凭证交给登记机关等的，则可以认为在担保人履行了义务时起担保条款即生效，但不得对抗善意第三人，也不得对抗在担保物上合法设立的其他物权，损失由债权人自己或登记机关承担。

二是与担保合同同时成立生效的担保，则当事人和担保人只要在调解协议上签字，调解协议就发生效力，抵押权即设立。

三是以交付为生效要件的，法院可在送达调解书的同时要求担保人交付担保物或者权利凭证，担保人签收调解书但是拒绝交付质物的，构成违约，可追究其违约责任，因其拒绝交付导致债权人权利无法实现的或者造成损失的，在追究其违约责任的同时，法院依据担保条款内容强制执行其担保财产。

---

❶ 黄冠猛：《民事调解担保制度的不足及建议》，http：//bjxcfy. chinacourt. org/public/detail. php？id＝206&apage＝5，2013年5月28日访问。

❷ 《担保法》与《物权法》中关于担保效力的规定不一致，根据后法优于先法原则，应适用《物权法》。

（四）担保条款的具体设置

为了在司法实践中方便法院工作和当事人申请执行，确有必要对担保条款的设置和具体内容作出一个规范。笔者认为，在解决了担保条款效力问题的前提下，确定担保条款的设置，如可以在调解协议或者根据调解协议制作的调解书的主文之后、当事人签名日期之前设置担保条款。具体的内容如下：

（1）案外人提供保证时，在担保条款中表述清楚保证人的保证责任类型，是连带责任还是一般保证责任；案外人提供质押或抵押时，在担保条款中表述清楚债务人提供担保的类型，担保物担保的价值，在债务人不履行债务的情况下，债权人可就担保物优先受偿。担保物需要登记或者交付的，要求债务人在一定的期限内交付或登记，逾期不履行上述义务的，债权人追究其违约责任。保证人在承担保证责任之后，可在承担责任的范围内向债务人追偿。

（2）当事人提供抵押或者质押的，在担保条款中表述清楚债务人提供担保的类型，担保物担保的价值，在债务人不履行债务的情况下，债权人可就担保物优先受偿。担保物需要登记或者交付的，要求债务人在一定的期限内交付或登记，逾期不履行上述义务的，债权人可追究其违约责任。

当然在执行过程中要注意保护担保人和善意第三人的权利，执行担保财产以条款约定的范围和金额为限，执行超过的，如果是抵押，则立刻解除；质押的，立刻将担保物返还担保人；如果担保物是不能分割的，则将超过部分折价予以返还。因实现担保条款给担保人造成其他财产损失的，担保人有权要求赔偿。担保条款的实现不得对抗已在担保物上设立权利的善意第三人，给债权人造成的损失，其可要求担保人或有关登记机构予以赔偿。

四、结束语

调解担保制度在保障债权人利益、实现调解目的上有着重大的价值，但制度规定操作性不强限制了其作用的发挥，本文通过总结该制度运行中的一些突出问题，在法学理论和司法实践的基础上，在现有制度框架内对其加以充实完善，力争提高该制度的可操作性，保证立法的目的不落空虚置。

参考文献：

[1] 张雄庆. 我国民事调解担保制度法律研究 [D]. 长沙：湖南大学，2008.

[2] 王松. 论我国调解担保制度的建立与完善 [J]. 安徽广播电视大学学报，2006 (1)：23-25.

[3] 闫尚伟. 司法ADR与我国法院调解制度的重构 [D]. 郑州：郑州大学，2007.

[4] 李琛. 民事诉讼调解制度研究：兼论民事诉讼调解的价值取向 [D]. 长沙：湖南师范大学，2005.

论公司法结构的解释功能与运用[*]

一、公司法结构的解释功能

在我国，公司法结构是一个比较陌生的概念，按照王保树教授的观点，公司法结构有两种含义：第一种是规范结构，即由任意性规范和强制性规范构成的公司法结构；第二种是表现公司法律形态的规范及其相关规范的结构。[❶] 该种公司法结构包括对不同公司类型的法律规范以及对不同公司类型的结构安排。在对不同公司类型进行安排时，立法者不仅要考虑到一个国家经济、社会发展的状况，还要考虑到不同公司类型的价值、功能及治理问题。本文所指的公司法结构是第二种。

公司法结构不是为了存在而存在，而是随着市场经济的发展而发展。公司法结构是公司法改革和发展的重要元素。如随着英国公司法的改革，以严格的资本制度为原则的德国公司法在灵活自由的英国公司法面前劣势毕现。德国资本不再忠于本国有限责任公司，转而采用资本要求低廉的英国公司形式，从而造就了一大批资本是德国资本、股东为德国股东、主要业务范围在德国境内开展的英国公司。为了扭转这一局面，德国创设了经营性公司这种新的公司形式。与有限责任公司相比，这种公司的最大特点是

---

[*] 本文获 2017 年度陕西省法院优秀学术论文二等奖。

[❶] 王保树：《公司法律形态结构改革的走向》，载于《中国法学》2012 年第 2 期。

放弃了对最低资本金的要求。但由此产生的问题是，如何在刺激投资与维护交易安全之间实现相对平衡。为此，德国立法者在《德国有限责任公司法》中添加条目，对经营者公司这一崭新的公司形式予以规范。

公司法结构是寻求公司法基本原理、进行制度构建和解释法律规范时，必须要关注的一个重要因素。各个国家对公司的立法和规范本身就是在公司分类的基础上对其进行法律调整的。公司类型不同，其优点、法律地位以及治理结构不同，法律规制的理念、价值及侧重点也不同。如果忽视公司法结构，对不同公司一视同仁，必然无法准确地实施公司法对不同公司设置的不同规范和行为规则，更无法实现公司法的功能和目标。

如针对实践中存在的问题，2005年修订《公司法》时，立法者明确规定了公司对外提供担保的决策程序，由此引发的问题是，违反《公司法》第16条规定的决议程序，对外担保的效力如何？对此问题，学术界和司法界意见不一。在学术界，基于对第16条规范性质、第三人审查义务、公司章程的性质等问题的不同理解，学者提出有效说、可撤销说、未生效说、无效说等不同观点。在司法界，主流裁判的利益关切点集中于对善意第三人的保护以及对交易安全和经济秩序的维护。但由于未将中小股东利益纳入考量的视野，其作出的裁决被指责为一种欠缺系统考量的裁判。[1]

事实上，如果关注公司法结构，将不同公司类型的差异性纳入法律解释的考量中，则会在交易安全和营业自由、股东利益保护和债权人利益保护之间作出正确抉择，对合同效力作出合理界定。在个案裁决中，才有可能形成一个相对合理的裁判规范。从这个角度上看，公司法结构对公司法律规范的解释具有重大意义。法律适用者不能仅仅根据具体规范的字面意思和立法结构来适用法律，还必须根据公司法结构来解释法律规范，以充分体现公司制度的优点、发挥不同公司组织形式的价值功能。为行文之方便，我们将运用公司法结构对法律规范作出解释的方法称为结构解释。

二、结构解释的制度基础

结构解释存在的制度前提是公司法的法典化或体系化。这是因为，在法典化或体系化的过程中，立法者必须对不同公司类型之间的逻辑关系和各自的价值、功能进行分析，从而构建一个合理的定位。这不仅是公司立法结构设计的需要，也是公司法律规范正确适用的诉求。从这个意义上讲，公司法结构的解释功能是公司类型多样化和公司法典化的产物。

---

[1] 陈冲、丁冬：《公司对外担保效力问题研究——基于司法裁判的分析和反思》，载于《金融法苑》2011年第2期，第130-149页。

结构解释，是一种与体系解释最容易混淆的方法。实际上，其与民法上的体系解释有本质上的差别。民法上的体系解释，是指以法律条文在法律体系中的地位或相关法条的法意，阐明法律条文含义的解释方法。[1] 与民法上的体系解释不同的是，结构解释是通过对不同公司类型的治理问题以及对不同公司类型的结构安排进行考察，对具体法律规范的适用加以确认。结构解释注重根据公司类型的差异性，对不同利益主体的利益衡量，然后对具体公司法律规范作出解释。

如与股份有限公司相比，有限责任公司相对比较封闭，人合性是有限责任公司的信用基础之一。为了维护公司的人合性，法律强调公司的自治性，强调对股东利益的维护。与有限责任公司不同的是，股份有限公司属于典型的资合公司，股东利益可以通过股东转让方式得以实现。法律强调的是对债权人利益的保护，并为此设计了很多强制性规范。

进而论之，随着资本市场的不断发展，以调整市场主体为对象的公司法逐渐获得了不同于民法的秉性，与民法渐行渐远。公司权力规制成为法律规范的重点。通过对公司权力的有效规制，确保股东、债权人、职工等利益相关者利益的实现。如果在对公司法律规范进行解释时，忽视不同公司类型治理结构的差异、与资本市场的关联度以及交易安全保护程度的差异等因素，结果必然导致在法律适用上顾此失彼，在价值取舍上自说自话，在法律行为效力的认定上各守一词。

我国公司法的立法与股份制建设实践密切相连。在立法体例上，我国长期采取按所有制和行业来制定企业法的模式。随着国家与社会对股份制认识的突破，对跨越不同所有制和行业的公司制这一企业组织形式单独立法，终于获得了全面认可。

中华人民共和国成立以来，最早的公司法当属全国人大常委会于1993年12月29日审议通过的《中华人民共和国公司法》。根据当时立法的相关资料，立法者曾于20世纪90年代分别起草了优先责任公司法草案和股份有限公司法草案，试图分别规定两种公司形式。后为了适应市场经济发展的需要，立法者最终决定将两个法律文本合并，制定统一的公司法。为了确保公司法律文本繁简适当，立法者采取了"统分结合"的立法模式。凡股份有限公司和有限责任公司共同性的问题统一规定在若干章节中，然后按照有限责任公司—股份有限公司的脉络进行安排。除此之外，二者如果含有相通之处，则采用法定准用制度。即对于有限责任公司与股份有限公司相通的部分，法律

---

[1] 王利明：《法律解释学导论——以民法为视角》，法律出版社2009年版，第241—243页。

不作重复规定，只规定本法有关有限责任公司的规定适用于股份有限公司。全国人大常委会于2005年修改《公司法》时，虽然增减了相关条款，但并未触及《公司法》的法律结构和体例安排。

从立法技术上讲，这样的体系安排简约、经济，符合法经济学的要求。但在缺乏商事解释学的情况下，这样的立法技术容易给人造成下列错觉：有限责任公司和股份有限公司没有多大区分，股份有限公司是一个升级版的有限责任公司，或者有限责任公司是一个封闭性的股份有限公司。此时，简单地、直接地依据法理学和民法学有关法律解释的一般理论，特别是体系解释的理论进行解释，很难得出一个令人完全信服的结论。从这个意义上讲，结构解释对于公司法规范的正确适用具有现实意义。

三、结构解释的逻辑起点：目标公司❶的确立

正确确立不同公司类型之间的关系，既是公司法结构的核心内容，也是结构解释首要解决的问题。为此，目标公司的确立至为重要。

目标公司的价值在于发现公司的共同特征或核心特征，帮助立法者建立起秩序井然、科学合理的公司法体系。调整这类公司形态的法律规范是普遍适用于各种公司类型的一般规范。有关其他公司类型的法律规范则属于特别规定。倘若没有目标公司，司法者很难做到正确解释和适用法律。如果错误选择目标公司，将导致法律正当性的丧失，最终导致立法目的的偏离，影响法律执行的效果。

在不同国家的法律体系中，作为目标公司的公司必须是能够集中反映各种公司类型共有属性及其存在和发展共同规律的公司形态。一般应具有以下特征：法律人格、有限责任、股份自由转让、集中管理以及投资者所有权。遵循此要求，股份有限公司被确认为公司法上的目标公司。其理由是：

（一）股份有限公司是公司组织形式的常态

为了说明这一点，我们需要回顾公司的发展历程。在回顾公司发展史时，必须关注英国公司及公司法现象。这是因为，英国公司及公司法的发展呈现出一种最为自然、连贯的演进过程，欧洲其他国家和美国公司法都是从英国公司和公司法的发展中汲取营养的。❷

---

❶ 这里所讲的目标公司是作为理论研究对象上的公司类型，与公司并购领域中的"目标公司"或"被收购公司"系完全不同的概念。该类公司是公司的普遍形态，在法律人格、有限责任、股份自由转让、集中管理等方面表现得更为突出。各国立法均将其视为立法重心。

❷ 叶林：《公司法研究》，中国人民大学出版社2008年版，第3页。

从 14 世纪开始，英国国王开始通过发给皇家特许令的方式，授予商人海外交易的特权，组建殖民公司。最早的殖民公司一般采取规约公司（regulated companies）的形式。1553—1720 年，合股公司（joint-stock company）数量大量增加而规约公司数量却不断减少。❶ 1720—1844 年，英国出现了大量未经注册而成立的商业组织。按照当时的法律，这些组织被视为合伙，由此带来了不少法律问题：如果合伙协议中没有规定合伙期限时，任一合伙人的死亡往往宣告合伙之结束；更大的问题是，公司无法以合伙法进行诉讼。❷

在此社会需求下，1844 年，英国颁布了具有里程碑意义的《合股公司法》，规定只要公司提供信息并符合某些法律法规，一经注册便自动宣告成立，但未规定投资者的责任问题。1807 年《法国商法典》首次在法律上规定了股份有限公司，规定股东仅以自己的出资额为限对公司债务承担责任。在吸收法国法的经验后，英国于 1855 年订立了《有限责任法》，确立了有限责任制度。从 1907 年经 1929 年至 1948 年两度大规模修改公司法，规定了封闭公司，股东责任被分为有限责任与无限责任，其中，有限责任型的封闭公司与有限责任公司性质相同。

透过英国公司及公司法简史，我们发现股份有限公司是最为古老而悠久的公司组织形式，是公司组织形式的常态。以其作为目标公司具有深厚的历史基础。

（二）股份有限公司与有限责任公司属于一般与特殊的关系

一般来讲，公司法律形态是适应不同生产方式和所有制状况以及某一国家或地区特定的商业和法律习惯而形成的。因此，不同国家的公司法律形态是有所差异的。在英美国家，公司法以公开公司为目标公司，有关公司法的标准条款几乎就是为公开公司量身定做的。其他公司适用公司法时，采取简化或者选择适用的方式。而在大陆法系，尽管各国在对不同公司类型的安排上有所差异，但在理论上，大多以股份有限公司为目标公司，而其他公司类型则被看成股份有限公司的简化版本或者合伙的升级版本。

众所周知，在有限责任公司诞生前，德国已经有了股份有限公司、无限公司和两合公司。由于股份有限公司具有股份均等性、经营开放性、决策民主性、组织机构制衡性等特点，因此最受大型企业的青睐。但 1870 年的德国《股份有限公司法》和 1884 年的《德国商法典》采取严格限制股份有限公司

---

❶ [英] 罗纳德·拉尔夫·费尔摩里：《现代公司法之历史渊源》，虞政平译，法律出版社 2007 年版，第 4 页。

❷ [英] 罗纳德·拉尔夫·费尔摩里：《现代公司法之历史渊源》，虞政平译，法律出版社 2007 年版，第 38 页。

设立的法律规则，股份有限公司成为一种程序复杂且成本高昂的法律形态，契约自由在其中也受到了很大限制。这给中小企业采用股份有限公司造成了困难和不便。但同时，很多股东又不愿意承担无限责任，故他们也无法采用无限公司与两合公司的组织形式。

在这样的背景下，考虑到中小企业的客观需求，立法者设计了有限责任公司，通过它来填补股份公司与合伙之间的空白。对于这种公司组织形式，日本公司法学者末永敏和认为："有限责任公司是利用法律的恩典而形成的政策性的产物，是简易化的股份有限公司，它与股份有限公司的最大区别就是排除了资本市场的利用，在内部关系的规制上也具备了人和结合性。"❶ 可以说，有限责任公司只是股份有限公司的特别形式而已，股份有限公司与有限责任公司具有一般与特殊的关系。股份有限公司承担着目标公司的角色。

（三）以股份有限公司作为目标公司具有价值优位性

对于一个法治国家而言，财产权是整个市场经济的逻辑起点。市场交易"不是实际交货那种意义上物品的交换，它们是个人与个人之间对物质的东西的未来所有权的让与和取得"❷。任何一项涉及财产的法律制度，都应该尽可能地尊重、保护并有助于财产权的实现。这不仅是该制度的价值之所在，也是其作为法律规范的有效性和正当性的内在要求。以此价值角度考量，以股份有限公司作为目标公司并优先对其加以规制更为合理。

在公司法领域，对财产权的尊重不仅体现在投资人对公司的控制权和对公司利润或剩余收益的索取权上，还体现在股份自由转让上。这是因为，股份自由转让是股东实现营业自由的重要手段，进而也是实现人的自由的重要途径。正因为如此，股权自由流转应该是资本市场的基本准则，对股权转让的限制只能是一种例外。承载这一原则的公司组织形式自然取得价值上的优越地位，进而获得目标公司的殊荣。

考察世界主要国家的公司法，股份有限公司属于典型的资合公司，以资本为信用基础，允许股权自由转让。而有限责任公司具有极强的人合性，为了维护公司的人合性，公司所有者可以控制其对公司的所有权和经营权，阻止公司外部人士介入公司经营。因此，除少数国家外，大部分国家要求有限责任公司的股东向外转让股权时，须征得其他股东的同意或者其他股东享有优先购买权。我国台湾地区甚至要求，股东非经其他全体股东过半数同意，

---

❶ [日]末永敏和：《现代日本公司法》，金洪玉译，人民法院出版社2000年版，第20页。

❷ [美]约翰·康芒斯：《制度经济学》（上册），于树生译，商务印书馆1962年版，第73页。

不得以其出资的全部或一部转让于他人。前项转让不同意的股东有优先受让权；如不承受，视为同意转让，并同意修改章程有关股东及其出资额事项。公司董事非经其他全体股东同意，不得以其出资之全部或一部，转让于他人。据此，从法律对股东财产权的限制角度看，股份有限公司具有价值上的优位性，更能体现股东自治的商法理念，将其作为公司法上的目标公司并给予规制更具合理性。

在我国，公司法主要规定了两种公司类型：有限责任公司和股份有限公司。虽然在立法的逻辑安排上，我们采取了有限责任公司—股份有限公司的脉络，并运用法律类推适用制度，以达到立法简约的目的。但我们无法据此断定，有限责任公司是我国公司法上的目标公司。法律解释的技术与立法结构安排并不能简单地等同。如果说立法结构的安排强调备而不繁，逻辑严密，条文明确、具体，用语准确、简洁，法律规范的适用则应以实现整个法律秩序为目标。以股份有限公司为目标公司，有助于发现公司的共同特征，找到公司的共通规则，法律规范的具体适用才可能达到规则制约与人的自由裁量之间的相对协调。在维护法律稳定性的同时，提升公司法对纠纷的解决能力和对各种权益的规制力，进而实现经济的有序与高效。

四、结构解释的路径与方法：类型化分析

基于目标公司的特殊地位，公司法的首要功能是为商事企业提供目标公司这样的组织形式。通过塑造普遍适用与方便使用的公司形式，公司法帮助企业家轻松自如地借助公司组织媒介开展交易活动，从而降低商事活动的交易成本。❶ 公司法这一调整功能的实现有一个从经济世界向法律世界转变的过程，这一过程有赖于运用法律世界所包含的概念和范畴去解释、描述我们所面对的经济世界，在这一过程中所发生的问题便是公司法的解释问题。

结构解释的首要功能在于将调整目标公司的法律规范视为普通规范，调整其他公司类型的法律规范视为特殊规范，根据特殊与一般的法理逻辑，对具体法律规范的适用条件、范围等作出解释。除此之外，结构解释还要明确目标公司与其他公司类型、其他公司类型之间的差异性，运用类型化思维聚焦不同公司的治理和权益平衡问题，在彰显公司法功能的价值导向下，达到对法律规范的准确适用。

考虑到目标公司在公司法上的特殊地位，为实现公司法调整功能的最大化，最终实现以效率优先兼顾公平的公司法理念，结构解释还需要按照

---

❶ [美]莱纳·克拉克曼等：《公司法剖析：比较与功能的视角》，刘俊海、徐海燕译，北京大学出版社2007年版，第2页。

目标公司的特征，将公司分为以下几种：所有者经营公司、大的有限责任公司、股票不公开交易的股份有限公司和股票公开交易的股份有限公司。然后，根据这些公司类型的差异性，区别对待同一法律规范，以实现公司法的功能。

由于上述四类公司具有不同的特点和功能，以下三种关系对于结构解释至关重要：第一种关系为股东作为一个整体和董事会之间的关系；第二种关系是多数股东和少数股东之间的关系；第三种关系为公司控制者和公司利害关系人之间的关系。❶

首先，对于所有者经营公司来说，股东、董事和管理层是一体，没有与股份分离的集中管理，公司治理的重点是第二种关系和第三种关系。在适用相关法律规范时，少数股东利益和公司利害关系人利益是一个需要优先考虑的因素。譬如，在适用《公司法》第20条第1款有关公司法人人格否认规则时，考虑到所有者经营公司往往成为控制股东或实际控制人谋取不当利益的工具，因此，公司法人人格否认适用对象可明确为控制股东或实际控制人，公司法人人格否认条件比其他类型的公司相对要宽松许多，以充分实现对公司债权人利益的维护。

另外，在所有者经营公司中，由于股东人数相对较少，彼此比较了解，股东之间大多有亲属或朋友关系，信息相对充分，一般情况下，股东可以就公司的事务充分进行协商。国家更多是通过事后管制的方式保证股东意思自治的实现。有关所有者经营公司的立法应该以契约自由为基本原则。公司的参与人可以根据章程的规定自行约定公司权利义务的配置、利润和风险的分配，立法不应做过多的干涉。法律规范应该以赋权性和补充性为主。

其次，对于股票公开交易的股份公司来说，所有权和经营权相分离是最彻底的，公司的社会性更为明显，集中管理和股权自由转让成为此类公司的主要特征，第一种关系方面的问题，以及解决第一种关系问题波及的第三种关系方面的问题，成为公司法规制的重点。在适用相关法律规范时，股东利益是首先需要考虑的因素，其次才是公司利害关系人的利益，在股东利益和公司利害关系人利益发生冲突时，应优先保护股东利益。

另外，对于股票公开交易公司而言，由于股东人数众多、变换不定、允许协商决定公司事务的可能几乎不存在。股东意思自治的缺陷比较明显，需要国家通过立法给予纠正和救济，以彰显实质正义。有关股票公开交易公司的立法应该以国家强制为基本原则。法律规范应该以强制性为主。

---

❶ ［英］保罗·戴维斯：《英国公司法精要》，樊云慧译，法律出版社2007年版，第37页。

最后，对于大的有限责任公司和股票不公开交易的股份有限公司来说，与股票公开交易的股份公司相比，董事对股东负责相对容易做到，因为股东可能更加集中，但是这种集中有一个更大的风险，即一些股东为了控制董事会将联合行动，并不顾非控制股东的利益运营公司，这样就引起了第二种关系方面的问题。在适用相关法律规范时，少数股东利益的维护是一个需要优先考虑的因素。

当然，大的有限责任公司与股票不公开交易的股份有限公司还是有一定区别的，这一区别集中体现在股权转让方面。对于有限责任公司来说，人合性是公司的信用基础之一，股权转让受到一定的限制。对于股份有限公司来说，不考虑公司的人合性，股东可自由转让其股权，法律不加限制。这样，在对少数股东利益保护的程度上，有限责任公司和股票不公开交易的股份有限公司是不能简单划一的，前者要比后者的保护力度大一些。

另外，由于大的有限责任公司和股票不公开交易的股份有限公司处于所有者经营公司和股票公开交易的股份有限公司之间，相关公司法律规范的性质应该根据所涉及利益类型加以区分，整体上看，大的有限责任公司作为简化的股份有限公司，更强调人合性的优点。公司自治色彩更浓厚一些，任意性和赋权性规范多一些。股票不公开交易的股份有限公司具有结合资本、分散损失以及企业永续性等特点，国家管制更多一些，强制性规范相对而言也会增加。

五、结构解释的具体应用

在法学和法律实践中，重要的不是逻辑，而是通过规范实现法的意义和目的。借助法律规范实现调整目的是法的核心。对需要调整的生活领域而言，一切具体的法律规范都超越了自身，而指向一个可以推测的整体方案，即"价值评价计划"。从这个意义上说，具体法律规范部分包含了"超越其上的"立法的正义观。在解决"个案"时，法律适用并不是简单地寻找答案，而是如何从整个法律秩序出发对该"个案"作出评价。[1] 依此法理，虽然我国公司法立法结构存在缺陷，[2] 但我们完全可以通过解释技术的运用弥补此缺陷，并寻找到正当的解释结论。

根据前述有关结构解释的分析，我们需要对我国公司立法结构加以转化。首先，将《公司法》有关有限责任公司、一人公司、国有独资公司的规定看

---

[1] ［德］伯恩·魏德士：《法理学》，丁小春、吴越译，法律出版社2003年版，第72页。
[2] 叶林、刘向林：《我国公司法立法结构的改革》，载于《政法论丛》2011年第3期，第32页。

作是特殊规范；其次，在适用《公司法》总则，公司董事、监事、高级管理人员的资格和义务，公司债券，公司财务、会计，公司合并、分立、增资、减资，公司解散和清算以及法律责任的相关规定时，针对公司是否属于所有者经营公司、大的有限责任公司、股票不公开交易的股份有限公司和股票公开交易的股份有限公司，以及四类公司治理问题的特殊性灵活适用之，以充分实现《公司法》维护公司和股东利益的职能，防止因过分强调对公司相对人利益的保护，导致法律功能及法律解释的错位。

下面以《公司法》第34条、第16条为例，就结构解释的具体运用加以说明。

（一）《公司法》第34条第2款的适用范围

《公司法》第34条第2款位于《公司法》第二章有限责任公司的设立和组织机构，可以解释为对有限责任公司股东赋予的一种权利。在我们将股份有限公司定位于目标公司后，自然可以得出如下解释结论：《公司法》第34条第2款不适用于股份有限公司。

对于这一结论，我们可以通过立法考察加以证实。考察《公司法》第34条第2款制定的背景，当时，有些常委会委员、全国人大代表和地方部门提出，有些大股东利用其对有限责任公司的控制权，不允许中小股东查阅公司财务状况，权益受到损害的中小股东又无法像股份有限公司股东那样可以通过转让股份退出公司，致使中小股东的利益受到严重损害。本法应当增加保障中小股东知情权的规定。法律委员会经同国务院法制办、最高人民法院研究，建议针对上述问题，借鉴国外通行的做法，增加规定，有限责任公司的股东可以要求查阅公司会计账簿。公司有合理根据认为股东查阅会计账簿有不正当目的，可能损害公司利益的，可以拒绝提供查阅。公司拒绝提供查阅的，股东可以请求人民法院要求公司提供查阅。❶

（二）未经内部审议程序，公司对外担保合同的效力

根据我国《合同法》和《公司法》的规定，公司具有一般的担保能力。与自然人担保不同的是，《公司法》规定了内部审议程序。其中第16条规定，公司为他人提供担保时，依照公司章程的规定，由董事会或股东会、股东大会决议；公司为公司股东或者实际控制人提供担保的，必须经股东会或者股东大会决议。同时对于上市公司，《公司法》还在第122条作了特别规定：上市公司在一年内担保金额超过公司资产总额30%的，应由股东大会作出决议，并经出席会议的股东所持表决权的2/3以上通过。对于公司法的这些规范如

---

❶ 洪虎：《关于〈中华人民共和国公司法（修订草案）〉修改情况的汇报》2005-8-23.

何理解决定着公司对外担保合同的效力。在此问题上，笔者认为，需要借助类型化原则进行解释。

首先，对于其股票在证券市场进行交易的股份有限公司来说，其更具有目标公司的属性。倘若认可公司违反内部审议程序对外担保合同是有效的，则容易侵害到公司中小股东及其债权人的合法权益，导致公司治理失衡，进而影响到整个社会经济秩序和社会公共利益。因此，《公司法》第16条和第122条的规定可解释为强制性效力规范，未经公司章程授权，或者未经公司董事会和股东大会决议，公司对外签订的担保合同，属于无效担保。

其次，对于其股票不公开交易的股份有限公司和大的有限责任公司来说，在我们国家，二者具有很强的封闭性，其共同的问题是多数股东对少数股东的排挤和挤压，公司治理的重心是保护少数股东的合法权益，加之，对于这两类公司，所有权和经营权发生分离的程度不如上市公司，其公司管理介于集中管理和股东管理之间，但股东特别是控制股东对业务执行机关的影响远远超出上市公司。这类公司作为股东自愿组成的商业组织形式，未经公司章程授权，或者未经公司董事会和股东大会决议，公司对外签订担保合同的行为不涉及公众利益，在这种情况下，《公司法》第16条的规定仍可解释为管理性强制性规范，公司对外签订的担保合同有效。至于少数股东的合法权益可通过公司章程的约定或依据《公司法》第149条的规定予以保护。

最后，对于所有者经营公司而言，由于其结合了所有权和经营权，属于典型的股东管理型公司，公司法的主要功能在于保护交易安全和维护公司债权人利益的，因此，《公司法》第16条的规定可解释为管理性强制性规范，未经公司章程授权，或者未经公司董事会和股东大会决议，公司对外签订的担保合同，属于有效担保。

除了在上述法律规范外，结构解释还可以适用于公司法人人格否认制度、社会责任的履行、行政规范对公司治理的介入等方面。

结　语

随着社会主义法律体系的初步建成，我们已经进入法律解释学的时代，结构解释的价值在于，充分利用公司法结构的价值，弥补立法之缺陷，在维护法的安定性的同时，有效地实现法对社会生活的规范作用，从而为中国商事解释学的建构提供一定的思路，为商事裁判思维的养成和商事理念的恪守提供理论支撑，但在中国民商合一的体系下，商事解释学仍然任重道远。

试论《行政许可法》在堵塞腐败源头方面的意义*

行政许可即我们通常所说的行政审批，既涉及行政机关对社会与经济事务的事先的行政管理，也涉及公民法人和其他组织的切身利益，制定行政许可法对规范行政许可活动是十分必要的。2004年7月1日正式实施的《行政许可法》对于政府简化经济管理手段、提高管理效率、遏制以权钱交易为特征的腐败等具有重要的意义。

一、《行政许可法》的实施，有利于行政许可行为的法制化、规范化

在《行政许可法》出台之前，我国行政许可太多、太滥：一是谁都在设许可，乡政府、县政府在设，有些内设机构也在设；二是什么事都要设行政许可，一说行政管理，就是要审批；三是实施行政许可环节过多、手续烦琐、时限过长，老百姓办事很难；四是重许可、轻监管或者只许可、不监管的现象比较普遍，市场进入很难，而一旦进入却又无人监管；五是有些行政机关利用行政许可乱收费；六是行政机关实施行政许可，往往只有权力，没有责任，缺乏公开、有效的监督制约机制。究其原因，主要在于没有一部完整的行政许可法，故而没有行政许可的完整的法律规则。《行政许可法》总结和肯定了几年来行政审批制度的经验和成果，按照合法与合理、效能与便民、监督与责

---

* 本文发表于《市场与法》2004年第6期。

任的原则，对行政许可的设定和行政许可的实施都作出了全方位的规范。这将有利于行政审批制度改革的进一步深化，使政府的行政审批和行政管理工作纳入法制化、规范化的轨道，也将有力地推进和保证行政机关的依法行政和依法管理。

二、《行政许可法》的实施，有助于政府的职能转变，建设"有限政府"

"有限政府"就是要限制政府的权力，限制政府规制的范围，保障公民权利和自由。过去，政府的重要失误之一就是管太多，大事小事都要经政府审批、许可。政府这样做既严重限制了市场主体和公民个人的自由，又阻碍了市场经济的发展和公民个人积极性与创造性的发挥。《行政许可法》第一要务即是限制政府规制人们社会生活和经济生活的范围，严格地控制行政许可设定权，而且明确规定了行政许可事项的范围，这样就可以减少和限制不必要的行政审批和依法无据的事项，使行政机关抛弃传统的管理模式，由过多地直接干预社会生活和经济生活，转向宏观调控和社会服务方向。法律只允许对直接关系国家安全、公共安全、人身健康与生命、财产安全、有限自然资源的开发利用和有限公共资源的有效配置，直接关系公共利益的垄断性企业的市场准入等事项设定行政许可。即使是上述事项，凡通过市场竞争机制调节、行业组织和中介机构规范的自律性管理以及行政机关采用事后监督等方式能够予以规范的，也不得设定行政许可。《行政许可法》限制行政许可事项的范围体现了政府减少规制、放松规制的要求。法律通过限制行政许可事项的范围，一方面取消了政府过去实施的大量的不必要规制，还市场主体和公民个人以自由；另一方面将某些必要的规制转移给行业组织和中介机构实施，只保留少量的、必须由政府实施的、真正属于"公共物品"范畴的行政许可由政府实施，从而促使政府职能转换和转移，促使政府从"全能政府"向"有限政府"转化。

三、《行政许可法》的实施，有助于消除法制和市场的部门分割与地方封锁

过去由于我国法律没有对部门和地方的规制权加以限制，一些中央政府部门和一些地方政府通过规章，甚至通过一般规范性文件滥设许可，通过许可乱收费，通过许可为本部门争权、为本地方谋利，通过许可搞部门分割与地方封锁。为了克服这种部门保护主义和地方保护主义的弊害，保障国家法制的统一和市场的统一，《行政许可法》取消了中央政府部门的许可设定权，对于地方政府的许可设定权亦加以严格的限制，省、自治区、直辖市政府只能因行政管理急需设定不超过一年期限的临时性行政许可。《行政许可法》的

这种规定，无疑有助于消除法制和市场的部门分割与地方封锁。

四、《行政许可法》的实施，有利于防止腐败和滥用权力，建设透明、廉洁政府

过去，我国在行政许可领域，特别是在批地、批项目及市场准入方面，正是由于缺乏这样一套机制，出现许多腐败和权钱交易的大案要案。针对这种情况，《行政许可法》确立了许可实施情况、许可实施的公开原则和一套相应的制约机制：首先，法律要求行政许可的事项、条件、程序必须公开，不允许暗箱操作。其次，行政机关实施行政许可，根据其性质，有的必须经过公开招标、拍卖等公平竞争方式，有的必须事先依技术标准和技术规范进行检验、检测、检疫，凡未经过这些法定公开程序的，所实施的行政许可行为将被有关权力机关撤销或确认无效；此外，行政许可涉及申请人或利害关系人重大利益的，应相对人申请，行政机关要为之举行听证。最后，行政许可的结果应当公开，接受相对人和社会公众的普遍监督。显然，这种公开、透明的原则及其制约机制，对于防止行政机关及其工作人员腐败和滥用权力、建设廉洁政府具有重要意义。

五、《行政许可法》的实施，有利于防止偏私、歧视和政府失信

在行政许可领域，保障公正、公平、诚信的最重要的机制是程序。过去，一些行政相对人对政府行政许可行为不满，就是因为许可程序不公，程序不公导致偏私，偏私导致不平等对待，不平等对待导致政府失信。《行政许可法》把规范许可程序作为立法的重要目标，确立了一系列保障公正、公平、诚信和信赖保护的规则和制度，其中最主要的有：（1）将公平、公正确定为行政许可的基本原则，规定行政机关对任何许可申请人应一视同仁，凡符合法定条件和标准的，均应平等给予获得行政许可的机会，不能厚此薄彼；（2）对于有数量限制的行政许可，如有两个或两个以上的申请人均符合法定条件和标准，法律要求行政机关根据受理申请的先后顺序予以许可，或者通过招标、拍卖、统一考试等公平竞争的方式确定被许可人；（3）行政机关审查行政许可申请，发现许可事项直接关系第三人重大利益的，应当告知第三人、申请人、利害关系人有权进行陈述和申辩，行政机关应当充分听取申请人、利害关系人的意见；（4）行政相对人依法取得行政许可后，行政机关不得擅自撤销、变更或注销其许可；当行政许可决定所依据的法律、法规、规章修改或者废止，或者颁发行政许可所依据的客观情况发生重大变化时，为了公共利益需要，行政机关虽可依法变更或者终止已经生效的行政许可，但

对由此给行政相对人造成的财产损失应依法给予补偿。

六、《行政许可法》的制定，有利于消除政府机关之间相互推诿、扯皮和由此导致的效率低下，建设便民、高效政府

方便当事人，方便群众，保证公民、法人和其他组织的合法权益，这是制定《行政许可法》的立法宗旨之一。《行政许可法》规定了许多简便、快捷和方便申请人的许可方式和制度，其中最重要的是：（1）省、自治区、直辖市人民政府经国务院批准，根据精简、统一、效能的原则，可以决定一个行政机关行使有关行政机关的行政许可权；（2）行政许可需要行政机关内多个内设机构审查的，应当确定一个机构统一受理行政许可申请，统一送达行政许可决定；行政许可依法应由地方人民政府两个以上部门分别实施的，本级人民政府可以确定由一个部门受理许可申请，并转告有关部门分别提出意见统一办理；对有些行政许可，当地人民政府可以组织有关部门联合办理、集中办理；（三）申请人申请行政许可，其提供的申请材料存在可以当场更正的文字错误、计算错误一类错误，行政机关应要求申请人当场更正，不得以申请材料存在此种错误为由拒绝受理；申请材料不齐全或不符合法定形式的，行政机关应当一次性告知申请人补正；（四）如果申请人提交的申请材料齐全，符合法定形式，行政机关能够当场作出决定的，应当当场作出决定；如不能当场作出决定，则应在法定期限（一般为20日，特定情形为45日）内作出决定，法定期限内不能作出决定的，经本行政机关负责人批准，至多可延长10日，属特定情形的可延长45日。《行政许可法》的这些规定，对于消除行政机关推诿、拖拉、办事效率低下，建设高效政府，无疑将起到重要作用。

浅谈受贿罪证据的收集及认定[*]

根据我国现行的刑事法律、决定、规定以及法解释来看，受贿罪是指国家工作人员利用职务上的便利，为他人谋取利益而索取或者非法收受他人财物的行为，属于一种严重的渎职犯罪，也是一种严重的经济犯罪。目前，贿赂犯罪已发展到比较严重的程度。从犯罪成员来看，党和国家机关中的领导干部占有一定的比例。其中，有基层干部，也有一定数量的县处级以上的干部，他们利用职权进行权钱交易；受贿数额特别巨大，有万元、十万元、百万元以上，对国家的危害特别严重。有的犯罪分子上下勾结、内外勾结，有的以国家机关、企事业单位的名义为掩护，进行非法活动。大案、要案、群案、窝案之多，且有些犯罪成员凭借雄厚的保护层对抗法律，公开与司法机关较量，这就给办理受贿案件造成"一大两难"，查处阻力大，突破案件难，收集证据难。因此，作为人民检察机关，如何精心收集受贿案件的证据以及如何确切地认定受贿罪，就显得格外重要。根据办案实践，我们认为，受贿案件证据的收集应特别注意以下几点。

一、选准目标，迅速果断，以快制胜

当接到受贿罪案的举报材料和可靠线索后，办案人员首先要综合分析，认真研究、精心筛选，先选准目标，突出打击对象。根据受贿罪犯易于串供、毁证或伪造假证、

---

[*] 本文1992年发表在《陕西检察》创刊号上，并获奖。

转移赃款赃物等特点，在收集证据时，一定要"快"。侦察要秘密，先发制人是策略，以赢得时间，获取证据，不给犯罪分子以任何喘息的机会，这样就会取得主动权，否则，就会贻误战机，使侦察工作陷入被动。过去我们在办理某县交通局原局长受贿案中，从受理到破案仅用了5天时间。这起案件的侦破过程充分地证明，能否及时出击，以"快"取胜，是办理受贿案的关键所在。

办案中必须做到"四快"：一是立案快。对掌握的案件线索要采取秘密初查。经查认为确有受贿犯罪事实的，需追究刑事责任时，应即立案，以防犯罪分子订立攻守同盟，销毁罪证。二是搜查快，在受贿案中，赃款赃物和有关的书信、发票、单据及笔记等都是比较可靠、有力的物证和书证。因此，立案前后要对犯罪分子非法所得财物的数量、品种、价值进行秘密侦查，拟订方案，不失时机地迅速搜查。搜查要认真细致，做到一丝不苟，以获取有价值的书证和物证。三是采取强制措施快。在掌握受贿罪的基本事实和确凿证据的前提下，对犯罪分子应果断及时地采取必要的强制措施。应视其认罪态度作相应的对待，对能如实供认犯罪事实的，可采取监视居住、取保候审；对那些拒不认罪、负隅顽抗，且有串供逃跑、自杀可能的被告人，必须及时采取刑事拘留或逮捕。四是审讯快。因为被告人一旦被检察机关宣布采取法律措施后，必然思想混乱，神情紧张，不知所措。我们应充分利用犯罪分子惊魂未定、缺乏准备这一心理特点，立即突击审讯，摧毁其侥幸蒙混心理，对迫其就范，是很有助益的。

二、认真研究，制定计划，获取证据

办案人员在接到受贿犯罪案件的举报和线索后，要认真研究案件的线索来源和可靠程度，全面正确地了解举报或提供信息一方的基本情况，分析其举报的动机、目的及与被告人的关系等。在认真分析案情的基础上，制定出可行的侦查方案，选准侦查突破口，要分段计划，列出重点问题。比如说，侦查的哪个阶段需要解决一些什么问题，要到什么地方，向哪些人取证，应采取哪些步骤和方法等。在通常情况下，应从外围入手，即由远及近，由表及里，从知情人、行贿人、介绍贿赂人身上突破，先获取一定的证据，然后攻克受贿人。因为知情人不负法律责任，顾虑少，易突破，而且知情人往往同受贿人有一定的矛盾和隔阂，又多是案件的举报人，因而找他们调查了解，可进一步搞清情况，摸清底数，扩大已有的线索，对我们确定侦查方向、选定侦查方法都是十分必要的。对只有行贿受贿双方，即"一对一"的案件，常常是先从行贿人身上突破，获取供词。在接触行贿人之前，要全面了解掌握行贿者的个人情况，如年龄、文化程度、职业、家庭结构、经济状况、性格爱好、为人处世、一贯表现等。因为行贿人是案件的利害关系人，一般是不轻易陈述犯罪事实的，但也要看到行贿是为了达到某种利益而付出的"代价"，而绝非出自内心意愿，有些甚至是被强卡硬要的，因此，一般情况下比受贿人易于突破。在办案力量充实时，应采取审、调结合的方法，力争做到立案、传讯、取证、调查等同步进行，这样更有利于及时、准确、全面地收集证据，提高办案效率。

三、分别对象，从易到难，各个突破

在侦查案件的过程中，能否正确地选准案件的突破口，是办案成败的关键，是衡量侦查水平高低的标准。根据我们的体会，在选择突破口时，应注意以下几个问题：一是在众多对象中应优先选择最能如实供述或可能如实供述的；二是选择最有利于客观供述的地点和时机；三是针对不同对象，采取相应的方法，力争一次性成功。如在办理屈某受贿案中，办案人员接受任务后，经认真分析认为：安某虽系农民，却是"文革"前的中学生，实际文化程度较好，能组织几十人的建筑队，走南闯北承包施工，足见其组织、领导、思维能力都是不错的。他本人自尊心很强，好面子，讲义气，能将背上的"隐私"窃诉他人，必然心怀不满，借以发泄。据此我们将突破口选准在他身上，终致一举获胜。办案实践证明，选准"突破口"对尽快获取证据，顺利侦破全案具有关键意义。

四、全面客观，尊重事实，收集证据

证据是客观存在的事实。收集证据必须尊重客观事实，以实事求是的态度，按照事实的本来面目如实地加以收集，绝不能以主观臆想代替客观事实，或偏听偏信、随意取舍，更不能弄虚作假，歪曲事实，或刑讯逼供制造假证据。在办理受贿案件中，如何全面、客观地收集证据呢？首先在收集证据过程中，既要注意收集能证明"有受贿"犯罪事实的证据，还要收集证明"无受贿"犯罪的证据；既要注意收集"加重"被告人罪责的证据，也要注意收集能"减轻"被告人罪责的证据；既要收集直接证据，又要收集间接证据。这就要求办案人员不能脱离案件的实际情况，从主观想象出发，先臆想出一个"框框"，然后带着这个"框框"去收集证据，凡符合这个"框框"的就收集，否则就摒弃。如此收集的证据，不仅是片面的，肯定也是不真实的。如果以这种证据来认定事实，必然造成冤、假、错案，危害国家和人民的利益。反复陈述，在证据面前，一就是一，二就是二，要原原本本地弄清真相，

来不得半点虚假。其次,必须保证一切与案件有关的人,或对案件知情的人,有客观充分地提供证据的条件,并保证被告人有客观地供述犯罪事实的条件和环境。严禁刑讯逼供和采取威胁、引诱、欺骗以及其他非法的方式、方法收集证据。否则,就有可能使侦查工作走弯路甚至出现错误。办案中只要注意全面收集证据,牢牢地把好这个关,案件中的矛盾就会充分地暴露出来,以便于对比、印证,并进行综合分析,最终了解到案件事实的各个方面乃至全貌。

受贿案件证据收集好后,还要对证据材料进行全面的综合审查,进行具体分析,去粗取精,去伪存真。做到确凿无误后,我们就可以根据证据准确地认定案件事实。具体讲,要从以下四个方面认定受贿罪的构成。

（一）受贿罪的主体是特殊主体,即国家工作人员

我国《刑法》第385条规定了受贿罪的概念,《刑法》总则第93条界定了国家工作人员的范围:"本法所称国家工作人员,是指国家机关中从事公务的人员。国有公司、企业、事业单位、人民团体中从事公务的人员和国家机关、国有公司、企业、事业单位委派到非国有公司、企业、事业单位、社会团体从事公务的人员,以及其他依照法律从事公务的人员,以国家工作人员论。"由此可见,认定受贿罪时,必须注意受贿罪的主体是国家工作人员及上述人员以国家工作人员论的规定,要分清是否是在国家机关中行使一定职权、履行一定职务的人员,如果是,则主体合法;如果是在国家机关中从事劳务性工作的人员,如驾驶员、门卫、炊事员、清洁工等勤杂人员以及部队战士等,则不属于国家工作人员的范畴。

（二）受贿罪侵犯的客体是复杂客体

受贿罪既侵犯了国家机关,企业事业单位、军队、团体的正常活动,又侵犯了公私财产所有权,还破坏了国家的经济秩序,其中最根本的也是检察机关在认定受贿罪时需要特别注意的是受贿罪直接侵犯了国家机关、企业、事业单位、军队、团体的正常活动,这是受贿罪的直接客体。

在我们社会主义国家里,一切国家机关、企业、事业单位、军队、团体都负有管理一定的国家事务、组织社会主义现代化建设和安排人民生活的任务,要使这些任务顺利实现,首先就必须要保证这些机关、单位的正常活动。如果国家机关、企事业单位的工作人员在执行公务的过程中,利用自己职务上的便利,索取、收受他人财物或其他利益,就会破坏国家机关、企业、事业单位、军队、团体的正常活动,破坏国家的政策、法律和法令,损害国家的威望,扰乱社会主义经济秩序,甚至会改变为人民服务的宗旨。与此同时,行贿受贿之间非法的"权与利"交易,共同侵害了国家利益,由此就否定了

他们之间物质利益转移关系的合法性，侵害了公私财物所有权关系，所以说，认定受贿罪必须考虑受贿罪所侵害的客体。

（三）受贿罪在客观方面表现为利用职务上的便利，索取他人财物，或者非法收受他人财物为他人谋取利益

这一要件包括两个方面：一是利用了职务上的便利。我们在认定受贿罪时，就要注意看是否利用本人职务范围内的权力，即自己职务上主管、分管、经管某种公共事务的职权所造成的便利条件，如人事干部利用人事任免权，房管干部利用房屋分配权，招生人员利用招收录取学生的权力等。二是索取他人财物，或者非法收受他人财物，为他人谋取利益。我们要根据收集的证据，审查受贿人有无非法收受行贿人财物；受贿人在利用职务活动过程中有无以公开或暗示的方式主动向对方索取财物。在认定受贿罪时，我们还要注意"非法收受他人财物"同时具备为他人谋取利益的才能构成受贿罪，至于为他人谋取的利益是否正当，为他人谋取的利益是否实现，不影响受贿罪的成立。

需要强调的是，检察人员在认定受贿罪时，需要特别注意上述"利用职务上的便利"与"索取他人财物"或者"非法收受他人财物""为他人谋取利益"是紧密联系、不可分割的，必须把握住受贿犯罪的典型特征是"以权换钱，权钱交易"。

（四）受贿罪的主观方面是直接故意

作为办案人员，必须清楚行为人明知利用职务上的便利、索取他人财物，或者非法收受他人财物为他人谋取利益的行为是违背法律规定和其职务职责要求的，是在贪欲动机的支配下，仍决定要实施利用职务上的便利索取他人财物，或者非法收受他人财物为他人谋取利益的行为，其目的是取得他人财物。当然，我们应该知道，间接故意或过失均不能构成受贿罪。受贿的故意可以是产生在为他人谋取利益之前，也可以产生于其后，这并不影响受贿罪的成立。

上述四个方面是受贿罪的主要特征，凡是符合这些特征的行为，即构成受贿罪。我们办案人员必须记住这四个特征，在实践中注意区分受贿人的行为，同时要注意这四个方面对于构成受贿罪来说是缺一不可的，这样，我们才能确切地认定受贿罪，以便打击犯罪，保护人民。

基本解决执行难问题的思考与探索*

长期以来，一些当事人拒不执行法院生效裁判，既背离了诚信、守法的社会主义核心价值观，又严重侵犯了当事人合法权益，破坏了法治秩序，销蚀了司法权威。2016年3月13日，最高人民法院院长周强在第十二届全国人大第四次会议上庄严提出，"向执行难全面宣战，用两到三年时间，基本解决执行难问题，破除实现公平正义的最后一道藩篱"。这是人民法院向全国人民立下的军令状，也是人民法院针对"执行难"发出的总攻令。

解决"执行难"问题，必须从战略高度把握其重大现实意义。要深刻认识到，解决"执行难"问题，关系到全面推进依法治国、全面深化改革战略布局的推进，关系到宪法法律尊严和司法裁判权威的树立，关系到人民群众对法治的信仰和对司法的信心，更是关系到人民群众切身利益的一项重大"民生工程"。

解决"执行难"问题，必须准确把脉造成执行难的症结所在。造成执行难的根本原因在于：一是宪法法律尊严和司法裁判权威没有牢固树立。宪法和法律被社会普遍信仰，司法具有权威性，是现代法治社会的重要特征，是一个国家法治化的重要标志。然而，我们面临的状况却是法律信仰普遍缺失、司法没有权威性，突出表现在，全社会普遍缺乏法律信仰，缺乏对司法应有的尊重；裁判权威不高，规避执行现象频发多发，一些当事人自觉履行法院生

---

* 本文获2016年陕西省法院调研报告优秀奖。

效裁判的意识不强，有的甚至采取外出避债或假离婚、假买卖方式转移财产、规避执行，导致被执行人难找，可执行财产难查。同时，执行工作强制性不够，强制执行力度不够，这在一定程度上削弱了法律的刚性约束力，销蚀了司法权威，加剧了执行难。同时，从立法层面来看，目前，人民法院执行工作的法律依据，主要是分散于三大诉讼法的规定和相关司法解释规定，缺乏统一的强制执行立法。二是社会诚信体系建设滞后。破解执行难除了法院自身要不断加大强制执行力度外，更为重要的是全社会各方面要合力形成对失信被执行人的强大舆论压力、追查压力和信用惩戒压力，使其一旦失信就在就业、投资、消费、出行等诸多方面受到严格限制、寸步难行。这在根本上有赖于社会诚信体系建设。应该说，诚信体系建设与我国市场经济的发展程度相比，与推进法治建设的进程相比，与核心价值观培育的要求相比，总体上有所进展，但尚有不小差距。三是执行联动威慑机制联而不动。一些单位不认真履行联动威慑职责，有的单位以上级没有明确指示、履行内部审批程序等为由，不能积极配合法院执行工作，贻误了执行时机，降低了执行效率。四是法院自身原因。一些干警能力不强，执行理念陈旧，执行知识老化，执行经验不足，处理新型、复杂案件的能力有所欠缺，不善于运用信息化思维和手段执行案件；个别执行人员工作责任心还不够强，面对"执行难"问题存在畏难情绪、缺乏"碰硬"精神，对有的案件所采取的执行措施还不够及时到位；个别执行法官干警执法不廉，亵渎了法官人格，败坏了司法形象。

　　解决"执行难"问题，必须不断从司法实践中积累经验、汲取教训。近年来，延安法院聚焦破解"执行难"问题，不断加大执行力度，着力创新执行机制，切实规范执行行为，执行工作取得了长足发展，人民群众也拥有了更多获得感。2014年受理执行案件1359件，执结1231件，兑现执行款2.75亿元，结案率、标的到位率分别达到90.5%、89.6%。2015年受理执行案件4208件，执结4006件，兑现执行款9.3亿元，结案率、标的到位率分别达到95.1%、93%。我们在执行工作中的主要经验和具体做法如下：

　　首先，坚持高点定位，着力强化领导汇聚合力。始终把执行工作作为践行司法为民、树立司法权威、推动法治建设的有力抓手，推动构建综合治理执行难的工作格局，竭力维护当事人胜诉权益。

　　党委坚强领导是根本保证。市委、市政府高度重视法院执行工作，将解决执行难问题纳入推进平安延安、法治延安建设的总体部署。最高人民法院、省人民法院作出在两年内基本解决执行难问题的决策部署后，市人大常委会在履行监督职责的同时对执行工作积极支持，多次专题听取执行工作报告，并提出具体改进意见。市委政法委、市综治办、市中级人民法院抓早动快动员部署，联合下发实施方案，明确了目标任务和工作措施，列明了路线图和时间表，并将执行工作纳入全市综治考核体系，为破解执行难提供了有力保证。与此同时，市县党委关心支持执行工作组织建设，中级人民法院执行局由科级建制升格为副县级建制；中级人民法院和多数基层法院依照"裁决权与实施权相分离"的原则，健全了执行工作机构，设立了执行裁决庭和执行实施庭；多数基层法院执行局长落实了党组成员待遇，这些都为执行工作的顺利开展奠定了坚强的组织保障。

内外协同作战是制胜法宝。对内突出协作配合，夯实工作责任，将执行工作纳入各业务部门审判质效考核和个人业绩考核指标体系，细化任务分解，夯实责任主体，明确考评标准，使参与执行、配合执行成为每个部门、每位法官的思想自觉和行动自觉。对外强化联动威慑，2016年8月，市委、市政府"两办"专门印发了《关于进一步强化执行联动威慑机制的意见》，构建起党委领导、政府支持、法院主办、多方联动的执行工作格局，明确了12个联动威慑单位的工作职责和惩戒措施，汇聚起解决执行难的强大合力，实现了执行工作由法院单打独斗到多方协同作战的深刻转变。

上下统一步调是关键举措。两级法院普遍成立解决执行难工作领导小组，自觉把执行工作作为重中之重，明确工作目标任务，研究制定工作方案，及时跟进督促检查，形成了以上率下、上下联动的工作格局，确保执行工作有力有序有效开展。深化执行工作领导机制改革，实行统一领导、统一指挥、统一管理、统一协调的执行领导机制，明确了中级人民法院执行局对基层法院执行工作领导职能、管理职能和监督职能，充分发挥整体作战优势。

其次，狠抓执法办案，着力减少存量、遏制增量。始终把执法办案作为第一要务，坚决向执行难开刀，有目标、有举措、有气势地集中力量一项一项抓落实、抓攻坚，推动执行工作良性循环。

一是抓专项行动，集中清理一批。按照清理旧存积案、防控新生积案的工作思路，中级人民法院相继部署开展专项执行行动，执结了一大批积案、难案和骨头案。在专项行动中，全市法院加强组织领导，按照"底子要清、任务要明、举措要实、发力要准、效果要好、机制要建"的原则，精心谋划部署各项专项活动，确保专项活动打出声威、战出成果。突出执行重点。2012年，中级人民法院率先部署开展"反规避执行、反无理缠访、反暴力抗法专项整治活动"，依法严厉打击规避执行、抗拒执行、冲击法庭、无理缠访闹访等违法犯罪行为，引导群众自觉遵从法治秩序。2013年、2014年，集中开展涉党政机关执行积案、涉金融案件专项清理活动，累计清理涉党政机关案件55件、涉金融案件128件。2015年,强力开展"执行亮剑"行动,先后三批公开曝光失信被执行人名单信息,共163人,司法拘留109案110人,彰显了宪法法律尊严和司法裁判权威。2016年以来,集中开展"百日执行会战"、执行"攻坚"行动、"一打三反"、涉党政机关案件清理、涉民生案件集中执行、超执限及终本案件专项检查、涉案款物管理专项检查等"七项活动",强力解决"执行难""执行乱"问题。截至2016年8月底,开展活动所确定的清理2015年未结案件、终结本次程序案件以及2016年2月底前新收案件和案款清理的任务已全部完成,共计清理各类案件895件,清理案款47笔497.3万元。夯实责任主体。对执行积案采取"六定一包"措施,即定执行人员、定督办领导、定执行措施、定执结期限、定目标责任、定奖惩办法,逐案制定执行方案,对有财产案件穷尽执行措施,确保案件顺利执结。重点案件由院领导包抓,亲自协调解决清理过程中遇到的困难和问题。关注民生保障。每年部署开展涉民生案件专项执行活动,对涉及赡养、人身损害赔偿、农民工追索劳动报酬等案件优先立案、优先执行,切实保障民生权益。2014年春节前夕,中级人民法院执行干警得知因被执行人湖南某公路建设公司拖欠工程款300多名农民工尚未拿到工资、无法回家团聚的情况后,迅速启动执行预案,长途跋涉赶赴湖南永州强制划拨该公司银行账户存款1342万余元,并向农民工及时兑现,有效维护了农民工合法权益,预防了群体性事件发生。严格督促检查。班子成员深入包抓法院督导专项活动进展情况,对干预较大、难度较大的案件采取强化交叉执行、提级执行、指定执行等执行措施,加大执行案件收结案情况通报力度,对思想懈怠、行动迟缓、落实不力的单位和部门坚决给予通报批评。2016年以来,全市法院受理执行案件5100件,执结2939件;兑现执行款10.29亿元,结案率、标的到位率分别达到57.62%、54.75%;中级人民法院受理162件,执结108件,执结率66.67%。

二是抓失信曝光,信用惩戒一批。严格落实失信被执行人名单制度,进一步加大公开曝光力度,及时向最高人民法院"黑名单"库和省市公共信用信息平台推送失信被执行人信息,及时向政府相关部门、金融监管机构、金融机构等部门发出通报,在政府采购、招标投标、行政审批、政府扶持、融资信贷、市场准入、资质认定等方面对失信被执行人予以限制,最大限度压缩其生活空间,强制其履行义务,真正实现"一处违法,处处受限",让失信者寸步难行,让守信者一路畅通。2016年以来,两级法院通过《延安日报》、广电、网络、城区公共场所LED显示屏和法院官方网站、微博、微信平台曝光失信被执行人名单5批479人、失信单位名单2批8个,同时向市公共信用平台推送了相关信息,向最高人民法院"黑名单"推送206人,143名被执行人迫于舆论压力和信用惩戒压力主动履行了义务。

三是抓严厉打击，依法处罚一批。突出执行工作强制性，严厉打击拒执违法犯罪行为，采取司法拘留116案116人，追究刑事责任2案2人，形成高压态势，有力震慑"老赖"。开展专项追查行动，会同公安机关合力追查在逃被执行人，累计通报公安机关协助追查被执行人下落98案98人，富县法院会同公安机关追回在逃被执行人15人。

四是抓精准施策，因案解决一批。针对资不抵债、无法兼并重组的"僵尸企业"，依法适用执行转破产制度，经当事人同意后实施破产，或动员当事人申请破产重整或破产还债。针对具有发展前景和一定还债能力的企业，立足于多兼并重组、少破产清算，慎用强制执行措施，通过放水养鱼、债转股、执行和解等方式执行案件，实现法律效果和社会效果的有机统一，促进供给侧结构性改革。针对部分矛盾尖锐和容易引发不稳定因素的执行案件，加强判后答疑和执行和解，要求执行人员耐心细致做好说服教育工作，促使当事人消除法律困惑，缓减抵触情绪，引导当事人理解裁判、认同裁判、执行裁判，促使双方达成执行和解协议，实现"双赢"效果。2014年以来，和解执行案件2013件，和解率达20%。针对被执行人难找、可执行财产难寻的现实情况，两级法院通过"假日执行""夜间执行"和"悬赏执行"等途径，依法强制一些心存侥幸的被执行人履行法律义务。针对非诉执行案件，充分运用法治思维和法治方式，严格司法审查，高效予以执行，2014年以来共执结非诉执行案件182件，保障了党委决策顺利实施，促进了法治政府建设。

五是抓困难救助，兜底保障一批。完善特困群体执行救助机制，两级法院普遍建立了"特困申请执行人救助机制"，对特困群众申请执行案件实行优先受理、优先执行。2014年以来，共计减免缓交申请执行费43万元，向387案395名申请执行人实施司法救助500余万元。宝塔区人大作出专项决定，由区财政每年划拨50万元专款，用于解决特困申请执行人的实际生活困难。与此同时，两级法院不断延伸执行职能，拓宽司法救助渠道，针对涉案群众具体情况，主动协调政府相关职能部门、群团组织和其他社会组织，通过解决就业、行政审批、社会捐助等多种方式，妥善解决涉案特困群体的实际生活困难，初步形成了司法救助与行政救助、社会救助、民间救助相结合的多元化救助机制，赢得了涉案群众的满意。

六是抓正面宣传，教育引导一批。加大宣传力度，教育群众正确理解执行难，引导群众认识到被执行人无财产可供执行、丧失履行能力的案件虽然在形式上表现为生效法律文书确定的权利义务未能最终实现，但其本质上属于当事人面临的商业风险、交易风险或法律风险，不属于执行难的范畴。

七是抓"终本"结案，规范终结一批。充分运用网络查控系统对无财产案件进行"四查"（即查工商登记、车辆信息、房产情况、银行存款），全面准确核查被执行人财产状况，按照实质标准和程序标准，经过核查对确无财产可供执行的案件依法终结执行。同时，通过案件管理信息系统加强台账管理，将终本案件的清理纳入常态长效管理，发现有可供执行的财产，立即恢复执行。

再次，突出改革创新，着力拓宽思路优化机制。始终把改革创新作为重要途径，树立问题导向，勇于先行先试，努力构建执行工作长效机制。

一是推进执行行为规范化。开展"司法规范化建设年"活动，针对执行工作中存在的不严格、不规范、不文明问题，开列清单、建立台账、逐项整改；制定《执行案件流程管理办法》《执行款物管理办法》《变更、追加被执行主体审查处理规则》《查封、扣押被执行人财产规定》，确保依法办案。强化执行管理，实行案件质量每月评查通报、季度研判约谈与年度绩效考核机制，坚持对超执限案件、发回改判案件进行通报批评并责令承办人作出剖析，对办案质效落后的法院院长和执行局长集中进行约谈问责。实施立案登记制改革，对申请执行案件当场登记立案，做到有案必立、有诉必理。利用信息化手段加强执行管理，严格执行案件期限管理，及时通报临近执行期限案件，严格督办超期执行案件，实现办案流程网上运行、执行卷宗网上归档、案件质量网上评查、考核数据网上生成，有效提升了管理及时性、数据真实性和评价科学性。

二是推进内部运行协同化。完善立审执兼顾机制，出台《财产保全规定》，大幅降低申请执行人提供担保财产数额门槛；在诉讼服务中心设立财产保全窗口，方便符合资质的保险公司办理保全担保业务；在立案、审判阶段强化执行风险告知、保全申请和先予执行提示，以保全促调解、促和解、促执行，从源头上减少进入执行程序的案件数量，降低申请执行人权利落空的风险。探索建立调解协议履行保障机制，在调解协议中增加不履行调解协议的保障性条款，2014年以来，调解协议自动履行率达到88%。建立减刑、假释工作与执行工作联控机制，将财产刑和刑事附带民事赔偿履行情况作为认罪服法的重要条件，促使罪犯履行义务。

三是推进执行查控信息化。加强信息化建设与应用，两级法院全部建成执行指挥中心，开通了对内链接最高人民法院"总对总"及对外联通公安交管部门、房产管理部门和辖区商业银行"点对点"的网络查控系统，有效提高了对被执行人人身及财产的查控效能。2016年以来，通过网络查控系统查询、冻结、划拨被执行人存款达3.9亿元，查扣车辆85辆，查封房产214处。强化被执行人财产报告义务，及时向被执行人发出报告财产令，责令其依法申报财产。建立执行警务化机制，整合执行人员和司法警察力量，中级人民法院成立司法警察支队执行大队，快速联动处置线索、执行案件；部分基层法院实行执行"110"机制，对当事人提供的财产线索，都能及时出警执行。

四是推进执行公开常态化。推行司法公开告知制度，对新收案件一律随案制发《司法公开告知书》，方便当事人即时查询，累计制发《司法公开告知书》5100份。开通案件信息查询终端，依托陕西法院公众信息网查询系统、12368诉讼服务热线、官方微信平台和诉讼服务中心自助查询系统，将案件办理各阶段各环节的流程信息纳入查询范围，及时公开执行进展与查封、扣押、拍卖、变卖等重点环节和重要事项，累计公开执行案件信息9742件。推广网络司法拍卖，对50件执行案件通过网上选定评估、拍卖机构，从源头上减少低估贱卖、串通压价等行为。

最后，狠抓自身建设，着力从严管理提升公信力。始终把全面加强自身建设作为工作基础，厉行从严管理，提升司法公信力，努力打造忠诚、干净、担当的过硬执行队伍。

一是聚焦忠诚，打牢政治基础。以群众路线教育实践活动、"三严三实"专题教育和"两学一做"学习教育为载体，在完成规定动作的同时，突出法院特色，不断加强对法官干警的忠诚教育和廉洁教育，深入学习领悟延安精神和人民司法优良传统，时刻不忘初心，端正司法理念，做到司法者带头守法、有权者首先有德，让自己有底气喊出"向我看齐"。把做合格党员与做优秀法官干警相结合，涌现一批多办案、快办案、办好案的优秀执行干警。建立分级负责、定向联络的人大代表、政协委员联络机制和重大执行案件情况通报机制，先后邀请174位人大代表和政协委员参与了重大案件的听证和执行，拓宽代表、委员有序参与司法渠道。

二是聚焦干净，打牢公正基础。切实加强执行管理法治化、精细化、信息化建设，严格落实执行流程管理、办案质量终身负责制和违法审判责任倒查、问责制度，切实增强办案质量意识和责任意识，不放过一丝一毫的办案瑕疵，树立起一丝不苟的工作作风。夯实党风廉政主体责任和监督责任，发现问题严肃问责、坚决查处，坚决把纪律和规矩挺在前面，坚决以"零容忍"态度清除害群之马，对违纪违法人员有多少查处多少，对办案不公不廉的人员绝不允许进入法官员额，着力营造公正廉洁司法光荣、司法不公不廉可耻的职业氛围。

三是聚焦担当，打牢业务基础。拓展实践教学，每年对执行案件进行评查评比，稳步提高司法能力。常态化开展典型案件剖析和执行案件上下级法院沟通交流，在剖析整改和沟通交流中促进共同提高。加强执行警务化建设，建设一支素质和能力过硬的司法警察队伍，把强制执行作为司法警察的一项重要职责，做到召之即来、来之能战、战之能胜。

总之，人民法院必须紧紧抓住全面依法治国和全面深化改革的有利契机，以最强决心向"执行难"宣战，全力以赴从根本上解决"执行难"问题，真正让人民群众在每一个司法案件中都能感受到公平正义。

新时期人民法院参与社会管理创新的维度和限度[*]
——关于近年延安市法院参与社会管理创新实践的调研报告

近年来,延安两级人民法院"牢牢把握最大限度激发社会活力、最大限度增加和谐因素、最大限度减少不和谐因素的总要求,以解决影响社会和谐稳定突出问题为突破口",以三项重点工作为目标,以改革创新为出路,紧贴经济社会发展需要和人民群众司法需求,妥善处理司法保障与法律服务之间的关系,以积极的姿态投入社会管理创新工作,在横向上大力铺开,纵向上着力深入,构建了一个全方位、立体化的社会管理创新工作体系。但是要认识到司法是社会管理创新的一个重要环节但不是唯一环节,它并不是万能的,也不是无边界限度的。因此,人民法院参与社会管理必须要准确定位角色,既要积极能动而为,也要科学而为,要做到既不缺位、不虚位,又不越位、不错位。[1]

一、实例考察:人民法院参与社会管理创新的重要维度

社会管理创新是一个复杂的系统工程,关系到社会结构的各个层面,渗透到了社会生活的各个角落,司法是其中的重要环节,但司法作为人有意识的社会行为,并不是万能的,故人民法院参与社会管理必须要做到定位明确,

---

[*] 本文2013年被推荐参加陕西省法院优秀调研报告评选。

[1] 马志相:《人民法院参与社会管理创新的思考与实践》,载百度文库,2013年5月20日访问。

行为适度，以法律为边界，成为社会管理创新的参与者、推动者、保障者。

（一）以审执工作为基础，参与社会管理创新

法院首先是社会管理创新的重要参与者，这是它在社会管理创新中最基本的角色。它通过审判执行等本职工作救济民生权利，制约公共权力，整合、协调脱轨的社会关系，最大限度地增加和谐因素、消除不和谐因素。（1）化解社会纠纷、执法办案的过程，就是维护社会稳定和促进社会公正的过程。5年间，延安市两级人民法院坚持以维护社会稳定、保障民生权利、助力经济发展为己任，高质、高效、公正、公开审执结各类案件61368件，有力地完成了各项审判执行任务。（2）化解矛盾纠纷，做当事人思想工作的过程，就是对当事人之间矛盾关系的修复和缓和的过程。❶ 比如通过诉讼调解、刑事和解、执行和解、行政协调等手段，以较为温和的手段解决矛盾纠纷，从根本上修复当事人之间的社会关系，从而达到整合脱轨的社会关系的目的。据统计，近年来，我市两级法院民事案件调解率保持在78.28%的高位，一审民事案件服判息诉率也达到近80%。（3）化解社会矛盾，参与社会事务管理的过程，就是化解社会风险、实现社会和谐的过程。我市两级法院在审执工作中，积极排查社会不稳定因素，力争做到早发现、早预防、早解决，有效地发挥了"晴雨表""智囊团"的作用，从源头上消除社会隐患，堵塞社会管理漏洞。为此，我市两级法院从司法的角度发出高质量的司法建议，有针对性地开展行政执法人员培训活动，先后对全市315名一线行政执法人员进行了专门培训，有效提高了行政执法人员依法行政的水平，使行政诉讼案件数量实现了大幅度下降趋势。2012年，全市行政案件收案数比上一年下降55.76%。

（二）以群众路线为指引，推动社会管理创新

延安两级法院坚持以"一切为了群众，一切依靠群众"和"从群众中来，到群众中去"即党的群众路线为指引，把"全心全意为人民服务"的宗旨意识贯穿于立、审、执全过程，不断改进立案、审判、执行和信访工作机制，在"如何让群众更方便地参与诉讼，如何尽快为群众解决实际问题"上形成

---

❶ 惠从冰：《社会管理创新：法院的角色定位于路径选择》，载于《人民司法（应用）》2011年第19期，第55页。

"一线审判模式"❶、"庭、站、点、员四位一体便民诉讼网络"❷ 等独具延安特色的工作措施，特别是"一线审判模式"与"四位一体便民诉讼网络"的紧密结合，将法院的视野和群众诉求紧密结合起来。

据统计，截至 2012 年年底，我市两级法院共建成诉讼联络站 173 个，诉讼联络点 3475 个，聘请诉讼联络员 3475 名（见表 1），形成了一张全面覆盖的、立体的便民诉讼网络，使人民法院的"触角"能深入社会最基层，为"一线审判模式"中便民立案、便民审判、便民执行、便民信访等措施提供了力量支持，也为群众提供了反映诉求的便捷通道，使群众更加贴近司法、了解司法。特别是直接面对大量群众，通过个案的裁判或校正个案上出现的不公，进而为社会提供一个公平正义的标准，唤醒社会的公平意识，为群众日常行为提供指引，树立司法权威（见图 1）。同时，为宣传国家政策、法律法规提供了更为广阔的渠道，改变了过去"政不出府、法不出院"的尴尬情况。综合来看，法院的一系列司法为民、便民措施对于构建社会主义核心价值观体系、道德体系、诚信体系，增强社会法制素养与法治意识，孕育理性、宽容、和谐、文明的社会氛围作出了积极的贡献。

表1 "庭、站、点、员四位一体便民诉讼网络"建设情况

单位	诉讼联络站/个	诉讼联系点/个	诉讼联络员/名
宝塔法院	23	648	648
吴起法院	10	171	171
志丹法院	13	205	205
安塞法院	15	217	217
子长法院	16	364	364
延长法院	10	292	292
延川法院	15	350	350
甘泉法院	7	119	119
富县法院	13	240	240

❶ "一线审判模式"是指：便民诉讼在一线、查明案情在一线、化解纠纷在一线、改革创新在一线，争先创优在一线。

❷ "庭、站、点、员四位一体便民诉讼网络"是指以基层法庭为依托，在全市每个乡镇设立 1 个巡回审判站，每个村庄、社区、企业设立 1 个诉讼联系点，每个联系点聘请 1 名诉讼联络员，并确定 1 名驻村（驻企）联络法官，通过诉讼联络员与联络法官的经常性联系，帮助基层组织排查化解矛盾纠纷。

续表

单位	诉讼联络站/个	诉讼联系点/个	诉讼联络员/名
洛川法院	17	376	376
黄陵法院	11	199	199
宜川法院	13	205	205
黄龙法院	10	89	89
合计	173	3475	3475

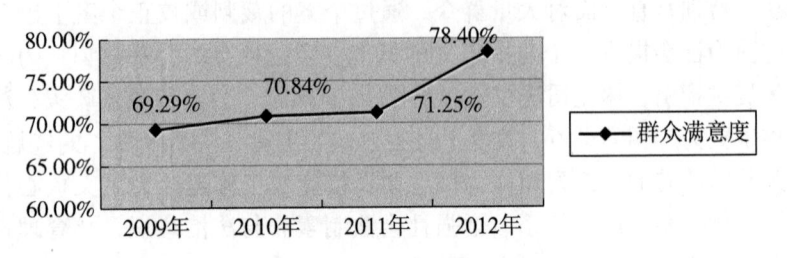

图1 延安两级法院群众满意度走势图

（三）以资源整合为手段，保障社会管理创新

社会是一个由各个单位组成的有机整体，所以要使社会管理达到一个和谐状态，必须有社会力量的共同参与，延安市两级法院围绕多方参与、依法管理的社会管理新格局要求，整合社会多方面力量，促进行政管理服务和社会自我管理能力的提升。（1）"院企共建"打造无讼企业。延安市两级法院与延长石油集团、黄陵矿业集团公司等市级龙头企业开展共建活动，内容包括针对企业的矛盾化解机制、对口联系机制、普法教育机制、法律服务机制、文化交流机制、司法建议机制等全方位的建设机制，积极向全市各类大中小型企业提供合同审查、法律咨询、普法宣传等司法服务，使相关企业对外开展商务交往的风险判断和预防能力显著增强。3年来，累计向企业开展普法宣传201次，提供法律咨询1389次，合同审查555次，使各类涉企案件高发态势得到有效遏制。（2）"具体行政行为预先审查机制"，打造"无讼机关"。延安两级法院积极探索行政纠纷源头预防化解措施，构建"具体行政行为合法性预先审查机制"，根据行政部门工作需要，参与重大行政事务法律风险评估和具体行政行为合法性论证，在行政机关作出具体行政行为前，就有关法律适用问题提出建议。2010年10月以来，全市法院累计参与重大行政事务法律风险评估23次，累计参与具体行政行为合法性论证283件。

二、问题探析：人民法院参与社会管理创新存在的不足

相对于传统的审判执行工作，社会管理创新无疑是一个全新的事物，在司法领域缺乏一套成熟的工作方式和规范机制，多数法院处在"摸着石头过河"的探索阶段，因此，在社会管理创新工作中，人民法院难免会存在一些问题，主要表现在以下几个方面。

（一）参与社会管理创新的分寸把握不准

推动社会管理创新不是人民法院"包打天下，独揽一切，也不是无能为力，无所作为"[1]，实践中，部分法院往往把握不了这个度，特别是在能动司法中，偶尔"乱动、多动"，被群众戏称为"手伸得过长、路走得太远"，比如，个别法官上门收揽案件，个别法院对于不属于法院管辖范围的案件进行立案处理等越位、过界的情况时有发生。与之相对的，个别法院或法官只专注于审判执行工作，就案办案，不注重办案过程中对于群众的教育和帮助，也不关心案件的社会影响与效果，对于普法宣传等社会活动更是漠不关心，是典型的"无所作为"，据笔者了解，这样的法官干警并不在少数。

（二）参与社会管理创新的立场摇摆不定

由于目前各级人民法院的人事和财政均由地方政府掌握，故地方上历来都有将人民法院视为政府工作部门的传统，指挥、干预人民法院工作的情况时有发生。这也就导致了部分法院在参与社会管理创新时立场不稳，摇摆不定，时不时地突破法律的底线，成为非行政行为的帮手。比如，有的法院打着社会管理的幌子，非法地参与社会拆迁，成为"拆迁执法大队"的一员，导致群众意见很大，得不偿失。再比如，一些法官或法院在办案过程中，无原则，不讲法，以配合政府管理工作为由，一味地听从政府、领导的指示作出判决，特别是面对部分人数众多的群体性案件，单纯地以政府维稳需求出发，弃法律规定于不顾，作出一些可能损害当事人权利的判决，致使群众怨声载道，法院自身声誉受损。

（三）参与社会管理创新的自身素质不过硬

"打铁还需自身硬。"对于人民法院而言，面对社会管理创新这一新的课题，更加需要加强自身的建设。就现在的情况而言，主要表现为：一方面，部分法院、个别干警在参与社会管理创新中业务素质不高、手段能力不足，特别是接受新知识、新事物的能力和积极性较低，不能满足当前工作的需要。据笔者观察，这个问题在一些老同志的身上表现得比较明显。另一方面，人

---

[1] 吕瑶：《人民法院参与社会管理创新初探》，载于《中共乐山市党校学报》2010年第4期。

民法院在审判质量、工作作风、廉政建设上还存在一定的问题，个别法官群众意识淡薄，违反组织纪律、工作纪律，甚至知法犯法、贪污受贿、徇私裁决，严重损害司法公信力和法院的权威性，也使得人民法院推动社会管理创新的力度和效果大打折扣。

此外，还有一些法院工作浮于表面，在落实社会管理创新措施中弄虚作假，个别法院为了应付上级检查，甚至虚报数据；还有的法院则是为了追求宣传效果，将大量的精力用在审判执行工作之外，另搞一套，结果弄巧成拙。

三、路径选择：人民法院参与社会管理创新的限度

社会管理创新是人民法院在新时期面临的一项新任务，没有成熟的经验可以遵循。故人民法院需要在履行审判、执行职能的基础上和过程中，用活用足司法手段创新社会管理，不仅要履行好传统的解决纠纷职能，更要延伸社会管理职能——调控社会秩序、实施权力制约、推进社会政策完善，从而有效参与社会管理。

（一）继续加强审判执行工作

执法办案是人民法院的第一要务。人民法院要在社会管理创新中有所作为，必须以审判执行工作为立足点，公正高效地审执手中的每一起案件，将"案结事了"作为办案的最终目标，间接参与社会管理。第一，要针对不同的案件，采取不同的办案手段、措施和原则。具体而言，贯彻落实"宽严相济"的刑事政策，紧密结合治安形势，重点打击严重危害群众安全、社会各界广泛关注的刑事犯罪，保障社会稳定；落实"调解优先，调判结合"的审判原则，不断加强诉讼调解，切实保护涉案民生，服务社会经济发展，妥善化解民商事纠纷；大力推行"诉前疏导、诉中协调、判后释明"的工作模式，不断加强与行政机关、行政相对人的沟通力度，努力推行行政争议的实质性化解。第二，加强案件质量管理，推行"案件评查报结""典型案件剖析"和"法官业绩考核"制度，坚持一案一评查、一月一通报、一年一考评，对案件质量进行动态监管，对典型案件进行分析并通报，将案件评查结果计入法官业绩档案，与职务晋升和考核奖励结合起来，实现用数字说话、靠业绩竞争的氛围，切实提升案件质量。

（二）继续推行司法为民措施

"一切为了群众"是党的群众路线的根本出发点和落脚点，国家一切权力的行使都是以发展好、实现好、维护好最广大人民的根本利益为目标，司法权作为国家权力体系的重要组成部分，服务的对象是人民，需要保护的是人民的利益。最高人民法院院长周强在延安视察时指出："不管形势怎么变，条件怎么变，环境怎么变，任何时候都要坚持司法为民不动摇。"他指出，"老百姓来法院打官司，最期盼、最关心的是能不能尽快立案、能不能依法审理、能不能公正判决、能不能及时执行"。因此，人民法院在社会管理创新中要强化群众宗旨，首先在思想上彻底解决"为谁司法，为谁服务"的问题，怀着对群众的深厚感情，设身处地地为群众着想，正确认识群众表达诉求的行为，把关爱、倾听、理解、体恤等美德融入司法的过程中，始终做到严格司法与热情服务的统一，充分体现司法的人文关怀。其次，要将理念外化成行动，时刻以群众利益作为工作的出发点和落脚点，以"为民、便民、利民"为原则，把司法服务的重点放在如何让群众更加方便地参与诉讼和如何尽快为群众解决实际问题上来，不断地创新便民载体。在立案阶段，继续推广电话预约立案、网络立案，在司法负荷能力足够的情况下，继续加强立案信访大厅的建设，改进诉讼引导、查询等服务，切实方便群众提起诉讼。在审判阶段，要继续推广各类便民法庭，制定相关制度，使其进一步规范化、常态化，以便定期、定点受理群众诉求，解决纠纷；要完善执行、信访便民机制，尤其是"执行110"和"院、庭长预约接待制度"，畅通诉求表达渠道，维护当事人合法权益；注重对弱势群体的司法保护，对于涉及农民工、残疾人、困难企业职工、妇女儿童等弱势群体的案件要快立、快审、快执，优先保障他们的合法权益；要建立司法救助的"绿色通道"，明确标准，简化程序，对于困难申请人要及时救助，保障他们正常的生产、生活。

（三）继续强化司法指引作用

司法指引是指法院通过个案审判、司法文件、司法建议等形式为群众、单位等提供行为模式的标准，告诉他们哪些行为是合法的，哪些行为将受到法律的制裁，从而维护、建立普适性的规范。此外，特别要注重司法建议的作用，人民法院提出司法建议，有利于促进机关单位加强管理堵塞漏洞、防止再犯、改进工作。首先，人民法院必须要高度重视司法建议工作，不断提高司法建议的质量，不仅要从个案出发，更要"以内行的眼力，专业的视野"发现带有全局性、普遍性的问题，特别是一些苗头性、倾向性的矛盾纠纷等突出问题，帮助提升各环节的社会管理水平。其次，人民法院要规范司法建议的形式，实践中，规范的司法建议更容易受到有关单位的重视，也更能体现建议的严肃性和法律的权威性，所以规范是一份司法建议最基本的要求。因此，可以在全省或全市法院推行司法建议规范化活动，针对不同的机关单位制作相应的模版以供使用，解决目前司法建议形式不规范的不足。最后，要重视司法建议的反馈落实，实践中，部分法院只管发出，建议是否得到采纳则一概不理，致使司法建议落实率较低。因此，人民法院要由专门人员对本院发出的司法建议的采纳情况和落实情况进行追踪回访，如果发现有关单位无正当理由拒绝采纳司法建议，法院可要求被建议单位上级主管部门加以督促，最终，将司法建议的发出至最后的办理情况记录在册，归入相应的档卷。

（四）继续加强法官能力建设

人民法院要在社会管理创新中有所作为，就必须加强自身能力的建设和管理。第一，要重视榜样的力量，大力挖掘、宣传法官干警优秀事迹，树立先进典型，给予一定的物质奖励，鼓励干警学习先进、争做先进，以争做先进为荣，以落后退步为耻。第二，要全方位提高法官的业务能力。一方面要注重提高法官的专业能力，加大对法官的培训力度，探索推行"小班化、专题化"培训，开展"现场教学""案例指导"等直观的教育形式，切实提高法官驾驭庭审、适用法律、撰写文书等能力；坚持在司法实践中锻炼法官，对于经验较少的法官特别是"年轻法官"，可以派驻到基层法院或法庭，到处置信访案件和疑难案件的第一线接受实践的考验，学习办案的手段，找出理论和实践的差距，提升现实操作能力。另一方面，要提高法官的综合素质，特别是对经验要求较高的民事办案法官，鼓励法官"一专多能"，积极学习掌握新型的知识，特别是在信息高度发达的今天，必须掌握基本的电脑操作知识，能够通过网络等获得知识和进行咨询，保证与时代同步，不做"耳聋的现代人"。此外，还要提高法官与群众、与单位交往的能力，特别是做群众工作和法制宣传、居中协调的能力，从而提高办案的效率和成果。第三，要发挥制度的规制、引领作用，通过争先创优工作机制和制度，为整个法院和每一个法官营造一个规范化、良性的竞争环境，如完善"法官业绩档案"，推行"中层领导竞争上岗机制"和"上下级法院法官双向挂职交流"制度，引导干警理性竞争。

社会管理创新是人民法院在新形势下面临的一个新课题，人民法院要在抓好执法办案第一要务的前提下，把握分寸，做到既不越位，也不虚位，有所为，有所不为，扮演好社会管理创新的参与者与推动者。

法治视野下公正司法的现状及对策*
——关于加强公正司法推进法治延安建设的调研报告

从 1997 年党的十五大全面阐述依法治国方针的科学内涵及重大意义，1999 年将依法治国方略写入宪法，到党的十八大作出全面推进依法治国的战略部署，十八届三中、四中全会作出全面推进依法治国的顶层制度设计和路线图、时间表，坚定不移地走法治道路已经成为势不可挡的历史潮流，并且拥有了更为广泛的群众基础和更为科学的制度支撑。公正司法作为推进依法治国的重要环节，是关系法治建设成败的重要因素，是法律正义与道德正义在社会生活中的实现，是审判工作的生命线。正因如此，公正司法的现状及努力方向成为深化人民法院司法改革面临的重大实践课题。延安中级人民法院按照市委政法委统一部署，结合贯彻落实党的十八届三中、四中全会精神，成立专门调研团队，通过查阅资料、走访基层法官和群众、召开座谈会、发放问卷调查等形式，准确把握当前公正司法的现状，并在分析存在问题的基础上，对今后如何更好地构建公正司法体系、推动法治延安建设提出思路对策。

一、加强公正司法的主要做法及成效

近年来，延安法院坚持执法办案为第一要务，狠抓公正司法第一责任，严格审判管理，狠抓队伍建设，深化司法公开，树立司法权威，强化监督制约，以公正廉洁司法

---

* 本文获第四届"关中—天水经济区法治论坛"三等奖。

的实际成效，提升司法公信，推动法治建设，努力让人民群众在每一个司法案件中都感受到公平正义。

（一）严格审判管理，紧抓公正司法的关键所在

延安中级人民法院始终把审判管理作为确保公正司法的第一抓手，向审判管理要质量、要效率、要公正。（1）较早在全省设立了专门的审判管理机构，建立了包括审判流程管理、案件质量评查通报、审判质效考核评估、发回改判案件评析和典型案件剖析、错案责任追究在内的审判管理制度体系，构建了"一案一评查，一月一通报，一季一研判，一年一考核"的审判管理模式，坚持每年召开审判管理工作会议，以公正严格的审判管理规范司法行为、评价工作业绩、树立正确导向，有效确保了办案质量和效率稳步提升。2013年全市法院一审案件服判息诉率提升到93.98%，二审后达到99.81%；2011年以来延安中级人民法院连续三年蝉联全省审判质效优秀单位。（2）逐步将信息化手段融入审判管理，在2009年自主研发微机自动分案系统的基础上，2013年全面推行网上办案，实行网上立案分案、审限管控、签发文书、结案审查与案件质效统计分析，实时录入案件流程信息，实现了审判管理的精细化和高效化。（3）推进司法规范化建设，全面推行量刑规范化，在法庭调查和法庭辩论阶段充分查明量刑情节，努力实现量刑均衡。

（二）狠抓队伍建设，筑牢公正司法的组织基础

延安中级人民法院按照"抓班子，带队伍，促审判，保公正"的工作思路，始终将领导班子和法官队伍建设作为头等大事抓紧抓实。班子成员自觉发挥表率作用，带头加强纪律作风，带头攻坚难案难题，带头包抓落后集体，领导班子的感召力和战斗力不断增强，群众威望不断提高。充分发挥协管作用，大胆改革干部选任机制，大力推行法官工作日志和业绩档案、中层干部竞争上岗、法官逐级遴选和挂职交流制度，先后两次竞职选拔中层干部29名，择优选调19名基层法官，并对工作长期处于被动落后局面的1名基层法院院长和部分中层干部采取组织措施，以德为先、注重实绩、公平竞争的选人用人导向深入人心。加强长效机制建设，严格推行"指纹签到，着装上岗""党组领导值周点评""部门工作双月汇报""岗位目标责任制考核"等管理制度，对自由散漫者严肃批评教育，对落实不力者坚决督察问责，队伍精神风貌焕然一新。全面推行"纪检监察""审判管理""人事管理"三位联动的廉政监管机制，从严教育法官坚守做人底线和司法良知，从严监督审判重点岗位和关键环节，从严纠查违纪违法案件18件，警示惩戒责任人员16人。结合党的群众教育实践活动，大力弘扬延安整风精神，持续开展纪律作风教育整顿活动，严肃查办损害司法公正、贬损法院形象、伤害群众感情的不良

行为，坚决整治"消极懈怠，不愿担当""遇事推诿，不敢担当""没有本事，不能担当"的不良风气。狠抓司法能力建设，常态化开展庭审观摩、裁判文书评比和业务考试，组建了全市法院"优秀中青年法官库"，通过配备导师、列席合议、研讨交流等方式，实施重点培养，锻造司法精兵。

（三）深化司法公开，构建公正司法的倒逼机制

延安中级人民法院按照"以公开为常态，以不公开为例外"的原则，坚持法院工作主动公开、全域公开、全程公开，努力打造阳光法院，司法公开工作取得了突破性发展。2009年6月开始，实行"民事二审案件开庭审理（听证）制度"，除涉及国家秘密、商业秘密、未成年人和婚姻家庭等民事纠纷外，变书面审理为开庭审理，民事二审案件连续多年保持100%开庭或听证，有效缓减了群众对二审案件存有"暗箱操作"的质疑。从2010年10月起，推进司法技术公开，所有评估、拍卖中介机构全部实现了"摇号"选择。2013年开始，加强审判流程公开、执行信息公开、裁判文书公开三大平台建设，及时全面录入审判、执行案件流程信息，当事人凭借法院制发的《司法公开告知书》记录的编码信息，可以随时了解案件办理进展情况和最终裁判结果；全面公开法院生效裁判文书信息，保障了当事人和社会公众对法院工作的知情权与监督权。两级法院为适应新媒体时代对司法公开的需求，通过微博视频直播、图文直播庭审等形式，拉近了法官与群众的距离，提高了群众对审判工作的知晓度和满意度。

（四）增强司法权威，营造公正司法的法治环境

针对规避执行、无理缠访和暴力抗法现象日益升级增多的形势，首倡开展"反规避执行、反无理缠访、反暴力抗法"专项整治活动，依法打击妨害司法行为，强力整顿法治秩序，坚决维护法律尊严和司法权威。针对群众举证能力不足，推行"一线审判模式"，改变以往坐堂问案、机械司法的做法，对于涉及不动产纠纷、婚姻家庭纠纷和邻里纠纷案件，审委会、合议庭都主动深入一线调查取证、查明真相，降低因举证能力不足带来的败诉风险，最大限度维护实质正义。针对群众法治观念淡薄，深化审判"五进"活动，选取贴近群众、贴近生活的案件，把庭审现场搬进工厂学校和农家院落，通过以案说法、辨法析理的形式教育群众学法守法尊法用法；开展"案例警示录：做人的底线"大型普法宣传活动，深入全市各村庄、企业、学校进行巡回法制宣传，向群众赠阅8万册《漫画普法读本》和《果农法律手册》，引导公众在法律规则框架内理性表达诉求、维护自身权益。针对刑事司法沟通配合不畅，建立刑事案件质量剖析通报制度，在客观剖析刑事案件和刑事抗诉案件在各司法阶段存在的普遍性、典型性问题的基础上，分别向市委政法委及市

检察、公安机关编发了《全市刑事案件质量分析》和《刑事一审未生效案件抗诉情况调研报告》两份送阅件，促进了公检法三机关统一执法标准。

（五）强化监督制约，强化公正司法的外部保障

坚持党的领导和人大、政协监督，向市委、市人大、市政协专题报告了法官队伍建设、执行工作和涉诉信访等工作情况，确保了法院工作的正确方向。推行审判人员定向联络人大代表、政协委员，代表委员"旁听庭审一证通"制度，通过征求意见建议、邀请旁听庭审、视察工作、主动汇报工作等形式，实现人大代表、政协委员监督常态化，中级人民法院连续四年被评为全省法院人大联络先进集体。改进人民陪审员制度，实施人民陪审员"倍增计划"，增加从基层干部群众中选任陪审员的比例，赋予当事人对人民陪审员的自主选择权，2013年全市法院一审案件陪审率达到96.41%。广泛征求旁听群众对案件裁判的意见，引导群众有序参与司法。

二、制约公正司法和法治延安进程的主要问题及原因分析

当前，公正司法在全面深化改革和推进法治建设的时代背景下，迎来了前所未有的机遇，也面临着严峻复杂的挑战。制约公正司法和法治进程的因素呈现出外部法治环境恶化、干部群众法治观念淡薄、法官队伍职业素养不高等内因与外因交织并存的复杂局面。

（一）司法权威面临严峻挑战

在民众出现信仰危机、社会出现信用危机、司法出现信任危机的社会环境和司法生态下，崇尚法治的社会环境尚未形成，维护宪法法律尊严、尊重司法裁判权威的意识普遍较为薄弱，人民法院司法权威遭遇挑战，突出表现为：一是规避执行现象频繁发生。生效裁判自动履行率低，不少当事人对法院裁判置之不理，甚至采取各种手段规避执行，有的长期外出逃避执行，致使执行行为失去作用对象；有的通过虚假离婚、买卖、借贷等手段，与案外人恶意串通，秘密转移、隐匿、处分可执行财产，人民法院生效裁判文书确定的义务不能得到严格履行。2007—2011年，延安两级人民法院共受理执行案件7124件，其中存在规避执行现象的案件486件，占案件总数的6.8%。二是暴力抗法事件时有发生。一些当事人不能依法维护权益、理性表达诉求，把个人的不满、怨恨情绪发泄到法官身上，经常出现法官被当事人或其亲友无端指责、辱骂、推搡的现象，甚至采取聚众冲击、哄闹法庭、围堵法院等极端方式，行为异常激烈，这给法官人身安全造成了严重危险。2007—2012年，两级法院共遭遇辱骂起哄、冲击法庭、殴打法院工作人员和暴力抗法事件30余起。三是涉诉信访案件总量居高不下。部分案件当事人不能正确对待

司法裁判结果，一些涉诉信访案件虽已多次处理，穷尽了各种救济手段，当事人却仍不满足，在长达数年甚至十几年的时间内上访不断。对法院裁判有意见时，不是选择法律设定的救济渠道，而是选择上访来解决问题，出现"信访不信法，信上不信下"的乱象，甚至有一些人无理缠访、闹访，把上访当作实现其非法诉求的手段，严重破坏法治秩序。还有的案件当事人及其亲属，在案件尚未进入审判阶段，便先行到法院上访。四是法官不被信任，司法没有公信。当法院依据法律作出无罪判决或者是判处较轻刑罚、缓刑等裁判时，群众总是会认为法官枉法裁判，冠以"司法腐败"的名号，有时一些媒体也会进行渲染，导致司法公信力受损。

（二）人民法院依法独立行使审判权遭遇不良干扰

现阶段，确保人民法院独立行使审判权的根本制度保障尚未建立，合议庭或独任法官在审判案件时易受到来自外部和内部的各种干扰，仅仅依靠法官自身的努力难以抗拒这些不良干扰。一是司法权力配置地方化。我国是统一的单一制国家，从中央与地方的事权分配上看，司法权属于中央事权，司法的人事管理与经费保障本应由中央负担。但在长期的政治实践中，法院经费来源主要依靠本地政府财政拨款，人事任免取决于当地党委选拔任用，致使法院的人事权和财政权都受制于地方，加之领导干部法治思维和法治方式尚未养成、地域不良干扰的保障机制和法官职业保障机制缺失，当个别领导干部不当干预法院审判、执行工作时，往往出现法律意志屈从于个人意志、司法裁判服务于地方保护需要的现象，司法权的行使受到行政权的干扰乃至左右。二是审判权力行使行政化。在法院内部，审判权力运行采取行政管理方法，案件经过审理、作出裁判时，实行"层层审批，层层把关"的行政审判制度，形成了"审者不判，判者不审"的审判分离现象，造成审判权力与责任不一致，违背了司法的亲历性原则。三是社会不良风气影响。请托之风盛行，案件进入诉讼渠道后，当事人不惜动用各种社会关系，千方百计托关系、找门路，诱导法官办关系案、人情案、金钱案。还有一些当事人动辄借助报刊、网络等媒体向法院施加压力，甚至通过网络恶意捏造事实、诋毁法官廉洁司法的形象。一些不法记者背离职业操守，歪曲事实真相，误导公众舆论，对依法独立审判造成了先入为主的影响，产生"媒体审判"的恶果，以牺牲法律正义为代价，片面迎合普通民众的心理。

（三）部分办案质效考评指标设置不符合司法规律

就外部考评而言，一是现行的由政法委委托省统计局开展的人民满意度测评排名已经成为悬在法院头上的一把利剑，依靠向随机选择的群众询问对人民法院工作是否满意的形式评判法院队伍，这种测评方式不符合司法规律。

其原因在于，一方面，审判权的性质是对案件事实和法律适用的判断权和裁判权，具有很强的专业性，衡量法院工作的标准只能是是否严格根据事实和法律作出裁判，尤其是当无罪推定、非法证据排除等理念与群众朴素的正义观念发生冲突时，群众不接受这种法律人的职业思维方式，导致对法院工作不满意、有怨言，以群众大众化的思维方式去评价法官专业化的思维方式，本身不合逻辑。另一方面，客观评价法院工作的前提是了解法院工作、站在相对中立的立场，随机抽取样本作出的评价，有的人对法院工作根本不了解，有的人比如败诉的一方、上访人或者道听途说、主观臆断的群众，根本不可能对法院工作作出客观的评价。二是一些公安、检察机关片面追求刑事破案率、有罪判决率、定罪准确率，出现"命案必破""无罪必抗"的思想导向，导致一些侦查人员、公诉人员为了追求这些指标，而降低了证据收集、审查的标准，出现取证不合法、刑讯逼供、超期羁押等现象。近5年来，凡是被法院一审宣告无罪的案件，检察机关全部提请上级检察院抗诉，启动了二审程序，检察机关抗诉的标准本应是法院的裁判是否违反法律规定，但在司法实务中，抗诉与否完全取决于法律监督机关的意志，这条抗诉标准被大打折扣。

就法院内部考评而言，现行审判质效考核制度有不少违背审判规律之处，严重影响审判工作。一是考核指标设置不合理。如一审案件改判率、发回重审率、上诉率等考核指标的设置，将原本基于上下级法院正常审级监督关系和当事人依法行使上诉权利产生的改判、发回重审演化为考核基准，加剧了上下级法院之间的行政化倾向。二是考评导向不合理。如设置均衡结案率的本意是防止年底突击结案，但西部基层法院案件发生周期有一定规律（春季农忙无案、冬季案件成堆；婚姻家庭纠纷在春节前骤增），并非均匀分布，有的法院为了追求均衡结案，故意将原本可以当月办结的案件延期。过度追求案件调解率，导致出现了强调硬调现象，既违背了调解应当遵循自愿和合法的原则，也使得部分当事人以牺牲债权为代价达成调解协议，不能形成褒奖守法诚信者、惩戒违法失信者的价值导向。追求案件执行率和标的到位率，一些法院试行执行案件备案审查制度，对申请执行案件先行备案登记，具备执行条件的予以立案，不具备执行条件的暂缓立案，表面上看提高了案件执结率，实际上却导致了执行案件体外循环，侵犯了申请执行人的救济权和胜诉权，违背了执行立案制度规定。三是考核程序过于僵化。有的考核程序针对调解程序设置了种种前提条件。例如，某继承纠纷案件中，双方当事人因遗产分割争议积怨颇深，法官做了大量调解工作，依法调解结案，取得了良好的法律效果和社会效果，但在该案评查过程中，评查人员认为承办法官没有征询村委会的意见，不符合调解案件考核要求，仅评63分（满分100分），类似的案件评查严重挫伤了法官的办案积极性。

（四）法官流失严重，"断层"问题凸显，审判辅助力量紧缺

从法官队伍年龄结构看，法官队伍结构老化，总体年龄偏高，新生力量难以及时补充。全市法官中30岁以下的法官49人，占法官总数的10%；31岁至40岁的133人，占30%；41岁至50岁的179人，占39%；50岁以上的97人，占21%。40岁以下的法官所占比重仅为40%，审判事业后备力量薄弱。从法官总体数量变动情况看，2007—2012年，全市法院共流出（包括辞职、调离、离岗、退休）法官83名，占现有法官数量的18%，而同期新增法官只有62人，法官总量实际缩减21名，法官"断层"问题已经凸显。随着时间的推移，"断层"面呈现继续扩大的态势。从人民法庭人员配备情况看，部分法庭仅庭长具有审判资格，不能组成合议庭；有的法庭只有1名书记员，既要承担庭审记录工作，又要协助立案、送达、执行、上传案件信息等工作；宝塔区法院4个派出法庭均无驻庭法警，法庭审判秩序和机关安全难以保障。从法官助理、司法警察和书记员人员数量看，由于受编制总数限制，法官助理和正式司法警察、书记员非常紧缺。以市中级人民法院为例，仅有编内法官助理7人、司法警察6人、书记员3人，司法警察数量远低于最高法院关于司法警察按照编制总数12%的配备比例要求。为了满足正常的审判、执行工作需求，不得不面向社会聘用司法警察和书记员，占审判辅助人员总数的78%。协助执法办案、执行死刑等职责不得不交由不具备执法资格的聘用制司法警察、书记员来行使，违反了国家相关规定。

造成上述现象的原因在于：一是法官职业准入门槛提高。2003年国家实行统一司法考试制度以后，要担任法官职务，必须通过国家统一司法考试和公务员考试，双重门槛是摆在法官面前必须跨越的两道"硬槛"。例如，志丹县法院为弥补审判力量缺口，不得不将一部分通过司法考试的事业编人员任命为助理审判员（该院11名一线办案法官中，3人为政法专项编，8人为事业编）。二是法官编制配备未能及时增补。法院干警编制配备主要依据1985年的人口数量和办案数量设定，尽管略有增加，但不能满足诉讼案件数量持续快速增长以及加强和延伸审判职能的需求，致使法院缺编现象较为严重。三是提前离岗加剧法官青黄不接。作为缓解法官"断层"问题的一项重要举措，中央组织部和最高人民法院、最高人民检察院曾于2010年5月联合下发文件，要求"严格执行国家公务员退休年龄的规定，对未达到退休年龄的法官、检察官不得强制提前离岗退养，也不得简单地划分年龄界限使得担任院级或内设机构领导职务的法官、检察官改任非领导职务"。然而，这一文件精

神至今并未得到贯彻落实。我市各县区对基层科级法官干警仍按年满50周岁（黄龙）、51周岁（延长、安塞、子长、宜川、洛川）、52周岁（吴起、志丹、延川、甘泉、富县）、53周岁（宝塔、黄陵）退二线的政策执行，导致法官队伍现有资源被人为削减。四是法官招录机制不适应地方实际。招录权限统一归省级组织人事部门，各地市无招录权限，并且用人单位在招录过程中的发言权和选择权极为有限，一些新录用人员难以适应实际工作需要。加之在公务员招录工作中没有对生源地加以必要限制，一些外地人员被招录到法院工作后，由于工作条件、生活习俗等方面的原因，不能扎根当地、安心工作。2008—2012年，全市法院共招录公务员55名，目前已有38名人员调离或者辞职，其中多数是外地生源。五是法官职业尊荣感减弱。处在经济社会转型期、矛盾纠纷多发期，大量矛盾纠纷通过诉讼途径涌入法院，由房屋拆迁、土地征收征用、"女子户"农村集体组织收益、建设工程、企业破产等引发的群体性矛盾越来越尖锐，法院案件数量和难度的不断上升与法官人力资源的严重短缺之间的矛盾越来越突出，加之法官还要承担普法宣传、参与基层治理等社会责任，接受严格的内部考核，承担严厉的办案责任，法官工作强度、工作压力和职业危险不断加大，但职级待遇、职业保障却不能同步跟进，导致法官职业的吸引力和尊荣感严重削弱。

（五）法官自身的职业素养有待提高

法官的司法理念、业务能力和道德操守直接决定办案质量与效率，直接影响裁判案件的实体公正与程序公正。就当前司法实践来看，一是业务能力不强。尽管已开始实行法官正规化、专业化、职业化建设，但部分司法人员对法律的学习、理解不透彻，裁判文书普遍缺乏说理性。不少年轻法官刚刚接触审判工作，庭审驾驭能力、法律适用能力和裁判文书制作能力不强，导致个别案件存有瑕疵。二是司法理念不坚定。司法实践中，对于事实不清、证据不足、存在合理怀疑、内心不确信的案件，特别是对存在非法证据的案件，法官面对被害人家属闹访缠访、检察机关和纪检部门多方监督以及社会公众舆论围攻的巨大压力，在放与不放、判与不判、轻判与重判的问题上，不能严格依法裁判，坚持无罪推定、疑罪从无、证据裁判的司法理念，经不起事实与法律的检验。三是职业操守败坏。极少数法官理想信念不坚定，不能坚守司法良知和道德底线，思想腐化，自甘堕落，徇私枉法，严重危害了司法公正，败坏了法官形象，极大伤害了司法公信，动摇了公众对法治的信仰，使其对法官群体产生不信任。

三、推进公正司法和法治延安建设的思路对策

针对制约公正司法和法治建设的现实因素，必须紧抓全面深化改革和推进依法治国的大好机遇，全力培育法治精神，深化司法改革，加强队伍建设，优化审判管理，让法治理念更加深入人心，使依法办事成为根本遵循，使司法裁判拥有至高权威。

（一）崇尚法治精神，传播法治文化，合力形成全社会信仰法律、信服裁判、信任法官的价值导向

亚里士多德曾经对法治的标志作出论述，一是良法之治，二是法律得到全社会的普遍遵守。当前，中国特色的社会主义法律体系已经建立，法律的有效实施成为决定法治建设成败的重要环节。推进法治国家、法治社会、法治政府建设，关键在于全面实施科学立法、严格执法、公正司法和全民守法，在全社会树立依法办事的风尚。当前，一要在党委的统一领导下，按照"党委领导、人大监督、政府支持、司法主办、各界配合"的原则，依法严厉打击各类妨害司法、暴力抗法、缠访闹访的不法行为，用强制手段保障公众服从法律秩序，在全社会营造尊重司法裁判权威、维护宪法法律尊严的法治氛围。二要增强领导干部法治理念。依法治国的实质是依靠法律管权治权。掌握国家权力的领导干部不依法用权是对法治最大的伤害，领导干部依法办事对于法治建设具有引领示范作用。因此，要按照党的十八届四中全会《中共中央关于全面推进依法治国若干重大问题的决定》，把合法性审查作为领导决策的必经程序之一，把相关党政机关负责人出庭应诉作为衡量其法治理念的重要内容，培育领导干部法治思维和法治方式，提高领导干部依法维护稳定、深化改革、推动发展的能力和水平。三要积极参与基层治理，推进"群众说事，法官说法"便民联动机制建设，妥善处理被动司法与主动服务的关系，适时介入基层群众涉法问题，通过指导村委会、人民调解和行政调解组织，把村民自治引入依法治理，把基层调解引入依法调解，引导基层群众遇到问题找法、解决矛盾靠法，增强学法尊法守法用法的思想观念和行动自觉。四要规范媒体舆论监督，对于一些失实的、不当的报道，要求媒体及时在后续报道中澄清，造成不良影响的，要严肃追究直接行为人和单位负责人的相应责任，消除"失实报道"和"审判结果媒体预测"。完善新闻发布机制和舆情引导机制，增加正面舆论效应，稳妥应对负面舆情信息。五要正确处理依法审判与群众依法维权的关系，把涉诉信访真正纳入法治化轨道，主要针对现实审判中三种群众上访维权情形予以区别对待：（1）确属法官裁判不公导致群众上访的，要严肃处理和追究涉案法官责任，同时依法纠正错误裁判，并对上访人合理诉求予以充分考虑；（2）对于因证据不足导致败诉和因个人经济交往不审慎而导致执行不能上访的，属于"法律之外，情理之中"的情形，应由社会救助机构予以解决；（3）对于无理上访、闹访、缠访的，应坚

决予以打击，依法维护公正结论。

（二）深化司法改革，优化审判权机制，确保法院依法独立行使审判权

司法体制改革的核心在于保障审判权的合理运行，从而实现案件裁判的公平正义。其关键是三个方面，即去地方化、去行政化、建立以审判为中心的诉讼制度。去地方化首先是从体制安排上最大可能地排除地方对司法的干扰。一是按照十八届三中全会部署，深化试点工作，加快实施省以下法院的人、财、物由省高级人民法院统一管理的改革步伐；二是按照四中全会《中共中央关于全面推进依法治国若干重大问题的决定》，建立对领导干部干预司法的记录、通报和问责机制，组织部门在考察干部时，必须征求司法机关对干部是否尊重司法权独立行使的意见，并作为评价干部、干部任免的重要依据，减少不良干扰；三是在过渡阶段，基层法院法官的任命可以考虑提升至市级人大常委会任命。从去行政化方面考虑，主要是消除法院内部的不当管理模式，增强法官办案责任制，弱化审委会和院长、庭长的职权，使法官在法院内部地位最高、权力最大、待遇最好、责任最重。同时，必须正视基层法院高素质法官、法官助理和书记员普遍有限的现实困难，按照因人放权、因案放权的思路，坚持放权与加责并重的原则，循序渐进推进主审法官、合议庭办案责任制改革。从建立以审判为中心的诉讼制度看，主审法官和合议庭必须弘扬敢于担当的精神，坚持无罪推定、证据裁判、人权保障的理念，保证庭审在查明事实、认定证据、保护诉权、公正裁判中发挥决定性作用，只服从于事实和法律，坚决抵制各种不良干扰，守住防范冤假错案的底线。

（三）优化审判资源配置，提升法官职业素养，推进法官队伍建设

针对一线法官和审判辅助力量紧缺的现状，有针对性地采取措施。一是优化审判机构设置。配合人民法院内设机构改革和法院人员分类管理改革，探索在基层法院建立综合审判庭，或者取消业务庭建制，以审判团队或随机组成合议庭的形式审理案件。二是合理确定法官员额。实行法官、审判辅助人员和行政综合人员单独序列管理后，以法院受理的一审民事案件数为主要标准，综合考虑法院辖区经济社会发展状况、服务半径、人口数量等因素，结合法院审级职能、办案条件，合理确定法官员额。三是延迟法官退居二线年龄。认真贯彻中共中央组织部、最高人民法院、最高人民检察院、人力资源和社会保障部《关于切实解决法官、检察官提前离岗、离职问题的通知》（法发〔2010〕14号）文件精神，基层法官统一执行市直机关处级干部57岁退居二线的政策，保留其行政职务和审判职务，从而进一步巩固基层法院的审判力量，避免基层法官因政策性离岗而被闲置。四是适度增加法院地方事业编制。在中央严格控制政法专项编制的形势下，在现行制度框架内，适度

增加法院地方事业编制，用以充实法官助理、司法警察和书记员等审判后备力量和辅助力量。同时，对于法院系统内部招录的聘用制司法警察和书记员统一纳入协警范畴进行管理。五是建立"就地取材"的法院人员招录机制。在法院人员招录过程中注重扩大用人单位话语权，在法院干警招录中增加本地生源的限制条件，多吸收本地法律人才进入基层法院队伍，以保持法院队伍的稳定性，减少因地域文化因素造成法官流失的问题。六是加强法官职业保障。改革法官职务序列，提高法官职级待遇，增强法官职业尊荣感。完善办案终身负责制和错案责任追究制度，保证法官不受不正当追究，对因个人对法律认识差异而导致案件被改判和发回的，不应适用违法审判责任追究。同时，要认识到，法律是否有尊严，要看司法者是否有威信。当司法者整体的职业尊荣感普遍缺失的时候，当司法者的职业和司法权威不能得到有效保障的时候，我们的法律还有什么权威可言。对恶意贬损法官声誉的言论和侮辱、侵犯法官人格尊严的言行依法予以制裁，维护法官社会形象。

（四）加强审判管理，完善评估机制，构建科学完备的审判质效考评体系

按照"四五改革纲要"部署，改革法院考评机制，一是坚决调整违背司法规律的考评指标。废止一些法院试行的执行备案审查制度，对申请执行案件依法立案，把执行案件纳入执行流程管理系统。废止执行案件终结执行程序比例等指标，合理设定民事案件调解率等指标数值。二是合理区分研究性指标与管理性指标，将上诉率、发改率、发回重审率作为研究性指标，仅在其超过合理限度时，才作为业绩考评的参考依据。三是取消审判质效排名排序做法，仅评定审判质效等次，客观反映办案质效情况，回归审判管理的应有价值。

党的十八届四中全会指出，公正是法治的生命线，司法公正对社会公正具有重要引领作用，司法不公对社会公正具有致命破坏作用。在全面深化改革和推进法治建设的历史进程中，制约公正司法的思想观念壁垒和体制机制障碍将得到有效解决，公正司法的实践也必将推动法治建设事业的不断发展，包括法律人在内的全体公众所共同期待的法治中国也终将实现。

富县法院："群众说事，法官说法"*
——嵌入式司法服务助推县域社会治理现代化

基层人民法院如何继承和发扬人民司法的优良传统，通过为民便民利民的司法活动减缓案件压力，推动县域社会治理繁荣现代化，推动基层民主法治化？近年来，陕西省富县人民法院深入探索人民法院贯彻群众路线、参与县域治理的维度和路径，将司法服务有机嵌入基层社会治理平台，全面推行了"群众说事，法官说法"便民联动机制（以下简称"两说"机制），走出了一条人民法院参与县域社会治理的新路子，取得了积极的效果。2014年4月，最高人民法院院长周强在富县法院调研指导党的群众路线教育实践活动时指出，"两说"机制效果很好，是把村民自治与法治手段、法治思维相结合，是准确把握县域治理特点、认真贯彻群众路线、实现司法便民利民的良好机制，是新形势下继承和发展马锡五审判方式的工作创新机制。本文以问题为导向，通过推进"两说"机制，进一步探索基层人民法院在县域治理中的作用。

一、推行"两说"机制的缘由

"两说"机制的形成具有深刻的历史与时代背景，这一机制是出于对传承和发展优良司法传统的考量，是破解当前司法实践中亟待解决问题的重要举措，也是人民法院延

---

* 本文获2014年陕西省政法委全省政法机关优秀调研报告一等奖，获2015年陕西省法院优秀调研报告评选二等奖。

伸司法职能、助推县域社会治理现代化的实践探索。

（一）新时期贯彻党的群众路线、传承延安精神和人民司法优良传统需要有效的机制推动

延安时期形成的优良司法传统是司法工作者成功经验的总结，是历经时代和实践多重检验的、能够反哺当今法治建设的宝贵财富。这一优良传统可以概括为以下几个方面：一是在政治方向上，坚持党的领导，贯彻落实党的路线、方针和政策，自觉服从和服务于党的事业和政权建设大局。二是在司法理念上，坚持司法为民，尊重和保障人权，维护群众权益。三是在办案方式上，贯彻党的群众路线，立足于中国国情，大力推行"马锡五审判方式"，深入一线、深入事发地，依靠群众、指导群众化解纠纷。四是在法治建设上，坚持依法办事，树立法律权威，维护公平正义。五是在队伍建设上，坚持从严管理，注重提高法官思想道德修养和执法办案能力，努力实现公正廉洁司法。六是在工作作风上，密切联系群众，坚持艰苦奋斗。

人民司法优良传统虽然产生和形成于革命战争年代，然而时至今日，其所蕴涵的司法理念、基本原则、审判方式和工作作风与社会主义法治理念的要求是完全一致的，仍然具有重要的指导价值。当前经济社会发展和司法实践中，我国地区发展差异较大，城乡二元结构明显，群众特别是广大农民的法律意识还不高，权利维护意识与举证能力较为薄弱，普通民众更加看重实质正义，普遍追求客观真实，如果不顾实际单纯强调司法的被动性，实践证明难以取得良好的社会效果。因此，应适度延伸司法功能，将遵守司法规律、恪守司法权本质属性与贯彻群众路线、践行司法为民结合起来，把司法工作深深扎根于人民群众之中，使司法工作符合当前国情和社会生活实际。同时，伴随着群众法治意识的觉醒和加强，人民群众的司法需求呈现出多元化、高标准的特点，不仅要求法院履行好本职工作，还期待承担社会责任、推动法治进程；不仅要求对司法活动享有知情权，还期待对司法活动享有参与权和监督权；不仅要求法官公正清廉、严谨规范，保持良好的职业形象，还要求其改进作风、亲民爱民，在司法工作中更多地表达和传递对群众的人文关怀。能否贯彻群众路线，最大限度地回应群众的司法需求，赢得群众对法院工作的信赖与认同，是对人民法院是否保持人民性这一本质特征的检验。这必然要求人民法院始终坚持把群众路线贯穿到司法工作中，自觉发扬延安精神和优良司法传统，不断深化和丰富司法为民机制和措施，让群众真切地感受到司法的关怀、温暖和便捷。

（二）破解当前司法实践中诉讼案件猛增、司法公信力不足等问题，需要切实可行的举措

当前，基层法院面对的主要困境包括：一是诉讼案件快速增长。伴随着

统筹城乡发展战略的全面实施，工业化、城镇化、信息化建设进程明显加快，城乡利益格局深刻调整，各类主体诉求明显增多，特别是涉及村民土地征收、房屋拆迁、土地承包经营等方面的群体性案件大量涌入法院，法院受案数量日趋上升，案件办理难度明显加大。2006—2010年延安两级法院受案数平均保持在近10%的速度逐年快速递增，尽管在2011年、2012年全市法院案件数量"井喷式"增长的趋势有所缓解，但法院面临的诉讼压力仍然艰巨。如何缓减诉讼压力，使有限的司法资源发挥最大的工作效能，在增加法院编制困难极大的形势下，促进矛盾纠纷源头预防和化解机制建设，培育多元化解决矛盾纠纷的社会体系，动员和教会乡村干部预防和化解矛盾纠纷，减少进入诉讼渠道的纠纷成为一种必要的尝试。二是法官的社会阅历不足。法官正规化、专业化、职业化进程一方面提高了法官的专业素养与功底，但另一方面也出现了法官社会知识欠缺、做群众工作能力不足的问题。不少法官特别是刚刚参加工作的年轻干警，他们虽然有着较高的法学理论素养，但普遍不善于和群众面对面沟通，不愿、不敢、不会接触群众，厌烦与群众打交道，甚至害怕见当事人，更谈不上善于通过耐心细致的群众工作说服教育群众，实现案结事了。如何将人民法院定分止争、传播法治理念的职能延伸到诉讼之前，引导法官贴近群众、贴近生活、贴近实际，体察社情民意，学会群众语言，深入群众调处纠纷，拉近法官与群众的距离，提高做群众工作的能力，是摆在基层司法工作者面前的重要任务。三是司法公信力不高。法院司法公信面临着严峻挑战。一方面，有的法院不能自觉把群众呼声作为改进工作的第一信号，把群众满意作为自身工作的评价标准，致使人民群众对法院工作的满意度出现下滑；另一方面，一些当事人和群众动辄通过群体性、进京赴省等方式上访，有的甚至通过网络向法院施加压力，也有的采取妨碍诉讼、规避执行、暴力抗法等方式扰乱正常的诉讼秩序。如何提升法院司法公信力，让司法取"信"于民，让群众信任法官、信服裁判、信仰法律，一方面要依靠严格公正文明司法，最大限度实现社会公平正义；另一方面要赢得群众信任，以群众看得见、听得明、信得过的方式化解纠纷。四是队伍作风不硬。法官队伍身上存在的"四风"问题，严重损害了法官队伍形象。如何锻造法官队伍过硬的工作作风，密切法官与群众的联系，核心是解决法官对待群众的立场问题、感情问题，澄清"为谁司法，为谁服务"的思想认识，引导法官干警坚定群众观点，增进群众感情，密切联系群众。

（三）依法治国，促进县域治理法治化需要基层人民法院延伸其司法职能

依法治理是现代社会治理的基本方式，法治状态是国家治理体系和治理能力实现现代化的重要标志，法治建设是推进国家治理体系和治理能力现代

化的必由之路。人民法院作为国家审判机关，作为国家治理体系的重要组成部分，在建设法治中国的进程中肩负着重要责任。当前，我国社会主义法律体系、党内法规体系已经形成，总体而言制度和法律比较完善，但在制度和法律的执行上，一些领导干部和群众尊法守法、依法办事的意识和能力还比较薄弱。与此同时，作为国家治理基础的乡村、县域治理实践中，自治组织和群众在乡村治理中缺乏积极参与的活力，基层组织自我教育、自我管理、自我服务和自我发展的能力还不高，矛盾纠纷的预防和化解机制尚不完善，一些干部习惯于"以压服代替说服""以组织代替民主""以权威代替法治"的管理方式，出现自治过程中侵犯村民合法权益的现象，涉及村民与自治组织之间的诉讼案件频发；群众"信访不信法""以访代法"等问题比较突出，通过信访渠道反映问题的意愿强烈，无理缠访、闹访现象已经成为影响社会稳定、损害司法权威的重症顽疾。推进法治建设，要求人民法院始终坚持人民司法的人民性，自觉担当社会责任，充分发挥司法的教育引导作用。基层人民法院要把审判的触角延伸到最基层，弘扬法治精神，培育法治文化，增强以法治方式推进社会治理的思想自觉，逐步培育起全社会崇尚法律、敬畏法律、遵守法律的坚定信仰，实现县域治理法治化，助推县域治理现代化。

二、"两说"机制的操作程序

（一）"两说"机制的形成过程

"两说"机制来源于基层组织的治理实践，形成于基层法院的司法实践。2009年8月，210国道富县吉子湾收费站要整体搬迁到茶坊镇马坊村，需征地20亩，11户村民因征地补偿问题拒绝拆迁。为化解矛盾、说服村民，村委会组织村里德高望重的长者、村民代表和包村干部经过数次说事会议耐心细致地讲道理、讲政策，使征地矛盾得到了解决，"群众说事制"至此应运而生。2010年5月，富县茶坊镇马坊村在实施民居改造时遇到了难题。按照村庄建设规划，该村210国道边40多间危旧房需要整体拆迁。这40多间房屋属于村集体财产，村民10年的承包合同期限已经届满。在拆迁过程中，大多数村民同意拆迁，但张某和吉某怎么说也不愿意。在多次组织群众说事未果的情况下，镇、村干部尝试着求助联村法官出面解决问题。按照"一村（社区）一法官"工作机制公示牌的提示，村镇干部很快找到了联村法官。法官实地查明情况后，组织村镇干部、当地群众和当事人面对面说理说法，详细讲解了租赁合同、房屋拆迁涉及的法律知识，分析了张某、吉某行为的法律性质及其将承担的法律责任，矛盾当场得到了化解。这一案例引起了富县法院的重视。2012年10月，富县法院在16个法官工作站、248个法官工作室的组织基础上，推出了"群众说事，法官说法"便民联动机制，以此作为法院参与县域治理的重要载体。2014年4月，开展党的群众路线教育实践活动期间，富县法院出台了《关于进一步完善"群众说事、法官说法"便民联动机制的实施意见》，对"两说"机制中的法官工作职责、纪律要求、考核内容进行细化。同年5月，延安中级人民法院在全市法院总结推广"两说"机制。同年7月，最高人民法院下发了《关于推广陕西省富县人民法院"群众说事，法官说法"便民联动工作机制的通知》，"两说"机制在全国法院予以推广。

（二）"两说"机制的基本内涵和主要特点

在各村庄（社区）先行推行群众说事制度，遇到矛盾纠纷和集体事务，让群众摆事实、讲道理，通过公开评议促进纠纷解决和村务处理；法院以"群众说事"为平台，组织开展"法官说法"，通过"一村（社区）一法官"机制确定的联村法官针对"群众说事"中涉及的法律问题，采取"法治宣讲会上说，法律咨询当面说，行动不便上门说，见面不便电话说，村民议事应邀说，调处纠纷现场说"的方式，讲解法律规定，调处矛盾纠纷，开展法制宣传，有针对性地为当地群众提供嵌入式司法服务。

"群众说事"主要围绕本村（社区）大事、难事、实事、待处的纠纷，由村（社区）党支部或村委会组织，涉事群众参与，或根据需要邀请联村干部、包村法官和其他群众代表参与，可以一事一说，也可在确定的"说事日"集中说事。"说事"流程包括"说、理、议、办、评"五个环节：一是畅通渠道"说事"。乡村（社区）采取"群众要求说、登门入户说、急事及时说、主动邀请说、填写卡片说"等形式，敞开大门，组织群众说事。二是明确责任"理事"。收集到群众诉求后，能够当场解决的当场解决，需"三委会"（村支委会、村委会、监督委员会）或县、乡部门研究解决的，及时告知说事人。三是集中民智"议事"。针对梳理归类的问题，召开议事会，鼓励群众畅所欲言，发挥"三委会"、联村干部、包村法官的合力，最终确定办理方案。四是凝心聚力"办事"。对于议定的事项，按照"谁分管、谁负责、上下联动、整体配合"的原则落实责任人，明确办理措施，按时办结议定事项。五是加强监督"评事"。事务办结后，及时向群众公示办理事项、办理时限、办理结果，接受群众监督和评议。

"法官说法"是在"群众说事"的基础上，遇到涉法问题时，由村委会邀请联村法官辨法析理，也可以由联村法官根据群众普法需求和纠纷特点有针对性地宣讲法制。"说法"方法主要有六种：一是法制宣讲会上说。采取编发普法案例故事、举办法制讲座等多种方式，进村入户宣讲与基层群众生产生活息息相关的各类法律法规，教育引导基层群众自觉运用法治思维和法治方式处理问题。二是法律咨询当面说。畅通民意沟通渠道，公布包村法官通信号码，通过约谈、打电话和手机短信等多种途径及时解答群众提出的法律问题，指导和帮助基层群众理性维权、依法维权。三是行动不便上门说。对需要提供法律服务的特困群体（老、弱、病、残），法官主动上门，了解情况，帮助群众实现自身法律诉求。四是见面不便电话说。群众有法律诉求时，因交通不便或法官有紧急公务等不便与群众面谈，法官在电话里问明事情原委，作出法律释明。五是村民议事应邀说。在村民会议或村民代表会议行使自治权、讨论决定涉及村民利益的重大事项时，联村法官应村委会邀请列席会议，并就相关法律问题进行现场讲解，指导村民合情合理合法议事，促进基层组织依法自治。六是调处纠纷现场说。帮助乡村干部排查化解矛盾纠纷，现场指导自治组织或人民调解组织调处纠纷，阐释法律规定，辨明是非，划清责任。

（三）"两说"机制运行环节

主要包括三个环节。第一环节是推行群众说事机制，搭建群众说事平台，并依托一村（社区）一法官工作机制，公布联系法官的姓名、职务、工作职责、通信方式等信息，让群众知道有了矛盾纠纷找谁解决最好，确保农村（社区）矛盾发生之后第一时间有人过问、有排查、有处置，尽最大努力促使矛盾纠纷化解在萌芽状态。对法官来说，则是有事进村解决，无事回院工作。第二环节是说事和说法。前提是群众说事，群众有矛盾需要化解，有诉求需要解决，先行通过自治组织解决，亦可由包村干部主动出面协调解决，遇到涉法问题存有疑惑，或者穷尽自治手段和行政手段仍然不能解决的，由村委会邀请法官介入，法官就群众所言之事，发挥专业所长，运用法治思维，提出解决之道。第三环节就是在矛盾纠纷确实无法调处的情况下，由联村法官为群众提供诉讼指引，告知诉讼权利义务和诉讼风险，引导群众理性表达诉求，依法维护自身权益。

三、"两说"机制取得的主要成效

（一）从源头上预防和化解了社会矛盾

"两说"机制的推行，构建了诉讼与非诉调解机制相结合的"诉调对接"大格局，整合了社会资源、司法资源和党政资源，形成了化解矛盾的合力，实现了"小事不出村、矛盾不上交"的目标。富县法院2010年办理民事案件639件，2013年下降为525件，减少了114件，下降比率达到17.8%，有效控制了民事案件的上升势头。2013年，富县全县240个村庄中有83个村庄全年没有发生诉讼案件，涉村民信访案件数逐年下降，信访罢访率连续三年保持100%，违法行政行为数量和行政诉讼数量实现了双下降的态势，行政诉讼数量由2009年的11件降至2013年的5件，下降幅度达54.5%。

（二）提高了司法服务的针对性和实效性

近年来，陕西省各级法院通过开展"审判五进"活动，提供司法便民服务，受到群众欢迎，但实践中也存在针对性不强、互动性不足等问题。"两说"机制有效解决了这些问题，群众通过说事平台联系法官，法官通过说事平台了解群众司法需求，使得司法服务更具有针对性，切实解决了群众最切身的困难。例如，富县法院羊泉法庭因在苹果生产、销售时期向果农提供制式合用样本，派出巡回法庭专门处理苹果产销环节的纠纷；针对四季时令的不同，向果农赠阅《服务果农之春夏秋冬四季篇》，被果农群众亲切地称为"苹果法庭"。

（三）提升了法官的司法能力

"两说"机制为法院干警特别是年轻干警创造了锻炼和提高群众工作能力的平台。法官深入农村生活，了解村规民约，了解社情民意，在密切联系群众中增进群众感情。同时，法官与农村干部群众一道化解纠纷，丰富了办案经验，掌握了与群众打交道的方法，使理论联系实际有了践行的途径，把案件办理的过程变成做群众工作的过程，做群众工作的能力在实践中得到锻炼和提升。

（四）提高了群众对法院工作的满意度和司法公信力

司法的被动性决定了法官介入纠纷的界限和尺度，"一村一法官"的活动中往往遇到这样的尴尬场面：包村法官应纠纷一方求助到场调处纠纷时，另一方产生强烈的抵触情绪。"两说"机制搭建了平等协商的平台，参与说事的干部、群众都在一个彼此地位平等的平台上化解纠纷，法官借助说事机制的平台参与纠纷调处，宣讲法律规定，分析责任后果，这就使得群众特别是纠纷双方有认同感、信任感。同时，"两说"机制畅通了意见表达渠道，群众可以畅所欲言地表达自身利益诉求和依据，纠纷的化解过程完全处在群众的见证、监督之下，提升了司法公信力和群众对司法工作的满意度。

（五）激发了村民自治的活力

通过"两说"机制，村民对村里的矛盾纠纷、重大事项进行充分沟通、互动，解开心中的疙瘩，既不激化矛盾又能解决问题。这种理性、规范的议事制度充分发扬了民主作风。"法官说法"有效地将法律手段、法治思维与道德约束、村规民约相结合，合法、合理、合情地解决基层矛盾纠纷，同时，对于通过"两说"机制形成的调解协议，可以通过司法确认程序赋予其更高的法律效力，司法介入有力支持和保障了基层组织自治，从而激发了村民自治的活力。"两说"机制的推行，转变了乡村治理理念，形成了从干部说到群众说，从被人说到自己说，从村干部说了算到群众说了算，由被动参与到主动参与，由权威压服到耐心说服，真正实现了村民自治的民主化。2014年1月至7月，富县吉子现镇一村庄处理的58件纠纷中，运用"群众说事"机制及时化解54件，其余4件没有解决的邀请联村法官介入化解3件后，将剩余的1件引导村民通过诉讼途径解决。

（六）整合了社会治理资源，提高了不同主体依法治理的能力

从"两说"机制解决的纠纷类型看，既有邻里、婚姻、借贷纠纷，又有土地承包、宅基地审批、扶助补助物品分配发放等事务，还有因拆迁、雇用、帮工、交通肇事等产生的矛盾纠纷。既有因民事行为引发的纠纷，又有因行政决策或行政行为引发的纠纷。参与说事说法的，既有村干部、村中德高望重的人，也有党政干部和法官，采取多元化的方式解决不同类型的矛盾纠纷，畅通了救济渠道，整合了社会治理资源，推动了党委领导、政府负责、社会协同、法治保障的社会治理体系形成。在纠纷解决过程中，依靠法官说法保障议事说事的合法性成为多方主体的行动自觉，探求在法律规则框架内处理问题成为化解矛盾纠纷的最终选择，从而培育和提高了农村干部群众依法治理的能力，促进了公权力的依法行使，也发挥了司法在参与县域治理中的服务和保障作用。

四、"两说"机制对县域治理现代化的启示

"两说"机制适应现阶段乡村、县域治理的现状，是推进社会治理体系完善的重要途径，对充分发挥司法功能、提高基层依法治理能力、推进县域社会治理现代化具有重要的启示。

（一）坚持党的领导，促进形成多方参与格局

中国近代以来社会发展的历史证明，只有紧紧依靠党的领导，才能长期维护国家统一、民族团结和人民幸福，才能正确处理改革、发展与稳定的关系，实现中华民族伟大复兴的中国梦。党的十八大报告提出，要建立"党委领导、政府负责、社会协同、公众参与、法治保障"的社会管理体制。党的十八届三中全会进一步提出全面深化改革的总目标是完善和发展中国特色社会主义制度，推进国家治理体系和治理能力现代化。从"管理"到"治理"，一个字的变化，彰显出我党执政理念和治国方略已经从一元化"管理"转变为多元化"治理"，突出强调政府、社会、公众的协作性和法治的保障性，充分体现了党领导下多方参与、共同治理的理念和主张。因此，人民法院参与县域治理，只有坚持党的领导，发挥党在县域治理中总揽全局、协调各方的领导核心作用，

才能确保县域社会治理的正确方向和循序渐进，保证政府、社会和人民法院充分发挥自身作用，凝聚起多方参与社会治理的强大合力，努力形成社会和谐人人有责、和谐社会人人共享的生动局面。"两说"机制的形成和推广，特别是作为"法官说法"赖以发挥作用的平台——"群众说事"机制的建立完善，离不开党委的坚强领导与统筹推进，离不开农村党组织的有力支持与全力实施。

（二）担当社会责任，适度延伸司法职能

在我国，人民法院是共产党领导下的国家审判机关，是人民民主专政的重要组成部分，在实现党的领导、人民当家作主和依法治国相统一的民主政治发展道路中肩负着十分重要的政治使命；司法权作为至关重要的执政权，是党领导人民治理国家、管理社会事务的重要方式，必须服务于党在不同历史时期所确立的根本任务和发展目标。当前，我国正处在全面深化改革的历史阶段，经历着由传统社会治理模式向现代社会治理模式转型的历史进程，思想观念、利益格局、社会结构的深刻变革影响着社会稳定和谐，推进法治中国建设、实现国家治理体系和治理能力现代化的目标任务成为全党全社会共同的责任。这就要求人民法院不仅要肩负起履行司法审判、保障公平正义的法定职责，更要担负起培育法治理念、传播法律知识、维护社会稳定等方面的社会责任。因此，人民法院必须妥善处理好被动司法和主动服务的关系，在坚持法治原则的基础上，更好体现人民司法的政治性和人民性，敢于担当时代赋予的社会责任，延伸司法职能，拓展服务平台，积极参与国家治理，引导各类主体自觉在法律规则框架内处理问题。同时，司法机关的功能定位和司法资源的有限性，决定了人民法院只能适度延伸司法职能，准确把握司法职能延伸的限度和维度，做到既能充分承担社会责任、发挥社会功能、提供优质司法服务，又不妨害司法功能发挥、过度介入和干预社会生活、打破权力运行的顶层设计。

（三）激发基层自治活力，积极推动基层民主自治

习近平总书记指出："社会治理的重心必须落到城乡、社区，社区服务和管理能力强了，社会治理的基础就实了。"县域治理是国家治理体系和治理能力的基础，社会组织和群众是县域社会治理的重要主体和依托。推进县域治理，要求人民法院引导公众有序参与社会治理，推动基层民主自治。当前，县域社会治理组织体系已经建立，存在的主要问题是自治组织在社会治理中的主体作用没有充分发挥，村干部和调解组织预防和化解矛盾纠纷的能力亟待提高，群众的参与意识薄弱。因此，一要培育民主自治的治理理念。"群众说事"机制的实质是一种以民主治理理念为支撑的自治制度创新，这一机制可以充分激发村民参与社会治理的活力，引导干部发扬民主作风，在处理集体事务、化解矛盾纠纷中实现民主决策、民主管理、民主监督。二要充分发

挥村委会等基层自治组织在县域社会治理中的作用，组织动员群众积极参与。"两说"机制最大限度地发挥了基层组织的自治功能，搭建了不同社会主体之间沟通、对话、协商的平台，使社会成员在治理过程中拥有知情权、表达权、决策权和监督权，使自治组织的主体作用得到充分发挥，促进党委领导、政府主导、司法保障与公民参与的互动，统筹兼顾到各方的不同利益，促进多元化、自主化、大众化的基层自治。三要构建多元化矛盾纠纷预防和解决机制，提高乡村干部和自治组织化解纠纷的能力。人民法院是处理矛盾纠纷的最后一道关口，也是维护社会正义的最后一道防线，但司法的终局性并不排除多元化纠纷解决机制。相反，完善的社会治理体系是发达的诉讼制度与多元化纠纷预防解决机制的有机衔接。完善的多元化预防和化解纠纷机制，注重从源头上预防和化解矛盾纠纷，第一时间排查和发现矛盾纠纷隐患，第一时间将矛盾纠纷化解在萌芽状态，实现"小事不出村、矛盾不激化、问题不上交"的良好社会治理效果。"两说"机制运行中，法官的着眼点不应局限于化解矛盾纠纷，而应拓展到构建多元化矛盾纠纷预防和化解机制，教会乡村干部、调解组织预防和化解纠纷的方法，促进源头治理，及时反映和协调人民群众各方面各层次利益诉求，使群众诉求能表达、矛盾能化解、权益有保障。

（四）提高基层依法自治能力，有效助推县域治理法治化

党的十八届三中全会提出，要改进社会治理方式，坚持依法治理，加强法治保障，运用法治思维和法治方式化解社会矛盾。法治作为党治国理政的基本方略，作为实现国家治理体系和治理能力现代化的应有之举，作为县域社会治理的基本理念和基本方式，要求人民法院，一方面要促进基层自治组织依法治理能力的提高；另一方面，要推进民主治理与依法治理相结合。"两说"机制充分发挥了基层群众和基层自治组织认知结构、生活背景的同源性，容易达到情感同化和心理认同，又充分运用法官的中立地位，将法律解析与道德伦理、乡风民俗结合在一起，融法理、事理、情理于一体，让基层干部群众在法官的指导帮助下，学会用法治的思维看待生产生活中的各种现象，把法治思维、法治手段同村民自治有机结合起来，把社会矛盾的化解纳入法治范畴，促进基层自治组织依法治理能力的提高。长期以来，由于干部和村民自身法律素养欠缺，矛盾纠纷调处往往凭借村干部、长者的权威以及历史形成的一些村规民约，自觉不自觉地出现对村民、纠纷当事人合法权利的侵犯。"法官说法"把法治理念融入村民自主决定集体事务和化解矛盾纠纷的过程中，对合情合理但不合法的调解行为、村规民约和村务管理行为及时予以矫正，弥补群众说事的不足，把村民自治导入法治轨道，实现民主治理与依法治理的有机统一。

（五）践行司法为民宗旨，主动回应群众司法需求

社会管理主要是对人的服务和管理，说到底是做群众的工作。一切社会管理部门都是为群众服务的部门，一切社会管理工作都是为群众谋利益的工作，一切社会管理过程都是做群众工作的过程。人民法院贯彻群众路线、参与社会治理的出发点和落脚点实质上就在于提供司法服务，使司法权的行使紧跟时代步伐，全力服务于人民群众生产生活的实际需求。"两说"机制的最大特点在于贯彻了群众路线，是一种"专群结合"的工作方法，通过提供嵌入式司法服务，将司法服务有机嵌入县域社会治理平台，实现了被动司法和主动服务的统一。一是科学选择嵌入平台。司法服务必须针对不同的社会群体，借助有效的平台来实现，这个平台不应局限在人民法院自有的审判、执行工作平台之上，而应充分利用好现有的社会治理平台，提供嵌入式司法服务，推动社会治理进程。"法官说法"不是一个孤立的工作机制，而是将"法官说法"嵌入"群众说事"这一村民自治平台当中，在村（居）委会组织涉"事"群众进行"说事"的过程中，由联村法官以"拉家常"的方式围绕涉及的法律问题，进行说法释理、答疑解惑、明断是非，引导群众自觉运用法治思维、法治方式处理问题，从而发挥其传播法治文化、推动基层社会依法自治的目的。"两说"机制与"一村一法官"机制相比，最鲜明的特点在于有"群众说事"这个平台，也正是因为有了这个平台，才避免了盲目下乡驻村给有限司法资源带来严重困惑，使法官可以根据群众需求，有事进村服务，无事在院办案，司法服务具备了鲜明的针对性和实效性，将矛盾纠纷化解在可控的萌芽状态。二是科学确定嵌入内容。妥善处理提供司法服务过程中被动服务与主动服务的关系，对于自治组织和群众所需的法制宣传、司法建议等服务，法官应当主动说法；但对于村民议事中遇到的涉法问题以及群众说事不能化解的纠纷，需要由相关自治组织邀请联村法官适时说法。通过"两说"机制的成功实践，人民法院找到了宣传法律政策、调处矛盾纠纷、提供法律咨询、列席村民议事、提出司法建议、指导人民调解、教会乡村干部预防和化解纠纷的方法等司法服务具体内容。三是科学运用嵌入方法。提供嵌入式司法服务，在方法上必须体现"便民"二字。就"两说"机制来看，体现了"四便"原则，即便于群众联系，主动公示联村法官信息，让群众知道遇到法律难题该找谁。便于及时服务，做到能够上门服务的就上门提供服务，能够当场服务的就当场提供服务，能够电话服务就及时通过电话提供服务，确保让群众在第一时间享受到便捷周到的司法帮助；不能调处的矛盾纠纷，引导群众理性选择法治途径维权。便于群众理解，将群众语言融入法治思维和法律伦理之中，用群众听得懂的语言解释法律，采用群众易于接受的方式来解决问题、

化解矛盾。便于群众监督，让人民群众在亲身参与中监督法官，增进群众对法院工作的了解、理解和支持。

（六）立足实际情况，挖掘本土资源

任何一种治理模式的生成，都不能脱离地域乡俗、传统文化、历史条件和群众心理特征的土壤。因此，促进县域治理创新，必须从实际出发，合情合理吸收借鉴传统文化中社会治理的思想精髓，充分考虑不同地区之间巨大的社会差异现实，按照因地制宜、因时制宜、因人制宜的原则，寻求本土、多元、有效、文明的治理模式。"两说"机制之所以具有强大的生命力，是因为它来源于基层治理的实践，顺应群众文化心理和当代社会发展潮流，将民主和法治的治理理念深深扎根于县域社会治理之中、深深扎根于群众之中，开创了县域社会治理的一条本土化路径。

关于赴宝塔区、洛川、甘泉县法院开展学习和实践科学发展观活动的调研报告*

根据我院学习和实践科学发展观活动领导小组的安排部署，9月23日至25日，我们先后赴宝塔区、洛川县、甘泉县人民法院及基层法庭，就如何在工作中学习和实践科学发展观活动开展了为期三天的调查研究，现将有关情况汇报如下。

一、基本情况

这次调研，我们先后深入宝塔区法院李渠法庭、洛川法院旧县法庭、甘泉县法院下寺湾法庭，采取走访、座谈等形式，认真听取了部分乡镇党委政府负责人、村民委员会负责人、村民代表、人大代表、政协委员及法庭干警对全市两级法院的意见和建议，调研采取发放调查表和征求意见的形式，较为全面地了解掌握了全市法院在人民群众中的地位及工作中存在的不足之处，收到了较好的效果。

（一）群众对法院的总体评价

在调研中，我们发现群众普遍对两级法院近年来的总体工作评价较好。一是认为法院能够充分发挥审判职能作用，严惩严重犯罪分子，加大调解力度，妥善化解矛盾纠纷，为维护当地的社会政治稳定、促进经济发展发挥了极其重要的作用；二是认为近年来法院干警认真实践司法为民的理念，积极改进工作作风，能与老百姓建立起平等、

---

* 本文写于2018年10月。

友好、交流、沟通的血肉联系，耐心、热情地接受群众的咨询，以实际行动践行了全心全意为人民服务的党的根本宗旨观念。

（二）群众对法院的意见和建议

主要有以下几点：一是建议法院加强基层法庭的人员配备，加强队伍建设，缓解人员力量不足的问题；二是建议加强乡镇农村的普法教育；三是建议开展审判工作进农村活动，刑事、民事案件在案发地开庭审理，对群众有较大的教育意义；四是建议法院能充分发挥职能作用，解决农村存在的黑恶势力、吸贩毒、赌博放板的社会问题；五是建议法院能妥善化解农村存在的土地承包纠纷、"女子户"等普遍存在的民事纠纷案件；六是建议法院把陪审员工作进一步规范化并要落到实处；七是法院的"两庭"建设资金严重短缺，影响法院的科学发展。

（三）存在的问题

一是群众和多数法院干警对科学发展观不太了解，没有深刻领会其精神实质和内涵；二是多数法院没有按照科学发展观的要求，建立健全法院长远发展的中长期规划；三是法院的政治教育活动多数流于形式，没有触及思想和灵魂深处的东西，不注重解决思想上存在的实际问题。

二、几点启示

在这次调研过程中，我们发现基层法院、乡镇的一些做法，对于我们搞好学习和实践科学发展观活动，有很大的启发和教育意义。

（一）注重抓法院的廉政文化教育

宝塔区法院和洛川县法院把廉政格言警句和图片配合起来，制作成牌匾，悬挂于墙壁上，在办公设施的购置上、法院大楼的建筑设计上，力争体现廉政文化教育和科学发展观的精神。

（二）注重解决思想作风上存在的问题

甘泉县下寺湾镇政府，在解放思想大学习大讨论中，针对党员干部在思想作风上存在的问题不好管理、不好纠正，提出了党员干部要做到"雷厉风行、闻风而动、立说立办、务求实效、靠前指挥、一线落实、敢为人先、争创一流"的工作目标口号和工作要求，对于我们搞好此项活动有很大的启发教育意义。

（三）注重弘扬求真务实的精神

宝塔区法院前院长侯文春在座谈中指出，要搞好学习实践科学发展观活动，重要的是坚持以人为本的原则，在提高党员干部的素质上下功夫，最根本的是要做到"把我字看轻，把责字放大，把权字看清，把民字举过头顶"。

这对于我们搞好工作很有启发。

三、对策和措施

学习和实践科学发展观活动是目前全党的一项重大的政治活动，所以，我们一定要充分认识开展此项活动的重要性，认真领会中央、省委、市委的有关精神，紧密结合延安法院的实际情况，加强理论学习教育，切实解决存在的实际问题，以科学发展观统揽法院工作，努力使全市法院的各项工作再上一个新台阶，按照党员干部受教育、科学发展上水平、人民群众得实惠的总要求，达到提高思想认识、解决突出问题、创新体制机制、促进科学发展的目标。

（一）加强思想政治工作，解决不适应科学发展的问题

一是要认真学习科学发展观的内容，准确领会科学发展观的精神实质，使法院系统全体党员干部统一思想，提高认识，把思想高度集中到在本职工作岗位上贯彻落实科学发展观上来。二是用延安精神——重点是陕甘宁边区高等法院形成的优秀司法文化、优良司法传统、优良工作作风教育全市法院广大干警，改造党员干部的人生观、世界观、价值观，切实改进工作作风。三是要把科学发展观的精神应用到指导干部的工作、学习、生活、家庭等方面，使人的工作、物质生活、精神生活都按照科学发展观的要求来进行，使党员干部切切实实地认识到科学发展观的好处，方方面面都能得到实惠，避免理论学习与实践应用"空对空、两张皮"的问题。四是要切实解决党员干部思想作风上存在的突出问题。比如追求金钱地位等不良思想；信奉官场上的"潜规则"；清除封建式的官僚主义；不服从科学管理、工作敷衍了事、不树立正气、搞歪风邪气等不良风气；等等。

（二）坚持以人为本原则，在审判执行工作中落实科学发展观

一是要牢固树立执法办案是法院工作第一要务的理念，按照岗位目标管理责任制的要求，认真做好法院本职的审判执行工作。刑事审判中要充分发挥职能作用，注重保护被害人的利益，打黑除恶，维护社会政治稳定；民事审判中要加大多元化纠纷解决机制的建立，加大调解力度，妥善化解矛盾纠纷，注重发挥审判职能作用，促进全社会形成公平、正义、诚信、守法的社会风气；行政审判中要注重维护公民的合法权益，促进行政机关依法行政，从一点一滴中发挥审判职能作用，促进依法治国的进程；执行工作中，要发扬吃苦耐劳的作风，维护法院的正确判决，维护申请执行当事人的合法权益。二是要认真贯彻执行案件质量考评办法，全面提高审判质量和效率，不能流于形式。三是要认真做好司法为民的各项措施，确保全心全意为人民服务的

思想在审判执行工作中的贯彻落实。四是要搞好理论学习研讨和审判工作经验总结，全面提高干部的法律业务素质。五是要狠抓规章制度的贯彻落实，避免走形式、走过场。我院去年集中精力狠抓了规章制度的建立，建立了一整套全面的较为完善的法院管理规章制度，当前，最重要的是在学习实践科学发展观的过程中，把这些规章制度在工作实践中扎扎实实地落实和执行到位。

（三）坚持以人为本、全面协调可持续发展、统筹兼顾的原则和方法，在法院管理中落实科学发展观

一是要根据法院的实际情况，经过调研论证，科学制定法院法庭的包括思想政治建设、队伍建设、审判执行工作、物质装备建设等中长期发展规划，可以避免朝令夕改、发展目标不明确、工作重点不突出等问题的发生，有利于法院工作的全面协调可持续发展。二是要加强法院规章制度建设，实行以制度管人管事的科学管理方法。三是要用统筹兼顾的方法管理法院工作。要实现法院工作的全面发展，限于人力物力不够等因素的影响，难免会出现顾此失彼、疲于应付的现象，这在很大程度上挫伤了干部工作的积极性，使工作容易流于形式。比如我们每年搞各种政治理论学习活动，就容易出现类似问题，需要用统筹兼顾的方法解决这类问题。

（四）坚持以人为本的原则，加强对法院队伍建设的管理

党对党员干部的管理，主要是思想和组织上的管理。所以，我们要按照科学发展观的精神，以人为本，以提高法院干部的政治业务素质为根本，大力加强法院队伍建设工作。一是要加强思想建设。要采取行之有效的方法和措施，用中国特色社会主义理论统一全党的思想，当前最重要的是用科学发展观的理论武装全体干警的头脑，用科学发展观的理论指导人的工作、生活、学习领域。二是采取有效措施，切实纠正思想作风上存在的问题，重点要解决用规章制度不能解决但对实际工作具有很大负面影响的问题。比如工作上的敷衍塞责、管理上的阳奉阴违等，现实中很大程度地存在这类思想上的问题，不好好工作，认为：只要能挣来钱，你愿意提拔不提拔都无所谓，组织上管理不住我；我有钱，和上级领导关系搞好，不好好工作，组织上照样能提拔我。三是加强组织建设。要建设讲学习、讲政治、讲正气的团结一致、清正廉明的领导班子。要建设一支政治坚定、业务精通、纪律严明、作风优良的高素质法官队伍。重点要在建立"讲党性、重品行、作表率""德才并重、以德为先"的用人机制上下功夫，建立科学的领导班子和一般干部的考核评价机制。四是要加强法院文化和廉政文化建设。要用中国优秀的传统文化思想和中国特色社会主义先进文化影响教育全市法院广大干警，政治部、

党总支、工会、团委、妇委会等部门要按照科学发展观的要求,充分发挥职能作用,开展丰富多彩的高品位、高质量的业余文化活动,在提高干警物质生活的同时,最大限度地满足广大干警的精神文化需求,警示、教育、引导广大干警廉洁从政,公公正正办案,清清白白做人,提高法院干警的整体素质,达到以人为本的目的。五是要加强理想信仰教育。理想信仰教育具有极其重要的作用和意义,如果人的理想信仰不坚定了,出现了偏差,那么后面所做的一切工作都会前功尽弃,走了形式、走了过场。目前,党内存在的最大的也是最致命的问题就是党的信仰存在危机,人们的社会意识趋于多样化,人们普遍对党的信仰淡化了,对钱的信仰坚定了,认为有钱能办到一切。所以,当前最重要的是要使全市法院广大干警重新扭转信仰方向,坚定对党中央的信仰,坚定对中国特色社会主义理论体系的信仰,坚定对社会主义核心价值体系的信仰。六是加强物质装备建设。全市法院要在学习实践科学发展观的过程中,注重抓好法院的物质装备、基础设施建设。两级法院要多方争取资金,在招待费中尽力节省开支,但一定要把法院的"两庭"建设好,给干警创造一个良好的工作环境,推动法院各项工作的科学发展。

(五)加强纪检监察工作,为全面学习实践科学发展观保驾护航

要开展对全市法院系统的巡视工作。要按照《中国共产党巡视工作条例》,积极主动地开展对各县(区)法院的巡视。巡视工作主要是加强对全市法院领导机关、领导干部特别是领导班子的主要负责人的监督。一是要加强对其遵守党的政治纪律情况的监督。重点是检查其是否维护党章和遵守其他党内法规;是否与党中央在思想上、政治上、行动上保持高度一致,维护中央的权威和党的集中统一;是否贯彻执行党的路线方针政策。二是加强对贯彻落实科学发展观情况的监督。重点检查其是否领会科学发展观的精神,用科学发展观的理论、思想、方法指导法院的各项党务、行政、审判执行工作;是否结合本地的实际情况,贯彻落实完成上级法院对全市法院的重大工作安排部署。三是加强上级法院党组和纪检组对下级法院党组及其成员的监督。重点检查对党的民主集中制的执行情况,检查对落实领导干部廉洁自律规定情况的监督;进一步健全上级法院党组对下级法院党组成员的经常性考察和定期考核机制。

解决党员干部思想上的不良风气。当前我们要注意做好三方面的工作:一是采取行之有效的方式方法,深入开展理想信念教育和廉洁从政教育,大力推进中国特色社会主义理论体系的学习贯彻,用正确的理论武装干警的思想,占领人们思想的主阵地,从思想上引导、净化党员干部的思想。二是要用社会主义核心价值体系引领人们的思想意识形态和社会思潮。要用正反两

方面的典型事例，从舆论宣传上引导占领人们的思想意识形态领域，帮助人们重新牢固树立马克思主义的世界观、人生观、价值观，牢固树立正确的权力观、地位观、利益观和社会主义荣辱观。三是要积极探索对思想上的隐形违法违纪不正之风的惩戒预防和引导体系建设。最主要的是要把党组和纪检组班子建设成思想工作上讲学习、讲政治、讲大局，用人上坚持德才并用、以德为先、讲政治、重品行、作表率的班子，把班子成员培养造就成坚持原则、坚持团结、坚持民主集中制、敢于批评与自我批评、光明磊落、一身正气、能扶正去邪的好干部，充分发挥党组织的凝聚力和战斗力，在思想上形成合力，不当歪风邪气的保护伞，敢于旗帜鲜明地同歪风邪气行为作斗争，组织有关人员及专家学者，认真开展调查研究，对产生隐形违纪不良思想行为的根源、危害性、表现形式、内外部社会环境因素进行综合分析，提出切实可行、有针对性的对策和措施，建立起彻底解决此类问题的思想引导和惩戒预防体系。

扎实开展问责、问廉、问效的"三问"活动。开展问责、问廉、问效的"三问"活动，是新形势下积极引导广大干警大力弘扬延安精神、着力解决当前工作作风等方面存在的突出问题、充分发挥纪检监察职能作用，为重大决策的落实、重要工作的顺利实施提供坚强的政治保证。"三问"的范围和对象是全市法院及其工作人员，重点是党员领导干部和一般干警。通过问责、问廉、问效，对法院机关及其工作人员履行岗位职责，贯彻落实法院党组的重大决策部署的责任、廉洁、绩效进行综合监察，对法院机关及其工作人员不履行、不积极履行或者不正确履行法定职责，效率低下、造成危害、违反廉洁自律有关规定，在社会上造成不良影响和后果的给予责任追究；将责任监察、廉政监察、效能监察有机结合起来，既可单独适用，又可合并适用。结合延安市法院的实际情况，当前，重点要做好以下工作。一是建立和完善部门和个人岗位目标管理责任制，制定法院机关内设的部门及工作人员的岗位职责，使其明确自己的岗位职能、工作职责、奋斗目标、基本要求，促使法院干警能够明确任务、严格进行自我要求，在本职工作岗位上形成比、学、赶、帮的良好工作氛围。二是扩大"三问"实施主体的范围。实施"三问"的主体主要是法院纪检监察部门，但是，也有一定的局限性，可以适当放宽实施"三问"主体的范围。领导干部可以对所分管部门的干警实施"三问"，对不配合"三问"的对象可以交纪检监察部门处理；一般干警也可以通过纪检监察部门对领导干部实施"三问"，这样可以使干部与群众互相监督、互相制约，促进全院机关干部作风的转变，进一步提高工作质量和效率。三是重点围绕审判作风建设和群众反映强烈的热点、难点问题开展"三问"活动。

在全市法院范围内实施"治骄""治懒""治奢""治庸""治梗"工程，为全市法院争创"四个一流"提供政治保证和良好的环境。实施治骄工程以破满，解决"不愿为"问题。重点治理少数党员干部自恃法官优势，盲目自大，骄傲自满，思想上故步自封、停滞不前，工作上自以为是，满足现状，不愿好而思进、强而求新等思想行为。实施治懒工程以增效，解决"不作为"问题。重点治理对党组作出的决策不贯彻，任务不落实，职责不履行；缺乏干事创业、争先创优的工作激情；工作作风漂浮，甚至互踢"皮球"，推诿扯皮等效率低下、无所作为的行为。实施治庸工程以提能，解决"不会为"问题。重点治理没有能力履行岗位职责，无法完成组织分配的工作；难以胜任现任职务，不能开创工作新局面；不能有效解决基层和群众反映的热点、难点问题等无所事事、碌碌无为的行为。实施治奢工程以倡俭，解决"胡作为"问题。重点治理：热衷于个人享乐，大吃大喝，奢侈浪费；大搞迎来送往、请吃送礼活动；打着学习考察的幌子，旅游观光、挥霍公款；习惯于做表面文章，好大喜功、急功近利，热衷于搞"形象工程""政绩工程"等行为。实施治梗工程以促廉，解决"乱作为"问题。重点治理以权谋私、与民争利，乱收费、乱集资、乱摊派；作风粗暴，态度蛮横，"门难进、脸难看、事难办"；徇私舞弊，弄虚作假，利用职权和工作之便，"吃、拿、卡、要、报"，不给好处不办事、给了好处乱办事等侵害群众利益的行为。

第二编
司法改革实践探索

黄陵县法院法官制改革的成因及思索[*]
——在"黄陵模式"与中国法官制改革研讨会上的发言

尊敬的各位领导、老师及与会同仁：

首先，我代表黄陵县法院全体法官干警，对各位的到来表示最热烈的欢迎！各位能在百忙之中抽出宝贵的时间前来参加我们的会议，充分体现了对我们工作的支持和对我国法制改革事业的关注。对此，我们表示衷心的感谢！

今天我发言的题目是《黄陵县法院法官制改革的成因及思索》。

司法公正是社会公正的基础，司法公正以司法独立为前提，而法官独立又是司法独立的核心。法官制度改革是通往法官独立的有效途径，同时，也是通往司法公正的有效途径。

司法制度的改革与完善是近年来我国司法理论界和司法实务界极为关注的问题，理论工作者和实务工作者结合工作实际和发展现状，从不同角度提出了诸多有益的改革措施，最高人民法院也进行了许多改革，取得了一定的成效。但由于这些改革均未触及与解决我国现行审判制度中存在的实质性问题，故审判活动仍然停留在原有的模式和层面上，这严重地制约着审判活动的严肃性与公正性。为此，我县法院积极探索，率先推行了法官制改革，力求通过这一改革来探寻我国法制改革，尤其是审判改革的有效途径。

---

[*] 本文写于2007年7月。

我县法官制改革方案的形成经历了一个漫长而艰难的过程，是在认真分析我国审判制度形成的历史渊源、自身弊端和法治现状基础上，经过充分论证后出台的。

下面，我就法官制改革的成因以及进一步思索向大会作以阐述，以期得到各位领导、各位学者的指导。

一、法官制改革的成因

1. 中国现行审判制度存在弊端，严重影响司法公正

我国审判制度是借鉴了苏联的审判经验，结合了英美法系与大陆法系某些特征，继承了新民主主义时期的做法而形成的。而20世纪中叶，世界两大法系趋于融合，相互吸收，相互补充，为法律全球化发挥了极大的促进作用。半个多世纪以来，中国的法治建设道路曲折，进程缓慢，有许多不合时宜的因素，有阻滞社会发展、阻滞法治进程的因素。我自己在多年的院长生涯中不断总结、不断摸索，归纳出了我国现行审判制度的如下弊端。

（1）基层法院的法治本位得不到确认。我们基层法院与权力机关的关系，与行政机关的关系都存在失衡的因素，这些因素恰恰是法院法治本位缺失的主要原因。我国实行的是议行合一的宪政体制，一切权力属于人民，而这种权力由各级人民代表大会代为行使，司法机关、行政机关均由人大产生、对人大负责、受人大监督。实践中，由于人大对司法进行监督的方式不明确，程序不规范，一些地方人大对法院的监督，特别是对个案的监督往往演变成一种恣意干涉，这不利于法院独立审判。法院与行政机关之间各自行使的职权不同，各自的地位本来是平等的，彼此独立、相互制约的，而实质上法院的地位要低于同级行政机关。法院的人事、财政、物资都离不开同级行政机关，所以，时刻要受制于它们，审判活动必然地也要听从它们，尤其涉及它们自身的案件，更是令法院掣肘难处。法院的审判活动始终受制于行政机关，法院的地位始终低于行政机关。司法权的划分与行政区划完全合一，审判活动的地方化便不可避免。法院在这种权力结构的配置下根本无力与行政机关抗衡，行政干预在所难免，法院独立审判的法治本位根本得不到确认。

（2）基层法院的司法权威得不到有效搭建。我们知道，司法权威产生于司法活动之中，而司法活动又离不开法院，离不开法官。司法权威的体现实际上是通过法院和法官的权威来完成的。因此，要树立司法权威首先要确立法院与法官的权威，而法院与法官的权威在现阶段是缺失的，这种缺失是法院和法官在外部环境中地位不独立所致，也是法院和法官的法律地位得不到确认所致。所以司法权威的搭建又转化为一个司法独立、法院独立的问题。

要搭建司法权威，我认为要解决三个方面的问题：一是从立法层面上要保障法院的外部独立。组织与财政是法院独立的基础，我国现阶段的状况是法院的人、财、物都由行政机关控制，法院的审判活动、司法权威都受到这些方面的影响；二是从司法系统层面上保障法院的内部独立。我国现阶段依据宪法规定的原则，检察系统实行的是上下级"领导"制，法院系统实行的是上下级"监督"制，但在司法实践中上级法院对下级法院的干预较大，基层法院的审判活动、法官资格任免、升迁基本上都取决于上级法院。所以，基层法院作为最底层的法院，要实现真正的独立确有困难；三是从宪法的层面为基层法院提供必要的外部保障。要做到这一点有很大难度，我们可以借鉴国外的做法，从制度上支撑维持司法独立。鉴于存在上面三个问题，基层法院的司法权威无法得到有效搭建。

（3）基层法院法官独立的法律人格得不到尊重。马克思曾说过：法官是法律世界的国王，除了法律就没有别的上司。这句话阐明了法官在司法活动中的重要地位及作用。法官的人格独立是法官独立、司法独立的一个内容。如果法官的人格独立无法实现，他们就无法成为真正的法律执行者，无法成为真正的法律守护者，那法律的独立、司法活动的独立也就无从谈起，根本不可能真正实现。而我国现阶段法官的法律人格得不到应有的尊重，主要表现在以下几方面：一是政治上无法中立。政治上的中立指的是法官在司法过程中对政党、对政治保持公正超然的态度，不参与党派纷争及有关政治活动，必须忠于宪法、忠于法律、忠于职守，必须排除权力、人情、利益的干扰，公正公平、客观真实地分析证据，认定事实，作出裁判。而我国的审判制度使法官必须服从政治需要，甚至服从长官意志；二是精神上得不到独立。法官的精神独立其实是要求法官具有一种独立精神，也就是具有公正执法的精神，具有公平裁判的精神，具有"以事实为依据、以法律为准绳"的原则精神。只有这样，才能做到独立审判。但我国现行法官管理模式从内部与外部两方面都使法官必须听从组织安排、服从领导指挥，无法实现独立。

（4）基层法官的文化提升受到限制。司法公正性的实现归根到底取决于法官的活动，否则，再规范、再完整的法律都会被践踏，都会成为一纸空文。而法官文化的提升主要分两个层面：一是知识层面的提升；二是经验方面的提升。《中华人民共和国法官法》《人民法院五年改革纲要》都对法官培训作了规定，但培训人员、培训力度都明显不够，基层法官的培训更是流于形式，他们受到的法律培训与上层要求的法官职业化还相差甚远。加之现有审判模式实质上要求的是法官专业化，即民事法官专民事、刑事法官专刑事，这导致了法官的知识结构单一。法官的执法活动专业化，不符合职业化要求。而且我们的法官缺少三个方面的交流：一是内部交流少，法官相互之间、庭室相互之间几乎各行其是，很少相互交流经验；二是同级别的法院之间交流少，大多法院很少从外界借鉴新经验对自己长期形成的固定模式、传统经验加以充实和改进；三是基层法院与法律院校之间交流少。法律在不断更新，法律法规在不断变化，不断增加新内容，而基层法院和法官消息相对闭塞，我甚至发现有位法官在判决中引用已经废止了的司法解释。所以，基层法官的文化提升受到了限制，阻滞了基层法院的公正执法活动。

（5）基层法院审判委员会职权排他性不够。审判委员会制度是我国特有的司法形式，其设立的目的是加强对审判工作的集体领导与监督。作为法院内设的最高审判组织，它担负着对重大疑难案件的研讨，对审判工作经验的总结以及对其他与审判活动、审判工作相关事宜进行指导的重任。但目前的审判实践已证明审判委员会制度违背了设立的初衷，审判委员会均由院长负责，副院长、相关庭的庭长组成，很少有普通法官参与，审判委员会实质上成了法院行政领导的又一场所，成了法院行政领导审判活动的合法形式，成为审判活动行政管理化的重要特征。这导致了司法权遭遇行政权的强制干预，势必影响司法公正。

2. 我国现行审判制度的渊源与形成背景

任何制度的形成都非"空穴来风"，都是有迹可循的。我通过学习与研究发现我国的审判制度是在借鉴苏联审判制度的基础上形成的。这种审判模式既有中国社会的烙印，又有苏联审判制度的特征，同时夹杂着我国的创新，而苏联的审判制度本身存在以下几个方面的弊病：

第一，法律制度被称为"强职权主义"，不利于审判活动的公正性。我们知道，十月革命胜利后，诞生了世界上第一个社会主义国家——苏俄，为了维护取得的胜利成果、维护社会稳定，他们制定的法律、推行的审判方式都带有浓厚的阶级色彩，审判制度也隶属于政党的领导，在政党领导下设立审判机制。法院建制也体现出不同的特征。苏联在1936年的《宪法》第一百零二条中规定了法院建制为最高法院、加盟共和国最高法院边区法院和省法院、自治共和国法院和自治省法院、州法院、依照苏联最高苏维埃决议设立的苏联专门法院、人民法院。在他们《宪法》的规定中，区、州、市以下法院称作人民法院，而"人民"一词用在法院称谓之中，作为法院的定语本身就体现了浓厚的政治色彩，不利于法制的一体化，是对法制统一设立的双重标准，是对"法律面前，人人平等"的淡化。

第二，审判制度的行政化管理特征明显，不利于法官审判的独立性。苏联1977年修改后的《宪法》第一百五十四条中规定了合议制度和人民陪审制度，且赋予了人民陪审员较高的审判权力，同时进一步强调了原《宪法》中已有的审判制度，并以母法的形式予以确认。我个人认为，审判活动的独立性不应当仅仅是一句话，而要贯穿于审判活动的全过程；也不应当借助行政式的监督，即合议庭其他成员、人民陪审员的监督，而是赋予法官本人独立的审判权。然而苏联的审判制度恰恰是运用了这种监督方式。再则，人民陪审员一般只服从于政党领导，他们自身并没有较高的法律水平与执法能力，他们陪审无非是以行政化的方式制约法官的执法活动。他们对审判活动的介入，不利于审判活动的公正性，也不利于执法的严肃性。

第三，法官的行政职能地位，不利于执法的中立性。他们将法官的任免和管理都纳入到政党的微观领导下，使法官隶属于政党。这本身就限制了法官自身的独立审判人格，使法官时刻服从于政党，使法官的审判活动与政党一体化。我个人认为，政党对法院、对法律、对法官只应当界定一个基本的原则，即公正、公平，然后围绕这一原则去发挥法律、法官自身的职能，而不是限制其所有活动与行为。这种隶属化的管理，不利于在执法活动中体现中立性，当然也就没有了公正性。

我国现行审判制度发端于新民主主义革命时期，确立于中华人民共和国成立之后。运作半个多世纪以来，其间虽然经历了多次变革，但这种形成于建国初期，带有极强苏联审判模式烙印的所谓马锡五审判方式，时至今日，仍然是我国审判活动的主旋律，是法官执法的程式化机制。

马锡五审判方式有两大特性。其一，司法与行政的合一性。我国审判制度的明确化始于1932年中华苏维埃共和国出台的《裁判部的暂行组织及裁判条例》，该条例确立了我国红色政权中的审判活动规则，且适用了相当长的一段时间，审判活动基本上是根据当时党的政策、党的行动路线甚至党的领导人的指示而进行的，可以说司法活动始终是在行政领导下的活动，采用的是将这两种本来具有质的区别的活动掺杂在一起的审判模式。这种合一很大程度上是实体性大于程序性。司法与行政合一，有违程序正义、有违司法独立、有违公正公平原则、有违审判活动的中立性原则，给审判活动烙上了浓厚的政治色彩。1950年我国第一届全国司法会议上有人提出设立审判委员会，该提议不仅得到了会议认可，还在后来的立法中被法律化。这样，使得司法与行政的结合更加紧密，行政管理在法院中的体现更加广泛。其二，司法的集权性。即司法高度集权，行政限制过大，致使我国的审判活动、司法进程极为缓慢与落后。一些改革只停留在制度表面，没有从根本上解决审判制度上的问题。应当肯定马锡五审判方式在当时的社会条件下对保障人权、维护稳定、促进发展曾发挥了积极的作用。但其具有很强的时代特征，新时期，我们仍要发扬马锡五审判方式的精神，但不能全部照搬这一做法。因此，在上述背景下形成的审判制度，存在先天的不足，机械地引用苏联法律制度，对我国的司法进程并不是十分有利。我国虽然进行了独创性的改革，推行马锡五审判方式，但仍然具有行政限制过大的特征。苏联的司法制度是我国司法制度的模本，该审判方式在当时的苏联是可行的，具有其先进性。而我国社会主义制度的形成比苏联迟了三十多年，借鉴本没有错，但我们的借鉴近乎照抄照搬，加之我国历史形成的司法模式，使我国的司法制度、审判活动也必然比较落后。

二、"黄陵模式"法官制改革的意义及今后的设想

1. "黄陵模式"法官制改革的意义

鉴于对我国现行审判制度存在弊端的分析，我深感忧虑，无法绕开这一沉重的话题，才开始了对司法改革的思考与探索。在经历了长时期的酝酿之后，先是在洛川县法院实行案件交叉审理，感觉到行之有效，然后在2002年年底调任黄陵法院院长后我开始试行法官制改革。运作初期，我将这一改革定为"主审法官制改革"，随着不断的运行、总结，我发现"主审"一词容易与合议庭制下承办案件的主审法官相混淆，经过论证，最终将我们的改革确定为法官制改革。法官制改革时，我注重解决了机构设置、人员配置、流程管理三个大的问题，并以此为基点化解了审判资源短缺、审判效率低下等方面的矛盾。对于这些问题以及法官制的运行模式、体现的特点大家可以从我们的资料中看到。下面我想就法官制改革对我国法院，尤其是基层法院的改革及以后的发展趋势所带来的意义，谈一点粗浅认识，希望能为我国司法制度的改革带来新的思考、探求新的路子、找到新的起点。

法官制改革只是我们黄陵法院在审判方式改革中的一次尝试、一次创新，从表面上看是我国司法制度中某一层面、某一环节的改革，是机制上的创新，其产生的实际效果却贯穿于整个审判机制。可以说，我们的法官制改革实现了法院审判机制的巨变，实现了人员的重新组合与审判资源的重新配置，实现了法院流程管理中立和审、执、监的彻底分离，实现了法官职业化的实质推进。归结起来，我个人认为法官制改革有以下几方面的意义：

第一，促进了法律文化的发展。法律文化涵盖着司法文化与法官文化两个概念：司法文化指的是法律的社会效应，即要求法律在社会生活中体现出其应有的公平与公正；法官文化指的是法官在执法活动中的平衡作用和裁判作用，即要求法官在案件审理、案件裁判中必须坚持事实与法律的和谐统一。我院法官制改革方案中的流程管理、案件责任追究等运作模式，充分体现了

司法活动的杠杆作用，显现了法官居中裁判的权威性。严格的流程管理提高了办案效率，法官对案件的终身负责制确保了案件质量，提高了广大群众对法院的信任度和满意度，树立了法院和法官公正、公平、高效、廉洁的执法形象，从而为辖区社会稳定、经济发展和和谐社会的构建作出了贡献，促进了司法为民宗旨的实现，确保了依法治国与依法治县进程。

第二，推进了法官法治理念的重构。法官法治理念关系到法官对案件的分析、判断和审理，是影响法官断案的内在因素。我曾给我院的法官讲过："理念差一点，审案差一码。"目前我国基层法院法官的法治理念整体水平有待提高是一个客观事实，这是由内外多方面因素造成的。对基层法官法治理念的重构应当从法官自身和法官所处的法治环境两方面着手寻求解决。在对法官进行现代司法理念的教育中，我本人要求法官必须"讲良心、讲良性、讲良知"，即法官要有公平正义的良好心态、公正廉洁的社会秉性、司法为民的高尚品质。目前，我们法院已经形成了法官的地位最高、权利最大、责任最重、待遇最好的良好局面。我们的法官制改革，对法官提出了更高的要求，这促使法官不断提升自身水平，促使法官必须以现代法治理念的精神激励自己，并为法官独立办案、公正裁判、不受外来因素干扰提供了坚实基础和良好的环境，搭建了和谐稳固的平台。

第三，诠释了行政领导与行政干预的关系。现阶段，行政领导是法院整体工作不可缺少的组成部分，法院的工作仍然是服从于行政领导，是在行政领导下为国家大局服务，为维护社会稳定、促进经济发展服务。在审判实践中，外部行政领导和法院内部领导对案件的裁决仍起到至关重要的作用，甚至决定案件的裁判结果。我们的法官制改革从宏观上讲，更加重视行政领导，但在审判活动中却最大限度地弱化了行政领导，使行政服务审判，而不是行政领导审判，甚至干预审判。

总之，我个人认为，我们黄陵法院的法官制改革是对传统审判方式的创新，是对法官权利义务的进一步深化，同时也是促进法官职业化步伐、提高法官执业水平、确保审判公正、彰显法律威严、树立司法权威的举措。通过改革，不断促进社会和谐，体现司法为民宗旨，推进依法治国进程。

2. 对进一步完善与发展"黄陵模式"的一些设想

目前，我国审判管理体系中行政与审判合一模式使行政对审判影响较大，使司法公正受到阻滞。我们的改革淡化了法院内部行政对审判的领导，实现了还权于审判、还权于法官的突破，但还没有彻底实现法院内部行政与审判的分离。我认为，要使法院内部行政与审判彻底分离，必须通过改革形成以下模式，才能从根本上实现法院体制的改革。

（1）实现行政与审判的分离。法院的院长应当成为行政领导，而不应具有审判职能，明确地讲院长不应该再由法官来担任，而应由具有一定文化素养、管理水平与能力的人来任此职。同时成立以院长为核心的行政服务、后勤保障中心，该中心的所有成员都不再具备司法资格，不再参与审判，不去干涉审判，不对审判工作发表任何具有裁判性的意见。他们的职责就是为审判工作提供优质高效的保障性服务；同时在审判人员中设立首席法官，实行首席法官负责制。这种负责只是对审判活动中案件流程管理、审判力量调配的负责，而不是直接负责案件审理和案件裁判等事项。这样，在法院内部形成行政服务院与司法审判院两个相互协作、又各自独立的个体。

（2）实现审判委员会职能的转变。审判委员会目前是法院审判权的最高组织形式，决定案件的裁判结果。这实质上是审判权的行政化管理。我们应当将该组织的权力变为对案件的事后监督，对法官执法行为的监督，对审判活动的监督。并将法官的任免权交由审判委员会审核，报国家统一设立的法官管理机构考察、任免，而不应将任免权行政化。所以，审判委员会应当转化为审判监督委员会，而不再是具有行政职能的裁判委员会。

（3）强化合议庭和独任法官的权利。合议庭的权利向来都是置于审判委员会领导之下的权利，这种权利在某种意义上只是建议权，而不是裁判权。而合议庭成员参加庭审活动，了解案件事实和证据，他们对案件最有发言权。所以，只有强化合议庭和独任法官的权利，才能实现真正意义上的审判公正。我们完全可以像国外发达国家那样成立陪审团，由陪审团定案，法官裁决。

我想，以上三个方面的改变，将是我国法院今后改革的方向，也可能是我国法院的必由之路。至于是否正确，是否会成为必然的发展趋势，望各位从理论的角度能加以阐释，给予指点。

当然，我们的改革也是在摸索中进行的，还有其不尽完善之处。正因为这样，我们恭请在座的各位从理论上给予支持，对我们的法官制改革进行更加专业化的指导，使我们这项改革能取得更好的效果，得到更广泛的认可与推广。

谢谢大家！

黄陵法院法官制改革的背景及特点[*]

黄陵法院在传统审判模式的基础上大胆创新，推行法官制，赋予了现行司法制度新的内涵。法官制的推行对推进法官职业化步伐、提高审判效率、确保案件质量、建立责权分明的法官制度、树立司法权威、加快法制化进程等具有深远的现实意义。

一、法官制形成的背景

法官制是在总结我国现行司法审判制度经验和不足的基础上形成的。现行司法审判制度既借鉴了苏联等国的审判经验和审判模式，结合了大陆法系与英美法系某些方面的做法，又具有中国社会烙印，有着许多与世界其他国家司法制度不同的个性化特征。既有着许多的优越性，同时也存在许多的弊端。而建立在审判制度下的现行审判模式主要是合议制与独任制，案件的裁判权大多集中在审判委员会，而审判委员会对案件的裁决方式主要是听取汇报，坐堂裁决，并不参与案件的审理过程，也不具体深入实际去分析证据、掌握事实，所以作出的裁决结果必然会带有一些主观因素。我国传统的法院管理与审判模式的弊病主要表现为如下方面：一是行政化管理的色彩浓厚，不直接参与审理案件的庭长、院长和审委会委员既是行政领导者，又是案件的裁决者，他们不直接参与案件审理，却在决定案件的裁判结果，这有违审判工作的"亲历性"原则，使

---

[*] 本文发表于《三秦审判》2007年第1期。

审判工作的中立性和独立性受到影响；二是合议庭的组成随意性大，影响着审判工作的程序性规定和严肃性；三是审判力量匮乏与审判任务繁重的矛盾十分突出且难以解决；四是传统的审判模式使得法官的知识结构单一，知识面相对狭窄，往往出现民事法官不懂刑事、刑事法官不问民事的现象，对外必然造成"法官不懂法"的错误认识。法官的职业化本身要求法官成为知法、懂法、严肃执法的全能型人才，而不是单一的、专业化人才。由此可见，现行审判模式既不利于审判活动的开展，又不利于法官的职业化进程。要实现我国的依法治国方略，要使我们的审判活动步入"高速路"，就必须对传统司法制度中那些不适时的、成为法制进程桎梏的机制进行改革。黄陵县法院审判委员会站在审判的高度，通过对传统司法审判活动的分析，并学习国外先进司法制度和外地先进经验，提出了法官制构想。通过四年的运行，显现出了较大的优势，收到了良好的效果。

二、法官制显现的特色

法官制的基本框架是对外保留人民法院组织法规定的模式，保留庭室建制和人员安排；对内则打破庭室界限，取消庭长与审判员、助理审判员的差别，实行案件主审法官负责制。从思想素质、业务技能较高的具有审判资格的人员中通过遴选产生若干名主审法官负责案件审判，并实行案件审判质量终身负责制。这种改革的特点主要表现在以下几个方面：一是规范了案件受理程序。原来的立案庭只受理民事、行政诉讼类案件，刑事案件则是公诉机关直接与刑事审判庭见面，将案件交刑事审判庭立案受理，行政执行类直接由行政审判庭受理，发回重审、再审类案件由主要领导批转审监庭受理。改革后将全部案件的立案交立案庭受理、实行统一管理，不仅避免了立案管理上的混乱，也避免了案件数字不清等现象；二是案件审理更加公正。在以往的审判活动中，主审案件的法官提前介入案件，这不可避免地会出现先入为主等倾向性的思路。改革后将主审法官集中在一个办公室，减少了与当事人独处的机会，同时将查证权分离到立案庭下属的庭前准备室，革除了主审法官调查取证中的虚假性、不当性和偏袒一方的目的性，使案件的裁判所依据的证据更充分、事实更清楚，从而使结果更公正；三是法官的执法水平更高。由于法官制要求法官要审理刑事、民事、行政等各类案件，这意味着对法官的知识广度和深度要求更高，法官自身随时有在遴选中被淘汰的可能性。所以，法官们学习的自觉性越来越高，对法律的钻研越来越深，法官们的思想觉悟与理论水平、业务技能越来越高，执法水平越来越强；四是提高了办案效率和案件质量。由于法官制要求案件运转速度快，既要确保按时完成审判任务，又要确保案件审判质量，这使法官自己有较大的压力，他们必然地在平时的工作中把工作做得更细，把证据把握得更准，把事实查得更清，把判决做得更适当。从运行以来的效果看，案件质量较高；五是监督更加有效。法官制运行中的监督指的是审判监督，由审判监督庭对案件定期进行评查，即每月评查一次，对排期审理、审理期限、案件裁判等进行评查，对发现的问题及时予以纠正，减少了误差，避免了主观方面的偏差和客观上的误判等现象，从而提高了人民法院的司法公信，彰显了法律的威严。

三、法官制引发的思考

法官制的推行从表面上看是我国司法制度中某一层面、某一环节的改革，其产生的实际效果却贯穿于整个审判机制。归结起来，法官制体现出了以下几个方面的合致：一是人与机构的合致。法官制确定的法官员额与法官的产生程序，构建了优胜劣汰、选贤任能新机制，使得法官本人与配置机构必须相辅相成，形成了机构与人员的和谐统一；二是责与权的合致。法官制的实施，使法官在案件裁决中拥有了比以往更大的权力，终身负责制又使得法官的责任更加长效、更加明确，这体现了新时期"有权必有责"的执法内涵，体现了权力与责任的统一；三是公正与效率的合致。法官制的运行规则使公正性有了保证，使效率得到了提高，真正实现了公正与效率的和谐统一；四是守法与创新的合致。法官制改革从外部特征讲与人民法院的组织法相一致，体现了法官队伍的完整建制。从内部特征讲，做到了创新，体现了庭长、审判人员的平等性，体现了案件审判的新机制。既有符合人民法院组织法的原有模式，又有法官制新的内涵，形成了传统审判格局与改革后的审判方式的统一，体现了求真务实、与时俱进的精神。

"黄陵模式"为司法改革提供了路径选择[*]

——黄陵法院法官制改革的价值新考量

引 言

我国司法改革进行了 15 年，各级法院纷纷响应中央改革号召，在不违反法律规定和改革总体要求的前提下，进行了自下而上的改革。其中，基层法院管理体制和法官管理机制的改革，是司法改革中的深层次问题，需要极大的勇气和智慧。黄陵法院推行的法官制改革从内部做起，以审判工作与行政管理的必要切割为目标，通过建立法官室，构建以主审法官为核心的运作机制，实现从以行政管理为中心到以法官和审判工作为中心的体制转换。这种"去行政化"和"法官拥有独立审判权"的路径选择有着重大的现实意义，为我国基层法院改革打开了新的局面，是从基层法院实际出发、顺应司法改革时势的一项大胆而理性的创造性改革。同时也将陕甘宁边区高等法院司法为民、便民原则和马锡五审判方式在新时期发扬光大，根本而言，是马克思主义协作产生生产力理论在司法实践的具体运用。法官制改革因其重大的开创意义、实践价值和示范效应，被评为 2007 年中国十大改革。

新时期，党的十八届三中全会描绘了当代中国全面深

---

[*] 本文刊载于《延安日报》2013 年 12 月 10 日、《政法天地》2014 年第 1 期、《三秦审判（党建版）》2014 年第 2 期、《新时期政法工作理论创新与实践》2014 年版。

化司法改革的宏伟蓝图，明确要求：确保依法独立公正行使审判权、检察权。党领导人民制定宪法和法律，决不允许以言代法、以权压法、徇私枉法。从此开启了司法改革的历史新篇章。黄陵法院具体的、可操作的、实践效果良好的法官制改革方案与新蓝图的目标不谋而合，它的推行与成功对于当代司法改革的实践与中国法治的生成有着不言而喻的重大意义，使改革者们清楚地认识到，中国法治建设不仅应当重视立法领域，更应当重视司法领域，司法领域是中国法治生成的重要空间；改革权力的下沉应是改革创新的重要前提，给基层以改革的权力是改革得以推进的重要条件。因此，我们有必要对黄陵法院法官制改革实践进行价值的新考量，以期为当代司法改革提供多元化的路径选择。

一、问题剖析：基层法院法官制改革的动因

法官制改革的发起人，在总结多年基层审判、管理经验的基础上敏锐地觉察到，隐藏在基层法院法官"断档"、审判力量不足、审判任务繁重等司法困境表象背后的，是资源配置不尽合理、激励机制不够健全、法官个体价值难以体现等深层次弊端。司法体制与审判权运行机制不合理是法官制改革的内在动因。

一是基层法院的法治本位得不到确认。我国法院特别是处在审判一线的基层法院，所处的法治环境不容乐观。基层法院与权力机关和行政机关的关系都处在失衡状态，这恰恰是法院法治本位缺失的根源所在。我国实行的是议行合一的宪政体制。实践中，由于各级人民代表大会及其常委会的司法监督方式不明确，程序不规范，导致一些地方人大对法院的监督往往落脚于对个案的监督，而这种监督往往演变成恣意干涉。同时，现行体制中法院的人、财、物受制于地方，使得一些地方法院演变成地方政府所属的法院，成为地方政府利益的守护者，特别是一些县、区法院，这种情况尤为严重。由此导致司法权的划分与行政区划完全合一，审判活动的地方化便不可避免。法院在这种权力结构的配置下根本无力与行政机关抗衡，行政干预司法在所难免，人民法院依法独立行使审判权的宪法职能不能有效发挥。

二是基层法院的司法权威得不到有效搭建。司法权威产生于司法活动，司法活动离不开法院和法官。因此，树立司法权威就是要确立法院和法官的权威。而现阶段法院和法官地位不独立导致了法院和法官权威的缺失。所以司法权威的搭建就转化为一个司法独立、法院独立的问题。首先要从立法层面上保障法院的外部独立，通过立法赋予法院在组织与财政方面的独立性，这是法院独立的基础。其次要从司法层面上保障法院的内部独立。宪法规定

检察系统实行的是上下级"领导"制,法院系统实行的是上下级"监督"制,但在司法实践中上级法院对下级法院的干预较大,基层法院的审判活动及法官资格任免、晋升基本上取决于上级法院。所以,基层法院作为最底层的法院,要实现真正的独立确有困难。

三是基层法院法官独立的法律人格得不到尊重。"法官是法律世界的国王,除了法律就没有别的上司",法官人格不独立,法官独立、司法独立就根本无法实现。这主要表现在:首先是立场上无法中立。立场中立是法官在司法过程中对各利益相关方保持公正超然的态度,忠于宪法、忠于法律、忠于职守,排除权力、人情、利益的干扰,公正公平、客观真实地分析证据,认定事实,作出裁判。而我国法院所处的体制环境使法官必须服从政府需要,甚至服从长官意志;其次是思想上得不到独立。法官思想独立要求法官坚持"以事实为依据、以法律为准绳"的原则,秉持公正执法、公平裁判的态度,做到独立审判。但我国现行法官管理模式和审判流程管理要求法官判案中必须听从组织安排、服从领导指挥,思想无法独立。

四是基层法官的法律素养得不到提升。司法公正取决于法官的裁判活动,取决于法官队伍自身的素质。现有审判模式对法官职业化的理解与落实出现偏差,片面要求法官专业化,即民事法官专民事、刑事法官专刑事,使法官的知识结构趋于单一。此外,基层法官培训流于形式,这对提高法官自身法律素养并无太大益处,最终导致法官队伍专业化与法官职业化的要求相去甚远。加之法官之间、法院之间缺少交流,信息闭塞,严重影响了基层法院公正司法能力的提高。

二、实践考察:基层法院法官制改革的模式

传统的审判组织和审判管理模式存在诸多弊端:行政化管理色彩浓厚,"审者不判,判者不审",有违司法独立;组成合议庭随意性大,影响审判工作的程序性和严肃性;审判力量匮乏与审判任务繁重的矛盾突出;管理模式松散,法官知识结构单一、司法能力和司法水平难以提高等。因此,亟须寻求一套新的模式消除上述弊端,为法院特别是基层法院工作注入活力。为此,黄陵法院的改革者们在大量考察、调研的基础上,在审判组织、审判模式、审判管理机制、法官管理机制等方面进行了大胆创新,走出了一条符合基层法院审判工作和法官队伍实际的新路子,实现了权力与责任的统一、质量与效率的统一、程序与实体的统一。

一是合理的机构配置,提高了审判效率。法官制改革改变了法院内部的原有机构设置。在对外保留原有庭室建制的基础上,对内则打破庭室界限,

取消了民事、刑事、行政庭配置和相对应的庭长职务，设立了立案室、庭前准备室、法官室等九个庭室。重新设置的庭室以立案室为龙头，以法官室为核心，实行案件统一分配、轮流作业的大立案、精审判的流程管理体系。新机构的配置改变了以往民事庭、刑事庭案多人少、审理拖延、而行政庭等庭室闲暇无事的不合理局面，使全体法官干警的工作量趋于均衡。同时，把案件审判中的文书送达、取证、勘验、鉴定等程序性工作交由庭前准备室处理，改变了以往由办案法官调查取证的做法，避免了因办案法官先入为主导致的证据缺失、裁判不公现象。最重要的是，改革后对各个庭室的工作时限作了明确规定，使案件立、审、执全过程用时缩短。法官室的案件审理期限比法律规定更为紧凑，促使主审法官快速结案，案件审理速度加快，结案率明显提高。

二是优化的人员组合，确保了案件审判质量。法官制改革改变了以往那种分庭审案、一人包案的传统做法，将民事庭、刑事庭、行政庭的庭长和从具有审判资格的法官中遴选产生的三名业务能手共六人集中在一起，成立法官室。然后将六名法官按序排位，由庭前准备室将案件排期分配给六名法官进行审理。这些法官业务技能较强、综合素质较高、审判经验较为丰富，由他们审理案件有利于案件质量的提升。同时规定法官对案件质量实行终身负责制，实行权与责的高度统一，促使主审法官在提高案件审判效率的同时，必须考虑自己所掌控的审判权背后的责任，最大限度地调动了法官的工作积极性，激发了法官的工作热情，发挥了法官的主观能动性。即真正做到合理地利用审判资源，适当地分配审判力量，人尽其才，人尽其能，保证了案件质量。

三是统一的权责机制，实现了审与判的统一。我国现行的审判管理模式是：案件经立案庭立案后转至审判庭，由审判庭的庭长将案件分配给本庭的法官主审，然后由主审法官根据案件情况决定适用的审理程序。在法庭审理结束后按照法定程序由主审法官提出建议性的裁决意见，该意见只有经过审判委员会讨论决定后，才能成为决议，才能制成法律文书向双方当事人送达，向当事人公开。这种管理模式不尽合理。因为审判委员会的成员不直接参与庭审活动，不了解案件的详细情况，所作出的裁判结果必然地会带有一定的主观色彩，这有违法理上的亲历原则，无法体现程序的公正，更无法保证实体的公正。法官制改革，将审判权下放给主审法官和合议庭，强化审判委员会对案件质量的监督权，但一般不讨论诉讼案件，仅讨论院长依职权提起的再审案件，改变了主审法官审而不判、审判委员会判而不审的传统模式，使案件审理与案件裁决同归于主审法官，做到了权与责、审与判的统一，实现了有权必有责、用权受监督。

四是健全的制约机制，遏制了腐败现象的滋生。法官独处一室和以庭为单位的审理模式，使案件当事人有了单独接触法官的机会，有了托关系、找人情的机会，也给了行政干预审判的机会，给案件的公正审理造成了一定的干扰。法官制推行后，主审法官集中在一个办公室，案卷材料首先由庭前准备室交法官助理，法官助理接到案卷后做开庭前的准备工作，主审法官开庭三日前才在法官助理处查阅案卷材料，了解案件情况。这必然地减少了主审法官与当事人独处的机会，减少了外界对主审法官的干扰，避免了不公正因素的渗入，从源头上杜绝了"三案"的滋生；再则，法官制配套的管理制度，使法官对自己的要求更高，使法官的行为更加规范。法官不仅要约束好自己，还要约束好自己的亲朋。这有利于确保案件的公正性，确保司法的严肃性，杜绝腐败现象的滋生。

五是全新的审判模式，推进了法官职业化进程。以往所提及的法官职业化，其实质内涵是法官专业化，即民事、刑事、行政法官只专一科，趋向单一的知识结构。许多民事法官不懂刑事，刑事法官不了解民事，在外界形成"法官不懂法"的错误理解。法官制改革后，案件审理模式发生了根本性转变，法官面对各种案件的机会大增，这对法官提出了更为广泛的知识要求。为了适应各类案件审理的需要，法官学习自觉性大大加强，业务技能逐渐提高，法律素质不断增强，且知识结构由单一型逐渐转变为多元型，推进了法官职业化进程。

三、价值考量：基层法院法官制改革的实践意义

法官制改革是黄陵法院在审判方式和审判机制改革中的一次尝试、一次创新。实现了法院审判机制的质变，实现了人员的重新组合与审判资源的重新配置，实现了法院流程管理中立及审、执、监的彻底分离，实现了法官职业化的实质推进。法官制改革与新时期司法改革方向不谋而合，为司法改革提供了可行的参考模式，具有重大的实践意义。

一是诠释了行政领导与独立审判的关系。判而不审或审而不判是我国审判中最大的弊端。现阶段，行政领导是法院整体工作不可缺少的组成部分，法院的工作仍然是服从于行政领导。在审判实践中，外部行政领导和法院内部领导对案件的裁决仍起到至关重要的作用，甚至决定案件的裁判结果。法官制改革从宏观上讲更加重视行政领导，但在审判活动中却最大限度地弱化了行政领导，使行政服务审判，而不是行政领导，甚至干预审判，开启了法院法官地位最高、权利最大、责任最重、待遇最好、惩戒最严的良

好局面。

二是明确了权力与责任的关系。从权责对等的原理看,权责对等的首要条件是权力和责任明确化,只有在权力和责任明确的情况下,权责对等的关系才能建立起来。法官制实行的流程管理,实现了立与审、审与执、审与监的彻底分离,实现了法官与当事人的分离,落实了法官的权力与责任,强化了法官的社会责任,充分体现了司法活动的杠杆作用,显现了法官居中裁判的权威性。法官对案件质量的终身负责制则确保了案件质量,维护了司法权威,重塑了法院和法官公正、高效、权威、廉洁的司法形象。

三是解决了公正与效率的关系。专业化是一个必然的现象,法院庭室的分合重组,本来就是一个必然的、普遍的趋势和现象,专业化和法律事务复杂化的要求也说明法院内部职能的分离是一个必然要求。法官制"1+1+1"的法官、法官助理和书记员的配置,打破庭室界限,根据法官员额制要求遴选部分精英法官专职审判各类案件,不仅从根本上缓解了案多人少的矛盾,而且强化了责任意识,保证了案件质量,增强了法院的社会公信力。打造高素质的法官精英是法官职业化建设的核心,法官制提高了法官的专业能力和法官的权威、地位,对司法权威的构建有重大意义。

四、路径选择:基层法院法官制改革的方向

党的十八届三中全会提出了全面深化司法改革,为人民法院依法独立行使审判权提供了政策支持。黄陵法院的法官制改革意在淡化法院内部行政对审判的领导,实现了还权于审判、还权于法官的突破,与党的十八届三中全会关于司法权独立的新精神是完全契合的。特别是整合审判资源的具体措施对于基层法院具有普遍适用性。黄陵法院法官制改革的成功实践为我国全面深化司法改革提供了路径选择,具有一定的实践参考价值。

一是改革司法体制,实现行政与审判的彻底分离。解决司法体制的地方化问题是推进司法改革的关键。首先,要从立法层面和外部制度上保障地方司法独立。将顺省以下基层法院的垂直领导,消除地方在人、财、物上对基层法院的控制,保障依法独立行使审判权的宪法职权,维护司法权威。其次,要从法院内部的管理体制上保障司法独立。将机构分列为行政服务与司法审判两部分,法院院长单一化为行政领导,由具有一定文化素养、管理水平的人来担任,同时成立以院长为核心的行政服务和后勤保障中心,为审判工作提供优质高效的保障服务,且行政人员不再由法官担任,不再参与审判。此外,在审判人员中设立首席法官,实行首席法官负责制,即负责审判活动中的案件流程管理、审判力量调配等事务,不直接负责案件审理和案件裁判等

事项。最终形成行政服务与司法审判两个相互协作、又各自独立的局面，实现基层法院行政领导与审判管理的彻底分离。

二是改革审判权运行机制，实现审判权的去行政化。解决审判权运行中的去行政化问题是司法改革的核心。首要的是转变审判委员会职能。审判委员会是法院审判权的最高组织形式，体现了审判权的行政化管理，合议庭的权力是置于审判委员会领导之下的权力，在某种意义上只是建议权，而不是裁判权。这违反了法理的"亲历"原则，激化了"判而不审，审而不判"的矛盾。应当将审判委员会职能演变为对案件的事后监督，对法官司法行为的监督，对审判活动的监督，弱化审判委员会的审判职能。要强化合议庭和主审法官权力，明确合议庭成员在各个审判环节的责任，才能真正实现法官权力与责任高度统一，落实案件质量终身负责制，形成权责一致下的独立。探索试行陪审团制度，由陪审团定案，法官裁决，也是实现司法公正的一条路径。

三是改革法官制度，实现法官精英化、职业化道路。实现法官培养的职业化是司法改革的前提。第一，要建立法官员额制度。根据区域经济发展、诉讼量等因素合理配置审判资源，奉行法官精英化政策，确立法官严进宽出制度，严格控制法官人数。第二，要推行法官助理制度。法官助理制是实现法官员额制的重要保障。为法官配备必要的辅助人员，将法官从繁杂的审判实务中解放出来，主持庭审和作出裁决，维护司法权威。第三，要建立法院人员分类管理机制。确立法官、法官助理、书记员、司法行政人员、司法警察五大序列，确定各自的任职条件、选任程序和职责范围，通过职业化分类和专业化管理，建立客观的评价机制，激励各类人员的工作积极性，达到各得其所、各尽其能、各安其位、各乐其业的目标。第四，要建立法官逐级选任制度。改革法官来源渠道，逐步建立上级法院的法官从下级法院的优秀法官中选任以及从律师和高层次的法律人才中选任的制度。对经公开招考合格的法律院校的毕业生和其他人员，应首先充实到基层法院，努力打造一支法律信仰坚定、业务能力扎实、实践经验丰富的法官队伍。

结　语

"创新是一个民族进步的灵魂，是一个国家兴旺发达的不竭动力。"就法院而言，改革与创新是解决审判工作中存在的困难和问题的主要手段，是促进审判工作更加符合其内在规律的有效途径，是法院事业可持续发展的重要保证。改革需要积极稳妥，需要循序渐进，但更需要敢为人先的精神和立志改革、投身改革的信念。法官制改革的先行者有一段关于改革的"名言"：

"有百分之百把握的事不干,这是因为大家都在做,干不出新意,创不出新路;有百分之五十把握的事试着干,这是因为只要把剩余的百分之五十的事干成了,就会赢得百分之百的成功;有百分之二十把握的事拼命去干,这是因为大多数人不敢去做,只要干成了就会创出新路,为别人提供可供借鉴的经验,使他们少走弯路。"因此,改革过程是艰难的,肯定会有不尽如人意的地方,但这决然不是非议改革、责难改革的理由。有识之士定然会不断总结改革经验,不断丰富完善改革内容,巩固和发展改革成果,将改革进行到底,将改革的效益最大化。

基层法院审判运行机制研究[*]
——以西部基层法院主审法官制改革为例

一、实践考察——西部某市基层法院审判运行机制反思

审判运行机制不合理是主审法官制改革的内在动因，构建科学的审判运行机制，就必须对基层法院法官"断层"、审判力量不足、审判任务繁重、资源配置不合理、激励机制不健全、法官个体价值难以体现等现实困境进行深层次反思。

(一) 审判力量匮乏且流失严重，法官"断层"问题凸显

首先，审判一线办案法官严重不足。某市基层法院现有中央政法专项编制594个，地方事业编制159个，实有干警1112人，其中，法官397人，占总人数的35.7%。除担任院长、副院长、审判委员会委员和兼任司法行政岗位领导职务的法官外，实际仅有包括庭长、副庭长、审判员和助理审判员在内的一线办案法官237人，占法官总人数的59.7%。从全市基层法院内设庭室人员配备情况看，51个业务庭无法组成3人合议庭，占业务庭总数的57%。从基层法庭建设情况看，全市35个基层法庭，配备法官47人。其中，配备3名以上法官的法庭仅有3个，占法庭总数的8.6%；配备2名法官的法庭有6个，占法庭总数的17.1%；

---

[*] 本文获第八届中国审判理论研究会优秀论文奖，获第四届"关中—天水经济区法治论坛"一等奖，刊载于《政法天地》2014年第12期。

配备1名法官的法庭有24个，占法庭总数的68.6%。尤为突出的是，某县法院由于法官紧缺（仅有9名一线办案法官），所辖的某一法庭处于"有庭无法官"的状态；某县法院全部业务庭不能组成正常合议庭，全部一线法官不能配齐庭长人选。其次，法官流失严重。从法官总体数量变动情况看，2007—2013年，全市基层法院共流出（包括辞职、调离、离岗、退休）法官100名，占现有法官数量的19.6%，而同期新增法官只有69人，法官总量实际缩减31名，法官"断层"问题已经凸显。按各县（区）现有退居二线政策执行，未来3年内，还将有42名法官因退休或离岗而离开法官岗位。随着时间的推移，"断层"面呈现继续扩大的态势。目前，单纯依靠政府的增加编制是不现实的，只有改革现有的审判运行机制和管理体制，去除审判运行机制中存在的审判工作与辅助工作、业务工作与管理工作职能交叉、混同的弊端，才能使审判力量回归审判中心工作，提高运行效率。

（二）审判任务繁重且分布不均，案多人少矛盾激化

首先，案件数量高位运行，法官工作超负荷。伴随着经济的快速发展，大量矛盾纠纷涌入法院。以西部某市为例，2007—2013年基层法院受案数逐年递增，特别是2008年、2010年以近25%的速度呈"井喷式"增长。基层法院人均办案数居高不下，2010—2013年，基层法院一线法官年人均办案近70件，绝大多数法官长年累月处于加班状态，一直在超负荷工作。与此同时，由于基层法院机构设置所限，基层法官承担了普法宣传、涉诉信访等大量行政事务，身兼数职。其次，案件庭室分布不均，审判资源利用率低。从基层法院受理案件特点看，基层法院民事案件大约占受理案件总数的86%左右，且这个比例仍在增长，刑事案件和行政案件总数不到14%。占据案件总数超4/5的民事案件中借贷案件、婚姻家庭案件和人身损害赔偿案件又占近70%，这些案件法律关系相对简单，且基层法院大多数刑事和行政案件基本上是简单、常见案件，审理难度不大，现有业务骨干完全有能力担当主审法官独任审理。但现实情况是为了保持庭室建制，每个庭至少要保持1~2名法官，由于案源有限，法官的工作量极不平衡，民庭法官和书记员工作量是其他庭室的5倍多，各庭忙闲不均，严重挫伤了法官和书记员的工作积极性，造成了审判资源的极大浪费。因此，要从基层法院受理案件的特点着手改革审判运行模式。

（三）合议庭合而不议，责任不明

合议庭组成人员的随意性较强，合议过程不规范，使合议流于形式。基层法院尤其是派出法庭通常只有庭长具有审判资格，在适用普通程序审理时往往需要从其他庭室借用法官组成合议庭，而更多的是选择陪审员。由于没

有严格的责任划分标准，一旦出现问题基本上是主审法官一人承担，因此形成了一种法院内部的"潜规则"，即名义上组成合议庭，实际并不参与案件审理，有的甚至只是应个名，连庭审都不参与，合议庭也通常依主审法官的意见裁判，"形合实独"。实践中由于陪审员的选任不科学，或陪审权行使的不充分，或是由于补贴过低加之很多人的工作时间和庭审时间冲突，所以也无法保证对案件审理的参与，"陪而不审"。临时的合议庭人员不参与庭审或不能全程参与庭审，使合议制流于形式，破坏了合议庭组织的完整，影响法院审判权的行使。

（四）行权方式行政化，法官独立审判难以实现

我国法官职级仍沿用行政级别，法官职级行政化强化了审判的科层制运行机制，使法院内部出现了凌驾于法官之上的法官，法官依照其行政等级和职务形成命令服从的等级结构，行权方式行政化。司法裁判权具有被动性、中立性、公开性、亲历性、终局性和权威性等特征，而行权方式行政化被学者们称为法院体制的行政化。案件审理中的层层请示、汇报、审批已成为一种虽无法律明文规定但实际存在于各法院业务庭的"惯例"。法官们耗费大量时间进行审判活动仍不能作出裁判，导致"审者不判、判者不审"，审判分离，虚化了具体承办法官的作用和权威，势必挫伤法官的创造性和积极性，严重破坏了正当的审判流程，导致了司法的低效率。同时，长期以来审判委员会"包办"案件、领导审批案件，使法官形成了对审判委员会和领导的依赖心理，借此推卸责任，并导致一些法官责任心不强，加强业务学习、提高业务水平的积极性下降。实行案件审批制的一个重要理由是法官素质不高，但实行的结果却导致了法官素质的进一步下降。

二、实践探索——基层法院审判权运行机制重构

随着司法改革逐步步入深水区，解决上述问题的思路已逐步清晰，确立以法官为中心的科学的审判运行机制将是本次改革的重中之重，具体涉及法院机构的机构分化、人员分类管理等核心内容，着重解决司法行政化、法官作用边缘化等制约司法发展的症结化问题。但鉴于法院面临的级别、地域、人员条件等的现实差异，改革切忌"一刀切"，特别要考虑绝对数量巨大的基层法院的现实情况与需求。以下，笔者将以西部某市基层法院的实际情况为基础，在《中华人民共和国宪法》《中华人民共和国人民法院组织法》的框架内，打破现有庭室设置，探索建立由主审法官直接审理案件的职责划分明确的新的审判运行模式，有效解决广大基层法院审判力量不足、资源利用不合理的严峻现实，真正实现审判合一、责任到人，保证审判的独立性、公

正性。

(一) 机构设置

结构分化被社会学家公认为制度现代化的基本指标。所谓结构分化，是指在机构设置上实现彼此不同或者体现出机构之间的差异性。法院机构的重新设置，是法院制度现代化的核心。传统的法院内部机构在设置上将司法和行政混同在一起。所以，法院机构的分化首先体现在审判机构和行政机构的分化上，机构设置上的结构分化是实现法院制度现代化的关键。

1. 司法审判机构

司法审判机构，是指在法院内建立起一套和行政管理机构既分离又并存的独立审判机构。该机构的司法方式主要是以审级关系为纽带互相关联并进行上对下监督的整体系统，其业务范围与审判、执行工作紧密相关，是法院工作的重点、核心机构，包括立案庭、主审法官室、法官助理室、书记员室、执行局、审判管理办公室、法警队。

(1) 立案庭。在新的模式中，立案庭由立案法官和书记员组成，扮演着审执程序的启动者和终结者的角色，集案件的进口与出口于一身。立案庭有六大职能，分别是审查立案、立案调解、信访接待、诉前保全、司法统计和核算、收取诉讼费。其中，核心职能是根据受理各类案件的不同情况决定案件的适用程序，并确定案件主审法官（独任审判）及合议庭（合议制审判）组成人员、法官助理和书记员。

(2) 主审法官室。根据当地人案比科学确定主审法官员额，遴选优秀法官作为主审法官成立主审法官室，可独任，亦可组成合议庭。主审法官是整个审判流程的核心和重点，行使审判权，主要负责民事、刑事、行政及再审案件的庭审程序、事实认定和法律适用。

(3) 法官助理室。法官助理室由具有审判资格但未被遴选为主审法官的人组成，主要负责案件流程中的程序性事项，如审查管辖权异议、确定举证期限、组织证据交换、诉讼财产保全等，并辅助主审法官完成庭审程序。

(4) 书记员室。书记员序列单列，成立书记员室，对书记员实行集中管理，统一调配。立案庭书记员主要辅助立案法官完成登记、送达、接待等事务性工作，审判流程书记员主要辅助主审法官和法官助理送达各类文书、庭审笔录、法律文书校对、宣判、立卷、归档等法律事务。

(5) 执行局。遵守审执分离原则，实行执行流程管理，执行局下设综合处、执行一庭、执行二庭。综合处为行政管理机构，无执行权；执行一、二庭为执行机构，有执行权，负责刑事案件财产刑、民商事案件、行政案件、行政非诉案件、生效的公证债权文书和仲裁裁决文书及其他依法应由法院执行的案件。

（6）审判管理办公室。为实行对案件全方位、全流程的监督，改变传统审判监督静态滞后的缺点，审管办具体负责审判流程监督、案件质量和审限执行监督，健全"点、线、面"审判质效控制体系，严把案件质量关。

（7）法警队。法警队由专业司法警察组成，属审判辅助人员，单独序列管理。法警依法维护审判秩序，协助保全、查封、扣押、冻结，参与强制执行，协助送达和负责法院安保等工作。

2. 司法行政机构

司法行政即围绕司法活动而展开的各种保障与服务的统称，有广义和狭义之分。广义上是指国家对司法组织和司法活动的管理，包括按照一定程序进行的计划、组织、指挥、沟通等活动；狭义上是指对司法过程的管理，包括两个方面，一是外部系统对其进行的司法管理，二是法院内部的管理与服务活动。这里所指的即狭义的司法行政，即司法行政机构，是指法院内部的行政管理机构，该机构专司行政管理，与审判活动相分离。这种分化使审理案件和决定案件的人结合起来，避免司法行政领导干部干预审判活动，做到审判合一、责任到人，实现审判的独立性、公正性。

根据西部基层法院的实际情况，应由办公室总体协调全院的日常事务性管理工作，下设机要室、政工科、财务室、后勤保障和司法行政装备科等，具体负责财务管理、人事管理、宣传教育、设备配备、车辆调配等。

（二）人员配置

人员配置要与机构设置相对应，实现人员配置上的分离性。传统的法院法官晋升等级要靠竞争行政职务，审判与行政不分，法院院长、庭长既是行政职务，又是审判等级，导致审判庭虽是审判机构，却是行政管理，很难实现法官独立。因此，必须要在改革中寻求审判人员的司法与行政剥离的有效途径，去除现有司法体制中广受诟病的审判与行政不分，建立一支专司审判并据以形成共同体的专业技术队伍。

1. 实行人员分类管理

将法院人员根据职能的不同，划分为法官、审判辅助人员、司法行政人员三大类。法官包括主审法官和法官助理，审判辅助人员包括书记员和司法警察。法官序列单列，取消套用行政级别任命法官的做法，法官待遇与行政级别脱钩，法官以等级定待遇，各等级之间没有领导关系，相互独立。法官不得兼任司法行政岗位领导，在司法行政岗位的符合主审法官条件的可以对自己的职业重新作出选择，要么放弃法官身份继续担任司法行政岗位领导职务，要么放弃司法行政岗位领导职务从事审判业务，回归司法办案。法官助理是具有审判资格但未被遴选为主审法官的最低层次的法官。司法行政人员按照综合管理类公务员进行管理，司法警察按照警察职务序列进行管理，书记员单独序列管理采用聘用制。确定各自的任职条件、选任程序和职责范围，通过职业化分类和专业化管理，逐步形成身份明确、职责清晰、管理严格、配置合理的人事格局。建立客观的评价机制，激励各类人员的工作积极性，达到各得其所、各尽其能、各安其位、各乐其业的目的。

2. 选任主审法官

主审法官负责制是法官独立审判的雏形，是谁办案谁负责，主审法官对其承办的案件在其职权范围内享有独立的相对完整的裁断权，以逐步实现人民法院独立审判与法官独立审判的有机统一，建立责权利效相结合的高效率、高质量的办案机制。主审法官负责制要逐步推进。首先，根据区域经济发展、诉讼量等因素确定法官员额，院长、副院长、庭长直接任命为主审法官，进入法官室，其余在具有助理审判员以上职称并从事审判工作5年以上的人员中选任。选任以个人自愿申请与单位择优选择相结合，以专业知识考试与日常目标责任考核相结合的方式开展，以量化排名的方式自上而下选任。对于参加选拔但未能选任为主审法官的，原本在业务庭工作的一律编入法官助理，原本为行政综合部门工作人员的，回到原部门工作。而原本在行政部门工作的法官经选任为主审法官的，则必须放弃行政级别待遇，单以法官等级定待遇。把法院内最优质的司法资源从办公室搬回法庭，从审判把关转移到直接审判，将审判组织扁平化。主审法官之间仅有等级差别，没有领导关系，互相独立，在审判中拥有平等的机会和权利。独任主审法官审理的案件由法官自己签发；合议庭中有院长、副院长、庭长的，由其担任审判长，并签发裁判文书；没有上述人员的，由主审法官担任审判长并签发裁判文书。对主审法官进行量化考评，实行末位淘汰，未完成指标的，调离审判岗位，合理配置审判资源。

3. 完善法官遴选制度

司法裁判和法官职业的特殊性决定了法官必须是法律界精英，主审法官制其实质就在于将案件的审判权集中到法律信仰坚定、业务能力扎实、实践经验丰富的优秀法官手中，让他们发挥更大作用。所以，严格法官遴选制是法院制度现代化的保证。因此，要改革法官来源渠道，提升法官职业门槛，上一级法院的法官从下一级法院品德高尚、专业知识丰富、审判技能强、社会经验丰富的法官中遴选，注重从基层一线选拔优秀法官，中级以上法院不得直接招录法官，从而促进上下级法院法官交流，拓宽基层法官职业发展空间，夯实基层审判一线力量，形成优秀法官良性循环机制。要拓宽法官来源渠道，注重从法律专家、学者、律师和其他优秀法律人才中公开选拔初任法官，优化法官队伍结构，增强法官队伍活力。对公开遴选的法律院校的毕业生和其他人员，应首先充实到基层法院。要确立法官严进宽出制度，严格控制法官人数。

4. 配置专业法官助理

建立主审法官（合议庭）、法官助理、书记员组成的"1+1+1"办案模式，即1名主审法官配备1名法官助理和1名书记员。为法官配备必要的辅助人员，将法官从繁杂的审判事务中解放出来主持庭审和作出裁决，提高审判效率。同时，法官助理的设立消除了主审法官庭前与当事人、案件材料接触的机会，一切案件只能通过庭审查明，避免其庭前预断、先入为主。主审法官对法官助理的工作可以进行指导安排，但主审法官不能干涉法官助理；法官助理工作以主审法官审判为核心，不能以自己对案件的认识为主审法官最终作出裁判提供参考，法官助理虽没有主审法官的裁判权，但对审判程序性事项有裁决权，不等同于书记员，"辅助性"应成为法官助理工作的主要标准。

（三）运行规则

法院结构的分化，还体现在司法审判机构内部的分化上，即立案、审理、执行、监督的分化，即在实行审判流程管理的基础上，打破庭室界限，建立起一个结构庞大而分工细致、责任明确、审限严格、监督有力的法律体系。

1. 立案运行规则

新的运行模式实行"大立案"，扩大立案庭的职责范围，由单纯的立案信访扩大到统一立案、流程管理、综合服务、全面监督。

（1）统一立案。就是实行立案归口管理，凡进入法院的诉讼案件一律由立案庭审查、受理、登记、转办。审查立案后，由立案庭按序随机确定主审法官及合议庭人员、法官助理、书记员，不受案件类别、性质和难易程度的限制。其中，适用简易程序的案件由各自的主审法官独任审理，适用普通程序的案件由立案庭根据主审法官的序号按序选择三名主审法官组成合议庭，对于部分特别疑难、复杂的刑事、民事或行政案件，应由原来办理该类案件的资深法官任主审法官。立案庭于立案当日将案件材料移交法官助理室或执行局综合处进行处理。

（2）流程管理。就是以案件立案之日为起点，将案件立案、排期、开庭、审理、判决、执行、申诉、改判等全部纳入微机系统，由立案庭全程跟踪管理，供当事人查询，保证审判公开高效进行。同时，负责立案调解，制作调解书，调解不成的立案转入审判程序；负责诉前保全的审查和执行。

（3）综合服务。就是负责司法统计各项数据汇总、分析，督促审理程序；

负责核算并收取诉讼费，办理诉讼费减、免、缓手续；负责信访接待，按照诉访分离原则，对可诉的来信来访应纳入"诉"的范畴，对不可诉的来信来访应纳入"访"的范畴，由信访部门立案，以涉访法院作为办理信访事项的责任单位。

（4）全面监督。就是立案庭负责审限管理、督办催办、定期通报，并对审判效率、质量实行监督，从而建立起以立案庭为审判程序指挥中心，以法官助理室为审判辅助中心，以主审法官室为审判决策中心，以强化执行工作和审判监督为重点的互相制约的审判运行机制。

2. 审判辅助运行规则

审判辅助工作由法官助理和书记员负责，对各类案件审理流程进行流转、排期。法官助理负责庭前审查、准备和庭审中的程序性事项，如审查管辖权，当事人主体资格是否适格，委托评估、鉴定，组织证据交换，确定开庭时间、地点，起草阅卷笔录、庭审提纲，指导当事人举证，通知证人到庭作证，办理诉讼财产保全，组织庭前调解，指导书记员送达、记录、校对、立卷、归档等工作。辅助主审法官处理审判流程中的程序性工作和繁杂事务，保障主审法官集中精力组织庭审和作出裁判。同时，也使法官助理能接触案件，提高业务能力，为培养后续主审法官奠定基础。

3. 审判运行规则

主审法官是审判工作的中坚力量，专司案件庭审、事实认定和法律适用等审判核心工作。为了解决久拖不决、久审不结等问题，审判运行规则严格依照法律的审限规定。适用简易程序的案件由主审法官独任审理，庭审后2日内制作并签发裁判文书，至迟送达不超过7日；适用普通程序的案件，庭审后5日内提交合议庭并由主审法官制作裁判文书，从而提高办案效率，确保了司法公正。对现行法律规定必须陪审的案件探索试行陪审团制度，吸纳陪审团参与案件庭审，发挥陪审团在认定案件事实方面的积极作用，但陪审团不参与合议案件，不是合议庭成员，法律适用等专业问题由合议庭裁决，要理清陪审团和法官的审理权限。同时，调整陪审团成员选任范围，可吸纳法学教授、法学专家、律师、退休老干部等参与陪审，建立与法官相同的陪审团案件审理责任机制，明确陪审团参与审理的权利义务。

4. 执行工作规则

完善执行案件流程管理，推行执行裁决权和实施权分权运作机制。执行局下设综合处、执行一庭、执行二庭。综合处负责案件繁简分离、移送、案款分配与支付、案件归档和执行中上下联动、督导、威慑机制及宣传调研等；执行一庭负责案件执行，简易程序案件直接执行，普通程序案件在接到案件后 2 日内送达文书，采取强制措施；执行二庭负责裁决权，对案外人提出异议，变更执行主体，中止、终结、暂缓执行案件的裁定，财产的变卖、拍卖的程序性审查和文书制作。最终形成一处二庭相互配合、相互监督的运作机制，达到执行期限缩短、执行效率提高的效果。

5. 审判监督规则

审判管理部门要加大对审判的监管力度：一是加强立案监督。立案室每月将排期审理、超审限案件进行司法统计汇总报审管办，审管办每月通报一次案件质量评查情况，每季度研判一次审判运行态势，每年综合考评一次审判质效，分析各项指标，提出整改措施。二是加强流程监督。主审法官、法官助理、书记员应当严格执行在立案、分案、开庭、合议、宣判等每一流程节点的工作职责和时限要求，审判管理部门应当采取审限预警、督办措施有效管控审限。三是加强审判监督。主要是对发还重审、改判、再审案件的分析整改制度，发还重审、改判、再审案件由立案庭统一登记报审管办，审管办于 5 日内组织原主审法官在 7 日内分析形成书面报告后向审委会汇报，进行逐案分析，作出责任认定，并由审管办填写《改判、发回重审案件登记表》，记入法官个人业绩档案。四是加强审后监督。审管办每月对所有办结案件进行全面评查，实行案件评查归档、典型案件剖析制度，评查不合格案件的责任人应作出剖析检讨。

审判团队改革的探索与实践[*]

——以延安两级法院审判团队改革为样本

党的十九大报告提出，要深化司法体制综合配套改革，全面落实司法责任制，努力让人民群众在每一个司法案件中感受到公平正义。当前，司法责任制、法官员额制改革已基本完成。随着入额法官的产生，如何配置好员额法官以及各类司法人力资源，使之发挥最大效益，确保司法责任制落地，推进综合配套改革，成为破题的应有之义。

从各地法院实践来看，审判团队作为司法责任制改革后的新生事物，是法院优化审判资源配置、创新内部组织结构形式、推进审判权运行机制改革、提高审判质量效率的必由之路。自2015年9月最高人民法院发布《关于完善人民法院司法责任制的若干意见》正式提出探索审判团队改革后，延安法院探索了不同模式的审判团队改革，整合人力资源，精简内设机构，强化法官主体地位和责任意识，提高办案质量和效率，实现审判资源的"帕累托最优"。本文拟就审判团队改革的有关问题作一探讨。

一、审判团队改革的基本模式与比较分析

（一）基本模式

《关于完善人民法院司法责任制的若干意见》第4条规定是最高人民法院对审判团队改革的基本定位，这条规定提供了审判权运行机制改革中审判组织载体的不同模式探索。延

---

[*] 本文写于2017年11月。

安基层法院结合各院院情及实际工作需要，突出问题导向，按照"审判执行专业化、司法资源集约化、组织运行扁平化、司法责任实在化、司法为民具体化"的原则，科学组建审判团队，推进内设机构改革，主要形成了以下模式：

1. 以审判资源优化组合为目标，重新调配审判资源，构建新型审判团队管理机制

宝塔区法院是延安受理案件量最多的一个基层法院，2016年受理案件8396件，法官员额制改革后，未入额法官为46人。面对案件数量不断增长、案多人少矛盾日趋激化的现状，宝塔区法院探索以审判团队组建为契机，根据案件审判需要重新调配审判资源，通过内部挖潜优化人力资源组合，实现审判质量与审判效率双提升。全院组建审判执行团队49个，打破了庭室界限，分案系统直接将案件分配到审判执行团队，并以审判团队为基础进行考核，实现了对审判事务的微观管理。人员重新调配后，案件量分配上坚持各审判团队之间均衡分配，既解决了过去忙闲不均的问题，也实现了专业化审判，法官普遍反映办案更有积极性。

2. 将审判责任落实到具体办案法官，以审判团队为组织载体探索扁平化管理机制，弱化庭室功能

志丹县是延安下辖的一个县城，距离延安市区较远，2017年1月至8月，受理案件3005件。该院实行法官员额制后，入额法官除1名副庭长外，均为院长、副院长与庭长，案多人少的矛盾在一定程度上激发出来，2016年人均结案105件。因此，该院确立审判团队改革的主要目标是要实现司法事务的扁平化管理，适应员额法官独立审判需要，加强案件质量监督管理。该院将全院员额法官以及相关审判辅助人员编入6个审判团队和2个执行团队，院长、副院长本身也编入审判团队内，并担任团队负责人，入额的庭长为团队成员，负责具体审判工作。审判考核不再针对庭室，而是直接考核审判团队，庭室只承担上传下达以及需要完成的配套行政事务，不再承担审判职能。通过审判团队改革，以法官为中心的审判团队成为法院审判事务的主要管理形式，庭室处于辅助性的地位，管理层级简化，由院长、副院长直接负责团队管理，审判事务监督管理更加直接，合议庭、独任法官独立办案获得了有效的组织支持和机制保障。下一步，将探索审判团队与庭室行政性功能之间的协调问题，避免审判团队设立后，司法行政事务直接由院长、副院长处理，庭室不能有效处理行政事务，从而影响组织架构有效运转。

3. 以员额法官名义组建审判团队，强化员额法官独立办案地位，有效夯实了法官个人审判责任

延长县法院以员额法官个人的名字命名审判团队，按照"1名法官、1名

助理、1名书记员"的模式组建了审判团队,1名员额法官1个审判团队,充分体现了新的审判权运行模式的组织要求。实际上,法官员额制改革后,审判团队的组建承担了以下几个重要任务:一是要保障法官独立审判地位;二是要加强审判辅助人员配备,保证法官集中精力于审判工作,实现审判专业化;三是要通过组建审判团队,避免司法行政化,促使法院组织形式符合司法规律要求,体现案件办理的程序化特征,能够使办案单位直接成为法院内部的有效组织形式。以员额法官为中心组建审判团队,不但体现了法官员额制改革后,承认员额法官独立办案地位的需要,也使得员额法官与审判辅助人员之间实现了紧密结合,还使得审判团队的组建得以体现诉讼程序内部事务分离的客观要求,而员额法官自我管理的地位也获得了机制保障,行政化问题得以缓解乃至避免。延长法院探索的以员额法官名字命名的审判团队形式有效体现了以法官为中心加强法院管理的要求。

4. 以组建审判团队为契机,整合入额法官与未入额法官队伍,明确员额法官职责,确保员额法官能够在第一线发挥审判作用

黄龙县法院是一个人员少、案件数量少的法院,全院入额法官仅有7名,2016年受理案件285件。黄龙法院在审判团队组建过程中,充分结合自身实际,主要以发挥现有审判资源优势作用为目标,结合案件量少的特点,严格员额法官职责,要求案件庭审以及裁判文书撰写均由员额法官自己作出,不能由未入额的法官参与。未入额法官作为辅助人员,可以从事调解工作,但不能作出实体裁判。黄龙县法院在改革中主要存在法官助理不足的问题,仅有的2名法官助理为未入额法官,但全省第二批员额遴选中已报名参加遴选,后续可能存在无人担任法官助理的问题。

(二)比较分析

1. "1+N+N"型审判团队模式

以1名法官为中心配备N名法官助理、N名书记员组成审判团队,最为典型的是有的法院建立了"1+1+1"审判团队,即专门办理简易程序案件的审判团队,将所有简易程序案件交给此类团队审理。这种模式的最大优势是审判权运行实行扁平化,各审判团队拥有较大的自我管理权限,管理链条和指挥链条最短,有利于整合司法资源,并且形成相互竞争、追赶超越的"比、赶、超"氛围,但缺点是审判团队自由裁量权过大,容易造成司法裁判尺度不统一。

2. 随机组成合议庭模式

审判庭下不再设固定成员的合议庭或者固定成员的审判团队,合议庭成员完全在本庭入额法官之间自由搭配、随机产生,谁是案件的承办法官,谁

就是该合议庭的审判长。比如，延安市安塞法院在内设机构改革中，由于人员编制在 50 人以下，原有的刑事、民事、行政审判庭统一整合为综合审判庭。这种模式的最大优势是实现"去行政化"，并且防止合议庭成员长期固定后的利益同化，促进了法官之间的学习交流，利于提高司法的透明度和公信力。但也导致了在案件排期、调查、合议等环节存在司法资源调配困难的问题，以及裁判标准不统一的现象；而且同一名法官同时参与多个合议庭运作，也提高了行政管理成本，降低了审判效能。

3. 相对固定合议庭审判团队模式

中院将院庭长全部编入合议庭，大部分合议庭为 3 名法官，有院庭长编入的为 4 名或 5 名法官。这些审判团队均是在保留审判庭建制的前提下以相对固定的合议庭为基础组建的，审判长由院庭长或主审法官担任。这种模式的最大优势在于院庭事实上要对合议庭所有案件负责，强化审判团队自主管理，提高团队运作效率，保证办案质量和效率，但也容易造成行政化式的审判运行机制。

二、审判团队改革的理论基点与目标定位

（一）理论基点

与本轮司法体制改革具有共同的理论支撑，审判团队改革同样依托于"两个理论基点，一条逻辑主线"。"两个理论基点"，一是审判权作为中央事权和国家判断权的司法性质论，二是"让人民群众在每一个司法案件中感受到公平正义"的司法价值论。"一条逻辑主线"，就是建立新时代中国特色社会主义审判权组织体系和运行机制，实现审判体系和审判能力现代化。

（二）目标定位

1. 审判执行专业化

人民法院的宪法定位是国家审判机关，其第一要务是司法办案，核心职能是履行审判、执行职责，维护社会公平正义。法院的审判工作有刑事、民事、行政、执行等类别之分，各自审判类别的程序、原理等差别较大，法院传统的庭室设置也是建立在不同审判类别的基础上，划分为民庭、刑庭、行政庭、执行局等。审判团队的设置不能回避案件类型的差异，建立大而全的团队审理不同性质、不同类别的案件，就容易出现法律适用难以统一的问题。同时，审判团队办理不同性质、不同程序、不同类型的案件，审判经验、职业素养和专业技能就难以娴熟掌握，审判效率问题就会凸显。因此，审判团队改革应抓住首要和关键问题，实行专业化审判，设置专业化的审判团队，明确各审判团队负责审理的案件范围，这样既能确保办案的熟练程度和效率，

又能保证类案裁判尺度的统一。同时，将新类型、疑难复杂、群体性或者具有研究价值的案件进行归集，交由专门的高层次的审判团队负责审理，案以"类"聚，人以"队"分，确保案件审判专业化。

2. 司法资源集约化

要在准确分析案件数量、类型、难易程度、人员结构、工作量的基础上，优化审判资源配置，将人、财、物资源主要配置到审判、执行一线。按照审判力量向一线倾斜的原则，将所有员额法官全部调配到审判、执行一线，编入相应的审判庭、执行庭和审判、执行团队。实行人员分类定岗，明确团队人员身份定位及岗位职责，建立健全岗位目标责任考核机制。实行法官专注于案件审理裁判、法官助理承担业务性与程序性工作、书记员负责事务性工作，打造定位精准、权责清晰、分工明确、运转高效的符合司法规律的审判团队。根据书记员改革方案，原则上每名员额法官配备1名书记员。要采取双向选择与组织调剂相结合的方式确定组成人员，最大限度发挥审判团队优势。合理调配审判力量，打破部门界限，优化人员组合，科学确定审判团队数量，探索审判事务性工作集约化办理、社会化购买，提高司法效能。

3. 组织运行扁平化

审判、执行团队组成人员仍保持与现有业务部门之间的隶属关系，庭长与审判团队在行政管理上是领导与被领导关系，在审判业务上是监督与被监督的关系。庭长所在的审判、执行团队负责人由庭长担任，其他审判、执行团队负责人由庭长指定副庭长或资深法官担任，负责人承担团队行政管理、内部协调、审判监督与管理等职责。审判团队模式变"主管副院长—庭长—副庭长—审判长—审判员—书记员"的管理链条为"主管副院长—（庭长）—审判团队"的管理链条，实现了扁平化的管理运作模式，有利于减少管理成本，提高管理效能。从审判团队自身来说，审判团队也具有一定的自我管理功能，可以促进院庭长更多从宏观方面进行审判管理监督、促进法律统一适用。

4. 司法责任实在化

司法责任制改革以"让审理者裁判、由裁判者负责"为基本价值取向，审判团队对其办理的案件质量负责，其中法官、法官助理、书记员根据自己的权利和职责承担相应的责任，每个团队成员都应当明确自己应当对案件承担什么样的责任以及与他人共同承担什么样的责任。因此，必须构建法官地位最高、权利最大、责任最重、待遇最好、惩戒最严的管理机制。审判团队法官对其履行审判职责的行为承担责任，在职责范围内对办案质量终身负责。严格实行违法审判责任追究制度，对因故意或重大过失造成违法审判的，必须严肃问责追责。建立健全以法官本人为核心、团队为总体的审判业绩考核和评价制度，考核评价结果作为法官任职、评先评优、晋职晋级和奖金分配的依据，并计入个人业绩档案。

5. 人员搭配差异化

综合考虑法院审级、案件难易、力量结构等因素，合理组建审判团队。《最高人民法院关于全面深化人民法院改革的意见》指出，要完善审级制度，推动实现一审重在解决事实认定和法律适用，二审重在解决事实和法律争议、实现二审终审。不同层级法院的审级职能定位并不相同，对审判组织的形式要求也不相同。基层法院大多数案件采用独任制，中高级法院的案件则需要采用合议制，故审判团队的组建不应拘泥于统一模式。对于基层法院而言，其审级定位主要是事实审，绝大多数案件通过独任庭审理，因此可积极探索配置"1+1+1"为基础的审判团队。而对于以合议制审理为主的中级人民法院而言，审判团队的组建与运行必须考虑与合议庭运行机制的衔接与配套兼容，倾向于以相对固定的合议庭为基础组建审判团队模式。同时，基层法院根据案件数量、法官人均办案数、案件难易程度、案由差异、案件程序特点等因素，考虑每个法官的合理工作量，确定每个审判团队中法官助理、书记员的不同配置。此外，审判辅助人员特别是法官助理不足是制约审判团队建设的重要原因，一些法院采取优先将书记员固定搭配给法官，法官助理同时服务于团队法官或优先选任一批法官助理固定搭配给法官。因此，要根据各级、各地法院审判业务的实际需求，结合案件特点和队伍具体情况，探索多种团队组合模式，同一模式中法官和辅助人员也可因时、因案相应增减，形成以审判需求为基础、以案件变化为导向的精细化资源配置方式。

延安法院在组建审判团队过程中，审判团队建设应紧密结合各院实际，不搞统一标准的"一刀切"。在员额法官少的基层法院，以员额法官个人名义组建审判团队，符合司法责任制要求，也便于灵活开展独任审判及合议庭的组成。但是在员额人数多、案件量大的法院，可以考虑根据专业化审判需要设立固定的合议庭，并以此为基础建立稳定的审判团队，审判团队的法官人数可以在3人以上，审判辅助人员不足以满足1名法官1名助理1名书记员的，目前也可以建立多名法官的审判团队，从而便于及时将审判辅助人员配备到审判团队内，协助法官办案。在审判团队组建中，存在一个陪审员加入审判团队的问题，对此，应该避免设立固定陪审员作为审判团队成员，否则就会损害陪审制度的司法民主意义。

6. 司法便民具体化

坚持以人民为中心，发扬人民司法优良传统，回应人民群众司法需求。

早在边区高等法院时期，就形成了"便于群众诉讼，便于法院审判"的优良司法传统。最高人民法院院长周强强调，无论形势怎么变化，人民法院的人民性不能变，一切为了人民的理念不能变，群众观念、群众感情、群众立场不能变。法院的审判权是人民赋予的，司法的公信力取决于群众是否信任法官、尊重裁判。因此，作为与群众直接接触最多的基层法院，在内设机构设置中，要把方便人民群众诉讼作为前提，应始终体现司法便民利民的宗旨，让当事人以最直观的感受从改革中拥有更多获得感，以最便捷的方式从诉讼中维护自身权益。

三、审判团队改革的实践效果

（一）促进审判"去行政化"，保证裁判权责一致

公正是司法的根本价值，而保障司法公正的一个重要前提就是保证审判独立。因此，应当建立一种能够最大限度保障法官主体地位平等的组织结构，以保障审判独立的实现。司法责任制改革以前，许多法院内部在审判权主体间形成了院长—副院长—庭长—副庭长—审判员的等级框架，法院内部的审判权主体结构呈科层性。通过建立审判团队，可以改变过去审判权运行的金字塔式层层把关的组织结构，有利于保证法官主体地位的平等，弱化院庭长案件审批，进一步去除审判权运行的行政化现象。

（二）提高审判效率，缓解人案矛盾

从部分法院的实践来看，审判团队建立之后，通过为法官配备法官助理、书记员，分工负责、互相协作，大量的事务性工作从法官任务中剥离，主审法官的个人办案数量较团队组建之前均有大幅增长；通过人员的优化组合，打破了原来庭室之间案件数量差距较大、法官之间忙闲不均的僵局，提高了人均办案数量。从已经实行团队改革的法院实践来看，通过建立审判团队，法院结案率、法官人均办案数、当庭宣判率大幅提升，案件平均审理周期、案件平均审理时间有所减少。这都在一定程度上缓解了经济下行压力加大、立案登记制后日益加剧的案多人少矛盾。比如，2017年志丹法院团队建立以后，将案件剖析和评审观摩确定为下半年工作重点，2017年上半年16名员额法官人均办案数量达63件。黄龙法院在全面推行审判团队改革后，实现陪审员100%参与庭审，2017年度所受理案件中，71%实现调解结案，其中30%以上由法官助理调解。

（三）加强审判管理，提升审判质效

通过建立新型审判团队，培养具有凝聚力的团队精神，形成更具专业化的分工协作，有效去除了管理中的行政化色彩，缩短管理链条，实现审判管理的扁平化。审判团队的建立，不仅可以制约院庭长重回行政审批的老路，还有助于提升院庭长监督管理的针对性、时效性。同时，根据案件繁简程度，设置不同的审判团队，或者由审判团队内部按照人员素质特点进行繁简分流，就可以做到繁案精审、确保质量，简案快审、确保效率。同时，一些法院将建立审判团队与专业化审判相结合，由于专业化审判团队的存在，按照"类案归口、集中办理"的原则，同类案件由同一个审判组织审理并作出裁判，对裁判结果统一标准、对法律理解统一认识，实现了法律适用在时间、地域和对象上的同一性，使案件裁判质量和效率得以提高，案件被改判、撤销或发回重审的可能性大大减少，增强了司法的公信力。

（四）优化资源配置，激发办案活力

组建审判团队后，同样数量和素质的劳动力，因组合方式不同产生不同的劳动效率。在现有审判人力资源总量不变的前提下，通过审判团队改革，充分实现了优化组合、合理搭配、潜力挖掘。同时，团队组建过程中采取双向选择为主、组织调配为辅的原则，既能让员额法官、法官助理、书记员之间互相选择，充分尊重各成员的意愿，彰显团队组建的自主性，有利于团队的紧密合作，实现资源的优势互补，进而发挥团队的整体效益；又能结合各类人员的知识背景、工作阅历、职业素养、知识结构等个体特征，达到专业对口、人尽其才、岗位匹配的效果。

四、审判团队的内部成员关系与外部组织关系

（一）内部成员关系

在审判团队内部要厘清不同人员的关系。

一是审判长与合议庭成员的关系。审判长本身应当还原成诉讼法意义上的概念，不能变相搞审判长终身制和审判长负责制，这有违司法责任制改革精神。审判长在审判活动中的职责应当是审判实体性事项的参与者和程序性事项的主持者。一方面，作为实体性事项的参与者，在对案件的实体审理、评议和裁判上，审判长与其他合议庭成员享有平等的参与权和决策权；另一方面，作为程序性事项的主持者，审判长在合议庭中对案件的诉讼进程、审理活动和评议活动等享有指挥和协调的权力，具体包括确定案件审理方案、庭审提纲、协调合议庭成员庭审分工以及指导做好其他必要的庭审准备工作，主持、指挥庭审活动，主持合议庭评议，依照有关规定和程序将合议庭处理意见分歧较大的案件提交专业法官会议讨论，或者按程序建议将案件提交审判委员会讨论决定，以及其他审判权力。二是法官与法官助理、书记员的关

系。法官应为审判团队的中心，法官应当指导法官助理、书记员做好审判辅助工作；法官助理、书记员等审判辅助人员的定位是服务于法官，在法官指导下进行裁判性辅助工作；法官负有审核把关职责，应当根据具体的过错情况和因果关系对案件质量承担相应的责任。同时，应当把指导管理与培养锻炼相结合，为法官助理作为法官的后备力量、人才储备打下良好基础。三是法官助理与书记员同为审判辅助人员序列，法官助理协助完成阅卷、审查诉讼材料、组织庭前证据交换、庭前调解、庭前调查、办理财产保全、办理证据保全、办理委托鉴定评估、准备与案件审理相关的参考资料、研究相关法律问题、草拟裁判文书等具有一定技术含量的审判辅助性工作；书记员负责完成送达庭审记录、整理装订归档案卷材料等纯审判事务性辅助工作。

（二）外部组织关系

一是审判团队与审判庭、院庭长的关系。审判团队是在打破原有的庭室架构的基础上建立的，与原来的审判业务庭之间不存在行政上的隶属关系。审判团队建立后，原来的院庭长可以参加某一审判团队，从而成为该团队的一员发挥作用，并根据各自的职权范围行使权力。原来具有审判指导业务的院庭长，可以通过将案件提交专业法官会议或审判委员会，对具有普遍意义的疑难问题进行指导，但不能干预案件的审理。二是审判团队与审判管理部门的关系。审判管理部门的职责主要是审判质效管理，它不能也无权干预具体案件的审理和裁判。审判团队依法独立行使审判权，审判管理部门应当建立以审判质量效率指标体系为核心的审判管理机制，以便对各审判团队的业绩进行科学考核，对案件审判流程进行管理，督促审判团队各成员优质高效办案。因此，审判管理部门要改变以往以庭室、个人为考评单位的做法，将考核的重点放在审判团队的审判质量和效率方面，考核团队人均结案率、调解率、撤诉率、审限内结案率、上诉发改率、生效案卷归档率、裁判文书上网公布率等方面。要强化案件监督管理和案件评查力度，及时了解掌握审判团队的工作绩效，以便及时发现问题，制订相应的整改措施。三是审判团队与审委会的关系。审委会作为法院内部最高审判组织，审判团队审理的重大疑难复杂案件，在合议庭内部不能形成多数人意见的情况下，仍然要通过向审委会汇报来研究决定，但由于实践中审委会不参加审判的弊端暴露得日益明显，根据司法的亲历性原则，没有参加具体案件裁判的审委会成员无权决定案件的最终结果。因此要依法大量缩减提交审委会讨论的案件范围，明确审委会的主要职责是讨论重大、疑难、复杂案件的法律适用问题，以及其他由审委会决定的事项。

五、存在问题及对策建议

（一）法官助理紧缺

审判团队组建、司法责任制落实，需要完备的法官助理制度加以支撑，配齐配强高素质的法官助理。但从调研的情况来看，法院均缺乏法官助理，法官助理来源单一，仅有未入额法官一个来源，人数有限，难以符合员额法官事务分离的需要。很明显审判辅助人员不能都从中央政法专项编制中产生，而且法官助理和书记员承担的司法职责不同，所需要的司法能力、学历要求、资格条件等也应当不同。因此需要继续加强法官助理制度改革，拓宽法官助理来源。解决法官助理的来源主要有以下几种途径：一是从政法专业毕业生中招录或聘任法官助理；二是将部分具有公务员身份的在编书记员转任为法官助理；三是将已经接受初任法官培训，但尚未任命为助理审判员的人任命为法官助理；四是将未能进入员额的审判员、助理审判员转任为法官助理；五是招收法学院在校学生以法律实习生身份短期任职。

（二）出现案件裁判尺度差异

实行院庭长对案件层层审批、把关，有助于实现法院对同类型案件裁判尺度的统一把握。但在审判团队没有与专业化审判相结合的条件下，案件随机分配，类似于"全科医生"的法官需要办理各种类型的案件，加之具体案件千差万别，法官素质参差不齐，难以有效保障同类案件的类似处理，出现"同案不同判、同法不同解"的概率加大，导致当事人对裁判缺乏合理预期，并对司法公信产生负面影响。为解决同案不同判的问题，统一裁判适用标准，切实实现同案同判，延安法院在建立专业法官会议制度的基础上，推行同类案件检索报告制度，要求承办法官在审理案件时，应当依托办案平台、档案系统、司法案例数据库、中国裁判文书网、法信网、智审平台等，对本院已生效的同类案例及关联案例和最高人民法院的指导案例进行全面检索，必要时须检索省法院及外地法院相关案例，制作检索报告或审理报告进行说明，并分情形作出处理：拟作出的裁判结果与本院同类生效案例或上级法院判例、最高法院指导案例裁判尺度一致的，经合议庭评议后即可制作、签署裁判文书；拟作出的裁判结果将形成新的裁判尺度的，由院庭长决定或建议提交专业法官会议、审判委员会讨论；对拟作出的裁判结果将改变本院同类生效案例或上级法院、最高法院案例裁判尺度的，应当按程序提交专业法官会议、审判委员会讨论；如发现与本院同类生效案例或上级法院、最高法院案例裁判尺度存在重大差异的，层报审判委员会讨论决定。

（三）如何确保放权不放任

实行司法责任制，在放权于法官、放权于合议庭的同时，如何实现充分放权与有效监管相统一，也是亟待解决的问题。延安法院的具体做法是，院庭长应当严格按照《关于落实司法责任制完善审判监督管理机制的意见（试行）》规定，认真履行审判监督、管理职责，履责情况在办公办案平台上全程留痕。对于符合《最高人民法院关于完善人民法院司法责任制的若干意见》第24条规定情形之一的案件，院庭长有权要求合议庭报告案件进展和评议结果，合议庭应当及时报告案件进展和评议结果，并将作出的裁判文书在3日内报送院庭长。院庭长对相关案件审理过程、评议结果、裁判文书有异议的，不得直接改变合议庭的意见，并在合议庭报告后7日内决定将案件提请专业法官会议或者审判委员会进行讨论；逾期未提请专业法官会议或者审委会讨论的，合议庭可径行作出裁判。

（四）建立健全以法官个人业绩考评为基础，团队业绩考评为参照的考评机制

法官业绩考评是落实司法责任制的重要内容，也是衡量审判团队建设成效的重要措施。司法责任制改革以前，采取院长考评部门、部门考评法官的模式，行政化管理色彩较为明显。在审判团队运作模式下，一是法官业绩考评制度应当突出法官个人的业绩考评，适当弱化以庭室为主的部门考评。二是应当形成以司法公正为先、兼顾审判效率为价值取向，首先要考核办案质量；其次要考核办案数量、效率、效果，既要对法官及其所在审判团队有办案数量的底线管理，又要形成团队之间良性竞争、团队自主管理激励的良好机制，同时应当考虑每个法官的工作饱和度，不能片面追求结案量。三是审判团队的法官对法官助理、书记员的工作绩效应当有评价的权利，但不能完全决定，防止演变成为人身依附关系。四是法官业绩的考评必须与审判团队的人员配置调整、绩效考核奖金发放、晋职晋级直接挂钩，发挥业绩考评的指挥棒和度量衡作用，不搞"干好干坏一个样、干多干少一个样"。

（五）应以员额法官为中心建立审判团队

员额法官对于审判辅助人员的有效管理，是推进审判事务内部分离的基本保障。从程序的统一性角度而言，员额法官作为审判人员，必须对整个程序事务进行统一管理，而审判辅助人员所从事的辅助事务当然也应当由员额法官管理，员额法官对于审判辅助人员的有效管理也就成为一种客观需要。因此，员额法官对于审判辅助人员的有效管理就成为审判团队组建中需要考虑的一个重要因素。此外，为了落实员额法官独立审判的地位，不宜在审判

权上设置高于审理案件的员额法官的层级，以员额法官为中心组建审判团队，符合员额法官独立审判的司法体制改革需要。

(六) 需要进一步化解非正式编制人员岗位安排与职业管理问题

宝塔、志丹等基层法院都存在地方政府招聘人员安排到法院后，不具有公务员身份或者事业编制，但已经被任命为法官助理或者审判员的问题。对于此类非正式编制人员如何管理以及是否享受法官津补贴、审判辅助人员津补贴等需要进一步明确，以充分保证这些人员也能享受到改革的红利，确保法院队伍稳定、改革风平浪静。

基层法院内设机构设置的检视与重构[*]

党的十八届三中全会从战略全局和高度提出，建设法治中国，必须深化司法体制改革，加快建设公正、高效、权威的社会主义司法制度，维护人民权益。基层法院作为人民法院组织体系的基础和司法办案的前沿，基层法院司法体制改革既是改革的逻辑起点，更是检验改革成败的实践评判。深化司法体制改革，必须关注基层、倾向基层，更好释放基层活力，让基层法官有更多获得感。作为内部改革重要组成部分的基层法院内设机构改革问题，其关键在于明晰法院职能定位，适应以司法责任制为核心的审判权运行机制改革及以法官队伍正规化、专业化、职业化为突破的法官制度改革，建立科学、精简、高效的内部组织机构体系。

一、基层法院内设机构设置的现状与检视

（一）基层法院现行内设机构设置现状的调查

1.《中华人民共和国人民法院组织法》对法院内设机构配置的规定

根据《中华人民共和国宪法》规定，人民法院的内部组织由法律规定。据此，《中华人民共和国人民法院组织法》（以下简称《人民法院组织法》）对人民法院的内部组织机构设置首次进行了原则性的规定。根据《人民法院组织法》的相关规定，包括最高法院在内的各级人民法院可

---

[*] 本文获2016年陕西省法院优秀调研报告一等奖。

以设置刑事审判庭、民事审判庭、经济审判庭，中级以上的人民法院还可根据审判工作需要设置相关的审判庭。庭设庭长、副庭长。应当说，《人民法院组织法》对法院内部人员如何组织、内设机构如何配置规定得比较原则、宏观，供基层法院根据实际情况设置内设机构。

2. 法院内设机构实际设置状况

司法实践中，结合立审执分离改革进程、自身实际情况和上级法院机构设置模式，基层法院内设机构设置已超过《人民法院组织法》列举的内设机构，除了《人民法院组织法》列举的内设机构外，还普遍设立了立案庭、申诉审查庭（信访办）、审判监督庭及行政庭等审判业务庭，也有的法院围绕深化审判组织专业化建设，设立了未成年人案件审判庭等。此外，法律只规定了与审判业务相关的审判庭及相关人员的设置，现实中，基层法院为保障审判、执行职能充分发挥及内部管理有序运行，加强党风廉政和反腐败工作，普遍设置了办公室、政工科（政治处）、监察室等行政部门，以及审判管理办公室、司法警察大队等审判辅助机构，有的法院还为加强和改进调研工作与审判理论研究而设立了研究室。

（二）基层法院现行内设机构设置存在的弊端

1. 审判运行行政化

从审判权运行机制来看，存在审委会、院长、副院长、庭长、副庭长、合议庭和独任法官等不同审判层级，院长、副院长与下属之间，庭长、副庭长与审判员之间，本身具有领导与被领导、管理与被管理的关系，但都拥有对具体案件的审判权和审判监督、管理权力。行政审批的模式被套用在案件办理程序中，法官审理案件要层层请示汇报，层层审批把关，院长、庭长的行政命令直接影响甚至决定最终的司法裁判。这种行政化的审判运行模式孕育了行政化的审批组织形式和内设机构设置模式，最大的弊端是违背了司法的亲历性原则，造成了审者不判、判者不审、权责不明，使得审判人员缺乏内生的激励机制和约束机制。

2. 机构数量臃肿化

机构数量不断增长，审判机构和非审判机构数量增长迅速，机构规模不断膨胀。从表1可以看出，法院内设机构过多过细，基层法院内设机构最多的达25个，最少的也有10个。仅业务一项，就有刑事庭、民事庭、行政庭、立案庭、审监庭、执行局、执行一庭、执行二庭等，然后民事庭再分为民一庭、民二庭、民三庭，过多的机构、过多的关系形成臃肿体制。即使是人员编制数量非常少的黄龙法院，内设机构设置也是"麻雀虽小，五脏俱全"，内设机构总数达到10个。同时，内设行政机构分工越来越细，承担的职能越来越多，机构设置有增多的趋势。

表1　延安部分法院2016年内设机构明细表

单位	内设机构数量	机构具体名称
宝塔区法院	25	民一庭、民二庭、刑一庭、刑二庭、审监庭、行政庭、未成年庭、立案庭、审管办、执行局、执行一庭、执行二庭、执行局综合科、法警队、李渠法庭、姚店法庭、南泥湾法庭、青化砭法庭、枣园法庭、办公室、司宣办、政工科、基建办、监察科、书记员管理办公室
延长县法院	17	法警队、刑事庭、少年法庭、审监庭、审管办、政工室、办公室、研究室、执行局、执行一庭、执行二庭、行政庭、监察室、民事庭、立案庭、雷赤法庭、张家滩法庭
黄龙县法院	10	立案庭、办公室、监察室、法警队、刑庭、民庭、行政庭、执行局、审管办、审监庭
黄陵县法院	15	办公室、监察室、执行局、执行一庭、执行二庭、立案庭、刑庭、民庭、行政庭、审监庭（加挂审判管理办公室）、书记员管理办公室、法警大队、店头法庭、隆坊法庭、田庄法庭

3. 人员管理和机构设置趋同化

根据《法官法》和《法官职务序列暂行规定》对法官按照法官职务序列进行管理，职务序列包括职务名称与职务层次两个方面，其中职务层次划分为12个等级，分别与综合管理类公务员的10个职务层次相对应，法官等级与行政级别挂钩。法院内部，根据各内设机构的设置，每个业务庭室配备了若干领导职数，法官除了要根据从事审判活动的年限去划分等级，还要追求行政职务和级别的晋升，这就造成了审判人员和行政管理人员管理的混同。同时，法院院长、副院长、庭长、副庭长既是一种审判职务，需要行使审判权和审判管理与监督权力；也是行政职务，需要对各种行政、后勤事务进行管理协调。为便于上下沟通协调，下级法院内设机构基本上参照上级法院多口设置，呈现出基本"一一对应"的条线结构。

4. 人力资源紧缺化

内设机构不断增加，而人员数量基本未变，甚至有所减少，分配到日益增多的内设机构中，导致审判力量严重紧缺的问题显得更为突出。某市基层法院现有中央政法专项编制594个，地方事业编制159个，实有干警1112人，其中，法官397人，占总人数的35.7%。除担任院长、副院长、审判委员会委员和兼任司法行政岗位领导职务的法官外，实际仅有包括庭长、副庭长、审判员和助理审判员在内的一线办案法官237人，占法官总人数的59.7%。从全市基层法院内设庭室人员配备情况看，51个业务庭无法组成3人合议庭，占业务庭总数的57%。从基层法庭建设情况看，全市35个基层法庭，配备法官47人。其中，配备3名以上法官的法庭仅有3个，占法庭总数的8.6%；配备2名法官的法庭有6个，占法庭总数的17.1%；配备1名法官的法庭有24个，占法庭总数的68.6%。同时，非审判机构的数量不断增长，在有的法院中甚至超过了审判机构的数量，致使大量的编制被非审判部门挤占，部分具备审判职称的法官在非审判部门从事与审判无关的司法行政工作，审判力量被人为削减，进一步加剧了案多人少的矛盾。

5. 办案数量差异化

内设机构不断增多、划分过细，导致案件在不同庭室分布不均，法官办案任务忙闲不均。从基层法院受理案件特点看，基层法院民事案件大约占受理案件总数的86%左右，且这个比例仍在增长，刑事案件和行政案件总数不到14%。占据案件总数超4/5的民事案件中借贷案件、婚姻家庭案件和人身损害赔偿案件又占近70%，这些案件法律关系相对简单，且基层法院大多数刑事和行政案件基本上是简单、常见案件，审理难度不大。但现实情况是为了保持庭室建制，每个庭至少要保持1~2名法官，由于案源有限，法官的工作量极不平衡，民庭法官和书记员工作量是其他庭室的5倍多，各庭忙闲不均，严重挫伤了法官和书记员的工作积极性，造成了审判资源的极大浪费。

（三）基层法院内设机构设置行政化的原因分析

1. 历史原因

司法权带有浓厚行政化色彩。司法权之间的配置，自古以来就带有非常明显的政治属性和行政色彩，行政和司法不分、司法依附行政，基层法院的内设机构设置也深受影响。陕甘宁边区高等法院时期，边区司法从属于行政的特点，从司法权力的地位、司法机关的设置及司法审判的运作中都可以体现出来。比如，1937年5月12日《陕甘宁边区参议会及行政组织纲要》规定："边区法院审判独立，但仍隶属于主席团之下，不采取司法与行政并立状态。因为时局变动，审判常须受政治的指导。与其设特别法庭或特种审判来调剂，不若使法院在主席团领导下保持其审判独立，这样为保障人权较为有利。"❶ 按照上述及之后的法律制度，边区逐渐建立了隶属于行政系统的司法

---

❶ 《陕甘宁边区政权建设》编辑组：《陕甘宁边区参议会》（资料选辑），中共中央科研办公室发行，1985年，第46页。

组织体系，边区政府审判委员会设立于边区政府之中，高等法院与边区政府下设的行政部门并列，分庭、司法处同样分别设置于分区行政专员公署、县级政府之中。除边区高等法院外，其余各级司法机关的负责人均由同级行政首长兼任。中华人民共和国成立初期，人民法院是按照行政机关的模式来构建的，根据1951年的《中华人民共和国人民法院暂行组织条例》第10条规定：各级人民法院（包括最高人民法院分院、分庭）为同级人民政府的组成部分。因此内设机构的设置也不可避免地直接套用了行政机关的模式。经过几次法院机构改革的实践，尽管基层人民法院的内设机构一直朝着为服务国家审判权的方向去加强和改进，在人事管理、行政管理、后勤保障等行政管理机构的职能职责中也形成了一些有别于其他党政机关的制度规范，但是始终脱离不了浓重的行政色彩，没有突出法院正规化、专业化、职业化的特点。

2. 内在根源

解决法官干警职级待遇的重要途径。法院科层制管理模式进一步固化，虽然法官法规定法官的工资福利由法律另行规定，但迄今为止并未得到贯彻落实。法官要想获得更高的工资福利待遇就必须晋升职务级别，而不是注重于司法知识和审判经验的积累。自然，法院内设机构增多，机构负责人和副职就增多，从而有利于满足法官对行政职务和行政级别的追求，这对法院系统来说是一件皆大欢喜的事情。因此，为满足法官对行政职务和级别的追求与需要，法院机构膨胀的规模和速度非常明显。

3. 立法因素

法律规范的滞后。《宪法》规定，人民法院是国家的审判机构，依照法律独立行使审判权，但是《宪法》对法院机关的其他职能和事项未作规定，法院的审判机构和非审判机构的功能定位不甚清晰、整体结构不尽合理、机构设置与实际的工作量缺乏科学的统计和测算标准，影响了法院机关内设机构设置的统一性和规范性。

二、基层法院内设机构改革的宏观决策与实践探索

（一）基层法院内设机构改革的顶层设计

迄今为止，人民法院已经经历了三轮以五年为周期的司法改革，并于2014年发布《人民法院五年改革纲要（2016—2020）》，这标志着第四轮司法改革正式启动。最高人民法院发布的四个"五年改革纲要"均用相当篇幅对法院内设机构配置进行了描述，对法院内部组织形式改革进行了纲要性部署与安排。"一五改革纲要"提出，精简司法行政部门，撤并人民法庭，涉及法警、执行人员统一管理，配置专门司法统计、司法鉴定机构。"二五改革纲要"提出增强司法能力，保障司法水平，促进社会公平正义，改革涉及执行机构、审委会、人民法庭、专门法院、未成年综合审判庭，执行机构实行统一管理，审判委员会专业化分类改革，铁路法院等专门法院划归法院体系领导，同时要建立综合性少年法庭，探索设立少年法院。"三五改革纲要"规定了法院机关内部管理的改革措施，提出要完善人民法院的人事管理制度和机构改革，并对一些审判业务机构提出了改革的新思路和具体要求。"四五改革纲要"提出，要推动人民法院内设机构改革，按照科学、精简、高效的工作要求，推进扁平化管理，逐步建立以服务审判工作为重心的法院内设机构设置模式。作为机构改革的顶层框架设计，"四五改革纲要"同时为法院内设机构改革指明了改革方向、基本原则和总体模式。

（二）基层法院内设机构改革的实践探索

1. 陕西延安黄陵模式

早在2003年，黄陵县法院就全面推行法官制改革，对审判权运行机制和内设机构设置进行了大刀阔斧的改革。法官制改革的基本框架设计是：对外保留原有庭、室，依法任命的审判职务全部保留；对内打破原来的庭、室界限，不再设立民事、刑事和行政审判庭，原来属于这3个业务庭的案件全部由主审法官审理；保留立案庭、审监庭、执行局，但对其业务职能进行重新划分和必要整合；重新设立了立案室、庭前准备室、法官室等庭室，内设机构设置以立案室为先导，以法官室为核心，实行案件统一分配、轮流作业的大立案、精审判的流程管理机制。新机构的配置改变了以往民事庭、刑事庭案多人少，审理拖延，而行政庭等庭室闲暇无事的不合理局面，使全体法官干警的工作量趋于均衡。同时，把案件审判中的文书送达、取证、勘验、鉴定等程序性工作交由庭前准备室处理，改变了以往由办案法官调查取证的做法，避免了因办案法官先入为主导致的证据缺失、裁判不公现象。最重要的是，改革后对各个庭室的工作时限作了明确规定，使案件立、审、执全过程用时缩短。法官室的案件审理期限比法律规定更为紧凑，促使主审法官快速结案，案件审理速度加快，结案率明显提高。

2. 广东深圳前海合作区法院模式

成立于2015年1月的深圳市前海深港现代服务业合作区人民法院，除管辖前海辖区一审民商事案件、行政案件和执行案件外，还集中管辖原由深圳市辖区其他基层人民法院管辖的一审涉外、涉港澳台商事案件；在法院内设机构改革中迈出了更大步伐，内设机构设置上不设业务庭，只由审判团队和司法政务处、审判事务处两个内设机构组成。司法政务处的机构职能是：主要负责党务监察、行政事务、司法警务等工作；主管法院干警政治思想工作和组织人事、队伍建设，协助院党组考察、管理干部；协助管理法院机构及人员编制；负责法官等级的评定，司法警察警衔的审查、报批工作；协助有关机关对各类人员的考录、调配、考核、任免；负责检查、督促院各部门对本院重大决策和重大工作部署的贯彻落实。审判事务处的机构职能是：负责诉讼服务、审判管理、司法辅助事务等工作；组织开展审判实践、法院改革、队伍建设工作的调查研究；负责司法统计等工作。

3. 广东珠海横琴法院模式

横琴法院确立了法官员额制、人员分类管理、行政管理机构简化等全新架构，全面推行包括审判权运行机制、内设机构管理模式在内的法院综合改革。内设机构设置上，改变传统做法，实施以法官为中心的审判权运行模式，审判权由法官集中行使，不设审判庭，建立审判团队，仅设立"三办一局一队"，精简的组织机构模式解决了审判庭运作中的行政化问题，更符合审判权运行的规律和审判的专业化特点，有利于保障法官依法独立审判，提高司法行政管理效能，实现审查权和实施权的彻底分离。

三、基层法院内设机构的整合与重构

创新基层人民法院内设机构设置，必须在现有基础上进行整合与重构，突出专业化，削弱行政化，切实符合司法规律和法院实际。

（一）理论基础和基本原则

立足司法权属于裁断权和中央事权的本质属性，以"让人民群众在每一个司法案件中都能感受到公平正义"为目标，建立设置科学合理、职能划分明确、运行高效顺畅、符合审判机关特点和审判权运行规律的内设机构体系，促进审判体系和审判能力现代化，为人民法院充分发挥审判职能作用提供有力的组织保障。

1. 坚持以服务和保障审判工作为中心

人民法院的宪法定位是国家审判机关，其第一要务是司法办案，核心职能是履行审判、执行职责，维护社会公平正义。按照审判工作规律和司法工作特点，突出审判业务机构审判职能，充分发挥非审判业务机构服务保障职能，促进审判体系和审判能力现代化。

2. 坚持以尊重和保障员额法官履行职责为主体

从司法权运行过程看，尽管法律规定人民法院依法独立行使审判权，但审判权行使的组织形式无论是独任审判还是合议庭审理案件，都是具体的法官个人在实施。从司法体制改革的角度看，全面实行谁办案、谁负责的司法责任制，同样要解决具体司法权由谁来掌握和行使的问题。因此，必须构建

法官地位最高、权利最大、责任最重、待遇最好、惩戒最严的管理机制。这次改革的制度安排是，司法权由经过严格程序遴选出的员额法官来行使，员额法官制是实现司法责任制的必由之路和主体支撑。为此，内设机构设置必须尊重法官主体地位，保障法官依法独立公正履行审判职责。

3. 坚持以精简效能、扁平化管理为组织架构

在理顺职能、明确分工的基础上，严格控制机构规模，规范法院内设机构设置，实行大部制、扁平化、信息化的管理模式，适当整合机构，减少管理层级，增加管理幅度，提高工作效能。打破上下级法院对口设置内设机构的传统模式，结合不同基层法院的审判职能、办案数量、人员编制等情况，因地制宜、因案制宜、因人制宜，设置内设机构。

4. 以方便人民群众诉讼为目的

早在边区高等法院时期，就形成了"便于群众诉讼，便于法院审判"的优良司法传统，其内设机构设置也充分体现了这一点。最高法院周强院长强调，无论形势怎么变化，人民法院的人民性不能变，一切为了人民的理念不能变，群众观念、群众感情、群众立场不能变。法院的审判权是人民赋予的，司法的公信力取决于群众是否信任法官、尊重裁判。法院的一切司法活动，都应始终体现司法为民的宗旨。因此，作为直接与群众接触最多的基层法院，在内设机构设置中，要把方便人民群众诉讼作为前提，让当事人以最直观的感受从改革中拥有更多获得感，以最便捷的方式从诉讼中维护自身权益。

(二) 职能重构

机构设置的前提是基层法院职能定位和分工科学合理。因此，需要通过对内设机构职能进行解析，形成优化职能的变量，再根据这些变量重新整合内设机构，从而将有限的审判资源尤其是目前比较稀缺的审判人员资源投放在审判职能的实现上，保障基层法院办案的质量效率、社会效果、价值取向达到最佳状态。

1. 合理定位审判职能内设机构与非审判职能内设机构职能

科学合理的社会分工有利于提高从业者的专业技术水平和全社会劳动生产率，社会分工的理论同样适用于内设机构改革。问题的关键在于，如何分工、分工到何种程度，在分工的基础上如何衔接配合。笔者认为，机构改革和先决条件是机构职能定位，审判机构的职能主要是履行审判职责、规范审判流程、提高办案质效，这就要求审判机构减少行政化色彩，把主要资源和精力配置在审判这一中心工作上；非审判机构的职能应从行政管理彻底转型，为审判活动提供优质高效的服务，这就要求非审判机构实现精兵简政、高效运转。

2. 分离内设审判机构中的审判事务职能与行政职能

首先,将与审判业务关系密切的案件分配、办案人员组成、院长指定及案件办理辅助(庭前准备、整理归档、安全保卫、法律文书送达等)等职能归并为一类,将与审判业务关系相对疏远的行政事务(文秘信息、档案管理、后勤装备、调研宣传、财务保障等)和队伍管理(思想教育、干部管理、培训考评、文化建设等职能)归并为一类。在此基础上,将审判机构中享有的案件分配、人员组成等审判职能与人事管理、后勤装备、行政办公、人员培训等行政管理职能,从内设机构中剥离出来,淡化内设审判机构的行政管理色彩。同时,将立案、送达、卷宗扫描、信息录入等审判事务性工作从审判业务职能机构的序列中划出,归入审判辅助机构中。

3. 正确处理专业化路径与复合型法官的关系

"一审是基础,二审是关键。"相对于中级、高级法院而言,基层法院作为一审法院的审级功能,更应侧重于创造坚实的事实审基础。无论审理民事案件、刑事案件还是行政案件,都应着力提升一审质量,使得法律事实最大限度地接近于客观真实,为一审正确适用法律和二审解决争议焦点创造扎实基础。驾驭庭审、审查证据、查清事实、适用法律,是法官的基本功与必修课,在学理上有专攻,在中级、高级法院可以相对分工,但在基层法院分工不应过于细化。另外,专业化路径不排除专业化条件下的复合型法官培养,基层法院应强调法官审判案件类型的多样性,应该注意培养"复合型"的法官。因为基层法院所审理的案件并没有太多的疑难、复杂案件,案件类型相对比较集中,加之审判力量十分有限,所以无须过分强调法官受专业审判庭限制及培养某一类专科法官,在内设机构分工上也可以"宜粗不宜细",在审判团队组建上可以适度倾向专业化。

4. 取消审判庭的行政级别

本轮司法体制改革明确实行司法人员分类管理和单独职务序列管理,把法院工作人员分为法官、司法辅助人员、司法行政人员,并将法官独立于公务员管理序列,实行有别于普通公务员的人事管理制度,突出了法官的独立性与专业性。法官按照法官等级而不是行政级别来管理,法官的工资福利待遇和职业保障主要与法官等级挂钩,法官晋升等级的空间更大、速度更快。这种人员分类管理制度,有助于法官队伍走向职业化的内涵式发展路径。人事管理体制急需有相应的组织机构改革予以支撑,这就要求对现有的内设审判机构职能进行调整。因此,目前内设机构客观上存在的行政级别设置已经丧失了存在基础,没有实质意义。同时,各个业务庭的负责人在审判中与合议庭成员平等行使审判权,并没有高出其他普通法官的审判权力,更不能干预法官办案。

(三) 机构整合

总体而言，机构整合要根据所在法院办案实际情况和内设机构承担的职能进行整合与重构，而不是简单地在数量上进行增减。

1. 分类设置

坚持因地、因案、因人制宜的原则，结合基层法院辖区人口数量、案件数量、编制数量情况，将基层法院科学分为三类，为机构设置提供可行基础。一类法院为：地区人口在 50 万以上、一审案件年受理数在 5000 件以上、中央政法编制数在 150 个以上的基层法院；二类法院为：地区人口在 30 万~50 万、一审案件年受理数在 3000~5000 件、中央政法编制数在 50~150 个的基层法院；三类法院为：地区人口在 30 万以下、一审案件年受理数在 3000 件以下、中央政法编制数在 50 个以下的基层法院。

2. 具体设置

根据职能划分，将基层法院内设机构分为审判管理和党务纪检、组织人事、行政后勤管理两大块，科学设置审判业务机构并实行扁平化管理，合理整合非审判业务机构并突出服务职能，结合三类法院的实际情况分别设置不同的内设机构。一类法院内设机构有：①诉讼服务中心，包括立案室、庭前准备室、速裁室、申诉审查室；②刑事审判庭；③民事第一、第二审判庭；④审管审监庭；⑤执行局，执行局下设执行综合室、执行裁决庭、执行实施庭；⑥人民法庭；⑦司法警察大队；⑧党务、纪检监察室；⑨司法服务中心（或司法辅助中心），包括政工、办公室、调研、装备处、后勤事务、财务、信息网络等。二类法院内设机构有：①诉讼服务中心，包括立案室、庭前准备室、速裁室、申诉审查室；②刑事审判庭；③民事审判庭；④审管审监庭；⑤执行局，下设执行综合室、执行裁决庭、执行实施庭；⑥人民法庭（或诉讼服务站）；⑦司法警察大队；⑧党务、纪检监察室；⑨司法服务中心（或司法辅助中心），包括政工、办公室、装备处、后勤事务、财务、信息网络等。三类法院内设机构有：①诉讼服务中心，包括立案室、庭前准备室、速裁室、申诉审查室；②审理庭；③审管审监庭；④执行局，下设执行综合室、执行裁决庭、执行实施庭；⑤人民法庭（或诉讼服务站）；⑥司法警察大队；⑦党务、纪检监察室；⑧司法服务中心（或司法辅助中心），包括政工、办公室、装备处、后勤事务、财务、信息网络等。此外，仅在行政案件集中管辖法院设置行政审判庭，并在一、二类法院成立专业法官会议，三类法院成立法官联席会议。

3. 机构职能

围绕建成大立案、精审判、强执行、严管理、重监督的审判工作新格局，科学划分各内设机构职能。①诉讼服务中心职能：要以诉讼服务中心为审判调度中心。立案室负责诉讼引导、立案登记、法律救助、审判流程管理、立案调解、判后答疑、司法公开、诉讼费收取、查询咨询；庭前准备室负责文书送达、开庭排期、调查取证、证据交换、诉讼担保、委托鉴定、评估、进行勘验。此外，探索建立由法官、书记员、法警组成文书送达小组，负责所有法律文书的送达工作。速裁室负责繁简分流、诉前调解、诉调对接、司法确认。申诉审查室负责申诉审查、信访接待、投诉举报、指导诉讼、咨询服务。②刑事审判庭职能：依法审理属本院管辖的第一审普通刑事案件、刑事自诉案件和刑事附带民事诉讼案件；依法审理上级人民法院指定管辖的刑事案件。③民事审判庭职能：依法审理属本院管辖的第一审民商事案件；依法审理上级人民法院指定管辖的民商事案件。④行政审判庭职能：依法审理属本院管辖的第一审行政案件或几种管辖的行政案件；依法审查非诉行政执行案件。⑤审理庭职能：审理庭是设在三类法院的综合审判庭，负责审理属本院管辖的第一审刑事、民商事、行政案件，具有刑事审判庭、民事审判庭、行政审判庭的综合职能。⑥审管审监庭职能：依法审理属本院管辖的各类再审案件；依法审理发回重审案件；依法办理检察建议；负责对案件质量、审限执行的监督和案件的评查工作；负责对审判流程管理实施监督。⑦执行局职能：依法执行发生法律效力的民事判决、裁定、调解书，以及刑事判决、裁定中的财产部分。⑧人民法庭（或诉讼服务站）职能：基层法院可根据本院员额法官人数及案件数量情况，在员额法官数量足够的情况下设置人民法庭，确定一定比例的人民法庭法官（比如一类基层法院），人民法庭设立案室；在员额法官数量有限的情况下，以现有人民法庭为依托，设置诉讼服务站，实行全院员额法官轮流不定期到基层诉讼服务站就地巡回审判（比如二、三类基层法院），诉讼服务站设接待室，只受理案件但不立案，每周确定时间统一在基层法院立案室办理立案手续。具体职能有：依法审理各类简单民商事案件；开展诉前调解；指导人民调解委员会工作；依法审理人民调解司法确认案件。⑨司法警察大队职能：值庭和维护正常的审判秩序；值庭时负责传带证人、鉴定人，传递证据材料；押解、看管被告人或罪犯；协助相关部门采取司法强制措施；参与执行工作；送达所有法律文书；做好机关安全保卫工作；做好突发事件的临时性、控制性处理工作；做好枪支弹药等警具警械的管理工作。⑩党务、纪检监察室职能：做好机关党建工作；协助党组抓好本院党风、党纪和廉政建设。⑪司法服务中心（或司法辅助中心）职能：负责文件的草拟、收发、传递，办理日常事务；负责人事管理、干部教育培训、宣传等工作；负责后勤保障工作；负责信息网络建设、维护工作；负责离退休工作人员的审批和管理工作；负责本院计划外用工的选用和工资待遇工作；协助院党组抓好工会、共青团、妇联工作。⑫专业法官会议和法官联席会议职能：专业法官会议和法官联席会议属于咨询机构，由全体法官组成，由高级法官轮流主持，院长、庭长不得主持，但可以法官身份出席会议。专业法官会议和法官联席会议仅就重大、疑难案件组织研讨，提供参考意见，不形成决议。

（四）实现路径

实行"三步走"的方法：第一步，试点先行。启动内设机构改革试点工作，要科学设置内设机构，更重要的是改革后的内设机构应规范办案、办事流程，提高工作效能，总结形成可复制、可推广的改革经验。第二步，立法巩固。对《人民法院组织法》不合时宜的条文进行修改，通过立法对全国各级各地法院的内设机构规模、规格、数量、名称、范围等方面予以规定，以维护司法的权威性。对于各级人民法院内设机构的具体设置，一是对《人民法院组织法》列举的内设机构，各级法院根据自身情况可以设立也可以不设立，但对《人民法院组织法》未列举的内设机构，各级法院不准设立；二是摒弃目前"上下对口"的内设机构设置模式，赋予各级法院相对自由的内设机构设置权限，允许各级法院根据各自的工作人员数量和案件特点，在《人民法院组织法》列举内设机构名称范围内自行决定设置几个内设机构和设置哪些内设机构。同时，最高人民法院也应出台相关规定，对各级法院内设机构的设置条件、法院工作人员数量与内设机构总量的比例、各内设机构的最低人数配备要求等作出明确规定。第三步，全面推开。全国基层法院按照内设机构设置的法定条件和标准进行重整。

专业法官会议机制的运行模式与职能定位研究[*]
——以审判权运行机制改革为背景

本文主要创新观点：

第一，合理定义专业法官会议。一是从上而下地给予更为细致的机制设计；二是严格限制职能范围，尽可能地弥补机制"亲历性"的内在缺陷。

第二，规范各项工作机制。首先，规范专业会议的人员组成。其次，规范专业法官会议的启动、召集程序。再次，规范议事规则。最后，规范讨论意见的效力。

第三，理顺专业法官会议与合议庭、专业法官会议与审委会之间的关系，保证审判权合法、顺畅运行。

一、追根溯源——专业法官会议制度的合理性和必要性

任何制度的诞生、发展均有其内在的合理性和必要性。专业法官会议制度系在审判权运行改革过程中，因审判监督缺位、法官职业能力不足等现实问题而产生的具有中国特色的办案咨询机制，其产生和发展得益于各地法院多年来的实践探索和最高人民法院的理论研究、制度支持。

（一）专业法官会议产生的历史沿革

专业法官会议脱胎于审判长联席会议，是在地方法院对审判权运行的有益探索基础上，由最高人民法院梳理、整合、提炼后，结合审判权运行改革实践，重新反馈于审判实践的典型代表。专业法官会议产生的历史沿革见表1。

---

[*] 本文获2018年陕西省法院优秀学术论文一等奖。

表1 专业法官会议产生的历史沿革❶

时间	阶段	相关文件	法院实践
2000年7月—2013年10月	探索阶段	2000年7月,最高人民法院发布《人民法院审判长选任办法(试行)》;2001年1月,《刑事审判参考》要求全国法院试行"审判长会议"。2009年12月,《最高人民法院关于进一步加强合议庭职责的若干规定》指出:重大、疑难、复杂案件或者新类型案件,合议庭在事实认定或法律适用上有重大分歧的案件等五类案件可以由审判长提请院长或庭长决定组织相关审判人员共同讨论,形成讨论意见供合议庭参考,不影响合议庭依法作出裁判。	2000年7月,广东省高级人民法院建立民事审判审判长联席会议或集体讨论案件制度。2002年,厦门市思明区法院为重大疑难复杂案件、新类型案件提供意见咨询。2006年,北京市朝阳区法院制定《法官会议制度》。
2013年10月—2015年9月	试点阶段	2013年10月,最高人民法院发布《关于审判权运行机制改革的试点方案》,首次提出对于案件审理过程中发现的重要法律适用问题或者其他重大疑难复杂问题,独任法官或者审判长可以提请院长、庭长召集专业法官会议或者审判长联席会议讨论,其结论应当记录在卷,供合议庭参考,并确定9个法院为试点法院。2015年5月,最高人民法院《关于全面深化人民法院改革的意见》提出:完善主审法官会议、专业法官会议机制。	部分法院开始试行分类专业法官会议,如重庆市第四中级人民法院(试点法院之一)制定出台《专业法官会议规则(试行)》,建立民事、行政、刑事专业法官会议;重庆市江北法院建立民事、行政、刑事、立案、执行专业会议。部分法院以专业法官会议为契机,对法院内设机构进行改革,取消庭室建制,由专业法官会议负责日常审判事务、案件审判、案件分配等。

---

❶ 高一飞、梅俊广:《专业法官会议制度实施情况的实证研究》,载于《四川理工学院学报》2017年第5期,第26—46页。本部分参阅了该文章对于机制发展的梳理。

续表

时间	阶段	相关文件	法院实践
2015年9月至今	全面实行阶段	2015年9月,最高人民法院《关于完善人民法院司法责任制的若干意见》规定:人民法院可以分别建立民事、刑事、行政等审判领域法官组成的专业法官会议,为合议庭正确理解和适用法律提供咨询意见。合议庭认为所审理的案件因重大、疑难、复杂而存在法律适用标准不统一的,可以将法律适用问题提交专业法官会议研究讨论。专业法官会议的讨论意见供合议庭复议时参考,采纳与否由合议庭决定,讨论记录应当入卷备查。	专业法官会议全面推行,各地各级法院制订本院的会议工作规则,如陕西省高级人民法院、四川省高级人民法院、深圳市中级人民法院等。

(二) 专业法官会议产生的现实基础

司法改革的主要目的是解决司法实践中存在的主要问题,构建审判权运行机制的基本动因也在于消除影响审判权恰当、有效行使的主要问题。❶ 司法改革框架内的审判权运行机制改革主要着眼于实现审判权运行的扁平化,减少裁判文书的审批环节,还权于法官,从而实现"让审理者裁判,让裁判者负责"的目的,但在改革的特定时期,审批的缺位必然会导致案件质量下滑,损害部分当事人的合法权益。❷ 全面的放权有可能导致权力的滥用,审判监督管理只能通过审限管理、案件评查的程序性或者事后评价等手段实现,在提高裁判质量、提升法官能力等方面的作用并不明显。专业法官会议可有效弥补管理中的不足,如院长、庭长可通过对疑难、复杂案件或新类型案件的讨论研究、统一辖区内法律适用问题和裁判尺度的方式行使其监督管理职责,法官对于案件的裁判也可受到其他法官的公平评价和有效监督。同时,部分员额法官自身业务能力与审判实践需要不相匹配,依托法官集体智慧,既可弥补专业知识的不足,丰富其办案思路,避免承担完全可以避免的错案责任,又可借助意见的平等发表有效抵御外部行政干预的侵袭,确保合议庭达到

---

❶ 顾培东:《再论人民法院审判权运行机制的构建》,载于《中国法学》2014年第5期,第284－302页。

❷ 就法院人员组成情况来看,院长、副院长、庭长等大多来自办案一线,有着丰富的办案经验、广泛的社会阅历、较高职业素养的资深法官,其行使审批权的过程也是对案件质量进行监督、管理的过程。

"独立而不孤立"的效果。

二、实践样态——专业法官会议制度的运行情况

专业法官会议全面推广已近3年，各地法院在最高人民法院划定的框架内，摸索出一套适应本院审判实践的运行模式，笔者对比不同地域、不同层级的5个法院专业法官会议的运行规则，对专业法官会议的运行模式进行了简单的归纳。第一种，依据民事、行政、刑事、执行案件类型的不同，分别建立专业法官会议。该模式为主流模式。❶ 此外，个别法院建立了执行法官专业会议。该种模式的优势在于保证会议的专业性。第二种，不区分案件类型，建立一个专业法官会议，因对法官知识储备要求较高，使用该模式的法院较少，适用于案件数量较少、案件较为简单的基层法院。第三种，并未建立固定的专业法官会议，根据拟讨论案件或事项的需要，随时组织召开，只有极个别法院采取该模式。

（一）专业法官会议的性质界定

性质决定事物的内涵和外延。依据《关于完善人民法院司法责任制的若干意见》，专业法官会议系法官办案咨询机构。在此基础上，各地法院为该机制或者机构或多或少地添加了自己的注释（见表2）。

表2 不同层级、地域法院对于专业法官会议性质的界定

法院名称	来源	内容
四川省高级人民法院	《四川省高级人民法院专业法官会议工作规则（试行）》	专业法官会议是为案件审理中合议庭理解和适用法律问题提供专业咨询意见，讨论法律适用、疑难案件分析等与审判业务有关问题的审判咨询机构。❷
深圳市中级人民法院	《深圳市中级人民法院专业法官会议工作规则》	专业法官会议是在确保合议庭依法独立行使审判权的前提下，根据审判执行工作需要设立的发挥法官业务专长、为合议庭办案提供法律意见的业务咨询和交流平台。❸

---

❶ 因行政案件集中管辖，部分法院未建立行政法官专业会议，部分法院基于法官人数、案件数量等因素，将民事和行政专业会议合并运行。

❷ 《四川省高级人民法院专业法官会议工作规则（试行）》，http://www.sccourt.gov.cn/qwfb/sfwj/2017/03/02164421260.htm，2018年5月4日访问。

❸ 《深圳市中级人民法院专业法官会议工作规则》http://www.szcourt.gov.cn/sfgk/gsxx/2017/11/21163713312.html，2018年5月4日访问。

续表

法院名称	来源	内容
重庆市第四中级人民法院	《重庆市第四中级人民法院专业法官会议规则（试行）》	未给出明确界定
延安市中级人民法院	《延安市中级人民法院专业法官会议工作规则（试行）》	专业法官会议是在确保合议庭独立行使审判权的前提下根据审判需要建立的，发挥资深法官专长，为合议庭正确认定事实和理解适用法律提供咨询的工作机制。
哈尔滨市平房区人民法院	《哈尔滨市平房区人民法院专业法官会议工作规则》	专业法官会议是专业性、咨询性的机构，对合议庭、主审法官提出讨论的案件提供咨询意见。❶

前述法院的界定中，咨询性、专业性是专业法官会议的基本特征，但对于专业法官会议是一项工作机制还是一工作机构，各地法院存在不同的理解，其中比较特别的是深圳市中级人民法院将其定位为咨询和交流的平台；而对于专业法官会议的作用、组成，有的法院进行了较为清楚的表述，有的法院则并未给出明确意见，直接导致后续工作规则的不同。

（二）专业法官会议的职能

关于专业法官会议的职能，各地法院在《关于完善人民法院司法责任制的若干意见》的基础上，依据本地审判实际进行了细化，内容包括但不限于个案讨论、经验总结、日常事务等（见表3）。

表3 专业法官会议的职能

共性职能	个性职能
裁判尺度统一的法律适用问题；就重大、疑难、复杂案件提供意见咨询；总结审判经验，审委会讨论案件的过滤程序，经验交流，提升法官职业能力等。	传达、贯彻工作部署；学习讨论；通报上级法院和本院审监程序发改案件情况；指导协调日常办案、业务管理中的具体问题；其他与审判执行业务及审判管理工作有关的事项。

在职能或者说讨论范围上，各院基本一致，主要集中在对案件的意见咨询方面，仅有深圳市中级人民法院另行规定了专业法官会议对部分日常事务

---

❶ 《哈尔滨市平房区人民法院专业法官会议工作规则》，http：//hebpf.hljcourt.gov.cn/public/detail.php？id=1081，2018年5月5日访问。

亦应当承担部分职能。而哪些案件可以提交专业法官会议讨论，各院有较大的不同。如四川省高级人民法院将涉及群体性纠纷、可能影响社会稳定的案件纳入讨论范围，对于发回、改判案件也给予了足够的重视。同时，多数法院以兜底条款的形式赋予了院长、主管副院长、庭长主动提请的决定权。深圳中级人民法院另赋予审判长意见为合议庭少数意见时，提交讨论的建议权。更有甚者，个别法院确定院长、副院长、审判委员会专职委员、庭长对个别案件审理过程或者评议结果有异议的，在不改变合议庭的意见前提下提交讨论的决定权。对于专业法官会议职能、讨论案件的概括性表述及赋予部分领导提请讨论的决定权等导致专业法官会议讨论事项的随意性，也给予了行政干预案件审理、权力寻租的契机，其弊端将在后文详细论述。

（三）专业法官会议意见的效力

如果说专业法官会议的职能为其构建了框架，那么专业法官会议意见的效力则直接决定了其在审判权运行中的地位。各院基本认可意见仅供合议庭参考，采纳与否由合议庭自行决定，专业会议法官不对案件结果承担责任。但当专业法官会议主要意见与合议庭意见不一致时，部分法院要求合议庭应当复议一次，经复议仍不采纳的，由相关领导决定是否提交审委会或者说明理由并记入评议笔录。运行中，专业法官会议意见与合议庭意见不一致时，基于对集体智慧的信任、法官自身的盲从心理等因素，合议庭基本均采纳了专业法官会议的主要意见。以某市两级法院2016年至今的统计数据为例，两级法院专业法官会议共讨论各类案件253件，专业法官会议主要意见与合议庭或承办人意见不一致的有30件，其中23件案件合议庭并未采纳专业法官会议的主要意见。

对于参加讨论的法官，虽然明确其不需就意见承担责任，但绝大多数法院均要求法官在讨论记录上签字，且该记录需入附卷或交由审管办备案，这无形中给参会法官带来压力，发表意见时有所保留或遵循多数人意见，导致最终意见并非法官真实意思表示。

（四）专业法官会议的人员组成

专业法官会议的人员组成并无明确的限制，但基本以审判经验、工作年限、专业能力作为选择的依据。个别法院对法官个人品格也进行了要求。如四川省高级人民法院选择相应审判领域的庭长、副庭长、资深法官，需报经相关专业审判委员会审查批准；根据需要可邀请研究室、审管办及其他专业会议法官参加；参会人员不得少于本专业会议法官5人。深圳市中级人民法院则系庭长、各合议庭审判长以及由庭长确定的其他员额法官组成；主管副院长、审判委员会专职委员只有在参加会议时才是成员；应有全体成员2/3

以上人员出席方可召开。笔者所在中级人民法院会议人员组成基本与前述法院一致，包括审委会委员、庭长、副庭长、审判员、研究室及审管办负责人、员额法官。但部分基层法院的专业法官会议全部由审委会委员组成或者允许未入额法官参加，显然违背了会议设计的初衷，也违反了相关的制度规定，并不可取。

三、问题分析——专业法官会议机制的实践偏失

专业法官会议机制作为一个新兴的工作机制，随着其实践的深入，其自身及运行中存在的问题逐渐显露。

（一）机制自身的缺陷

在司法语镜下，"亲历性"特指作出案件裁判的法官需亲身参与案件审理，全面了解案情。"亲历性"不足历来是各界对我国司法机制诟病之所在。如何解决该问题，实现"让审理者裁判，由裁判者负责"的改革目标，是审判权运行机制改革不能绕开的话题。为此，最高人民法院对审委会制度、法官司法责任制等均进行了相应的改革。然而，限于审判组织的构成、审判人员的分工、审判机制的构建等主客观因素，"亲历性"不足系制度自身的"先天不足"，改革只能是尽量弥补而无法根除。为此，《关于完善人民法院司法责任制的若干意见》将专业法官会议讨论范围限于"法律理解与统一适用"，就是因理论的研究与讨论对"亲历性"的需求较低。然而，依据各地的工作规则，专业法官会议除人员组成、意见效力等与审委会存在一定的差异外，其提起程序、议事规则与审委会类似，均系听取承办人的汇报后，进行讨论给出意见。特别是专业法官会议不同于审委会，无权亲自审理案件，❶ 而部分地方法院将事实认定、证据分析等均作为专业会议讨论范围的情况下，这种不足更为明显。随着专业法官会议机制实施的深入，"亲历性"不足的问题将会成为专业法官会议无法绕开的主题。

（二）职能定位在司法实践中出现偏差

一是对专业法官会议意见的效力认识不清。专业法官会议的定位是"为合议庭正确理解和适用法律提供咨询意见"，其意见仅供合议庭参考。地方各级法院在制订本院的工作规则时基本沿用该职能定位，仅在表述方面有所不同。但在实务中，该职能定位并未得到良好的执行。如前所述，部分法院虽然明确专业法官会议的主要意见仅供参考，但当专业法官会议意见与合议庭

---

❶ 部分法院为解决审委会决定案件亲历性不足的问题，提出对特定类型的案件，由审委会委员亲自开庭进行审理。该做法对解决该问题系一个较为大胆的突破，但囿于各方面因素的限制，推广适用性不强。

意见不一致时，要求合议庭就其决议进行复议，如果复议结果与专业法官会议主要意见仍不一致的，需提交书面的说明或者由相关领导决定将案件提交审委会讨论。这导致专业法官会议的意见无论是在程序上还是心理上对合议庭均产生了一定的约束力，从而变相地赋予会议意见一定的强制执行力，合议庭要么基于多数人的盲从心理、要么迫于压力、要么为了减少程序早点结案而采纳专业法官会议的主要意见，这就严重影响了合议庭的独立性，也不利于法官职业能力的提升。同时，也有可能使专业法官会议机制异化为新的"专业委员会"或者"小审委会"，变相地行使案件审判权。二是专业法官会议讨论范围过于宽泛，导致工作机制偏离主题。专业法官会议讨论案件的标准为"合议庭认为案件因重大、疑难、复杂而存在法律适用标准不统一"。但实践中，部分法院将案件事实、证据认定、特定类型案件"如群体性案件、发回、改判案件等"作为讨论内容，部分法院将相关司法政策、规定甚至传达上级精神等均作为专业法官会议讨论内容，导致专业法官会议内容过于庞杂，主次不分。即便是对案件的讨论，也存在把关不严且限于个案，就案论案，对于理解并统一适用法律重视不足。以西部某院为例，该院成立专业法官会议至今讨论案件共3次，5件，均属于个案讨论，并无法律理解和统一适用的相关论题，偏离了机制设计的主题。

（三）"形式化"问题突出

专业法官会议机制设计的出发点是为办案法官提供智力支持，但就目前的实践来看，形式已有，但运行不足。一是讨论案件数量较少，机制运行不充分。如前对某市两级法院的调查，相对于年案件总量和案件增长比例，专业法官会议讨论案件的数量明显较少，部分法院甚至从未召开专业法官会议，专业法官会议机制运行严重不足。原因之一是承办法官将案件提交专业法官会议讨论的意愿不强，案件提交专业法官会议讨论需经过层层批准，可能导致案件积压，无法及时结案，且讨论结果不具有法律效力，部分法官转移风险的目的无法实现也消减了提交讨论的意愿。二是法官参与讨论的意愿不强，质量不高。专业法官会议的组成人员大多为员额法官，本身承担着较大的办案压力，而绝大多数法院未将参与讨论作为法官考核的内容，导致部分法官特别是资深法官参与讨论的意愿不强，部分法院在召开会议时出现参会人员不能过半而导致会议取消的情况，影响了专业法官会议机制的权威性和专业性。因不需承担责任，部分法官发表意见较为随意或不愿发表意见，甚至直接表示同意多数人意见，使得讨论过程流于形式，弱化了机制存在的价值，削弱了承办法官对专业法官会议的信任。

四、机制设计——专业法官会议机制修正完善

专业法官会议机制设计与运行中暴露的各种问题，已经严重地影响了机制价值的实现，而作为审判权运行机制改革重要环节，该机制研究与运行的滞后，必将对相关制度的改革产生负面影响。因此，必须充分认识机制内在设计上的不足和运行中的问题，结合审判权运行机制改革进行从内而外的修正与完善。

（一）合理定义专业法官会议

一是给予从上而下的更为细致的机制设计。对于专业法官会议的职能，最高人民法院的多个规定、意见中均以较小的篇幅给出了相对明确的界定，但因未就机制进行更为细致的规定，导致各级法院进行了诸多不甚合理、合法的自由发挥。而基于专业法官会议在审判权运行体制改革和审判监督管理中的重大作用，建议最高人民法院通过对现行司法实践充分调研的基础上，制订效力层级更高的实施细则或者工作规则，保证机制的统一性和可操作性。二是严格限制职能范围，尽可能地弥补机制"亲历性"的内在缺陷。机制诞生时为避免像审委会因"亲历性"不足而遭受诟病，最高人民法院将专业法官会议的职能限定在"对重大、疑难、复杂案件中的法律理解与法律统一适用"。但地方法院在实践中对专业法官会议职能的任意扩大违背了该初衷，不可避免地陷入"亲历性"不足的争论。因此，在最高人民法院尚未对专业法官会议制定更为详细规则的情况下，限制地方法院自由发挥的空间，让专业法官会议的职能回归"初心"很有必要。因为理解法律适用法律系在法律事实已经确认的情况下，就适用哪些法律规定进行探讨，系将案件事实与现行法律相匹配的过程，不涉及对案件事实认定，参会法官对案件事实的了解来源于合议庭的查明与汇报，避免参会法官因未亲自审理案件而在案件事实认定上出现偏差或者错误，最大限度地减少因"亲历性"不足带来的不利影响。当然，这就对于合议庭认定案件事实有了更高的要求，不能因事实认定的错误而导致专业法官会议给出错误的法律适用意见。同时，应对重大、疑难、复杂案件作出合理的界定，主要应当以法律适用的复杂程度作为衡量依据。

（二）规范各项工作机制

在最高人民法院未制定统一的工作规则前，各地法院需进一步规范工作机制，充分发挥机制作用。首先，规范专业会议的人员组成。应当以专业性作为首要的考量因素，以保证会议的专业性、准确性及权威性。建议抛开行政职务的影响，制定较为详细的成员选拔规则，综合考虑工作年限、工作经验、专业能力、道德品质等，选择相关领域的资深员额法官作为专业法官会

议的成员。院领导并非必然是专业法官会议的成员。建立专业法官会议的退出机制，对于因某种原因不适宜继续进入专业法官会议的法官应当及时退出会议。同时，设立专业法官会议的辅助人员，选择一名或若干名法官助理、书记员担任辅助人员，负责会议通知、记录、整理等日常事务。其次，规范专业法官会议的启动、召集程序。目前，专业法官会议启动程序以合议庭申请，院庭长批准为主，召集的权利由院长或主管院长行使，行政化色彩较为明显。建议专业法官会议确定主管院长为召集人或主持人，仅负责会议的召集和主持，案件则由审判长直接提请讨论，院长、庭长不再享有审批权。参会法官经讨论后，如认为提请讨论的事项不属于专业会议范围，可不发表咨询意见，并记录在卷。再次，规范议事规则。各法官在专业会议中地位平等，享有平等的、独立的发言权，故不需对其发言规定一定的顺序，在合议庭案件汇报完毕后，只要意见成熟即可发言，但意见应当全面、深入，不得泛泛而言、不得无理由拒绝发言或者发表模棱两可的意见。参考诉讼法，制定参会法官的回避制度，保证讨论意见的公正性。以一定的标准将法官参加专业会议的次数折抵为案件数计入法官业绩考核范围，以提高法官参与讨论的积极性。最后，规范讨论意见的效力。明确专业法官会议意见仅为合议庭参考，是否采纳由合议庭自行决定，如果不采纳专业法官会议意见的，不得要求合议庭复议、说明理由或者直接将案件提交审委会讨论。如果合议庭讨论后决定不提交审委会讨论的，不得强迫其提交，充分尊重合议庭审判案件的独立性。对于讨论记录，各参会法官签字确认后，不再归入附卷，而是直接交由审管办进行保存，由审管办定期对讨论记录进行分类、分析，归纳出其中法律适用方面的突出问题，提请审委会进行讨论、研究，制定统一的法律适用指导意见。

（三）理顺专业法官会议与合议庭、专业法官会议与审委会之间的关系，保证审判权合法、顺畅运行

审委会、合议庭为法定的审判组织，专业法官会议为专业办案咨询机制，故理顺专业法官会议与二者之间的关系，对保证审判权顺畅运行有着重要的意义。专业法官会议对案件并无决定权，故其意见不能对合议庭产生强制的约束力，是否采纳应当由合议庭自主决定，专业法官会议对裁判结果不承担任何的责任，特别是在合议庭意见与专业法官会议主要意见不一致时，更要尊重合议庭的独立性，不得以任何方式变相地要求合议庭采纳专业法官会议意见，保证裁判结果出于合议庭的本意，即便合议庭裁判结果错误的，责任由其承担，更加符合"权责一致"的基本原则。实践中，多数法院将专业法官会议作为审委会讨论案件的过滤器，将专业法官会议难以形成主要意见、

分歧较大的案件等提交审委会讨论，并要求将专业法官会议的讨论记录提交审委会作为参考。这在一定程度上，有助于减少审委会讨论案件的数量，提高审委会讨论的效率。但目前审委会与专业法官会议在人员组成上具有高度的重合性，也使专业法官会议成为"小审委会"或变相的"专业委员会"。因此，应当明确专业法官会议与审委会之间并无行政上的隶属关系，也无程序上的先后关联，案件是否提请审委会讨论应当由合议庭决定，对于合议庭决定提交审委会的案件，审委会可要求专业法官会议的成员列席会议，就法律适用给出自己的建议，最终的决定权由审委会行使。如此，既可保证合议庭的独立性，也可使专业法官会议与审委会更有效的衔接，从而提升案件审判质量。

司法改革语境下法官养成机制的构建[*]
——以预审法官的选任和培养为视角

法官队伍的职业化、精英化是推进国家法制建设、建立法治国家的必然要求，获得了各国司法实践的验证。随着法官员额制改革的推进，原本"一成不变"的法官队伍展现出较强的流动性，符合要求的法官通过遴选成为员额法官；反之，则退出。因改革前具有办案资格和经验的人员较多，大多数地方法院前期员额法官遴选中，都有符合条件、充足的人员储备。然而，当现有储备"消化"完后，新的员额法官将不得不从没有接受系统职业培训和缺乏实践经验的人员中选择。长此以往，法官职业化的根基将不甚牢固，效果亦大打折扣。因此，要实现法官职业化空间和时间上的延续性，必须有完善的法官养成机制、储备足够的预审法官予以保障，形成一套完整的法官助理—预审法官—员额法官的渐进性、过程性的法官养成、遴选机制，为法官职业化建设提供扎实的土壤。

一、现有法官养成机制的实证分析

当前，以美国、英国为代表的英美法系国家和以德国、法国为代表的大陆法系国家及集合两大法系并继承部分大陆封建法传统的我国台湾地区均有完善的法官选任和候选法官养成机制。而在中华人民共和国成立后，我国大陆地区亦形成了自己的法官培养方式、措施。

---

[*] 本文写于 2019 年 6 月。

（一）两大法系法官培养模式

（1）英美法系国家因未曾经历长期的封建社会统治，人治对于整个国家法制发展的影响较小，而几次工业革命的发展促进了社会公民意识的觉醒，社会契约、社会经济的高度发展，造就了法律在社会规则体系中至高无上的地位，法官作为法律的实施者和创制者，站在了法律职业者的顶端，美国学者德沃金为此曾极为精辟地总结"法院是法律帝国的首都，法官是法律帝国的王侯"。因此，在这些国家成为法官的条件极其苛刻。在美国，只有成为美国公民，拥有在美国大学法学院的 JD（Juris Doctor，职业法律博士教育）学位，同时通过律师资格考试，且拥有多年（根据各地情况不同，该时间一般为 12～15 年）司法经验的高素质法律从业人员才可以成为法官。美国法官绝大多数来源于优秀的律师，选任无须经过任何考试，只要符合条件即可申请。因此，统一的法官培训并不适用于这些国家。相对地，因为资深律师是法官的主要来源，所以英美有的只是律师的职业培训，而没有以培养法官为目的的职业培训，但通过申请成为法官难度极大。如此便保障了新任法官对法律具有较为深刻的理解，并且具有相当丰富的司法工作经验。初任法官候选人的道德品质也是关注的重点，法官的道德品质应该高于普通民众，《美国法官行为准则》也明确对法官的职业道德作了规范。经验与道德的双重认可、约束，意味着美国的法官具备极强的业务能力和崇高的职业道德。

（2）大陆法系国家则有着较为系统的法官养成制度。以德国为例，将法官培养对象称为见习法官，其进入法院前需接受一定的实务基础训练，需通过两次难度极高且通过率很低的司法考试，并向出现职务空缺的法院提交申请，经过法院考试后方可进入法院成为见习法官。之后，经过 3～5 年的见习期，考核合格的就可以任命为法官。见习期内，见习法官可以和终身法官一样独立审理案件。在日本，被称为判事补，司法修习生、检察官或者职业年限 3 年以上 10 年以下的律师可申请成为判事补。相较于德国，日本的判事补要转正为法官需要长达 10 年的实习期（培训期），实习期（培训期）内前 5 年不具有独立办案资格，仅能协助法官办案，后 5 年虽然具有独立办案权，但是不能担任审判长。我国台湾地区司法体制受日本影响较大，只有通过司法官考试，并经过 2 年司法官训练且训练考评合格的，可任命为候补法官；候补法官服务 5 年后，成绩合格者进入试署法官岗位服务 1 年；成绩合格者，任命为法官；成绩不合格者，延长 6 个月，仍不合格，不再试署。任候补法官期间，可充任合议庭陪席法官或受命法官，或单独办理民刑裁定案件、简易案件以及民事小额诉讼程序案件。试署法官可以办理复杂案件。

可见，在成为法官培养对象之前，设置一定的实务训练环节，是大陆法系的普遍做法，其中既有从业资格年限，亦有司法资格考试的限制。而从候补法官成为法官则基本需经过不少于 5 年的学习期或者培训期，并在期满后通过相应的考核。例如，在德国，见习法官须经过连续 3 年的严格考核评估，在这 3 年试用期内，见习法官在 3 个审判部门各工作 1 年，法院人事部门每 3 个月对见习法官鉴定 1 次。试用期满后，法院院长对于见习法官是否适合任命为终身法官进行评估，而评价的主要手段是见习法官人事档案中记载的评定，只有当见习法官经考核合格后才能任命为终身法官。❶ 在作为候补法官期间权限各国亦不相同，大多数仅能行使一定的审判权，并且以简易的民事、刑事案件为主，体现出实习、培训的目的，但德国较为特殊，赋予了与终身法官相同的权限，韩国则不能审理任何案件，只能参与案件事实的调查。❷

（二）我国法官培养机制

我国现行司法体制并无全国统一的预审法官选任、培训机制。新民主主义革命时期，陕甘宁边区司法人员匮乏，法律规定较为简单，机构建设不够完善，法官来源单一，法律素养不高，办案以经验为主，基本未建立起系统的法官培养机制，但新老法官之间的"传帮带"帮助年轻法官快速积累足够的审判经验和审判技巧，成为边区司法的主力军。而司法改革前，预审法官的培养未引起足够的重视。以笔者所在的省高级人民法院、市人民法院为例，预审法官主要来源于政府统一组织招考的法官助理，招考条件一般要求具备法学本科以上学历，通过国家统一法律职业资格考试并取得 A 证，部分地方要求具有两年以上工作经验，即学历和通过司法考试是进入法院所应具备的最基本的职业前实务培训。初始，招录的法官助理并无办案资格，在本院工作满一定期限后，根据省高级人民法院的统一安排接受为期一个月的初任法官培训并在本院完成一年的实习期后，方可被任命为助理审判员，具备独立办案的资格，而对于法官助理何时接受初任法官培训，没有明确的时间规定，一般为两年或一年。以上程序即为在陕西省范围内统一实施的正规的候补法官培养机制。另外，新老法官的传帮带是在正规动作之外的自选动作，即以一对一或者一对多的方式将法官助理分配给审判经验丰富的老法官，由其带

---

❶ 刘诚、裴怡斌：《关于赴德国参加诉讼制度及法官管理制度培训交流情况的报告》，http://www.hicourt.gov.cn/theory/artilce_list.asp? id=8276，2018 年 10 月 12 日访问。

❷ 相关资料参见吕芳：《台湾地区法官选任改革及其启示》，载于《人民法院报》2014 年 11 月 21 日第 8 版；施鹏鹏、陈真楠：《韩国法官选任制度及启示》，https://www.chinacourt.org/article/detail/2014/11/id/1485347.shtml，2018 年 10 月 12 日访问；刘诚、裴怡斌：《关于赴德国参加诉讼制度及法官管理制度培训交流情况的报告》，http://www.hicourt.gov.cn/theory/artilce_ list.asp? id=8276，2018 年 10 月 9 日访问。

领法官助理办案，通过相关的司法实践活动帮助法官助理在短期内迅速积累大量的审判经验，具体表现为参与案件庭审、参与案件调查、草拟审理报告，甚至直接以法官名义承办案件等，以弥补法官培养机制的不足。

二、我国法官培养机制存在的问题

党的十八届四中全会审议通过的《中共中央关于全面推进依法治国若干重大问题的决定》提出，建立从符合条件的律师、法学专家中招录法官制度。以制度构建的初衷来看，是借鉴了国外通行做法，以拓宽法官来源，也就是说在未来的法官培养机制中，预审法官来源于法官助理、法学专家及律师。但在实践中，后两者选任为预审法官的情况基本难以实现。目前，只有北京、上海、广州、深圳等少数发达地区法院在律师、法学专家中进行了选任，但最终选任人数非常少。究其原因：一是我国并没有从律师和专家中选任法官的传统，法官与律师、法学专家接受的职业培养方向不相同，其职业过程中的价值取向亦不相同；二是律师个人职业素质参差不齐、监管松散、职业道德缺乏保障，法学专家则专注于理论研究，实践经验不足，制约了法院从律师、专家中选任法官的意愿；三是司法机构面临的司法环境较为严苛，法官晋升缓慢，相较律师、学者而言收入低微、社会地位不高等，都弱化了律师、专家参与法官选任的意愿。在上述因素的影响下，从律师、法学专家中选任法官注定无法成为主流，故本文对其不再进行深入的论述。

因此，法官助理仍将是我国预审法官的主要来源，毕竟我国有法官助理转任助理审判员再晋升审判员的传统，有利于保证预审法官对法院工作程序、业务性质以及人员、工作环境的熟悉，避免职业陡然转换所引起的陌生感和适应困难，符合法官助理的职业期待，也是司法体制综合配套改革发展的必然结果。但目前，我国以法官助理为基础的法官培养制度的缺失，延缓了法官职业化、精英化建设的推进步伐。

（一）法官助理进入条件设置较低，对司法经验的积累无硬性要求，与法官职业化、精英化要求有差距

如前所述，现阶段法官助理进入渠道有公务员、政法干警定向招考，主要面向应届法学专业毕业生，学历以本科为主，要求通过国家统一法律职业资格考试即可，对是否具有法律从业资格的要求不严。这就带来了两方面的问题，一是我国法学专业类院校较少，大量的法学专业学生来源于综合类院校的法学院或者法学系，这些院校的师资力量、教学水平难以保证，学生的专业水平能否满足法院工作的需要存疑。另法学专业类别庞杂、部门法较多，本科学习偏重于"知其然"的学习，对"其所以然"的研究不够深入，大量

的学生仅掌握了法学体系的皮毛，无论是理论还是技巧均不足以直接担负办案任务。二是司法实践活动是一个体系性、实践性很强的活动，一个案件从立案、审理、裁判、执行甚至申请再审的每一个环节都需要大量的实践经验和高超的职业素养为支撑。但目前法学专业学生进入法院工作到参与初任法官培训仅有一到两年的时间限制，初任法官培训完成后即可参与法官的选任，此期间没有硬性规定，只要出现员额空缺，法院即可根据本院实际制定选任标准，进行遴选。工作时间短、社会阅历浅、司法经验不足是多数法官助理普遍存在的问题，直接影响到其能否将法学理论转化为合格的司法活动的产出。

（二）法官助理职业培训方式陈旧、内容单一，流于形式

我国现有的培养模式可分为统一培训和学徒式培养。所谓的统一培训是指由省高级人民法院统一组织的初任法官培训，集中培训时间较短，培训方式以传统的课堂授课为主，集中于知识层面的理论传授，课堂授课结束后，需在本院完成一定期限的实习。以陕西省为例，每年四五月份为初任法官的培训期，符合条件的法官助理即可参与培训，集中授课时间为一个月，结业考试合格的颁发结业证书，回到本院进行一年的实习，实习方式为轮转实习，需在各业务庭中流转学习，实习期满后，由相应的业务庭负责人给出实习鉴定及成绩，合格者则可获得未来参与员额遴选的机会。[1] 实践中，无论是课堂学习还是轮转实习，形式意义大于实际效果。首先，授课内容单一，以理论为主，实践性较差，对于提高法官助理的司法能力帮助甚微。课程内容重业务、轻德育，缺少职业道德相关课程的设置，忽略了德能兼备是对一名合格法官的基本要求。其次，培训方式陈旧，注重课堂学习而轻实践培训。在集中培训阶段，课堂学习是唯一的学习形式，很少甚至不设置实践课程，将实践完全寄希望于实习阶段，但实习阶段又缺少相应的监督、管理，流转学习机制空设。最后，培训考核形同虚设，缺少必要的退出机制。虽然在课堂学习与实习阶段设置了考试与鉴定，但是形式化严重，监管不严，基本没有法官助理会因考试或者鉴定不合格而被要求退出，培训的目的难以实现。

相较流于形式的职业培训方式，传统"传帮带"式的学徒式学习方式能让法官助理直观地感受办案全过程，直接获得前辈法官成型的办案技巧、思路，可以在短期内完成司法经验的积累，但该形式无法完成对法官助理职业道德、司法理念等深层次职业能力的塑造，且近年来案件数量的大幅增加，法官陷于繁重的办案任务中，无多余的精力顾及对法官助理的培养，学徒式的学习方式日渐式微。

---

[1] 目前，法官遴选主要遴选的是曾经取得审判资格的助理审判员、审判员。

（三）法官助理职能定位模糊、责任约束不足，影响了法官培养的实际效果

从现有的人员分类机制来看，法官助理被划分为司法辅助人员，与书记员、司法警察并列，其作用在于帮助法官分担审判业务中的审判辅助性事务，解放法官有限的精力，保证法官专注于审判核心业务。根据现有的改革要求，条件允许的法院每名员额法官至少配备一名法官助理。例如，《陕西法院司法体制改革试点工作实施方案》规定，中级以上法院法官与法官助理之间的比例不低于3∶2，基层法院不低于1∶1。但何为审判辅助性事务未给出明确的范围，一般认为调解、组织证据交换、起草裁判文书等均属于审判辅助性业务，法官的核心业务程序控制权与判断权即庭审主持、证据的认证、法律事实的认定、法律适用仍由法官或者合议庭享有，这就导致了法官助理在其工作中无法直接获得核心的司法经验，彻底沦为辅助人员，部分法院的法官助理甚至与书记员职能趋同，这不仅不利于其司法理念、思路、法治思维的培养，而且其作为预审法官候选人的意义不复存在。同时，依据司法责任制规定，最终的司法责任由法官、合议庭承担，法官助理无须对其司法行为承担任何后果，司法行为缺乏起码的约束，无法使其养成对司法活动的敬畏之心，也不利于法官助理责任心、职业意识、职业道德的养成，尤其面对复杂的社会环境、司法环境，如何有效地化解外界干扰、抵御外界诱惑等实践经验，仅凭法官助理的日常履职行为难以习得，而这却是成为一名优秀法官必须具备的职业素养。

三、构建法官养成机制的建议

法官养成机制的构建是一个循序渐进、不可逆转的过程，必须有着完善的制度规划。

（一）明确辅助性法官助理和备选法官助理分属不同的序列，为预审法官的选任积蓄足够的后备力量

《最高人民法院关于进一步加强司法责任制配套制度机制建设的意见（征求意见稿）》提出要建立法官后备人才培养体系，对优秀政法编制法官助理进行重点培养。因此，必须明确作为预审法官后备力量的法官助理与辅助性法官助理的区别，建立不同的进入渠道和培养机制，为预审法官选任培养后备力量。

1. 辅助性法官助理的选任

辅助性法官助理是指接受员额法官领导，负责审判事务中辅助性工作，如案件资料整理、证据交换、安排开庭、庭前调解的人员。身份为司法辅助人员，在未来不存在身份转化的可能，无资格参与预审法官的选任，其待遇、晋级可参考技术工种或建立类似于既行的书记员改革单独职务序列管理，根据工作年限、现实表现逐级晋级。其进入方式可实现多元化，大规模的社会购买、公开选聘应当作为主要手段，从根本上解决法官助理人数过少、配备不到位和编制限制的现实困难，顺应司法辅助人员专业化、职业化的趋势。参与社会购买、招聘的辅助性法官助理要求具有法学专业大学本科以上学历，通过国家统一法律职业资格考试即可。

2. 备选法官助理

备选法官助理指的是有资格参与预审法官选任的人员。其首先应当具备公务员身份，属中央政法编制人员，也就是说应当预留部分具有公务员身份的法官助理职位作为选任预审法官的后备力量，主要针对经济较为落后、难以吸引高学历人才的地区法院。其次是具备研究生及更高学历的其他专业人员，研究生学历者要求其通过国家统一法律职业资格考试，具有三年以上的法律从业经验，博士学历者同样应通过国家统一法律职业资格考试且具有两年以上的法律从业经验。选任法院应当限制为基层法院，中高级法院不再直接选任预审法官（但现阶段不宜一刀切，应当给予中高级法院中已经在审判一线服务三年或者五年以上的具有公务员身份的法官助理选任为预审法官的机会）。需注意的是，在招考时即明确为备选法官助理，以便与辅助性法官助理相区别。对于初步符合条件的备选法官助理，参考德国经验，备选法官助理岗位需工作满五年，每年由专门的机构比如审管办对其进行考核。期满后，对于其是否适合任命为预审法官进行评估，对其职业能力进行考核、测试，结果达到良好及以上者，可参加以省为单位的预审法官选任，选任人数应当限制在待选预审法官人数的两倍范围内，选任方式可参考员额法官的遴选机制，以笔试与考核为准，最终考核合格者，可进入预审法官序列，进入下一阶段的学习培训。不合格者，继续担任备选法官助理，连续三次评定为不合格的，则退出备选法官助理。

（二）预审法官的培养模式

在经过备选法官助理的培训后，预审法官已经具备了相当程度的法学理论知识和一定程度的司法经验积累，对其培养应当更加全面、深入。可参考日本和我国台湾的做法，赋予预审法官有限的审判权限，中级以上法院可以允许其陪审、合议案件，基层法院将民事案件中的符合速裁、小额诉讼条件的适用简易程序的民事案件及案情简单、犯罪情节轻微的刑事自诉案件和部分刑事案件交由预审法官主审。此外，对预审法官的培养方式应区别于备选法官助理。

1. 以老带新

资深法官与年轻法官之间的传帮带为法院培养人才发挥了重要的作用，即便现在也应当重视其作用。可选择由员额法官与预审法官结成审判团队或者固定的合议庭，指定一名员额法官担任本团队或者合议庭的指导法官，在庭审驾驭、证据认定、法律适用方面给予指导。对于由指导法官主办的案件，预审法官可参与案件的庭审、合议，指导法官可要求预审法官草拟审理报告与裁判文书，后由指导法官实时指导修改。预审法官独任审理的案件，由指导法官签发法律文书。指导法官应当定期就预审法官在案件办理、裁判文书撰写等方面存在的问题反馈给预审法官，以便预审法官及时改正、查漏补缺。担任指导法官的，可根据其指导预审法官的人数，按照一定的标准折抵办案数量。如果其指导的预审法官考核成绩优秀或者通过遴选成为员额法官的，在年度考核中可以给予一定的奖励，以激发指导法官的积极性，提升指导的效果。

2. 建立上下级法院、发达地区法院与落后地区法院之间的跟班交流学习的机制

本院内的经验传授具有一定的地域、司法理念等的限制，有时不能适应快速变化的审判工作实际。因此，建立不同地区、层级法院之间的跟班交流学习机制显得尤为必要，先进的审判理念、审判经验在不同法院之间快速流通，将使预审法官的成长更为全面，成为传统与现代司法理念的集大成者，这更符合当前发展的审判实际的需要。

3. 思想是行为的先导

预审法官并不缺乏法学理论的积累，实践经验也会随着工作的深入而变得丰富。因此，职业道德实际上成为决定预审法官能否成为一名合格的、优秀的员额法官的决定因素，也将影响其整个职业生涯。职业道德中既包括了责任感、工作态度，也包括了司法理念。工作态度、责任感在职业道德中处于较为浅显的阶段，单位日常的工作纪律、考核、考察、监督等均可起到较大的作用。而司法理念则为职业道德中更为深层次的部分，其直接影响着一个法官在审判工作中的价值取向。现阶段法学教育在传授基本法学理论的同时，更加推崇于西方法治理念特别是英美法治理念的宣讲，唯法律论、机械司法的情况大量存在于年轻法官的思想并外化于其司法行为中，导致其时常因理念与实际的差距而困惑。因此，职业道德教育特别是司法理念教育在预审法官的培养中应当作为重中之重。

（三）预审法官选任为员额法官的方式和职级晋升

（1）预审法官选任为员额法官应当以专业知识考试和日常工作业绩考核

相结合的方式进行，专业知识考试以省为范围统一组织，日常考核方案应当由省级法院统一制定，由本级法院具体操作，结果由省级法院统一审核后交由法官遴选委员会最终遴选。

（2）预审法官的职级晋升。员额法官名额有限，必然有部分预审法官在一定时间内无法顺利晋升为员额法官。因此，必须制定符合预审法官职业特点的晋升机制，具体可结合法官助理和员额法官的职级晋升办法确定，如以工作年限为基础，结合学历、日常工作业绩考核等确定基础等级后，按照一定年限正常晋升等级，对于日常考核业绩评定为不合格的免除其一次晋升机会以示惩戒。给予预审法官明确的职业预期，也有助于挽留人才。但是对于在日常业绩考核中多次不合格（三次以上）且多次参加（三次以上）员额遴选均未成功的预审法官，应当给予一定的惩戒，如将其转为后备法官助理，并且要求一定年限内不能选任为预审法官或者情节较为严重的予以辞退，以压力激发其学习、工作热情。

结　语

法官养成机制是实现法官队伍职业化、精英化的制度依托，可以为员额法官的遴选提供充足、高素质的后备力量，亦是司法改革人员分类管理应当重点规划的部分，对其的理论研究和实践探索具有重大的意义，应当给予充分的重视。

关于建立司法委员会的制度构想[*]

一、党委政法委制度的历史沿革、职能定位

纵观党委政法委的历史沿革，其经历了产生、强化、扩张、削弱、消失、修复、规范的波浪形发展过程。政法委制度雏形是1946年6月，中共中央书记处批准，在"边区宪法研究会"的基础上成立带有智库性质的"中央法律问题研究委员会"。现行党委政法委制度发源于1956年的"中共中央法律委员会"，其任务是中共中央交办的工作，且只设立在中央一级，属于秘书性质的机构，地方并未统一设立。1958年6月10日《中共中央关于成立财经、政法、外事、科学、文教各小组的通知》决定成立政法小组，直隶中央政治局和书记处，后县以上各级党委都成立了政法小组，政法小组不仅"协调"公、检、法的关系，而且逐渐形成了重大案件要由党委审批的习惯。1966年前，政法小组实际履行了部分党委政府的职责；1966—1972年政法小组职能逐步削弱，实际上名存实亡；1972年后，随着时任组长谢富治病故，政法小组从形式上消亡了。1978年6月20日，中共中央批准成立中央政法小组，协助中央处理最高人民法院、最高人民检察院、公安部、民政部四个部门的一些政策方针问题，智库职能回归。1980年1月24日，中共中央发出《关于成立中央政法委员会的通知》，决定设立中央政法委员会，其职能主要是法律中的政治方向

---

[*] 本文写于2018年9月。

的把握，并不干预具体的司法工作。与此同时，各地也建立了政法委员会，政法委员会的领导班子、机构普遍建立。1988年5月19日中共中央发出《关于成立中央政法领导小组的通知》，要求撤销中央政法委员会，成立中央政法领导小组。1990年3月6日，中共中央决定恢复中央政法委员会，贯彻党政职能分开的原则，着重抓宏观指导和协调，当好党委的参谋和助手，其办事机构主要做调查研究工作，不过于具体地干预部门的业务，以保证法院、检察院依法独立行使审判权和检察权，充分发挥政法各部门的职能作用。随后，中央政法委员会又两次扩权，各级政法委的编制也不断扩展，权力不断强化，在实践中，政法委书记通常由公安局长或者政府的副职担任。党委政府基于经济发展、维稳、综合治理的需要，赋予了政法委指导个案审判的权力，导致中、基层政法委干预司法的情况日趋严重，政法委制度运行效果并不理想。

为避免政法委权力无限扩张重蹈20世纪六七十年代的覆辙，理论与实务界均积极寻求对政法委制度进行改革和完善。《中央党内法规制定工作五年规划纲要（2013—2017年）》提出："加强和改善党对政法工作的领导，积极推进司法体制改革，适时研究制定党委政法委工作条例，完善党领导政法工作的体制机制。"党的十八届四中全会《中共中央关于全面推进依法治国若干重大问题的决定》要求政法委员会要把工作着力点放在"把握政治方向、协调各方职能、统筹政法工作、建设政法队伍、督促依法履职、创造公正司法环境"上。其定位一是司法体制改革事业的统筹者，从全局高度把握政法工作走向和改革导向；完善司法管理体制和司法权力运行机制的推动者及重点司法改革领域的组织者。二是司法权力规范运行的自我革新者。探索推行省级以下地方法院、检察院人财物统一管理，探索建立与行政区划适当分离的司法管辖制度，是排除地方党委和政府非法干扰司法权，促进司法公正的重要手段。

二、设立司法委员会的必要性

"省级以下地方法院、检察院人财物统一管理"直接触及体制核心，被视为司法改革的"硬骨头"。仅依靠法、检两院自身的努力是无法完成的，必须建立一个在行政级别、权力体系上可与地方政府部门抗衡，使法、检两院摆脱掣肘的机构。笔者认为可以借助各级政法委职能、定位的回归，借助其机构和人力等资源，建立与监察委类似的机构，实现省级以下人财物的统一管理，笔者暂将该机构命名为司法委员会。

（一）机构平台的便利性

政法委有着完整的机构和人员配备，且在长期对政法工作的领导中熟悉了法、检两院的工作流程与人员配备等，具有成熟的硬件条件。在很长一段时间内，政法委实际上对法、检两院的人事任命享有很大的决定权，某种程度而言是对这一权力在更加规范的前提下的一种回归。

（二）当前司法体制改革的现实需要

党的十八届三中全会《中共中央关于全面深化改革若干重大问题的决定》提出，"改革司法管理体制，推动省级以下地方法院、检察院人财物统一管理"，其宗旨就是要确保依法独立公正行使审判权检察权，实现省以下地方法院、检察院人财物统一管理，从而探索建立与行政区划适当分离的司法管辖制度。（1）司法去地方化推进缓慢。司法改革已经向纵深推进，其中法官、检察官的员额制改革、人员分类管理等改革内容已经基本完成，其目标基本已经实现。中央全面深化改革领导小组第三次会议审议通过《关于司法体制改革试点若干问题的框架意见》，随后，上海、广东、吉林、湖北、海南、青海、贵州 7 个省市先行试点"建立省以下地方法院、检察院人财物省级统一管理体制"等 4 项改革，随后全国铺开推行。人财物的统一管理有利于帮助法、检两院摆脱对地方政府的依赖，实现较高层次的去地方化，有利于推动司法公正进一步的实现。但关于省级以下人财物统管的推进程序进度不一，有些地方严格按照中央改革政策精神将省级、中级、基层法院人财物统一收归省级部门主管，但该做法的问题在于过于庞大的法检人员数量和复杂的人员构成导致人事管理的混乱，一时间无法理清人事管理的程序，而增加的财政支出也给省级财政带来了一定的负担。有些地方则采取了分层级、分类的管理模式，比如将一定级别的法官、行政人员的人事任命权力收归省级组织部门管理，一定级别的则由市一级组织部门管理，而剩余部分则交由对应的县级党委人事部门管理。财务方面省级法院仍然由省级财政统一负担，市、县级法、检两院则由地方财政负担，这种做法则给法、检两院内部的管理带来了不便，特别是人事的任命、管理较过去更为复杂，也违背了改革的最终目的，即使司法脱离了地方干预，且在收归的过程中，仅是对财物、装备、车辆各类资产严格执行财经纪律和国有资产处置的相关规定，进行清查登记收回工作，但对对外债务并未涉及。另外，基于历史原因和工作需要，在过去的很多年内，法院、检查院内存在大量的地方事业编制，其中相当一部分已经被任命为审判员或者助理审判员，但其却无法参与员额法官遴选，被排除在办案人员之外，而行政岗位又不足，无法及时给予安置，成为改革过程中的一大不稳定因素，也给审执工作的顺利开展带来了不便，最直接的表现即是人员不足。比如延安市某县法院现有满足遴选条件的法官已经全部入额，面临着无人可选的境况，而近十名有着审判经验的事业编制人员却因制度原因而无法弥补人员缺口。

三、司法委员会制度构想及其职能

基于上述现实情况，笔者认为设立一个专门的机构对省级以下地方法院、检察院的人财物统一进行管理更有利于司法改革的推进。

（一）设立的级别

司法委员会是在原有政法委的基础上进行的变革，因此其级别设置是无法完全脱离原政法委的设置的，另也应当考虑到司法委员会与相应部门的对接等问题。但为了保证权力集中不被滥用，应适当地减少层级，在省、市两级设立司法委员会，县级不再设立但保留原有的政法委对接上级司法委员会的部分工作。司法委员会的人员在尽可能保留原政法委人员级别的基础上，由省级组织部门统一招聘，由同级人大任命，对同级人大负责、受同级人大监督。

（二）职能定位

人事任命方面：由司法委员会独立行使人事权。司法委员会内部分别设立法官管理处、法官助理管理处、司法辅助人员管理处等部门。法官管理处全面承接现有的法官遴选委员会的职能，包括全省范围内的员额法官的遴选、任命、惩戒、退出等工作。由该处根据全省编制、人员配备和办案需求等指标，定期不定期地编制员额法官、检察官遴选方案，报司法委员会讨论通过后报送省级组织部门进行备案。由法官管理处具体负责遴选的组织、开展，最终的人员由司法委员会讨论决定，报省级组织部门备案。其中，市一级的院长、检察长由司法委员会提出，省委决定。基层法院的院长、检察长则由市一级的司法委员会提出，由市委决定。省一级法院、检察院的员额法官的遴选等由省一级司法委员会组织，市、县级别的员额法官的遴选、任命由市一级司法委员会完成。法官助理处则负责全省范围内法官助理的招录和人事管理、培训等，司法行政人员管理处则负责对应人员的招录、管理等。

财物统管方面：在省市层面，将省、市司法委员会作为一级财政预算单位，同时按照法院、检察院预算分级管理的模式，在每一个财政预算年度，由各个法院向对应的司法委员会上报财政预算，司法委员会统一核算后，报省级财政部门进行资金结算，由省级财政部门统一转至省级司法委员会，再由省级司法委员会根据各市、省级单位的预算拨付至市一级的司法委员会，由市一级司法委员会根据财务管理制度，严格审核、逐一拨付。

财政预算中，包括但不限于人员工资、绩效奖金、办公经费等必要的费用支出，但是办公设备、车辆等须由司法委员会统一购置和配备，各单位无列支的权利。

司法委员会的设立对于在司法改革的大环境下顺利完成政法委职能定位改革有着积极的作用，具有极大的、值得探讨的现实意义，但在现行的体制下，特别是法院、检察院各有各自组织法的情况下，如何在同一机构内完成对两者的管理仍是一个需要进一步思考的问题，现行监察委员会的制度构建和运行模式具有一定的参考价值。此外，在上层建筑方面，可考虑出台一部完整的"司法法"来统一规范法院、检察院的各项制度和人员构建，从而为司法委员会的设立提供充足的法律依据。

关于新时期建立健全巡回审判工作机制的调研*

一、当代中国现实语境中的巡回审判工作机制

我国当代的巡回审判工作机制是指人民法院特别是基层人民法院的派出法庭为了方便人民群众诉讼，根据本地区的实际情况和案情需要，灵活配置司法资源，定期或不定期地巡回流动，深入农村及交通不方便的偏远地区，就地立案、就地开庭、当庭调解、当庭结案的一种便捷的审判方式。❶ 因其审理地点的开放性和程序的灵活性，被形象地称为"低票价"的"广场化"诉讼模式，与之相对的就是传统的"坐堂问案"的"剧场化"诉讼模式，是完全面向基层群众、面向农村地区的一种审判工作机制。

巡回审判的模式具有悠久的历史，从广义上而言，已经存在了 2000 余年，公元 6 世纪时的瑞典已经在各城邦的农村地区推行巡回审判制度，对该地区的诉讼案件就地审理和判决。巡回审判作为一个正式的法律名词发端于英国判例法形成时期，巡回法官们通过巡回审判的形式收集各地习惯并将之分门别类，把相互之间有联系的习惯汇编在一起形成判例，作为日后审判的法律依据，其根本目的是维护诺曼公爵的统治，建立强有力的中央集权政府。

在我国，"巡回审判"一词实为西方"舶来品"，但在

---

* 本文写于 2012 年 10 月。

❶ 江平：《中国司法大辞典》，吉林人民出版社 2004 年版，第 542 页。

产生途径、审判程序、最终目的等方面与西方有着本质的区别,该词作为法律用语最早见于民国时期国民政府颁布的"法院组织法"第64条。我国现代民事审判意义上的巡回审判则产生于新民主主义革命时期,当时的陕甘宁革命根据地司法机关及工作人员在总结工作经验的基础上提出"马锡五审判方式"。该种办案方式提倡"走出去"办案,要求司法人员深入基层、调查研究、了解案情、就地办案,强调在司法实践中依靠群众、巡回审判、注重调解,被认为是现代巡回审判制度的源头。

21世纪初,社会经济急速发展,中国迎来发展的"黄金十年",社会转型期的阵痛也随之浮现,社会矛盾集中爆发,案件数量连年递增,同时法学界兴起的"西学东渐"风潮引领着我国司法改革的方向,其要求程序至上,"剧场化"的司法模式成为主流,然而这样围绕"西方中心主义"和"城市中心主义"的移植路径,在本土化的过程中不可避免地出现了"排斥"反应。普通群众对这种程式化、格式化的司法程序往往表现出不适甚至本能的抵触,特别是经济欠发达的农村地区的群众,因文化水平较低,法律意识不强,在诉讼参与中感受不到现代司法的便利而越加排斥,甚至出现"秋菊式的困惑"。❶ 司法和基层群众逐渐拉大的距离,基层司法需求和司法产品供应的不平衡,导致司法救济成为基层特别是广大农村地区群众可望而不可即的"高岭之花",现代司法改革的红利成了"不度玉门关的春风",人们对司法的信任度因之有所下降。基层群众对于司法的渴求只能通过"私力救济"、信访等非常态的方式发泄出来,人们急需一种便捷的、可接近的审判方式来缓解对于司法的"饥渴"。在此背景下,以巡回审判为代表的司法便民举措的践行使一度被现代司法理念所怠慢的人民司法的传统理念和技术又焕发出新的活力。❷ 2005年最高人民法院发布了《关于全面加强人民法庭工作的决定》,其中明确指出基层法院和人民法庭可以开展巡回审判。2010年颁布《关于大力推广巡回审判方便人民群众诉讼的意见》,要求新时期的巡回审判工作要继承和发扬"马锡五审判方式"所蕴含的深入群众、方便群众和服务群众的精神。❸ 至此,巡回审判实现了全面的回归与复兴。当前司法实践中,巡回审判活跃于广大基层农村地区,各地人民法院立足于基层群众司法需求,创造性地应用该制度,涌现出了诸如"灯光法庭""草原法庭""马背法庭""炕头

---

❶ "秋菊式的困惑"源于国家正式司法制度讲求"法治形式主义"与传统乡土社会重视"情理"的矛盾。

❷ 闫建刚、王聪:《巡回审判背后的法理意涵》,载《人民法院报》,2012年2月1日第5版。

❸ 参见最高人民法院《关于大力推广巡回审判方便人民群众诉讼的意见》第3条。

法庭"等独具特色的巡回模式,有效地弥补了常规纠纷解决模式在基层的供应不足,其倡导的简易、便捷、低廉的司法理念,使司法显现出大众化、常识化的趋势,极大地凸显了人民的利益指向(利民)、为人民服务(便民)的价值观以及法律的可触及性,力图消除普通群众与法律之间的隔膜和距离,使那些身无分文的人、那些即使对法律条文一无所知的人在受到权利侵害时,也同样能够感受到法律的关怀,并在这种关怀下得到权益的维护。❶

二、工作现状:延安市两级人民法院开展巡回审判工作机制的基本情况

综合分析延安市两级人民法院 2010 年至今的巡回审判工作开展的情况,可以清晰地发现,目前,延安市两级人民法院巡回审判工作运行态势较好。

(一)巡回审判工作机制平台基本建立

2010 年起,延安市两级法院继承和发扬"马锡五审判方式"精髓,立足当地社情民意,创造性地推出"一线审判模式",制定《延安市中级人民法院关于在全市法院全面推行"一线审判模式"的指导意见》,要求做到实现便民诉讼在一线、查明案情在一线、化解纠纷在一线、改革创新在一线、争创一流在一线,将巡回审判纳入"一线审判模式"的体系之内,作为推进"一线审判模式"的有力推手;全市法院全力打造以覆盖全市为目标的"庭、站、点、员四位一体"便民诉讼网络,并取得初步成效。截至 2012 年 7 月份,延安市两级人民法院以 33 个基层法庭为中心,在全市共设立巡回审判站 125 个,诉讼联络点 3461 个,基本覆盖所有村庄、社区、学校和厂矿,聘请诉讼联络员 3472 名,通过诉讼联络员与联络法官的经常性联系,使审判工作的触角延伸到社会最基层,同时也为巡回审判活动的开展搭建了有效的工作平台,使巡回审判更具灵活性和实践性。

(二)案件数量逐年上升,程序简便、灵活,调解比例高

1. 审结案件数量呈平稳上升趋势且案件类型集中

从 2010 年到 2012 年 9 月延安市两级人民法院巡回审结案件 12517 件,其中 2010 年 4142 件,中级人民法院 413 件,基层人民法院 3729 件;2011 年有所提升,达 4546 件,中级人民法院 334 件,基层人民法院 4212 件;2012 年 1 月至 9 月共 3829 件,中级人民法院 172 件,基层人民法院 3657 件;结案数量呈平稳上升趋势。

总体来说,巡回审判所审结的案件类型比较集中,除了过去传统的家长里短的婚姻家庭纠纷、宅基地和相邻关系纠纷,还增加了不少人身财产损害

---

❶ 闫建刚、王聪:《巡回审判背后的法理意涵》,载《人民法院报》,2012 年 2 月 1 日第 5 版。

赔偿纠纷、民间借贷纠纷、抚养赡养纠纷等诉讼标的额较小、没有根本利益冲突的案件。

2. 调解结案比例较高，调解方式多样

巡回审判结案方式比较灵活多样，法官根据案情、庭审情况、当事人情况等，以调解、判决、撤诉等解决矛盾纠纷，以2011年为例，调解2479件，判决1224件，撤诉661件，其他方式182件，调解所占比例达到54.5%。在巡回办案中，法官以情理、道德、法律等作为"武器"，面对不同的案件、不同的当事人采取不同的调解方法，如"亲情感召法""案例调解法""公序良俗法""背靠背调解法""情法并用法"等，做好当事人的疏导工作，达到定纷止争、案结事了的根本目的。比如，在李彩富、赵云珍诉姜小翠赔偿款分割纠纷案中，媳妇和公婆因一笔死亡赔偿金闹上法庭，一度恶语相向，矛盾非常尖锐，办案人员以其丰富的办案经验，找准案件的突破点，邀请当地德高望重的老人和旁听群众一同加入调解，用亲情感召双方，以情理劝导双方，最终，几乎反目成仇的亲人终于握手言和，上演了皆大欢喜的一幕。可以说，灵活的调解手段对本案的圆满解决起到了至关重要的作用。

（三）积极与基层人民调解组织协作，指导民间调解组织工作

在巡回审判中，基层的民间调解组织发挥着重要的作用，他们是可供司法利用的乡土资源，在法庭和群众间架起了一个桥梁。为此，延安市两级法院特别创建了"特邀调解员"资源库，从人民调解员、退休法官、人大代表、政协委员、法律工作者、廉政监督员、村（居）委会干部、群团组织干部、专业人士及其他热心调解工作的社会人士中聘任1340名特邀调解员，这些人分散在各个乡、镇、村（居）当中，成为民间调解的主力军，法院通过委托调解、邀请调解和指导人民调解、行政调解等方式，将大量民间纠纷化解在了诉讼之前，实现了案结事了人和。据统计，在巡回审判的案件中，有5318人次参与了调解，其中2010年2226人次，2011年1647人次，2012年1—9月1445人次，就结果来看，这些案件的服判息诉率和兑现率也明显高于没有人民调解组织参与的案件。同时，指导人民基层调解组织的工作也成为巡回审判的一项重要社会职能。自2010年起，省、市、县三级法院开展人民调解员培训近20期；此外，在巡回办案中，法庭人员借机对参与调解的人民调解员进行业务指导，通过生动的以案说法代替了枯燥的课本学习。

（四）工作成效显著，实现社会效果和法律效果的统一

巡回办案中，审判程序公开透明，法官以通俗易懂的语言驾驭庭审，当事人全程参与案件审理的各个阶段，用尽一切手段维护自身权益，使得当事人双方赢得堂堂正正、输得服服帖帖，真正实现了案结事了。上诉、申诉、

上访比例远低于同时期的以传统的"座堂问案"方式审结的案件。近3年间，上诉案件541件，申诉案件269件，上访203人次。延安市法院案件服判息诉率在近3年来平均以5个百分点的速度逐年递增，近52%的具有执行内容的裁判文书能够完全自觉履行，约31.2%的案件做到部分履行，仅有16.8%的裁判文书需要动用法院强制执行予以实现，基本实现了"胜败皆服、案结事了"的办案目标。

巡回审判经多年的运行和完善，显示出持久的生命力、吸引力和感染力，有效地弥补了基层司法资源供应不足的缺憾，将大量纠纷解决在群众的家门口，消除了群众和司法的距离和隔膜，重建了群众对司法的信任感，完美地诠释了"司法大众化""司法民主化"的理念，实现了社会效果和法律效果的统一。调查中，约81.2%被调查群众和83.3%的法官认为巡回审判基本能取得好效果，方便群众在第一时间化解纠纷；近79%的群众对巡回审判在促进基层社会管理方面的作用给予了正面的评价，而这一比例在当事人中提高了近7个百分点；2010年、2011年延安市法院系统人民群众满意度相继提升1.55个百分点和3.2个百分点。

三、问题探析：现行巡回审判工作机制存在的问题

笔者在延安市两级人民法院工作实践的基础上，查阅了大量其他地方人民法院关于巡回审判的调研、论文、报道，总结后发现，现行巡回审判工作机制总体上存在着以下几个方面的问题。

（一）巡回审判工作尚未实现制度化，办案形式不规范

我国目前关于巡回审判的法律规定非常少，可查的只有《民事诉讼法》第121条，在最高人民法院先后发布的《关于人民法庭若干问题的规定》、《关于人民法院为建设社会主义新农村提供司法保障的若干意见》（以下简称《意见》）等文件中也有所提及。然而，其中政策性意见、决定居多，且态度多为鼓励、倡导而非强制，对于制度的运行缺乏明确细致的规定；中央立法的缺位催生各级地方法院立足本地情况，出台一些关于巡回审判的自主性规定，基本上完成了对巡回审判框架的构建。但是由于上位法的空白和下级法院自身能力的有限导致这些规定深度不足、广度不够，对于受案范围、程序操作、奖惩机制、保障机制等核心问题没有规定，致使巡回审判办案的随意性较强，办案形式亦不规范。比如巡回地点不确定，有的法院仅限于农村地区，有的法院则将范围扩展至社区、企业；案件适用范围不确定，是否采用巡回审判取决于法官个人的意志；因缺少惩戒机制，出现个别法官一味追求办案效率，过分简化程序，随意压缩审限，主动寻找案源、强制双方调解等

违反法律原则和程序规则的情况，巡回审判未成为法官自觉的、规范化的行为，使巡回审判"便民""为民"的目的流于形式，既达不到巡回审判的目的，也严重损害了法院的公信力。

（二）法官与群众信息沟通不畅，供给与需求不对应

目前，虽然便民诉讼网络已经基本完善，但法官和群众未能充分利用，诉讼联络点和诉讼联络员作用发挥不到位，没有起到桥梁作用，法官与群众的信息沟通、共享机制不畅，法官不能及时地将巡回审判的一些重要信息比如办案时间、办案地点等传达给群众，群众亦无从得知，导致一部分群众对巡回审判比较陌生，在纠纷发生后不能及时得到救济；而部分法官缺乏信息采集的主动性，致使偶尔出现巡回时无案可审的尴尬情况。此外，因身份、目标等的不同，出现司法供给与群众需求不对应的情况。在调查中，对于巡回审判的最佳形式，群众需求和法官的认识存在一定偏差，有近53%的群众认为"对症下药式"❶的巡回审判更符合他们的需求，这一比例在法官中下降至29%，有27.7%的群众选择了"专人负责式"❷审判，而法官选择这一形式的高出21%，达到近48.7%；选择"专家门诊式"❸审判的群众和法官分别为19.3%和22.3%。这种偏差直接导致巡回审判在实施效果上"大打折扣"。

（三）缺乏长效实施的动力来源

1. 办案成本过高而经费短缺，法院难以承受

巡回审判面向广大农村和偏远地区，路途较远，法官在一天一般只能到几个地方，有时一个案子甚至需要多次庭审、宣判，办案周期较长，法官的吃住、车辆的运行和保养，都需要法院投入大量的财力，且耗费数额难以确定。而现实情况是基层法院主要靠地方财政拨款，经费普遍紧张，应付日常工作开支尚且困难，基本无力为巡回审判提供足额的财力支持。

2. 人力、物质保障不到位，制约巡回审判作用的发挥

据相关机构统计，2004年至今，随着基层人民法庭的改革、撤并，法院系统法庭数量和法庭工作人员呈双下降的趋势，且降幅较大，法庭法官数量不足全国法官总量的1/5。延安市共有82个镇、81个乡、3386个行政村，近

---

❶ 由法庭定期编制菜单张贴于巡回点，公布派遣的法官业务特长以及接待时间，便于基层群众根据自身情况进行选择。

❷ 由巡回审判点根据基层纠纷情况先对法庭提出派员要求，法庭有针对性地派出法官。

❸ 由人民法庭根据自身人员工作安排派遣专门法官负责某个巡回点的纠纷处理，有较强的持续性。

65%位于偏远山区，辖区常住人口共约2187009人，大约一半居住在巡回审判的区域之内，而这些地方恰恰是巡回审判的"主战场"，但实际运行中的人民法庭仅33个，法官48名，庭均法官1.5名，"一人庭""双人庭"普遍存在；书记员49名，法警等辅助人员20名，警用车辆29辆，人力、物质保障远无法满足实际需要。部分法官在巡回审判中的人身安全需求无法保障，如有的当事人在巡回庭审时咆哮、谩骂对方和法官，干扰法官正常审理，导致部分法官不愿巡回审判，这严重制约了巡回审判作用的发挥。

（四）与基层人民调解组织沟通不足

基层人民调解组织除了负责在巡回审判的间隙调解所在地区的一些简单纠纷或在巡回审判中参与案件的调解，还肩负着收集当地纠纷信息、向法庭传达群众诉求的重要责任，而人民法庭也需要及时将巡回的时间、路线等信息传递给人民调解员，以便他们及时组织有需要的群众准时参加，使双方的信息能够有效传递。但目前，人民法庭和办案法官没有与基层人民调解组织建立信息沟通机制，人民调解员、诉讼联络点无法把收集到的纠纷信息准确、快速地传递给办案人员，法庭和办案人员对于辖区内有着怎样的纠纷，对于群众的情况、群众的诉求是什么不能及时了解，有些法官在到达审判地点时不邀请调解员参加诉讼，盲目开庭，以固有的方式进行审理，导致审理中不能做到有的放矢，裁判结果无法深入人心，不能彻底化解纠纷。

四、理性考量：新时期巡回审判工作机制的构建

巡回审判是一个极富中国特色的审判模式，在我国基层社会法治化进程中有着不可估量的作用，在我国社会建设过程中保持着旺盛的生命力。但是其在实施时仍有一些方面需要完善。笔者认为，巡回审判工作机制的构建要在现有经验的基础上，贯彻"两便与三面向"原则，以发挥本土法治资源优势为视角，以我国司法环境发展需要为基础，构建、完善巡回审判工作机制。

（一）完善立法，重构巡回审判机制的框架和内容

为保障巡回审判在法制化的轨道上运行，必须在现有经验的基础上，总结出一套切实可行的规定，由最高人民法院制定巡回审判实施制度的细则，下发全国法院实行，促进巡回审判进一步规范化。在此之前，各地高级人民法院可以根据本地实际情况，在不违反现有法律法规的基础上，先行制定详细的实施规范对巡回审判进行规制，具体内容可以包括以下几个方面：

（1）要明确巡回审判适用范围。因巡回审判的形式所限，案件受案范围可限定在法律关系比较简单、诉讼标的额较小的纠纷上，具体可参考《民事诉讼法》《最高人民法院关于适用简易程序民事案件的若干意见》中关于简易

程序受案范围的规定，将符合简易程序要求的案件纳入巡回审判的范畴。此外，对于当事人双方位于同一地区的、邻里纠纷、抚养赡养纠纷等基层常见的案件，或者比较典型、在当地有一定影响的案件，能够减轻当事人诉讼成本的案件，能够有效宣传法律知识、维护社会稳定的案件，均可以通过巡回审判进行审理。

（2）要严格巡回审判的办案流程。巡回审判虽然在形式上不同于"坐堂问案"，但对程序的要求与普通审判并无本质上的区别，法院谨遵民事诉讼"不告不理"的基本原则，法官在开庭前要做好庭审准备，在庭审中法官保持中立，依程序逐步推进庭审，庭审结束后，能调则调，当判则判。对于那些不适合调解的案件要及时判决，不能为了追求调解率就不顾当事人的意见强制调解。此外，向参加旁听的群众发放案情简介和征求意见表，征求他们关于案件的意见。

（3）要丰富巡回审判的形式，满足不同人群和不同地区的需要。传统的巡回审判形式已经难以满足群众的现实需求。如设立专门的巡回审判法庭，重庆开县人民法院设立的道路交通事故巡回法庭，即派专门的法官常驻交警大队，随时处理相关的纠纷，类似的还有"保障残疾人合法权益巡回法庭""保护农民工合法权益巡回法庭"等；或者设立流动的巡回法庭，这种类型较多见，如著名的"马背法庭"，或者设立"农闲法庭"或"周末法庭"，在这些时间里，将案件集中进行审理。

（4）要建立相应的考核和责任追究机制。任何制度的运行都必须有一套考核和责任追究机制做保障，以起到督促和警示作用。对于巡回审判，可以办案数量、办案质量及群众的满意度作为考核的标准，具体操作中，可确定相应的比例段，如巡回审判案件的数量要占到办案总量的多少，上诉、申诉、信访率要低于多少，个案的群众（除当事人外）满意度要达到多少等。以一个可操作的量化标准对法官进行考核，对于考核结果合格的可作为表彰、晋升的依据，不合格的要给予不同程度的处分。

（二）降低运行成本与加强人力、物力保障并行，实现巡回审判的长效实施

巡回审判一直活跃于经济比较落后的农村地区，而这些地区恰恰是人民法院经费保障最为薄弱的地方，人力、物力难以保障，巡回审判缺乏实施的长效动力。要解决这一问题，必须"开源节流"，既要降低巡回审判的运行成本，又要加强对基层人民法院特别是人民法庭的人力、物力保障。

降低运行成本的关键是要充分利用民间基层组织，与辖区内相关的村委、社区、派出所等进行联系，请他们为巡回审判提供一些便利。比如，请他们

适当提供一些审判设施上的帮助，如桌椅、房屋等；在巡回审判前可委托他们向所在地的居民发布巡回审判信息，并在审判前将有需求的群众聚集到某一特定地点，免除巡回审判庭四处奔波，对于有条件的地方，群众可以到这些组织进行网上立案、网络审理等；同时委托他们号召一些积极的居民、村民自发组织起来维护庭审秩序。以此，依靠群众和基层组织来有效地降低巡回审判的运行成本。

加强巡回审判的人力、物力保障的根本是要加大对基层人民法庭的经费投入，要解决这一问题，应通过科学有效的制度设计，加大基层政府财政转移支付的力度，确保人民法庭的经费来源。对于经费特别困难的人民法庭，适当地增加拨付的数额，并为它们预留一部分机动经费，防止因案件数量和巡回次数的增加而导致经费暂时性的紧张。对于身处巡回审判一线的主审法官，要给予一定的补贴，以提高其工作的积极性，并定期对他们进行培训，以提高其专业素养。

（三）加强与基层人民调解组织的协作

人民调解组织在基层纠纷化解中起着不可忽视的作用，大量的纠纷在他们的努力下消失在萌芽状态，而且他们对基层纠纷的特点、当地的习俗等有着充分的了解，在审理中可以向法院提供大量极具价值的信息，并且可以直接参与到案件的调解中来，所以法院必须加强与人民调解组织协作。

1. 要建立与人民调解组织的信息联络网络

可依托现已建立的"庭、站、点、员"四位一体诉讼网络，特别是充分利用诉讼联络站和诉讼联络员的作用，定期将经人民调解员调解未成功的案件和群众的诉求传递给人民法庭，由人民法庭归纳、分类，为将要开展的巡回审判做准备，法院也应定时将开展巡回审判的时间告知人民调解员，以方便他们参加诉讼调解，这样可切实加强巡回审判的针对性，防止有限司法资源的浪费。

2. 在庭审中切实发挥人民调解员的作用

一是要规定在一定时间内运用人民调解员参与审判的次数和比例，充分保障其参与权；二是在庭审中要充分尊重人民调解员的发言权，在不违反法定程序的前提下，允许人民调解员在庭审前、庭审中、庭审后的任何阶段根据案情和当事人情况进行调解。

3. 人民法庭要对人民调解员进行定期的指导和培训

重点放在培训调解技能和法律知识上，方式以课堂讲授为主，辅之以实地案例分析，提高人民调解员的个人素养，提高调解的成功率。

参考文献：

［1］迟建刚．法官巡回审判的独立价值［N］．山东法制报，2005－09－20（6）．

［2］周汉信．巡回审判在乡间：记乌兰浩特市人民法院义勒力特法庭［J］．思想工作，2004（9）：28．

［3］李华斌，邵振国，苏日塔拉图．"马背法庭"走在司法为民大路上：内蒙古翁牛特旗调查［J］．中国审判，2006（8）：72．

［4］张族雄．沙县交通事故巡回法庭便民利民［J］．道路交通管理，2005（8）：32．

［5］丁卫．秦镇人民法庭的日常运作［M］//苏力．法律与社会科学：第1卷．北京：法律出版社，2006：341．

［6］胡旭晟，夏新华．中国调解传统研究：一种文化的透视［J］．河南省政法管理干部学院学报，2000（4）：20－35．

［7］张宽明．引入良俗促和谐［N］．人民法院报，2007－04－27（4）．

司法群众路线的创新与发展[*]

——延安法院推行"一线审判模式"调查

回望我党 100 余年走过的光辉历程,"群众观点"始终是党坚持不变的根本观点,"群众立场"始终是党不变的根本要求,"群众路线"始终是党不变的根本路线。司法的人民性要求司法工作必须在思想上尊重群众、在工作上依靠群众、在感情上贴近群众,将维护好、实现好、发展好广大人民的根本利益作为出发点和落脚点。革命时期,以马锡五为代表的老一辈司法工作者将群众路线贯穿于司法工作的始终,形成了以"为了群众、便利群众、依靠群众"为特点的"马锡五审判方式",成为司法践行群众路线的典范。新时期,司法环境和群众司法诉求的改变,要求人民法院在工作理念上与时俱进,工作方式上推陈出新,作为回应,延安市两级法院以"司法为民"作为工作的出发点和落脚点,以"司法服务群众,司法依靠群众,群众参与司法,群众认同司法"为工作原则,以辩证的思维、创新的姿态继承和发展"群众路线"所蕴含的文化内涵和工作方式,创造性地将"马锡五审判方式"与新的时代要求、司法追求、群众需求相融合,形成了独具特色的司法工作的群众路线——"一线审判模式"。

一、司法群众路线的新实践——一线审判模式

"一线审判模式"内涵丰富,涵盖审判、执行、队伍建

---

[*] 本文写于 2013 年 11 月。

设的方方面面。所谓"一线"就是指：案件发生的第一地点、矛盾化解的第一环节、法院工作的第一前沿。"一线审判模式"的内涵是：回应群众司法期待，坚持便民诉讼在一线；着眼保障司法公正，坚持查明案情在一线；着力深化能动司法，坚持化解纠纷在一线；服务经济社会发展，坚持改革创新在一线；全面提高司法水平，坚持争创一流在一线。

（一）回应群众司法期待，坚持便民诉讼在一线

延安两级法院继承"马锡五审判方式"的合理内涵，并结合实际进一步规范，将立案、审判、执行活动不断向一线延伸，将重点放在如何让群众更方便地参与诉讼，如何尽快为群众解决实际问题上来，把"全心全意为人民服务"的宗旨意识贯穿于立、审、执全过程。

1. 便民立案——延伸立案平台

立案是实践便民诉讼的"第一站"。马锡五时期，因群众文化程度普遍偏低，为方便群众诉讼，需尽可能地简化立案程序，群众可以拦路告状，也可以口头起诉，不必缴纳诉讼费用，办案人员当即受理。现在，"立案难"有所缓解但仍然存在，因此，延安两级法院在严格遵循法律规定的前提下，尽最大能力为群众立案提供便利。一是立案形式多样化。对于行动不便的当事人，自2010年起推行电话预约立案、上门立案，即通过电话预约的方式，主动上门办理立案手续，据统计2010—2012年两级法院共电话预约立案1076次；对于居住在外地、路途较远的当事人，开通网上立案通道，当事人可以通过网络递交诉讼材料，法院进行审查立案，到2013年延安市两级法院已经全部开通该通道，有效地解决了群众"立案难"的问题。二是建立功能齐全的立案大厅。为方便群众咨询、诉讼，设立诉讼指导窗口13个，开启案件查询系统13个，11个法院全面建成功能齐全的立案信访大厅，实现立案、咨询、信访"一站式服务"。2010—2012年，全市法院已累计导诉4386人次，及时解答群众疑问，将大量的纠纷和潜在的信访案件化解在庭审之外。三是聘请"诉讼联络员"。为了能及时了解基层群众诉求、及时立案，在基层法院建立"诉讼联络员"制度，即在每个行政村或社区选择一名政治立场坚定、有群众工作经验、威望较高的群众或干部聘请为诉讼联络员，负责将群众诉求及时传达给法院，在法院和群众中间架起沟通的桥梁。目前，基层法院共聘请"诉讼联络员"3476名。四是切实落实诉讼费用"减免缓制度"。为了让经济有困难的群众能打得起官司，我市两级法院严格执行诉讼费缓、减、免制度，仅2012年共缓减免诉讼费用143案，约154.16万元，使当事人能平等地站在权利保障的"起跑线"上。

2. 便民审判——构建便民审判制度

人民法院审判服务的对象是人民，"便于审判"是法院工作的题中之意。

革命时期,"马锡五审判方式"要求办案人员经常走出法庭,携卷下乡,深入农村,深入田间地头,随时随地受理并解决纠纷,从而创立了"巡回审判"和"就地审判"等多种便民利民的审判方式。延安两级法院充分借鉴前辈经验,结合实际,推出多项便民审判制度。一是推出"流动性"便民法庭。如为保障果农的权益,在果苗栽种和苹果成熟的春秋两季,组成保障果农果商合法权益巡回法庭深入果业大县,专门审理涉林果业纠纷,被形象地称为"苹果法庭";针对农民居住较为分散、外出打工、出行不便等现实情况,特别在村民比较集中的假日、赶集日、农忙时节推出巡回法庭、假日法庭、赶集法庭或农忙法庭等,集中受理农民诉求,这些措施将法庭搬进农家院落、城镇社区,切实方便了群众诉讼,减轻了群众诉累。据统计,2010—2012年,便民审判法庭共审理民事案件7890件,占同期民事案件总量的17%。二是推出民事、行政案件预约开庭制度。即对于医生、巡警等特殊职业或出外打工、路途较远,不能及时参加诉讼的当事人,由法官提前与其进行沟通共同协商确定案件开庭审理时间,以方便当事人参加诉讼。自实施以来,共预约开庭79件,当事人出庭率达100%,有效提高了庭审效率和当事人服判息诉率。

3. 便民执行——推广"执行110"工作机制

为了有效破解执行难题,针对被执行人难寻、执行财产难找的问题,延安两级法院效仿"110接警制度",推行"执行110"工作机制,即将执行法官联系方式等情况制作成110联络卡,发放给申请执行人、执行联络员,设立执行线索热线电话,24小时收集并审查执行线索,有效拓宽了信息获取渠道,确保在第一时间掌握信息、第一时间采取措施,切实增强了执行工作的主动性、时效性,提高了执行到位率和标的到位率。"执行110"工作机制自成立以来,共接"警"34次,执结案件34件,执结标的近2000万元。

4. 便民信访——构建信访预约接待和答疑制度

信访案件的化解在很大程度上取决于信访渠道是否畅通,延安法院抓住这一要点,适时推出以下制度:一是院(庭)长预约接待制度。即由院长、庭长与信访人事先约定接待时间,到期接待并答疑的制度,迎合了当下信访人普遍存在的"信上不信下"的心理,使其能更加理性地表达诉求。数据显示,2010—2012年预约接待信访当事人2025人次。二是大力落实判前释明、判后答疑制度。为了避免因群众不懂法产生"误解"导致涉诉信访案件的发生,让群众的疑问能够化解在法院之内,延安中级人民法院率先推行判前释明和判后答疑制度,即在裁判作出前、发出后对当事人关于法律适用、事实认定的疑问进行专门的解答,2010年共解答103案267人次,2011年共解答276案521人次,2012年共解答331案708人次,有效增进了当事人对裁判的理解和认同，降低了上诉、申诉、信访的比例，延安市法院 2012 年来信来访总量下降了 41.9%。

（二）着眼保障司法公正，坚持查明案情在一线

延安市两级法院将"一切依靠群众"的工作方式与司法规律相结合，坚持法官工作审判场所、司法服务"三延伸"，将深入一线查明案情作为基本办案原则，保障群众的参与权、知情权、监督权，促进司法公正。

1. 走访群众——理清案件来龙去脉

对于当事人举证能力不足或证据灭失无法收集的案件，婚姻、家庭、邻里纠纷等有一定前因隐情的案件及案情较为复杂、牵扯多宗纠纷的案件，办案法官以审判工作"进农村、进社区、进企业、进学校、进军营"（以下简称"五进"）和"庭、站、点、员四位一体便民诉讼网络"❶ 为载体，由办案人员带着案件，主动深入基层，走访周围群众，调查了解案件真相，尽可能还原事实真相，并有针对性地听取邻里群众对化解矛盾纠纷的意见，努力让人民群众在每一个案件中都感受到公平正义，同时使审判工作的触角有效延伸至社会最底层，及时发现纠纷，就地解决纠纷，将大量纠纷有效地化解在基层，化解在萌芽状态。经统计，3 年间两级法院共采用"五进"办案 13305 件，比例逐年提高，2012 年达 46.8%，全市共建立巡回审判站 163 个，在各村庄（社区）设立诉讼联系点 3128 个，聘请诉讼联络员 3128 名，基本实现辖区内全覆盖。与之相对的，同期延安市两级法院民事受案数量呈现出持续下降的趋势，案件总量由 2010 年的 14140 件，下降至 2012 年的 12420 件，下降幅度为 12.16%。

2. 勘查现场——查明案件现场情况

为了克服闭门办案、机械办案的弊端，对于刑事一审案件以及涉及不动产或相邻、拆迁等其他需要勘查现场的民事、行政案件，明确要求主审法官或合议庭成员必须至现场进行勘察，对于案情特别复杂或者社会各界反响较大的案件，要求审判委员会委员集体深入基层查看现场，走访当地群众，实事求是地调查了解案情，并就地研究解决方案。2010—2012 年，中级人民法院审委会委员、两级法院院长、各业务庭庭长分别查看现场 76 次、916 次、5738 次，以避免出现裁判内容与客观情况"两张皮"的低级错误。

3. 二审开庭——充分听取当事人诉求

二审审理的不透明，会增加群众对司法不公的焦虑和怀疑。因此，对于二审案件，延安两级法院要求除依法不得开庭的案件以外，都必须开庭审理。

---

❶ 即要求一个乡镇或街道办事处设立一个诉讼联络站，一个村子（社区）设立一个诉讼联落点并聘请一名诉讼联络员。

庭审期间，法官既要对案件事实和法律适用做全面的审查，也要认真听取到庭当事人的诉求，并就涉及自身利益的问题充分表达自己的看法。即使当事人能广泛地参与到案件审理中来，又确保裁判有充分的民意基础和社会认同感，一方即使败诉亦能心平气和地接受。据统计，延安市法院二审开庭率已达86%，延安市法院各类案件一审后服判息诉率由2010年的86.9%提升到2012年的93.96%，二审后服判息诉率提升到99.73%。

4. 上下沟通——建立案件沟通机制

为确保案件质量，特别是"发回重审和改判案件"的正确性，延安市两级法院推行"改判和发回重审案件判前沟通机制"，改变了过去上下级法院审判工作各自为政、案件屡判不结的情况，对于改判和发回重审的案件要求二审法官要充分听取一审法官的意见，利用他们最先接触纠纷、更加清楚纠纷起因和案件事实、更加熟知当地民意指向的优势，使二审裁判法律事实最大限度地接近客观事实，使裁判结果更容易为当事人所接受，也避免因案件多次审理对司法资源造成的浪费。

（三）着力深化能动司法，坚持化解纠纷在一线

延安法院继承了"马锡五审判方式"的纠纷化解理念，如强调调解结案的重要性，但同时又根据实践的需要，大胆创新，创造出了独具特色的纠纷化解方法。

1. 专群结合，化解纠纷

如安塞法院创立了以审判法庭为中心，联乡、联庭、联村、联亲的"1+X"调解模式，"1"是定数，"X"是变数，面对纠纷，合议庭采取因事制宜、因案制宜、因人制宜、因地制宜方式，形成合力，应用不同的方式进行调解，出现了如"刘巧儿"一类的脍炙人口的调解案件。延安市中级人民法院下发了《关于进一步加强诉讼调解工作的指导意见》，在全市法院形成了民事调解、刑事和解、行政协调与执行和解相结合，诉前调解、立案调解、庭前调解、判前调解与判后和解相衔接的诉讼调解工作机制，使各类案件调解、和解率逐年递增。同时，该院合理延伸工作职能，指导全市各基层法院与乡镇政府、公安交警和人民调解组织等建立了大调解网络，并创建了"特邀（辅助）调解员"资源库，从人民调解员、退休法官、人大代表、政协委员、法律工作者、廉政监督员、村（居）委会干部、群团组织干部、专业人士及其他热心调解工作的社会人士中聘任3400名特邀（辅助）调解员，通过委托调解、邀请调解和指导人民调解、行政调解等方式，将大量民间纠纷化解在了诉讼之前，提高了案件调解率，实现了案结事了人和。3年来，先后有6649人次参加诉讼调解，调解成功4898件。全市法院民事案件调解率由66.8%上

升到了 78.28%，高于全省法院平均水平 7.07 个百分点。延长、甘泉、黄龙等多个法院调解率超过了 90%，最高的达到了 96.48%；行政案件协调化解率由 18.70% 上升到了 41.41%。

2. 征询民意，化解纠纷

"人民陪审员"制度是一项推行较广的司法民主措施，延安中级人民法院在原有基础上，借鉴仲裁制度设计，大胆改进人民陪审员工作机制，在适用回避制度的基础上，赋予双方当事人自由选择人民陪审员参与审判的权利，有效提升了人民陪审员陪审率和陪审质量。全市现有登记在册的人民陪审员 282 名，增加了近 39.42%，占法官总量的 75.4%，民事案件一审陪审率由 11.2% 提升到了 75.3%，当事人对裁判结果给予了充分的信任，案件申诉、上诉、信访比例远低于一般案件，社会效果良好。切实开展征询旁听庭审公民对案件裁判意见建议，对于因婚姻家庭、邻里关系引发或群众普遍关注的案件，主动邀请当地群众参与旁听、调解案件，并在庭后征询其对案件的裁判意见和建议，以此作为裁判案件的重要参考。3 年间，征询裁判案件 14213 件 11736 人（次），提出意见 1119 条，采纳意见 448 条，不仅裁判更加符合民意，还增进了裁判结果的社会认同，提高了司法的民主性。

3. 社会联动，破解执行难题

执行难严重损害法院裁判权威和司法公信力，是一个亟待化解的难题。延安两级法院着力建立一个立体化的执行网络，破解执行难。一是建立"执行联络员"制度。由政法委牵头，通过法院具体组织实施的，在乡镇、村、街道、居委、企事业单位等基层组织内，挑选政治素质好、作风正派、办事公道、善于做思想政治工作、具有一定政策了解水平和法律知识、熟悉当地的社情民意、拥有较高威信的人员作为"执行联络员"，为法院提供被执行人动态及财产线索，协助法院开展执行工作。两级法院共聘请 309 名"执行联络员"，制度实行 3 年多来，共有 165 件案件在"执行联络员"协助下得以顺利执行。这一制度既拓宽了执行信息渠道，又节约了司法成本，提高了执行效率，为攻克"执行难"发挥了积极作用。二是建立执行联动体系。成立辖区两级法院执行沟通机制，加强执行网络的建设与管理，逐步与金融、公安、国土、房管、工商等部门建立资源共享平台，全面挤压"赖账者"的生存空间；与各联动部门协商，拓宽联动建设渠道，与相关部门逐步建立有效的沟通渠道和联动机制。在多方努力下，一举攻克了一批涉企、涉府执行积案、难案，2010—2012 年两级法院共执结案件 5379 件，执行款项 50371.27 万元，有力地维护了公平正义和法律尊严。

4. 多方参与，化解信访难题

针对涉诉信访数量大、矛盾多、解决难的现实情况，两级法院落实涉诉信访案件领导包案负责制,按照行政区域的划分,每一个院领导负责某一个或某几个县(区)的信访案件,案件自立案到化解由该领导全程、直接负责,要求其沉下身子、带案下访、深入基层、贴近群众,听取信访人合理诉求,制定案件化解方案,监督推动方案的实施,使案件能够及时彻底的解决。2010—2012年,中级人民法院领导共包案145件,结案145件,化解率达100%,有效地维护了社会的和谐稳定;同时,探索建立化解信访难题的综合性措施,协调党委、市县两级政府上下联动,综合政府、民政、公安等部门,采取行政手段、法律手段、民政手段来联合出击,构建"大化解"机制,通过信访救助基金、低保等手段彻底化解信访老案、"骨头案"387件,重复访案件数量大幅度下降,受到了省市两级政府的高度赞扬。

(四)服务经济社会发展,坚持改革创新在一线

延安市两级法院针对各类案件快速增长的客观形势,主动前移司法关口,创新社会管理措施,着力打造"无讼机关""无讼企业""无讼村庄(社区)"的"三无"诉讼品牌。

1. 打造"无讼社区"——落实"一村(社区)一法官"工作机制

"一村(社区)一法官"工作机制是加强社会管理创新、推进社会矛盾化解、排查矛盾纠纷、提升政法工作水平和司法公信力的一项重要举措。延安中级人民法院要求基层法院建立"一村(社区)一法官"信息库,在辖区所有村委会(社区)、中小学校和大中型企业挂牌设立法官工作室,确定相应的联系法官;在所有乡镇(街道办)挂牌成立法官工作站,组成相应的法律服务组。据统计,该工作机制已经创建完毕,全市共挂牌成立法官工作室173个,设立法官工作站3476个,派驻驻村法官453人。驻村法官承担着联系基层组织与群众,了解基层社情和群众需求,指导基层调解和司法确认,开展法律服务与咨询,参与综合治理和平安建设,减少和化解涉诉信访,开展入户审理、执行工作的各项职责,有效地降低了纠纷发生和诉至法院的概率。2012年全市有36个社区、763个村庄几乎没有诉讼案件发生,极大地推动了和谐村庄(社区)的建设。

2. 打造"无讼机关"——出台针对行政机关的法律服务机制

一是推出"具体行政行为预先审查机制"。即对行政机关的具体行政行为事前进行审查,对存在违法情况的具体行政行为,及时告知该单位并提出纠正意见,并定期作出"行政司法审查报告",变事后纠正为事前预防。2010—2012年,两级法院共审查具体行政行为283次。二是发出司法建议。针对在审理中发现的有关单位和管理部门在制度上、工作上存在的问题发出相应的司法建议帮助它们健全规章制度、堵塞管理漏洞。近3年,两级法院共提出

司法建议 362 件，得到答复 113 件，有效地提高了机关单位管理水平。三是协助行政机关培训执法人员。2012 年，由市中级人民法院行政庭牵头，各行政单位配合，对全市 315 名一线行政执法人员和 533 名人民调解员进行了法律知识、依法行政的专题培训。以上几项措施有效提高了行政执法人员依法行政的水平，实现了违法行政行为数量和行政诉讼数量双下降的可喜态势，行政诉讼数量由 2011 年最高峰的 254 件，下降至 2012 年的 140 件，下降幅度达近 44.9%。

3. 打造"无讼企业"——构建"院企共建"机制

针对涉企纠纷、犯罪上升趋势，延安市两级法院与延长石油集团、黄陵矿业集团公司等市级龙头企业于 2010 年 8 月开展"院企共建"，内容包括针对企业的矛盾化解机制、对口联系机制、普法教育机制、法律服务机制、文化交流机制、司法建议机制等全方位的建设机制，形成了"分级结对、定向帮扶"的共建格局。先后向全市各类大中小型企业提供合同审查、法律咨询、普法宣传等司法服务，3 年间共为企业开展普法宣传 201 次，提供法律咨询 1389 次，合同审查 555 次，设立诉讼联络点 115 个，使各类涉企案件高发态势得到有效遏制，案件数量同比下降近 35%，形成了和谐稳定的经济发展环境。企业管理进一步规范，"依法治企"的能力和水平逐年提高，对外开展商务交往的风险判断和预防能力显著增强；企业职工的法律素养整体提高，知法、守法、用法的意识明显增强，企业内部法治文化、精神文化状况显著改善。

4. 加大法治教育力度——营造良好的法治环境

首先，在进行常规性普法宣传工作的同时，延安中级人民法院于 2011 年搜集近 10 年的 30 则典型案例，内容包括民事、刑事等，涉及社会生活的各个方面，辐射各阶层、各年龄段人群，免费向各村庄（社区）、企业、学校发放了 50000 册《案例警示录：做人的底线》漫画普法读本，引导公众学法守法，社会效果显著；在对近 800 名读者的调查中，近 84% 的读者称其对法律的认识得到了质的飞跃，近 81% 的人认为普法读本宣传效果明显。就案件数量来看，该活动成功逆转了案件数量逐年上升的趋势。2012 年，全市法院民事、行政案件数量比上一年分别下降 3.44% 和 55.76%。其次，针对规避执行、无理缠访、暴力抗法现象频发的严峻形势，市中级人民法院研究制定方案，并经市委、市政府批准，于 2012 年 11 月在全市启动为期一年的"反规避执行、反无理缠访、反暴力抗法专项整治活动"，对暴力抗法、无理缠访、规避执行等违法行为进行整治并作出相应的惩罚，逐步消除法院工作的困扰，教育了群众，拉开了依靠全社会力量保障公众理性表达诉求、尊重司法权威的法治帷幕。自活动开展至今，上述三种违法行为得到了有效地遏制，发生概率远低于同期水平，司法环境得到了切实的净化。

（五）全面提高司法水平，坚持争创一流在一线

延安市两级法院认识到科学发展的根本方法是统筹兼顾，基本要求是全面、协调、可持续。创建延安法院司法品牌，实现司法事业的科学发展，必须坚持统筹兼顾各基层法院和各项工作的均衡发展，坚持"重心下移、强本固基"的工作思路，形成各基层法院齐头并进、各项工作协调推进的发展态势。在工作中大力倡导争先创优，提升法院工作质效和法官司法能力。

1. 司法作风上争创一流

司法作风差一直是中、基层法院广受诟病的短板。为此，延安市两级人民法院进行纪律大整顿，狠抓作风建设，全面推行"着装上岗""挂牌服务""指纹签到""考勤通报"四项制度，极大地改变了过去自由散漫的情况；要求法官认真贯彻《法官职业道德规范》的要求，做到"五个严禁"，出台了"三个不""四个一"等一系列文明接待规范，做到面对当事人"来有迎声，去有送语"；下大力气整改审判纪律监督，推行"随案廉政监督卡"制度，开设语音举报电话、举报信箱，并推出"纪检监察、审判管理、绩效考评"三项联动监督机制，不断加强对违法违纪行为的查处力度。2010—2012年，查处多名违法违纪人员，极大地改变了法院队伍的司法作风，全市法院队伍的群众满意度呈连年上升的势头。2012年，黄龙法院、富县法院等6个法院满意度排名位于全省前50位。

2. 案件质量上争创一流

延安市两级法院始终把规范管理作为提高司法能力和水平的重要保障，针对案件质量较低、法官办案积极性不高的现实情况，适时推行"案件评查报结""典型案件剖析"和"法官业绩考核"制度，坚持一案一评查、一月一通报、一年一考评，对案件质量进行动态监管，对典型案件进行分析并通报，将案件评查结果计入法官业绩，实现用数字说话、靠业绩竞争的氛围，案件质量得到大幅度的提升，案件质量抽查连续两年排名全省第一。

3. 文化建设上争创一流

延安中级人民法院将文化建设作为法院建设的重要组成部分，以文化建设为载体，陶冶法官职业情操。自2012年年底，完全建成了藏书丰富、功能齐全的图书资料室和电子阅览室，藏书总量达9.3万册，为法官阅读、学习提供了便利；开展"读一本好书，写一篇书评""抓一项调研，提一项创新"系列文化活动，极大地调动了法官干警阅读、写作的积极性；为了丰富法官干警的业余生活，调节工作压力，成立了乒乓球队、书画摄影协会等文体队

伍，在业余时间开展各项活动，陶冶了法官情操，提升了精神品位。安塞法院被命名为"全国法院首批文化建设示范单位"。

4. 干警素质上争创一流

延安两级法院将提升干警素质作为推动法院发展的首要措施。加大对干警的培训力度，上级调训与自主培训相结合，2010—2012 年，选派 2582 名法官、人民陪审员等参加了上级法院的业务调训，举办各类自主培训 24 期 1278 人次；大力推行实践教学，积极开展庭审观摩、审判研讨、经验交流和裁判文书评比等活动，加强法官素质考核。2009 年对 632 名法官、执行人员进行了业务统考；2013 年 6 月再次对全市法官、执行人员进行业务考试，激发了法官学习的紧迫感和积极性，提升了整体司法能力。设立"优秀中青年法官库"，选择全市法院专业素质较高的中青年法官重点培养，对入选法官在培训、交流等方面优先推荐，为法院的发展积蓄后续力量。为了创造良性的竞争环境，推行"中层领导竞争上岗机制"和"上下级法院法官双向挂职交流"制度，涌现出了"全国法院办案标兵"牛锐等一批先进典型。

二、司法群众路线的几点启示

群众路线是实现党的思想路线、政治路线和组织路线的根本工作路线，是党的事业永葆生机的不竭动力。新的历史时期，人民法院践行"三个至上"指导思想和"为大局服务，为人民司法"工作主题，必须始终坚持党的群众路线。通过对延安法院推行"一线审判模式"司法实践的全面回顾，我们认为，在司法实践中运用和发展群众路线，必须从以下几个方面着手。

（一）司法践行群众路线，必须强化宗旨意识，方便群众诉讼

"一切为了群众"是党的群众路线的根本出发点和落脚点，国家一切权力的行使都是以发展好、实现好、维护好最广大人民的根本利益为目标。司法权作为国家权力体系的重要组成部分，服务的对象是人民，需要保护的是人民的利益；老一辈无产阶级革命家习仲勋曾说过："我们的司法方针是和政治任务配合的，是要团结人民，教育人民，保护人民的正当权益……少打官司，不花钱，不误工，安心生产，这个司法工作就越算做得好。"❶ 2013 年 4 月，最高人民法院院长周强在视察延安时指出：不管形势怎么变，条件怎么变，环境怎么变，任何时候都要坚持司法为民不动摇。因此，践行群众路线，首先要强化为群众服务的宗旨，要求司法人员在思想上彻底解决"为谁司法，为谁服务"的问题，怀着对群众的深厚感情，设身处地地为群众着想，在思

---

❶ 习仲勋：《贯彻司法工作的正确方向——在绥德分区司法会议上的讲话》，载《解放日报》1944 年 11 月 5 日。

想上正确认识群众表达诉求的行为,把关爱、倾听、理解、体恤等美德融入司法的过程中,始终做到严格司法与热情服务的统一,充分体现司法的人文关怀。其次,要将理念外化成行动,时刻以群众利益作为工作的出发点和落脚点,以"为民、便民、利民"为原则,始终坚持实事求是的思想路线,克服工作浮于表面的弊端,推进工作均衡发展,切实落实现有的便民措施,不断创新便民载体,进一步完善"一线审判模式"相关措施,继续推广电话预约立案、网络立案。在司法负荷能力足够的情况下,继续加强立案信访大厅的建设,改进诉讼引导、查询等服务,有效减少群众因不了解法律而导致的诉讼难,同时要注重人民法庭"窗口服务"的建设。继续推广各类便民法庭,制定相关制度,使其进一步规范化、常态化,以便定期、定点受理群众诉求,解决纠纷;完善执行、信访便民机制,尤其是"执行110"工作机制和"院、庭长预约接待制度",畅通诉求表达渠道,维护当事人合法权益;注重对弱势群体的司法保护,对于涉及农民工、残疾人、困难企业职工、儿童妇女等弱势群体的案件要快立、快审、快执,优先保障他们的合法权益;要建立司法救助的"绿色通道",明确标准,简化程序,对于困难申请人要及时救助,保障他们正常的生产、生活。

（二）司法践行群众路线,必须深入基层调查研究,夯实裁判基础

"从群众中来,到群众中去"是党最基本的工作方式。毛泽东曾指出:"在我党的一切实际工作中,凡属正确的领导,必须是从群众中来,到群众中去。这就是说,将群众的意见集中起来,又到群众中去做宣传解释,化为群众的意见,使群众坚持下去,见之于行动,并在群众行动中考验这些意见是否正确。然后再从群众中集中起来,再到群众中坚持下去。如此无限循环,一次比一次更正确、更生动、更丰富。"❶ 这就是"从群众中来,到群众中去"的基本含义。将其运用于司法工作中,就要求司法工作人员办案不能只看案卷、只凭推理,而是要改变过去机械办案、闭门办案的工作方式,主动走出法院,深入案发地调查研究,通过询问、走访知情群众,客观、全面、细致地调查了解,搜集一切有关证据,然后审慎地分析案情、处理案件,特别是面对法律意识不高、举证能力不强的农民群众,更加要将深入一线查明案情作为基本的办案原则,"绝不能未调查、未研究,在主观上首先对于某一方面,就存在了一种成见。这种存在成见的做法,往往只看到表面,看不到实质,会把案情搞错"❷。具体工作中,要进一步推进审判"五进"工作,规

---

❶ 《毛泽东选集》第3卷,人民出版社1991年版,第899页。

❷ 习仲勋:《贯彻司法工作的正确方向——在绥德分区司法会议上的讲话》,载《解放日报》1944年11月5日。

范"五进"程序，拓展"五进"案件范围，提高"五进"办案比例；发挥"便民诉讼网络"的作用，强化"诉讼联络员"与法官的联系，以便随时了解案件相关情况；全面推行"上下级法院业务部门对口指导机制"和"改判、发回重审、指令再审案件信息沟通机制"，上下级法院之间要妥善处理审级监督与业务指导的关系，统一法律适用标准，提高一审裁判质量。

（三）司法践行群众路线，必须专群结合，依靠群众化解纠纷

"一切依靠群众"，是党的基本工作方式。群众是推动社会发展的巨大力量，任何工作的顺利开展都离不开群众。司法工作有其专业化的一面，但是必须认识到专业化并不排斥人民群众参与司法，毕竟法官的专业仅限于对法律知识的应用，其他方面往往需要群众的智慧来弥补；再者，纠纷来源于群众，人民法院是化解社会矛盾的最后一道关口，社会矛盾日益多样化、复杂化的趋势，决定了人民法院受理的各类案件的复杂多样性，必须坚持"一切依靠群众"，采取专群结合的司法手段，才能及时有效地化解各类社会矛盾，保障社会和谐稳定发展。要在认真落实人民陪审员制度的基础上，通过征询旁听庭审公民裁判意见、邀请人民群众参与调解案件等多种方式，不断拓展人民群众参与司法的渠道，积极动员社会资源参与司法。首先，要强化诉讼调解工作，注重把法律的力量、道德伦理的力量、乡风民俗的力量及群众监督的力量结合在一起，把法理、事理、情理结合起来，在调解方法上不拘一格，对社会各界关注的案件，请当地党委、政府领导出面协调；对家庭内部纠纷，邀请德高望重的长者出面协调；对邻里纠纷，有选择地邀请无利害关系的邻居或基层干部进行调解，从而把案件审理的过程变成做群众工作的过程，变成实现群众利益的过程，变成让群众满意的过程。其次，要在进一步加强诉讼调解的基础上，充分拓展审判职能，继续完善人民调解、行政调解和司法调解相衔接的多元化矛盾化解机制，切实维护社会稳定，促进社会和谐。再次，要进一步规范征询旁听庭审公民意见工作机制，扭转群众不愿提意见、不敢提意见的局面。最后，要进一步推广和完善"执行110"工作机制，推动执行联动机制的构建，将更多的单位和企业纳入联动体系，定期举行联合会议，扩大信息共享的范围，尤其是在涉及政府的执行案件上要达成统一的认识，提高执行的主动性、准确性。

（四）司法践行群众路线，必须尊重群众首创精神，汲取群众智慧，推进改革创新

马克思主义群众观点认为："群众是历史的创造者。"历史的经验告诉我们，人民是创造世界、建设国家的真正英雄，只有人民才是改造世界的真正功臣。因此，必须要尊重群众尤其是基层群众的首创精神，相信群众、发动

群众、利用群众的智慧，面对改革创新必须要充分释放全社会的创造活力，最大限度地激发广大群众勇于创新的积极性，使广大人民群众参与法院工作、参与法治国家的建设。具体而言，就是要坚持走一条自下而上的创新路线，使思路形成在基层，使经验产生在基层，使形象树立在基层，将群众的创新成果转化为法院工作机制，继续积极稳妥地推进法院工作的改革创新举措，从而创新社会管理体制，服务社会经济发展。首先，要畅通群众意见表达的渠道，通过意见箱、网络论坛、微博等形式接收、整理、总结群众意见，并将之与法院工作一一对照，有则改之，无则加勉，保障工作方向的正确性。其次，要深化试点理念，出台新的工作机制，可以先以试点形式在群众中进行检验，对群众反馈意见及时整理总结，从而完善该工作机制，待成熟时再大范围地推广，以保障工作的群众基础。

（五）司法践行群众路线，必须凝聚个人、集体合力，奋力争创一流

英国著名学者克莱夫·贝尔指出：一个文明人造不成一个文明社会。只有在众多的文明的个人聚集在一起形成一个核心向外放射光芒、渗溢甘露的时候，才有可能出现一个文明的社会。❶ 人的发展既是一个个体化的过程，也是一个社会化的过程，个人的进步必然会推动集体整体向前发展，反之亦然。因此，必须要充分激发个体的工作激情，集个人和集体发展的合力，形成争先创优的良好局面。一是要营造争先创优的氛围。要重视榜样的力量，大力挖掘、宣传法官干警优秀事迹，树立先进典型，给予一定的物质奖励，鼓励干警学习先进、争做先进，以争做先进为荣，以落后退步为耻。二是要提高争先创优的能力。一方面要靠教育引导和文化滋养，帮助法官提升个人修养，激发法官的责任感和荣誉感，自觉抵制不良思想的侵蚀，保持良好的职业操守。另一方面要提高法官能力，创新法官培训模式，探索推行"小班化、专题化"培训，开展"现场教学""案例指导"等直观的教育形式，切实提高法官驾驭庭审、法律适用、撰写文书等能力；要坚持在司法实践中锻炼法官，"一线审判模式"就是一个很好的锻炼平台，对于经验较少的法官特别是"年轻法官"，可以派驻到基层法院或法庭，到处置信访案件和疑难案件的第一线接受实践的考验，学习办案的手段，找出理论和实践的差距，提升现实操作能力；学习与群众打交道的方法，掌握群众心理，提高调解技能，在艰苦的环境中、在实践中磨炼意志，实现理念的转变和能力的提升。三是要制定争先创优的机制。发挥制度的规制、引领作用，通过争先创优工作机制和制度，使争先创优活动走向规范化，创造良性的竞争环境，如完善"法官业绩档

---

❶ ［英］克莱夫·贝尔著，张静清、姚晓玲译：《文明》，商务印书馆1990年版，第104页。

案",推行"中层领导竞争上岗机制"和"上下级法院法官双向挂职交流"制度,引导干警理性竞争。

以便民诉讼在一线、查明案情在一线、化解纠纷在一线、改革创新在一线、争先创优在一线为基本内容的"一线审判模式"是延安市法院在新时期审判工作中对"马锡五审判方式"的进一步发展、创新,是践行人民司法优良传统的重要举措。近年来的实践表明,这一举措完全符合群众愿望和司法需求,对于密切干群关系、拉近群众与法院的距离、提高办案质效和司法公信具有重要的作用,必须要在司法实践中进一步发展和完善,以便在延安市的法治建设中发挥更大的作用。

健全人民法庭工作机制　回应群众多元司法需求 充分发挥人民法庭在法院工作中的基础作用[*]

——关于延安法院加强人民法庭建设的调研报告

一、实践基础：延安法院人民法庭建设情况

人民法庭是基层人民法院的派出机构和组成部分，在基层人民法院的领导下进行工作。人民法庭作出的裁判，就是基层人民法院的裁判。人民法庭根据地区大小、人口多少、案件数量和经济发展状况等情况设置，不受行政区划的限制。全国有近1万个人民法庭、共计3.7万人，占全国法院总人数的11%左右；每年审理大约250万件案件，占人民法院各类一审案件总数的近30%。人民法庭在法院案件审理中发挥着基础作用。

（一）延安法院人民法庭配置情况

伴随着我国政治、经济和社会的发展变化，人民法庭经历了从无到有、由弱到强的曲折发展过程，最高人民法院在人民法庭各发展阶段制定出台的《关于全面加强人民法庭工作的决定》《关于进一步加强司法便民工作的若干意见》《关于做好边远地区、民族地区及其他群众诉讼不便地区人民法庭恢复或新建工作的通知》《关于大力推广巡回审判方便人民群众诉讼的意见》《关于进一步加强新形势下人民法院基层基础建设的若干意见》等一系列重要司法文件，标志着有关人民法庭工作的制度机制体系更加完善，人民

---

[*] 本文获2016年陕西省法院优秀调研报告三等奖。

法庭工作的政策指导更加科学。

延安法院人民法庭建设经过几十年的改革和发展,特别是20世纪90年代末以来,人民法庭按照规范化、规模化的要求,获得了长足的发展,人民法庭设置更为科学,管理更加规范,运行更加有序,物质建设不断改善。延安市下辖13个基层法院,根据地区、人口、案件情况共设置39个人民法庭,每个人民法庭平均下辖3~5个乡镇,辖区平均人口4万左右,布局较为均衡。延安市13个基层法院共有法官干警816人,其中人民法庭有166人,占到基层法院法官干警总数的20.34%;人民法庭法官干警中正式编制73人,聘用人员93人。39个人民法庭中,有15名庭长为正科职级配备,22名庭长为副科职级配备;配备法官63人,配备3名以上法官的法庭4个,占法庭总数的10%,配备2名法官的法庭15个,占法庭总数的38%,配备1名法官的法庭18个,占法庭总数的46%。此外,富县法院直罗法庭和黄陵县法院田庄法庭正在筹建中,暂时没有配备法官和工作人员。

(二)延安法院人民法庭案件审理情况

人民法庭的任务是:审理民事案件和刑事自诉案件,有条件的地方可以审理商事案件;办理本庭审理案件的执行事项;指导人民调解委员会工作;办理基层法院交办的其他事项。延安法院人民法庭囿于当地经济发展的制约,所办理的案件全部为民事案件,其中婚姻家庭纠纷案件约占45%,合同、借贷纠纷案件约占38%,案件多为常规民事案件,类型相对单一。延安法院人民法庭近3年年均办案3525件,占到全市法院近3年年均办案量的17%,占到全市基层法院近3年年均办案量的21%。特别是实行立案登记制改革后,案件数量呈"井喷式"增长,人民法庭仅2016年1月至8月就办理案件4198件,超过近3年年均办案量的19%。人民法庭配备法官63人,占到基层法院法官总人数的13%,人民法庭法官较基层法院法官任务更加繁重。

二、实践经验:延安法院人民法庭工作情况

延安法院人民法庭充分发挥设在基层、贴近群众的优势,大力推行"一线审判模式",不断强化审判职责、提升服务水平,树立了良好的司法形象。其中,安塞法院建华法庭被评为全国法院先进集体。

(一)提升调解工作水平,建立诉调联动机制

人民法庭审理的案件,基本发生在百姓群众之间,大多属于小矛盾、小纠纷,但极有可能向大矛盾、大纠纷转化,向群体性、敏感性案件转化,若处理不好,不仅影响社会和谐,还有可能危及社会稳定。因此,作为面向基层、面向群众的人民法庭,提升调解工作水平,建立健全诉调联动机制,对

于妥善化解矛盾纠纷、维护社会和谐稳定意义重大。针对近年来人民法院案件"井喷式"增长，案多人少矛盾突出的新情况、新问题，延安中级人民法院在认真总结人民司法实践经验，深刻分析当前形势任务的基础上，印发了《关于进一步加强诉讼调解工作的指导意见》，将调解工作推向民事审判全领域、贯穿矛盾化解全过程，指导人民法庭形成了诉前调解、立案调解、庭前调解、判前调解与判后和解相衔接的诉调对接工作机制，省高级人民法院曾印发全省法院参照执行。建立健全调解考评和激励机制，将调解案件兑现率、申诉信访率纳入考评体系，正确引导调解工作方向，激发法官调解积极性。创造性地开展"群众说事、法官说法、干部联村"诉调对接机制，加强与当地党委政府的协调配合，法庭干警贴近群众、带案下访、甄别案情、因案施策，依法解决群众合理诉求，协助上级法院和当地党委、政府做好稳控工作，促使全市人民法庭来信来访总量连续多年保持低位运行，民事案件调解率连年提高。2013年全市人民法庭民事案件调解率达到84.8%，高出全省平均水平13.04个百分点，宝塔区、延长县、黄龙县等地部分人民法庭调解率达到100%，保障了社会和谐稳定。同时，延安法院统筹兼顾调解与裁判的关系，通过裁判方式引领社会价值导向。近3年来，延安法院人民法庭依法裁判与群众利益密切相关的损害赔偿、婚姻家庭、民间借贷和继承案件2489件，维护了市场经济秩序。

（二）提高诉讼服务水平，健全诉讼服务机构

密切回应人民对司法便民的新期待。（1）建立便民诉讼网络：以"庭、站、点、员四位一体便民诉讼网络"为载体，以人民法庭为中心，截至2015年12月已在全市各乡镇设立巡回审判站125个，在各村庄（社区、企业）设立诉讼联系点和法官工作室3401个，聘请诉讼联络员3486名，法官带着案件主动深入基层，调查了解案件真相，有针对性地听取邻里群众对化解矛盾纠纷的意见，就地解决纠纷。（2）推出"流动性"便民法庭：如为保障果农果商的权益，在果苗栽种和苹果成熟的春秋两季，组成合议庭深入果业大县，专门审理涉林果业纠纷，被形象地称为"苹果法庭"；针对农民居住较为分散、外出打工、出行不便等现实情况，特别在村民比较集中的假日、赶集日、农忙时节推出巡回法庭、假日法庭、赶集法庭或农忙法庭等，集中受理农民诉求，这些措施将法庭搬进农家院落、城镇社区，切实方便了群众诉讼，减轻了群众诉累。（3）推进便民服务具体化：完善便民设施、强化诉讼指导、开通网上预约立案通道，推行"民事案件预约开庭制度"，即对于医生、巡警等特殊职业或出外打工、路途较远，不能及时参加诉讼的当事人，由法官提前与其进行沟通共同协商确定案件开庭审理时间和地点，有效降低了诉讼活

动对当事人工作生活的影响，使当事人按时出庭率提高了 9.4 个百分点，达到 98.5%。（4）推行"司法确认零收费"，对人民调解协议申请司法确认案件全部免收诉讼费，进一步降低了诉讼成本。

（三）狠抓执法办案，确保司法水平提升

密切回应人民群众对司法公正的新要求，坚持把"深入一线查明案情"作为基本办案原则，最大限度地追求案件法律事实与客观事实的有机统一。针对辖区群众举证能力不足的现实情况，广泛开展审判工作"进农村、进社区、进企业、进学校、进军营"活动，推行人民法庭庭长一线办案机制和主审法官、合议庭现场办案机制，办案法官主动深入基层，查看现场，走访群众，充分补强当事人的诉讼能力，努力让有理有据的当事人打得赢官司。针对二审案件书面审理方式的弊端，推行改判和发回重审案件判前沟通机制，面对面听取人民法庭一审法官意见，营造了以上带下、以下促上、上下联动的办案氛围，缩短了办案周期，使全市基层法庭一审民事、行政案件服判息诉率于 2015 年提升到 88.36%。狠抓法庭审判管理，全面推行人民法庭案件评查报结、典型案件剖析、法官业绩考核和错案责任追究机制，出台了《民商事一审案件主审法官办案流程和书记员工作流程》，细化了法官和书记员的办案职责，进一步增强了法官办案的责任意识和质量意识，确保了办案质效稳步提升。推进审判方式民主化。改进人民陪审员制度，借鉴仲裁庭组成规则，在严格执行回避制度的基础上，赋予当事人对人民陪审员的自主选择权，人民法庭一审案件陪审率达到 98.43%，高出全市平均水平 2.02 个百分点。积极落实人民陪审员"倍增计划"，全市法院新增人民陪审员 296 名，总数达到 536 名，超出法官总数 16.53%。深化征求旁听庭审公民裁判意见活动和"人民陪审团"试点工作，试行重大疑难案件专家会商论证制度，面向人大代表、政协委员、专家学者和各界群众征求裁判意见 691 条，作为合议庭评议案件、作出裁判的重要参考，引导群众有序参与，增进了群众对司法裁判的认同与信服。

（四）践行能动司法，推动参与基层治理和社会管理创新

密切回应经济社会发展需求，创新工作机制，前移司法关口，参与社会治理创新。围绕县域治理实际，在总结富县法院已有经验的基础上，下发了《关于推行"群众说事，法官说法"便民联动机制的通知》，依托人民法庭促进县域社会治理现代化，拓展服务平台，延伸司法职能，收集一线诉求，调处一线纠纷，实现了法治理念与村民自治的深度融合，取得了"小事不出村、难事不出乡、矛盾不上交"的良好效果，一些村庄实现了"零诉讼、零上访"的治理局面。最高人民法院院长周强给予高度评价，最高人民法院于 2014 年

7月在全国推广,开启了人民法院助推县域治理现代化的新实践。围绕企业转型升级,指导人民法庭与辖区石油、煤炭等重点企业和非公有制企业广泛建立院企共建机制,通过提供法律咨询、举办法制讲座、排查矛盾隐患、指导人民调解、油区治安专项整顿等形式,引导各类经济主体自觉运用法治思维和法治方式在法律规则框架内处理问题。围绕法治延安建设,针对规避执行、无理缠访、无理闹访现象频发的严峻形势,指导人民法庭积极参与"反规避执行、反无理缠访、反暴力抗法专项整治活动",拉开了依靠全社会力量保障公众理性表达诉求、尊重司法权威的法治帷幕。围绕群众法律素养提升,向各村庄(社区)、企业、学校免费发放了5万册《案例警示录:做人的底线》漫画普法读本,向广大果农编赠《果农法律手册》3万册,引导公众自觉学法守法,有效预防了苹果产销环节的纠纷,成功逆转了案件数量逐年上升的趋势。

(五)加强队伍装备建设,保障服务审判工作

始终把规范管理作为提高司法能力的重要保障,持续加强人民法庭队伍建设和基础建设。狠抓法庭队伍建设,推行干部轮岗交流和法官遴选制度,把法院干部到法庭任职交流作为干部培养和选拔的重要程序,先后选拔11名具有人民法庭工作经历的基层法官到中级人民法院任职,宝塔区法院等基层法院落实了法庭庭长正科待遇,有效激发了法庭干警的工作活力;加强法官梯队建设,12名法庭青年干警被纳入"优秀中青年法官库",通过列席审委会和审判业务研讨等方式,实施重点培养,锻造司法精兵;优化法官培养机制,逐步开展庭审观摩和裁判文书评比,广泛评选调解能手和办案标兵,2016年中院自主组织全市160名基层民事法官赴国家法官学院进行专题培训学习,提升专业素养。狠抓法庭基础建设,注重提升物质装备保障水平,中级人民法院党组积极开展督促检查和指导工作,成立了指导基层人民法庭工作领导小组,全力支持基层人民法庭建设。2010年以来先后在矛盾纠纷多发乡镇恢复设立人民法庭4个,延安中级人民法院先后投入1000余万元资金配备车辆、计算机、打印机、传真机、图书资料等办公装备,配发巡回审判装备,改造法庭办公场所,改善干警生活条件,使全市人民法庭彻底结束了"审判无法庭、办案无车辆、通讯无设备、经费无着落"的困难历史,极大地改善了人民法庭办公办案条件。同时,强力推进法庭信息化建设,树立互联网思维,实现了基层法庭与上级法院网络互联互通,依托信息化手段加强审判管理、促进司法公开、提高工作效能。狠抓法庭党建工作,两级法院按照"支部建在庭上"的要求,督导人民法庭普遍设立了党支部;推行了"纪检监察、审判管理、人事管理"三项联动监督机制,及时发现违纪线索,落实责

任追究，确保司法清正廉洁。

三、实践效果：延安法院人民法庭建设成效

（一）审判质效进一步提高，人民群众合法权益得到更为便捷、及时、有效的维护

通过构建便民诉讼网络，人民法庭办案效率大幅提升，近5年来人民法庭人均结案率提高了近60%。调解工作已成为人民法庭化解矛盾、维护稳定、促进和谐的重要司法手段。在人民法庭每年审结的案件中，调解结案和调解撤诉的案件比例逐年上升，调撤率保持在85%以上。此外，通过大力推行"一线审判模式"和巡回审判方式，最大限度地将人民法院特别是基层人民法院、人民法庭各项工作置于人民群众监督之下，最大限度地彰显了人民司法的人文关怀，生动体现了新时期继承和发扬"马锡五审判方式"所蕴含的深入群众、方便群众和服务群众精神，延安法院人民法庭审判工作也取得了"案件上诉率降低、发回重审率降低、申诉信访总量降低、结案率提高、调解撤诉率提高"的较好成绩，真正取得了化解矛盾、平抑纠纷更加及时的效果。

（二）诉讼服务更加到位，一线审判更加完善，人民群众诉讼更加便捷

完善窗口建设，采取多项便民、利民措施，使窗口功能更加完善、制度规范更加健全、诉讼服务更加到位。通过推行"一线审判模式"和巡回审判方式，基层法官走基层、听民声、访民意、察民情，充分发挥贴近群众、便于了解矛盾纠纷根源的优势，搭建起群众接近司法和司法联系群众的新桥梁，并主动利用巡回审判平台建立起了司法联动机制。可以说，通过一线审判和巡回审判，极大地增加了人民群众利用司法制度解决纠纷的机会，使得人民法庭对人民群众合法权益的维护更加有力；此外，法官通过走访调查，利用特定的文化场域，能够更为全面地认清事实，找到纠纷的内在根源，再通过开展有效的调解工作，寻找最佳解决方案，因而人民法庭有效解决纠纷的能力也得到了提升。

（三）司法公信力进一步提升，与人民群众感情进一步增强

通过一系列法庭改革建设，不仅方便了当事人诉讼，降低了诉讼成本，而且能让群众直接了解案件事实真相，增强司法的透明度，提高群众的法律意识，由此人民群众对法院工作更加了解和支持，司法公信力也得到了提高。同时，人民法庭建设的加强和一线审判、巡回审判的大力推广，审判场所的亲民化形式，使得审判形式更加灵活，甚至用拉家常、摆道理等群众喜闻乐见的方式，极大减轻了当事人诉累，满足了人民群众不断增长的司法需求，真正做到了审判便民、利民、爱民、亲民，取得了良好的法律效果和社会

影响。

四、实践困境：当前人民法庭建设存在的问题和不足

人民法庭建设获得了长足的进展，但囿于经济社会条件的限制，部分人民法庭建设仍显滞后，分布不均、编制不足、保障不力等问题仍然比较突出，严重影响了其应有职能的发挥。与此同时，经济社会处于急速转型阶段，人民群众也有着更多的关切和期待需要回应，人民法庭面临着更加严峻的考验。

（一）职能定位不清晰，影响其作用的充分发挥

在实践中，人民法庭的职能和作用并不像宪法、法律和最高人民法院规范性文件规定得那么明晰。实践中，有的人民法庭被当作基层政府的职能部门，被要求协助当地政府从事计划生育工作、经营性活动、帮助企业清理"三角债"、履行驻村职责，更有甚者被迫上街打扫卫生。人民法庭从事与审判和执行无关的行政性和社会性活动，反映了人民法庭在现实中存在职能变形和异化现象。

（二）人员配备不足，任务繁重

当前人民法庭人员的配备大部分为1名法官、1名书记员、1名法警，配备1名法官的法庭有18个，占法庭总数的46%，事实上的1人法庭仍占相当比重。人员严重不足导致无法组成合议庭，不得不引进人民陪审员参加庭审。如黄陵县法院所辖田庄法庭处于"有庭无人"状态，多数基层法庭人员未达到上级法院所要求的"三审一书一警"的配备要求。人民法庭还担负着指导人民调解委员会工作和参加社会治安综合治理的职能，在新时期下又担负着指导乡镇社会法庭的重任，加之基层法庭受理案件数逐年增加，任务十分繁重。

（三）司法保障水平仍待提高

虽然基层法庭的物质装备较前大有改善，但人民法庭地处偏远乡镇，受现实经济状况影响，基础设施相对落后，信息化建设滞后，大多没有配置门禁、电子监控、安检设施等安防设施，制约了工作发展。此外，基层法庭大多是办公区和生活区无隔离，驻庭法警十分有限，难以有效控制突发事件。法庭法官大多家在城内，后顾之忧不能解决；有的法官下到法庭一干就是四五年甚至更长时间，出力不出政绩且待遇偏低，职业保障不力，办案任务重，工作压力大，职业风险高，缺乏激励机制，导致留人难、队伍不稳定问题突出。

五、实践对策：进一步加强人民法庭建设的建议

面对新形势，人民法院必须进一步加强人民法庭建设，更好地发挥审判

作用，筑牢人民司法事业的根基。

（一）进一步明确人民法庭职能

将人民法庭从原有的行政执法、经营性活动以及社会事务等纷繁复杂的事项中解脱出来，回归到依法公正审理和执行案件、解决社会矛盾和纠纷中来，从而保证宪法和法律关于人民法庭制度内容的规定具体化、实效化。

（二）进一步完善人民法庭机构设置

基层法院可根据本院员额法官人数及案件数量情况，在员额法官数量足够的情况下设置人民法庭，确定一定比例的人民法庭法官，人民法庭设立案室；在员额法官数量有限的情况下，以现有人民法庭为依托，设置诉讼服务站，实行全院员额法官轮流不定期到基层诉讼服务站就地巡回审判（比如中央政法编制在50个以下的基层法院），诉讼服务站设接待室，只受理案件不立案，每周确定时间统一在基层法院立案室办理立案手续。

（三）进一步加强人民法庭队伍建设

着力夯实基层法官队伍，及时配足、配强审判力量，切实解决好当前人民法庭人员不足的问题。要选准配强人民法庭庭长，努力提高人民法庭法官的政治、生活待遇，解决好人民法庭法官干警职级待遇和人员生活补助等问题，用事业留人、用待遇留人，建立一套有利于人民法庭法官成长的激励机制。加大人民法庭法官培训力度，建立健全绩效考评、科学管理等方面的长效管理机制。抓好法庭法官干警轮岗交流制度的落实，真正把基层法庭建设成为审判骨干的成长基地、领导干部的选拔基地、新进人员的培训基地。

（四）进一步完善人民法庭保障机制

加强人民法庭基础设施建设。按照方便当事人诉讼、方便依法独立行使审判权的原则，科学规划法庭布局，优化整合审判资源，积极改善法庭办公条件和设施。加强办案经费保障，建立人民法庭办公、办案、培训经费保障机制，将人民陪审员参与案件审理所需经费列入财政预算，在配发现代化办公、交通、通信设备时尽可能向人民法庭倾斜。

（五）进一步拓展司法为民、司法公开、司法民主的广度和深度，切实加强司法公信力建设

继续创新司法便民机制，完善一线审判和巡回审判方式，最大限度方便群众诉讼和节约诉讼成本。完善诉讼与非诉讼相衔接的矛盾纠纷解决机制，健全大调解工作格局。加强执行工作长效机制建设，依靠体制优势化解执行难。加强立案信访窗口建设，建立涉诉信访工作长效机制，并对经济确有困难的当事人实行诉讼费减、免、缓和提供司法救助，解决当事人合法合理诉求。深入推进司法公开，更好地接受群众监督。加强法律释明工作，积极做

好判前释明、判后答疑工作,帮助群众正确适用法律保护自身权益,避免当事人盲目诉讼。完善人民陪审制度,大力弘扬司法民主,进一步创新和加强审判管理,确保司法公正高效,不断提升司法公信力。

附:

延安市法院人民法庭基本情况统计表

法院	人民法庭数量	法庭名称	庭长职级	法官人数/人	其他人员数量/人（在编/聘用）	近3年年平均办案量/件	2016年1—8月办理案件数量/件
宝塔区法院	5	枣园法庭	正科	5	0/8	130	375
		青化砭法庭	正科	2	0/2	112	244
		南泥湾法庭	正科	2	0/5	110	206
		李渠法庭	正科	1	0/6	120	257
		姚店法庭	正科	2	0/3	115	230
吴起法院	3	洛源法庭	正科	4	0/3	400	470
		五谷城法庭	正科	2	0/2	60	100
		铁边城法庭	正科	2	0/2	60	50
志丹法院	2	旦八法庭	正科	2	0/2	90	69
		杏河法庭	副科	1	0/2	50	54
安塞法院	3	建华法庭	副科	2	0/4	135	106
		砖窑湾法庭	副科	1	0/3	70	49
		招安法庭	副科	3	0/1	100	91
子长法院	3	杨家园则法庭	副科	2	0/1	85	63
		涧峪岔法庭	副科	1	0/2	80	65
		安定法庭	副科	1	0/2	64	52
延川法院	4	永坪法庭	副科	3	0/4	167	105
		延水关法庭	副科	2	0/2	60	47
		稍道河法庭	副科	2	0/1	30	32
		文安驿法庭	副科	2	0/1	70	67
延长法院	2	黑家堡法庭	正科	2	0/3	65	43
		张家滩法庭	正科	1	0/2	70	80

续表

法院	人民法庭数量	法庭名称	庭长职级	法官人数/人	其他人员数量/人（在编/聘用）	近3年年平均办案量/件	2016年1—8月办理案件数量/件
甘泉法院	2	道镇法庭	副科	1	0/3	106	130
		下寺湾法庭	正科	2	0/2	70	65
富县法院	4	茶坊法庭	正科	1	0/3	95	69
		张村驿法庭	副科	1	0/4	102	154
		羊泉法庭	副科	1	0/2	97	86
		直罗法庭					
洛川法院	4	旧县法庭	正科	1	2/1	90	60
		老庙法庭	副科	2	1/2	170	160
		土基法庭	副科	2	2/2	140	130
		石头法庭	副科	1	2/2	2016年5月成立	40
黄陵法院	3	店头法庭	正科	1	0/2	91	62
		隆坊法庭	副科	1	0/3	71	74
		田庄法庭					
宜川法院	2	云岩法庭	副科	1	1/3	138	191
		集义法庭	副科	1	2/1	70	89
黄龙法院	2	三岔法庭	副科	1	0/1	30	25
		白马滩法庭	副科	1	0/1	12	8
合计	39			63	10/93	3525	4198

更新观念　探索人民法庭的科学管理方式[*]

洛川县人民法院地处陕北黄土高原，辖区丘陵起伏，沟壑纵横，交通十分不便。辖区共19个乡镇、365个行政村、20余万人，全县南北长150公里，东西宽60公里。在深化改革、建设社会主义市场经济的大好形势下，充分发挥人民法庭的职能作用，使人民法院更好地为社会主义市场经济建设保驾护航，有着十分重要的意义。近年来，洛川县人民法院更新观念，大胆探索基层人民法院规范化、科学化管理人民法庭的新路子，取得了一定成效。我们的具体做法是：

一、从严管理，从优待警，创造良好的执法环境

人民法庭是基层人民法院的派出机构，是人民法院联系人民群众的桥梁，是反映人民法院严肃执法、秉公办案精神风貌和良好形象的"窗口"。人民法庭承担着基层人民法院80%以上的民事审判任务，它既是独立的审判机构，又不同于基层人民法院内部设置的庭、室，在审判职能上既隶属于基层人民法院，又有其独立性。洛川县人民法院为了搞好人民法庭建设，在思想作风上从严管理，在审判业务上加强指导，在生活待遇上实施倾斜，使三个人民法庭得到全方位的发展。

（1）思想作风从严管理，真正关心和爱护人民法庭干

---

[*] 本文1999年10月被人民日报出版社编入《乡镇人民法庭工作实务全书》。

警的进步和成长。我们针对人民法庭远离法院、实施管理十分不便的特点,特别汲取了个别地方对人民法庭干警政治业务学习不闻不问、生活待遇漠不关心造成法庭干警违法违纪甚至走向犯罪道路的沉痛教训,在推行政务公开、狠抓队伍廉政建设的同时,给每个基层人民法庭配备了廉政教导员,并在基层人民法庭实施了挂牌上岗、标志办公、廉政执法监督卡等制度,院党组还制定了院领导接待日制度和不定期对法庭进行检查指导制度。

(2) 生活待遇从优,使法庭干警安心基层工作。洛川县人民法院在经费十分紧缺的情况下,对人民法庭实施经济倾斜政策。一是对法庭干警实施午餐补贴;二是法庭干警用车优先安排;三是对法庭干警遇事、节假慰问;四是各种文书材料优先打印;五是法庭干警家中有实际困难的积极帮助解决,解除了他们的后顾之忧,使其安心在基层法庭工作。旧县法庭原庭长段交平同志,在法庭一干就是14年,他工作积极、任劳任怨,从不计较个人得失。一天深夜,其爱人旧病复发,情况十分危急,他本人又在离县城25公里外的法庭,院领导知道后,立即派专车将他爱人送往医院,办好住院手续,派专人进行护理。事后段庭长十分感动,工作热情倍增。在他的带领下,旧县法庭各项工作更上一层楼,审结案件居全院之首。

(3) 改善基础设施,美化法庭执法环境。一是更新改造了法庭审判庭和办公住房,新修了摩托车房和灶房,办起了干警"爱心灶"(又叫"廉政灶");二是在法庭院内植树、种植花草,使法庭院落绿树成荫、鸟语花香;三是给每个法庭配备一台21寸彩色电视机,丰富干警文化生活;四是建起党员活动室、接待室、会议室、阅览室、荣誉室;五是为了适应高效服务的需要,采取财政争取一点、单位补贴一点和个人筹集一点的办法,给法庭每个干警配备了一辆办案摩托车、一部传呼机;法庭均配有办案业务车。与此同时,为了使法庭同志外出办案放心、在法庭工作安心,院里成立了家属委员会,法庭同志家庭有了困难,由家属委员会出面解决。家属委员会还经常告诫家属要对其亲人常吹枕边廉政风。为了激发干警的工作热情,激励干警把法院当作家,还实行了干警子女考取学校奖励制度,考上中专的奖励300元,考上大专以上的奖励500元。被省内院校录取的由专车送往学校,被外省院校录取的送到车站,报销车、船费。另外,在工作待遇、选拔使用上,首先考虑在法庭工作的同志,从而鼓励干警安心人民法庭工作,自觉到人民法庭接受锻炼。

二、建章立制,对人民法庭进行规范化管理

俗话说"没有规矩不成方圆",洛川县人民法院领导班子认为,人民法院

工作要有新起色，人民法庭工作要有新起色，必须实行规范化管理，确定科学合理的奋斗目标。为此，我们确定了"审判秩序规范化、审结案件高效化、执法活动公开化、执法条件优良化、物质装备现代化、队伍管理正规化"的"六化"奋斗目标，进行法庭规范化建设。

（1）科学设置目标体系。在规范化目标设置方面，坚持五个原则：第一，上下协调和上级要求与群众呼声的一致性原则，即坚持秉公执法、公正裁判；第二，目标具体务实的明确性原则，即审结案件分解到人、分解到庭，杜绝办"错案"；第三，先进性、突破性、竞争性原则，即在审判方式改革、队伍建设、法庭管理等方面有独特的创新和借鉴思想；第四，可比较、可分解、可考核的操作性原则，即规定审判人员最低月结案件指标，将超办案件人员名单公布于众，季度奖罚兑现；第五，接受群众考核的公开性原则，即制定的目标以各种形式向群众公开，直接接受群众的考核和监督。

（2）层层落实目标管理责任制。根据法庭工作特点，向各界人士广泛征询群众强烈要求解决的事项和实行法庭规范化管理必须解决的问题，年初拟定好初步的工作目标，然后提交院党组讨论决定。正式目标确定后，院长与各分管法庭的副院长签订"领导管理责任书"，分管院长与各基层法庭庭长签订"目标管理责任书"，并将其分解到每个干警身上，做到责任落实到人，最后在全院公布。同时要求每位干警作出完成任务的承诺，并记录在案。

（3）严格目标责任监督考核。根据目标任务，我们制定了严格的考核办法。如完成年度任务不足90%的给予黄牌警告，完成任务不足80%的给予待岗处分。半年考核一次，并将半年、年终综合考核结果在全院公开通报，严格兑现奖罚。平时的监督考核由廉政教导员负责，对重点工作进度情况逐月督促并每月一次列表在曝光台公布，分析问题，提出改进措施，有效地促进了各项工作任务的完成和落实。

（4）加强法庭规范化建设。首先，实行人员编制标准化。人民法庭最基本的工作任务是审理案件，审理案件必须依法组成审判组织。为了适应人民法庭适用普通程序审理案件的需要，我们在案件数量急剧上升、法院编制没有增加的情况下，压缩行政后勤人员，将其充实到人民法庭第一线，保证了三个人民法庭的人员编制至少是三审一书，即三名审判员、一名书记员，有的法庭达到三审一书一警（法警兼司机），使人民法庭审判工作能够正常开展。在人员的文化素质、年龄结构上都从严掌握。洛川县人民法院人民法庭现有人员13人，其中12人是大专以上文化程度，平均年龄比全院平均年龄小5岁。同时还注重对人民陪审员的推荐、培训工作，制定了《人民陪审员选拔工作制度》。其次，强化对案件的监督管理。在案件的监督管理过程中，我们以"公开办案程序，公开办案过程，公开办案结果"的"三公开"为重点，狠抓了"两个环节"：①立案环节：向当事人发放"当事人诉讼须知""廉政监督卡"，让当事人从办案纪律、审限、诉讼费收取等方面对法庭工作进行监督，并随案填写"案件运行监督卡"，将立案至结案的全过程印制在上面，使运行的每一环节相互监督；②审限环节：由法庭廉政教导员按月清理，报告庭长，庭长对即将到期的案件逐件填写"催办通知书"，保证在法律规定的审限内结案。

三、深化改革，规范人民法庭的审判工作

人民法庭是人民法院审判工作的前沿阵地，只有人民法庭的各项工作做好了，人民法院的工作才会有新的起色和发展。为了搞好人民法庭的审判方式改革，自1998年以来，洛川县人民法院今年先后组织法庭干警进行庭审观摩20余次，总结经验，取长补短。在庭审改革中，坚持"一准备一引导三强化"，即做好必要的庭前准备，积极引导当事人举证，强化当事人举证责任，强化庭审功能，强化合议庭、独任审判员的职责。为了规范法庭的庭前准备和庭审程序，我们把院里组织编写的《诉讼须知》《当事人须知》《诉讼费收取规定》《廉政监督卡》全部印制后悬挂于各人民法庭，把《民事案件庭审操作程序》打印后下发至各人民法庭，以便于人民法庭遵照执行。人民法庭制定了《庭长工作细则》《司法警察工作细则》《合议庭、独任庭工作细则》《人民陪审员制度》等，并根据《民事诉讼法》的规定，给合议庭人员放权加责，除重大、疑难案件需报院审判委员会研究决定外，其他案件一律由合议庭研究，部分案件可由分管院长列席合议庭研究。这样不仅大大加快了办案速度，而且保证了办案质量。自1998年以来所审结的案件，无一错案，无一超审限。

我们在深化改革、规范人民法庭审判工作的同时，还注重坚持民事审判工作的优良传统，坚持在自愿合法的原则下做好调解工作。调解中，一是注重对案件事实的调查，分清双方当事人之间的是非责任；二是耐心细致地对双方当事人进行法律宣传；三是掌握正确的调解方法，做到"三个公开""三个不同""三个不调"和"五个庭上定""六个一样"。"三个不同"是不同身份的当事人一样对待；不同身份的当事人提供的证据一样认真审核；不同身份当事人的案件一样审理。"三个公开"是：事实证据公开，是非曲直公开，处理结果公开。"三个不调"是：案件事实不清不调，是非责任不明不调，案件内外矛盾未处不调。"五个庭上定"是：证据采信庭上定；事实认定庭上定；是非责任庭上定；法律运用庭上定；责任承担庭上定。"六个一样"

是：接待热心，职务高低一样；听诉专心，生熟人一样；教育疏导耐心，来访次数多少一样；调查细心，有无说情一样；调解诚心，当事人态度好坏一样；处理公正，本地外地当事人一样。坚持上述调解方法，使得增强了"两多""两少"，即调解结案的多，判决服判的多；上诉的少，发回重审的少。1999年来所审结的案件，调解结案的达到了92.6%，其中旧县法庭截至8月底审结的民事案件中，除依法律规定必须适用判决处理如解除非法同居案件外，其余均调解结案，且当事人均自觉履行，无一件移送执行案件。该庭的做法先后被多家兄弟法院学习和借鉴，受到了上级法院和社会各界的一致赞赏。与此同时，我们在人民法庭实行了"八个一"工程，即一卡（廉政监督卡）、一档（干警廉政档案）、一栏（廉政执法监督栏）、一箱（法官违法违纪举报箱）、一证（上岗证）、一牌（岗位牌）、一台（曝光台）、一话（举报电话）。

洛川县是全国优质苹果的生产基地之一。随着改革开放和市场经济的发展，民事、经济纠纷大量涌现，人民法院受理的民事、经济纠纷案件急剧上升。为了方便群众诉讼，洛川县人民法院在深化改革中率先推出两条便民服务新举措：一是受"110"报警电话的启发，率先在全县范围内建立了"140"服务热线，以方便群众提起诉讼和进行法律咨询。在人民法庭所在乡镇和未设人民法庭的乡镇设立诉讼接待站，在365个行政村调委会设立诉讼联系点，给每个法庭制作了便民联系诉讼卡，将法庭地址、联系电话、监督电话公布于众。洛川县人民法院便民诉讼已形成网络，彻底解决了群众告状难问题。法院为了配合以上措施的落实，还安排了专车，喷上洛川县人民法院"140"巡回法庭标识，处理当事人通过电话提起的诉讼。1998年至1999年8月底所受理的各类案件中，其中当天立案的就达1088件，占案件总数的82%；通过"140"诉讼的有576件。二是在苹果销售季节，为促进苹果销售市场的发展，保护果农果商的合法权益，我们成立了"保护果农果商合法权益投诉中心"和"巡回法庭"，为果农果商减半收取案件受理费，无论白天、晚上，只要接到投诉就立即审理，切实并及时正确地处理了大量的果农果商间发生的各类纠纷。

总之，洛川县人民法院经过几年不懈的努力，在科学化、规范化管理人民法庭方面取得了一定成绩，得到了各级领导的肯定，曾先后被省、市、县电视台，《人民法院报》等新闻媒体报道，省内部分兄弟市、县人民法院纷纷前往参观学习。由于指导思想明确、措施得力，已初步形成一个工作秩序正规、审判工作规范、社会监督公开的警容整齐、严肃执法、文明办案、公正高效的审判机制。

第三编
审判实务调查研究

关于苹果产业营销纠纷的调研报告[*]

——对延安法院近三年苹果产业营销纠纷审判实践的思考

近年来，延安市以退耕还林生态建设为切入点，积极调整农业产业结构，大力发展以苹果产业为主的特色农业，全市苹果种植面积不断扩大，市场占有率日益增大，农民收入持续增长，以洛川为中心的"苹果现代产业园区"基本形成。2011年，延安市第四次党代会明确提出，要坚持把"中国·洛川苹果现代产业园区"建设成为全国苹果物流集散中心、价格形成中心、信息传播中心、科技交流中心和会展贸易中心，辐射带动以苹果为主的特色产业快速发展。与此同时，涉及苹果产业的土地承包、买卖合同、抵押合同等各类纠纷不断涌现，成为影响农村社会稳定和制约林果业发展的突出问题，受到了社会各界的广泛关注。2013年，在市"两会"期间，部分人大代表和政协委员就林果业经营合同纠纷案件表示极大关切，期望我市法院进一步加大对林果业发展的司法服务和保障力度。为此，市中级人民法院集中利用1个月的时间，深入洛川、富县、黄陵、宜川等苹果主产区采取座谈交流、走访调查、问卷调查、案例研究、统计分析等多种方式开展了苹果产业营销纠纷专项调研，在深入分析林果业经营纠纷发生原因的基础上，有针对性地研究制定相关的司法服务和保障措施，切实满足苹果产业发展需求和果农、果商的司法需求。

---

[*] 本文获2013年度陕西省法院优秀调研报告二等奖。

一、全市苹果产业发展现状

目前，苹果产业已经成为我市发展现代农业的特色产业之一、支撑县域经济的主导产业、促进农民增收致富的主要渠道。据统计，2012年，我市苹果产量突破270万吨，苹果总产值75亿元，苹果产业在农民纯收入中由2002年的450元提高到3400元，增长了656%倍；苹果产业面积从2002年的150万亩发展到320万亩，同比增长113.3%。以洛川、黄陵、宜川、富县4个苹果主产区为例，洛川县苹果种植总面积已达到50万亩，占耕地面积的80%，人均3.1亩（位居全国之首），年产苹果80万吨以上，实现产值28亿元，果农人均苹果纯收入突破8000元。黄陵县是全国绿色苹果示范基地，苹果种植面积20万亩，所辖隆坊镇新增耕地面积4.1万亩，果园面积3.96万亩，2012年苹果产量6.78万吨，农民人均纯收入10158元，其中人均果业收入突破9000元，被列为统筹城乡发展市级重点镇。宜川县已建成果园36万亩，其中苹果26万亩，2012年苹果总产量42万吨、产值12亿元，农民人均果业收入达到1.5万元，成为8.5万农民持续稳定增收的根本保障。富县苹果产量于2012年达到50.9万吨，较上年增长13%，总产值20亿元，苹果产业成为农民增收致富的主要途径。

二、苹果产业营销纠纷的基本情况

（一）受案数量呈现上升趋势

2010—2012年，我市洛川、黄陵、富县3个苹果主产区法院每年果业合同纠纷案件数量分别为67件、81件、96件，占当年民事案件总量的比例分别为3.57%、4.34%、4.91%。

（二）果业纠纷案件的主要类型呈现多样化

果业纠纷案件主要表现为以下6种类型：（1）果园承包经营合同纠纷。以宜川县法院为例，2010—2012年审理的8件苹果业纠纷案件中有4件是果园承包合同纠纷，占全部案件的50%，主要表现为确认果园转包合同无效、解除果园承包合同等形式。（2）苹果买卖合同纠纷。此类纠纷在果业合同纠纷中所占数量最多、比重最大，其中因合同中未明确约定装箱、装车时间等引发的纠纷占到50%。（3）苹果质押合同纠纷。果商向果农赊购苹果后，以苹果为质押物同果库达成质押合同，待果商逾期不履行或不能履行债务时，果库将质押物处分以实现债权，而此时果农尚误以为苹果仍属自己所有。（4）生产、销售伪劣农资、农药案件。以富县法院为例，2012年依法审判了4起坑害果农的销售假冒伪劣农药、化肥等农资的案件。（5）苹果运输合同纠纷。（6）果农之间的借款合同纠纷。

（三）果农在交易和诉讼中处于劣势地位

在交易过程中，果商处于优势地位，果农处于劣势地位，果商在形成交易价格、履行方式、履行期限、违约责任的过程中居于主导地位，并且将交易风险转移到果农身上；果农在与果商博弈过程中的讨价还价、风险防范与应对能力不足。在诉讼中，多数案件果农在诉讼过程中处于原告地位，并且举证能力较为薄弱。以洛川法院为例，2010—2012年果农处于原告地位的案件数量分别为51件、73件、67件，所占苹果产业纠纷案件比例分别为89.5%、93.6%、97.1%。

（四）苹果产业纠纷产生的时间和空间相对集中

从纠纷发生时间看，果园承包经营合同纠纷一般发生在春耕时节，买卖合同一般发生在苹果收获季节，并且主要在苹果主产区产生，呈现出鲜明的季节性与地域性。

（五）苹果产业中潜在的新类型纠纷

伴随着2007年7月1日《中华人民共和国农民专业合作社法》的正式实施和同年11月24日陕西省出台了全国第一个《农民专业合作社法》省级实施办法，农民专业合作社开始兴起。以洛川县为例，采取"公司+协会+基地（农户）"的发展模式，确定8个果业龙头企业、7个果业专业合作社，在72个苹果专业村开发7436亩优质苹果生产基地。果农专业合作社这种具备法人资格的新型民事主体在经济发展中成为联系市场和农户的桥梁纽带，专业合作社与农户之间的法律关系，专业合作社的设立、合并、分立等民事行为，必将引发新类型的纠纷案件进入诉讼渠道。

三、苹果业纠纷案件的形成原因

（一）果农法律意识淡薄，维权能力不足

受文化程度、行为方式、普法宣传教育等方面因素的影响，果农作为市场交易主体，尚不能从法律角度判断行为的法律性质、预见行为的法律后果以及防范潜在的法律风险。这突出表现在：一是一些果农基于熟人关系的考虑，在苹果交易发生时采取口头合同形式，不填写书面合同，以致在交易过程中涉及质量要求、交付时间等具体内容时双方各执一词，发生纠纷时难以查清真实情况；二是果农在自身权益受到损害后，有的一味担心苹果滞销，默认了果商的违约行为，即使一些果农在选择调解或诉讼方式进行维权时，经常出现不能提供证据证明、证据不充分等情形；三是果农不审查经纪人是否取得果商的委托代理资格，致使果商以本人没有到场、没有授权或没有签订合同为由拒绝履行合同；四是在果园承包合同中，因果园预期收益较往年激增，承包人便意图变更或解除合同。

（二）合同文本内容不明确，违约惩戒无力度

根据《中华人民共和国合同法》第十二条规定，合同的内容一般包括当事人的名称或者姓名和住所，标的，数量，质量，价款或者报酬，履行期限、地点和方式，违约责任，解决争议的方法等条款。但在苹果交易中，买卖合同普遍存在部分条款约定不明的问题，主要表现在：一是合同主体不明确，一些果农在交易中邀请亲戚朋友代替本人填写合同。二是标的物质量约定不明确，合同中对苹果质量标准的用语含糊不清。三是履行期限约定不明确。在苹果交易中，苹果装箱后装车作为特定的交付方式，直接决定标的物所有权的转移和标的物毁损、灭失后的风险承担，但由于苹果装箱时间与装车时间没有填写或填写不确切，出现果商视市场行情最终选择是否购买，价格上涨时果商如期而至、履行合同，价格下跌时果商违反合同、拒绝履行的情况，导致果农陷入"两难"境地，不卖则苹果滞销、保管费用成本增加，还要承担苹果霉烂的风险；销售则担心果商提取货物、请求赔偿。四是违约责任约定不明确，包括工商行政部门提供的制式合同也不能准确区分定金、订金和预付款的概念。五是纠纷解决方式没有约定或约定不明确。同时，合同法设定定金罚金的目的在于督促交易双方信守约定，但在实践中由于约定的定金比例较低，在受到巨大经济利益的驱动时，违约代价远小于违约获得的收益，由此导致：在苹果价格大幅上涨时，果农违反约定将苹果销售给第三人；在苹果价格大幅下跌时，果商撕毁合同，另寻途径购买低价苹果。

（三）果业销售渠道不畅通，销售信息不对称

从苹果营销方式来看，主要渠道仍然依靠果商或其委托的经纪人购销，果品营销企业销售带动能力普遍差。从果农与果商的信息占有能力看，与果商相比较，果农获取苹果销售价格、市场供求关系的信息渠道较为狭窄，研判和运用信息开拓市场、获取利润的能力较为薄弱。目前，仅有洛川县、富县分别通过发送手机短信、电视台每周公告形式研判苹果生产、销售行情，发布苹果销售指导价格，指导果农适时适价销售苹果。

（四）经纪人准入门槛较低，规范管理尚待提高

经纪人作为果商从事交易活动的代理人，已经成为联系果农与果商的中介。目前，我市尚未建立统一的经纪人职业准入制度，尚未形成科学规范的经纪人管理、考评与惩戒机制，经常出现经纪人与果商串通一气损害果农权益的现象。与此同时，一些并未取得从业资格的"黑经纪"活跃在苹果产业营销市场，严重扰乱了果品交易市场秩序。

四、预防和化解果业纠纷的措施

（一）加强法制宣传教育，提高果农法律意识和维权能力

一是针对果农、果商法律意识淡薄的现状，创新法制宣传形式，协调延安电视台开办"法官讲堂"栏目，举办专题法制讲座，编印《法律服务手册》免费向果农赠阅，选取典型案件进村审理，通过直观生动的以案说法形式向果农、果商传播法治理念、普及法律知识，特别是提高果农的法律风险意识。二是针对果农维权能力不足的现状，研究制定果园承包经营合同、苹果买卖合同、借款合同制式文本，明确约定发包人与承包人、果农与果商、债权人与债务人的权利与义务以及合同履行方式、期限、纠纷解决途径，特别是在违约责任条款中适度提高定金比例，最大限度发挥其失信惩戒作用，保证交易安全。

（二）准确把握法律精神和司法政策，引导公众树立正确的价值导向

1. 准确把握宽严相济的刑事政策

农业是国民经济的基础和命脉，农民是农业生产的主体和主力。生产、销售伪劣农资的行为，严重破坏了市场经济秩序，严重危害了农民群众的切身利益。鉴于此，在刑事审判中，应严厉打击生产、销售伪劣农药、兽药、化肥、种子等坑害果农的犯罪行为，维护农资市场正常秩序，保护农民的合法权益和农业生产积极性。

2. 准确把握"调解优先，调判结合"的民事审判原则

无论采取调解还是审判方式化解纠纷，最终应考量是否维护法制尊严和道德底线，是否实现司法公正。要树立司法公信，让群众在每一个司法案件中都感受到公平正义，首先应当明确调解和审判作为化解纠纷的基本方式，二者在实现法律效果和社会效果的统一中各具优势。基于对调解从源头上化解矛盾纠纷、促进案结事了的认识，尽管强调加强调解工作，实行"调解优先、当调则调"的原则，但调解和审判在证明标准、程序要求、法律适用、办案效果上有着质的区别，所以还应注重"调判结合、当判则判"。其次，调解不能突破法律底线和道德底线。法律规定，调解应当坚持自愿和合法原则；当事人在民事活动中应当遵循诚实信用原则。但在一些地方民事司法实践中，片面追求调解率，有时强调硬调，有时以牺牲底线为代价，形成了"调解依赖症"，不仅不能树立司法权威、引领守信风尚，反而助长了藐视法制、违约失信的社会风气。因此，在审理果业合同纠纷案件中，应维护承包经营合同与买卖合同的稳定性与交易的安全性，保护诚实守信者，制裁背信弃义者，引导果商和果农信守合同约定，促进社会诚信体系建设。

3. 准确把握农业发展趋向，保障专业合作社的成长壮大

建立在家庭承包经营责任制基础上的农民专业合作社，是伴随着农业生产力水平提高而出现的新生农业生产方式。尽管现阶段此类案件并未进入诉讼渠道，但伴随着这种生产方式的快速发展所引发的纠纷在可以预见的未来必将进入司法视线。因此，人民法院应把握两个原则：一是适度增强司法的预见性和前瞻性，对新生的农民专业合作社的法律性质及其与农民、企业的法律关系进行分析研究；二是在处理涉及专业合作社纠纷案件时，既要保护果农的权益，也要保障专业合作社的发展。

（三）坚持能动司法，切实维护果农合法权益

在遵守司法被动性与中立性规律的前提下，适应西部地区群众特别是农民诉讼能力较弱、追求实质正义的现状，适度延伸司法职能，适时指导当事人诉讼行为，从而释放出能动司法的正能量。

1. 深化便民诉讼机制

"便于群众诉讼，便于法院审判"的优良传统，是人民司法制度从创立、完善到形成始终坚持的司法理念和办案方式。为了让果农更方便地参与诉讼、更及时地达成诉求，必须设身处地地为果农着想，继续深化回应果农司法需求的立案、审判工作机制，尽力减轻当事人的讼累，降低当事人的诉讼成本。一是深化便民立案工作机制。推行"电话预约、上门立案"工作制度，使果农可以通过电话预约，由立案人员上门办理立案手续。针对路途较远的果农，借助已经开通的"网上立案审查通道"，可以通过访问"延安法院网""网上立案"模块上传电子版诉讼材料，由法院立案人员进行远程审查。开辟果农诉讼"绿色通道"，对于果业纠纷案件，及时保全、快速立案。二是深化便民审判工作机制。积极推行巡回审判机制，果业生产地区基层法院、法庭应普遍设立"果业纠纷案件巡回法庭"，在果苗栽种和苹果成熟的春秋两季，深入农家果园办理林果纠纷案件。推行"民事、行政案件预约开庭"制度，要求主审法官根据当事人的工作性质和规律，就开庭时间、开庭地点等事项与双方当事人预先进行沟通，合理约定开庭时间和地点。同时，对符合条件的果业纠纷适用简易程序审理，逐步提高当庭裁判比率，让群众切身感受到审判工作的人性化安排。三是深化便民联络长效机制。推进"一村一法官"机制建设，在苹果生产村庄确定定向联络法官，随时深入果园、贴近果农，力求做到有咨询及时答复、有矛盾及时排查、有纠纷及时化解。四是深化矛盾纠纷化解网络建设。按照全面推行"庭、站、点、员"四位一体矛盾纠纷化解网络建设的要求，依托基层法庭，在全市每个苹果生产乡镇设立1个巡回审判站，每个村庄、社区、企业设立1个诉讼联系点，每个联系点聘请1名诉

讼联络员，并确定1名联络法官，通过经常性的共建机制和联络机制，帮助基层组织排查化解矛盾纠纷。

2. 完善多元化矛盾纠纷化解机制

构建以人民调解为基础、诉讼调解为主导、行政调解为补充、司法审判做保障的多元纠纷解决机制，体现了这样一种导向，即法院不再以鼓励诉讼为导向，而是将纠纷解决进一步向社会开放。❶ 任何纠纷的产生，源于深层次的社会因素和多样化的利益博弈。任何纠纷的化解，从微观上讲，最终目的在于界定和厘清主体之间的权利、义务关系；从宏观上讲，最终目的在于维护社会和谐稳定、实现国家长治久安。因此，化解纠纷，必须动员和依靠社会力量，必须构建和运用多元化机制。果业纠纷作为社会纠纷众多类型的一种，其成因、目的和化解方法也不外乎于此。在化解果业纠纷中，洛川县工商局成立了苹果交易纠纷调解办公室，积极发挥行政调解职能；延安市仲裁委洛川、富县仲裁工作站善于发挥仲裁优势；黄陵县隆坊镇整合执法资源、动员社会力量，成立了由法庭、派出所、工商所、司法所、交警支队等部门组成的果业纠纷化解领导小组，形成了"多方协调，齐抓共管"的工作格局，大量果业合同纠纷在诉前得到化解，缓解了审判压力。今后，两级法院应全面落实《关于进一步加强诉讼调解工作的指导意见》，在构建多元化矛盾纠纷化解大格局、完善"全域、全程、全员"调解机制的同时，一要充分发挥农村基层人民调解组织的作用和行政调解功能。依靠党员干部和群众做工作，在源头上化解矛盾，避免冲突激化，使多数纠纷能够得到及时、有效的解决，进而减少诉讼案件。二要着力加强诉讼调解。认真贯彻"调解优先，调判结合"的审判原则，把调解工作贯穿于案件处理的始终，努力实现案结事了的审判目标。推进诉调对接，积极指导人民调解和行政调解，从热心调解且善于调解的各界社会人士中聘请"特邀（辅助）调解员"，帮助开展民事调解工作。同时，注重对诉前调解员、人民陪审员、乡村干部进行专项培训，提高其依法调解的水平和能力。注重发挥诉前调解的积极作用，在立案大厅设立"诉前调解室"，方便人民调解员驻院开展调解工作。三要着力完善诉讼与仲裁对接机制，采取个案研讨等方式指导仲裁机构化解纠纷，并注重发挥司法的终局性作用，依法审理和纠正不当仲裁裁决。

3. 完善诉讼指导机制

鉴于果农法律认知能力和诉讼能力非常有限的现状，法官在果业纠纷案件中应积极行使职权，加强诉讼指导。在立案、审理和执行过程中，对果农

---

❶ 范愉：《诉前调解与法院的社会责任：从司法社会化到司法能动主义》，载于《法律适用》2007年第11期。

就诉讼程序事项作出说明和解释，引导其诚实有序地进行诉讼；对果农诉讼过程中可能遇到的风险及风险责任的承担提前予以告知，使其形成合理的诉讼预期；在诉讼过程中，对果农的主张、陈述或意思表示不明确、不适当以及对法律法规存在错误理解的，法官及时向当事人作出核实询问、提醒告知，确保当事人充分表达诉求。对于当事人举证能力不足的案件，办案法官必须主动深入当事人所在地走访调查，努力追求案件法律事实，最大限度地接近客观事实，努力提高果业纠纷案件一审后服判息诉率。

4. 加强司法建议工作

在认真履行司法审判职责的同时，通过林果业纠纷案件裁判中发现的社会管理漏洞和薄弱环节，提出司法建议：应完善经纪人管理立法，修改《陕西省经纪人条例》，提高经纪人职业准入门槛，加大对经纪人违规从业行为的惩戒力度。建立果业销售经纪人职业准入和登记备案机制，完善经纪人管理与考评，加大对经纪人的培训力度，明确经纪人的职责、权利以及职业纪律，对未经登记注册擅自从业、欺行霸市、强买强卖、串通坑农的行为予以严厉打击和制裁。积极建立和运用苹果市场价格信息发布平台，通过网络、手机短信、地方电视台等途径及时发布价格信息，逐步改变果农与果商信息不对称的问题，引导果农准确研判市场供求态势，理性确定苹果销售价格。加大对农村党支部书记的专题培训力度，将林果业生产、销售知识列入培训课程。

（四）总结推广典型经验，全力提高并保障果业发展整体水平

在服务和保障果业发展的实践中，我市一些基层法院践行能动司法理念、善于开拓创新，初步探索和形成了一些典型的做法与经验，值得总结推广与学习借鉴。一是富县法院在理念上与时俱进、内容上紧贴实际、措施上得力有效。善于找准服务大局的着力点，围绕做大做强苹果产业的发展战略，发挥司法职能；善于培育司法为民的亲和力，以民事审判庭和基层法庭为依托，建立法官包村便民服务联系机制，设立无假日巡回法庭，主动联系果农、了解诉求、定纷止争；善于发挥法制宣传的正能量，把握住纠纷易发多发的关键时机，深入村庄农户采取提供制式合同文本、法律咨询解答、公开致信、交易风险告知等多种形式增强果农法律意识、预防果业纠纷发生。二是宜川县法院积极参与矛盾纠纷预防与调处。派出资深法官驻扎县果业局果品销售调处委员会，全天候答疑解惑、化解矛盾，并针对制式合同中错误使用定金与订金这一法律概念，及时发出司法建议，纠正了工商部门和果农错误的法律认识，有效维护了果农的合法权益，取得了良好的社会效果。

关于民事审判质效评估数据体系分析的调研报告[*]
——以2014年延安市中级人民法院民事审判工作为例

一、民事审判质效重点指标态势分析

由于我院审判业务部门评估指标体系与全市法院评估指标体系不同，且各审判业务部门间评估指标体系也有差别，因此部分指标值与全市法院指标值不具有可比性。

（一）公正指标

我市法院的公正指标值为29.7，我院公正指标平均值为35.95，其中，民事平均值为35.7990。通过对民事案件9项三级公正指标综合分析，较好的指标（达到或超过目标值的指标）有6项，分别是一审案件陪审率、二审开庭审理率、司法赔偿率、生效案件改判率、裁判文书评分、案件评查得分；较差的指标（未达到目标值的指标）有3项，分别是一审判决案件改判率、一审判决案件发回重审率、生效案件发回重审率。特别是一审判决案件改判率和一审判决案件发回重审率是导致公正指标下滑的直接因素，因此，提高一审民事案件劣势指标是提升案件公正指标乃至案件质量综合指数的关键，应高度重视。现就劣势指标分析如下：

1. 民事一审判决案件改判率、发回重审率

改判、发回重审率作为衡量案件质量的重要指标，是

[*] 本文获2015年度陕西省法院优秀调研报告一等奖。

考核体系中的重要部分。具体从以下几方面进行比较分析：

（1）2014年中级人民法院民事一审判决案件改判率、发回重审率与全市一审判决案件发改率。2014年全市法院共有改判案件43件，发回重审案件95件，一审判决案件改判率为0.67%，发回重审率为1.68%，合计率为2.35%。其中，基层法院共有民事改判案件33件，民事发回重审案件76件，基层法院民事一审判决案件改判率为1.23%，发回重审率为2.83%，合计率为4.06%；中级人民法院共有民事改判案件2件（不含审监庭的2件）❶，民事发回重审案件3件，中级人民法院民事一审判决案件改判率为6.67%，发回重审率为10%，合计率为16.67%。中级人民法院民事一审判决案件改判、发回重审率虽然高于全市一审判决案件改判、发回重审率，但由于中级人民法院一审判决案件基数小，中级人民法院民事一审改判、发回重审案件总数仅占全市民事一审改判、发回重审案件总数的4.39%，说明民事一审案件特别是基层法院民事一审案件质量不高导致发改案件频繁出现，这是案件综合质量难以显著提升的主要原因。

（2）2014年中级人民法院民事一审判决案件改判率、发回重审率与中级人民法院一审判决案件发改率。2014年中级人民法院一审判决案件96件，被省法院改判6件，发回重审5件，中级人民法院一审判决案件改判率为6.25%，发回重审率为5.21%，合计率为11.46%，其中，中级人民法院民事一审判决案件30件，上诉6件，上诉率为20%；中级人民法院民事一审改判、发回重审案件5件（不含审监庭2件），占到民事上诉案件总数的83.33%，占到中级人民法院一审改判、发回重审案件总数的45.45%。这说明中级人民法院民事一审案件质量较其他庭室不高，要采取有效措施确保民事一审案件质量尽快得到提升。

（3）2014年1—12月全市法院民事一审判决案件改判数、发回重审数。2014年1—12月全市法院民事一审判决改判、发回案件数分布极不均匀（见图1、图2），特别是基层法院发回重审案件数在12月暴涨，仅12月1个月的发回重审数占到全市全年民事发回案件总数的近1/3，直接拉低了全市民事一审判决案件改判率、发回重审率，影响了民事案件质量评估指标值。全市法院改判数各月分布不均但起伏不是非常大，12月也有所增加。由于中院发改案件绝对值小，分布态势特点不明显，不作比较。全市法院要均衡结案，避免案件堆积导致的年底突击结案，坚持效率和质量两手抓、两手都要硬的原

---

❶ 本文仅站在中院民事审判庭的角度分析，故在统计中级人民法院民事一审判决案件改判、发回数时未将审监庭2件民事改判案件计算在内，但中级人民法院一审判决改发案件总数应包含审监庭的2件民事改判案件。

则,确保办案质效。

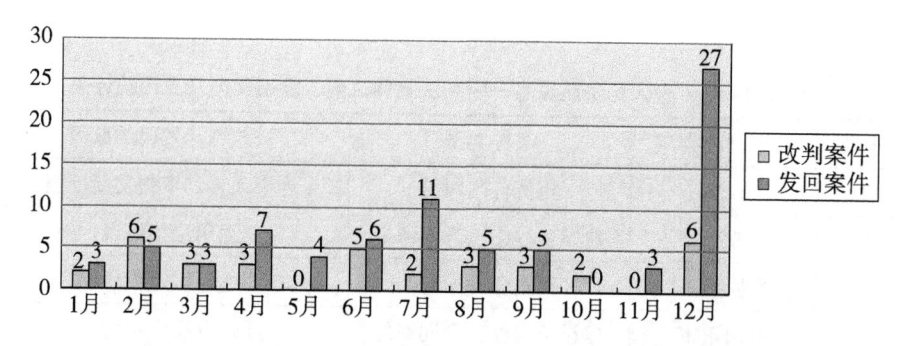

图1 2014年1—12月全市法院民事一审判决改发案件分布图

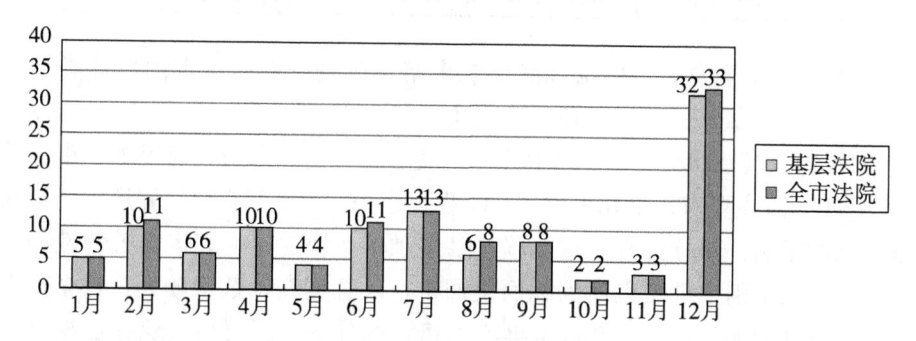

图2 2014年1—12月全市法院和基层法院民事一审判决改发案件数分布图

(4) 2014年中级人民法院民事一审判决改判、发回重审的案件类型分析。2014年中级人民法院民事一审判决案件30件,改判、发回共5件;被发改的案件类型比较集中(见表1),合同纠纷4件,占发改案件总数的80%,其中,租赁合同纠纷2件,建设工程施工合同纠纷2件。合同纠纷虽属常见、多发案件,但大多案情复杂,案件事实认定难度较大,同时涉及的法律难点、争议较多,自由裁量权的行使空间较大,使得法官在如何正确裁判这些案件时存在事实认定和法律适用的困难。另有1件公司盈余分配权纠纷,因该类案件属商事纠纷,数量少,审判经验不足,造成法官在案件裁判中出现偏差。

在4件合同纠纷中,有1件是在一审时事实清楚,证据充分,当事人不同意解除合同,而在二审时当事人提交新的证据同意解决合同,二审改判解除合同;有1件被认为是适用法律错误,占改发案件数的20%;有1件被认为是超诉讼请求、违反法定程序,占改发案件数的20%;有1件被认为是部分事实不清,占改发案件数的20%。通过对改发案件的深入剖析,上下级法院在法律适用方面的不一致且缺乏沟通、交流、指导的深层次问题暴露无遗。

当然，社会导向、社会影响等外部因素对案件的最终结果也存在一定程度影响。

表1 2014年中级人民法院民事一审判决案件改判、发回类型及原因统计表

序号	二审判决类型	案件类型	被改判、发回的原因
1	改判	租赁合同纠纷	当事人在二审提交新证据
2	改判	建设工程施工合同纠纷	适用法律错误
3	发回重审	租赁合同纠纷	违反法定程序
4	发回重审	建设工程施工合同纠纷	部分事实不清
5	发回重审	公司盈余分配权纠纷	（尚未收到省法院指导函）

（5）2014年中级人民法院民事二审案件改判、发回重审的案件类型分析。2014年中级人民法院审理民事二审案件1116件，其中改判33件，发回重审76件，维持559件，调撤196件，发改民事案件占到全部民事二审案件的9.8%，且主要有以下几种类型：①程序违法。受到重实体轻程序的传统司法理念的影响，部分法官不重视程序性事项，忽视送达、庭审等关键性程序事项，导致个别案件因程序问题而发回重审。这类案件数量较大，占全部发回重审案件的1/3以上。②认定事实不清。部分案件因当事人保存证据意识不强，导致案件事实无法查清；部分案件原审办案人调查和审查事实不细致，导致案件基本事实不清。对于这些案件二审根本无法作出维持或改判的判决，只能发回重审。③认定事实清楚，或者二审调查后查清了事实，但实体处理不当。这主要出现在侵权类案件的责任划分方面，不能依据已经查明的事实合理合法地划分当事人责任。这类案件一般都依法改判。④案件定性错误或不准确，导致适用法律错误。因案件涉及的民商事法律关系过于复杂或法官能力不足，导致对案件定性不准确或错误，直接引发案件责任认定、法律适用等后续工作的错误，这些案件二审都依法改判。⑤不敢担当，矛盾上交。在个别案件中，原审办案人既查清了事实，也明确知道法律规定，但因为当事人的情绪激烈或者涉及地方党委和政府，而作出不恰当的判决，将矛盾交给二审法院处理。⑥对一些存在不确定因素的案件，二审维持和改判都直接导致判决发生法律效力，加上近几年申诉审查力度加大，对办案法官形成不小的压力，希望通过发回重审，消除案件中的不确定因素，尽可能查明事实。

2. 民事生效案件发回重审率

2014年全市法院生效案件中有发回重审案件13件，生效案件发回重审率为0.11‰，其中，中级人民法院共有11件，民事就有9件，占到全市生效案

件发回总数的 69.23% 和全院生效案件发回总数的 81.82%。中院被发回的 9 件民事生效案件均为建筑物区分所有权纠纷，属同类系列案件，再审被省高院统一发回一审法院重审。2014 年中级人民法院民事生效案件发回重审率呈现出不降反升的较差态势，瑕疵缺陷问题较多。应高度重视生效发改案件的深入研判，扎实开展专项重点评查工作，找准症结，迅速加以整改，防止差错案件流出，切实提高生效案件质量。

（二）效率指标

我市法院的效率指标值为 20.23，我院效率指标平均值为 18.79，其中，民事平均值为 18.58。通过对民事案件 5 项三级效率指标综合分析，较好的指标（达到或超过目标值的指标）有 2 项，分别是：平均审理时间指数、法官人均结案数；较差的指标（未达到目标值的指标）有 3 项，分别是：当庭裁判率、法定（正常）审限内结案率、结案均衡度。具体劣势指标分析如下：

1. 当庭裁判率

2014 年全市法院当庭裁判率为 47.85%，中级人民法院民事平均值为 21.69%。中级人民法院民事案件当庭裁判率较其他业务庭室总体态势良好，但三个庭室间指标悬殊且与目标值仍有较大差距。目前，应立足民事审判工作现状，充分做好各项庭前准备工作，切实提高审判人员庭审驾驭能力，为当庭裁判创造良好条件，庭审中严把程序、进度，使审理、认证与合议审判同步进行，确保法庭审理效率与效果。同时，要正确理解和把握"能调则调、当判则判"原则，对事实清楚、责任明确的案件，尽可能当庭裁判。最后，还应确保案件当庭裁判信息在网上办案系统中的准确及时录入，防止因责任心不强导致错录、漏录问题出现，进一步提高当庭裁判率，提升司法工作透明度。

2. 法定（正常）审限内结案率

法定（正常）审限内结案率反映了审判效率，2014 年全市法院法定（正常）审限内结案率为 97%，但去除已结案件中延长审限的 137 件，中级人民法院法定（正常）审限内结案率仅为 94.2%，民事平均值为 88.55%，民事处于全院中下游且与警戒值 98% 差距较大，全院最大值为 95.56%，全院最小值为 73.15%，说明隐性超审限案件很多。由于该项指标低于 95% 的均为 0，因此，要加大审判业务培训，不断提高法官技能水平、树立牢固审限理念，严厉杜绝拖延办案。要强化责任心，审判人员要对案件信息各节点准确录入，确保信息同步，杜绝因录入错误或延迟导致办案系统中出现超审限案件，不断提高指标优化幅度。

3. 结案均衡度

结案均衡度反映了法院工作良性运转状况，2014 年全市法院结案均衡度为0.57，中院民事平均值为0.6090。2014年1—11月，中院民事案件结案均衡度趋于平稳，总体态势良好，但12月全院突击结案，导致均衡结案指数直线下降，改判、发回重审案件数量随之攀高，严重影响了全市法院民事案件审判质效（见图3）。要充分认识均衡结案与审判质量的关系，认识到各月之间结案数量剧烈波动是导致结案均衡度和案件质量指标难以有效提升的主要原因，全面树立均衡结案意识，科学预判，适时调整审判工作计划，杜绝结案前松后紧、时松时紧现象的出现，防止案件久拖不决或匆忙结案而产生的被动局面，确保2015年均衡结案工作取得明显改进。

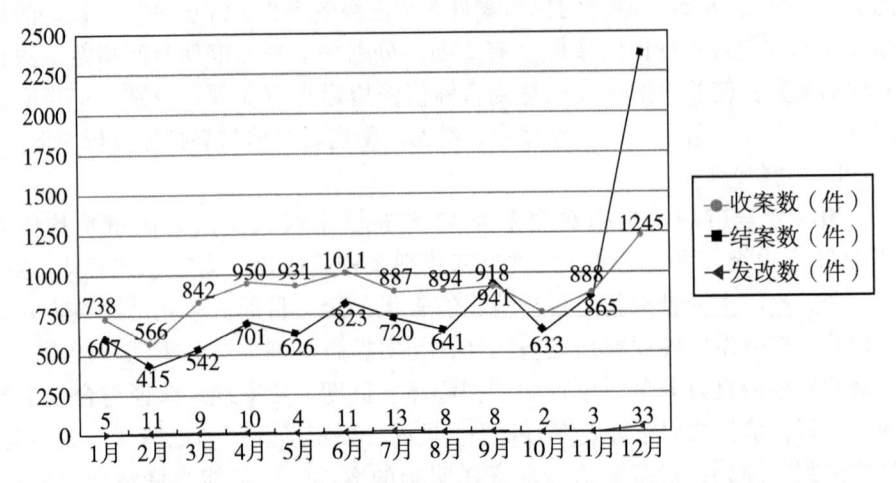

图3　2014年1—12月全市法院一审民事案件收案、结案、发改数趋势图

（三）效果指标

我市法院的效果指标值为30.07，我院效果指标平均值为21.67，民事平均值为16.09。通过对民事案件6项三级效果指标综合分析，较好的指标（达到或超过目标值的指标）有3项，分别是：调撤率、信访率、投诉率；较差的指标（未达到目标值的指标）有3项，分别是：裁判文书上网公开率、网上办案指数、再审审查率。具体劣势指标分析如下：

1. 裁判文书上网公开率

司法公开指数即裁判文书公开、审判流程公开、执行公开指数的加权平均数，反映了司法公开各项工作情况，有利于形成审判质效倒逼机制。2014年全市法院司法公开指数为110.34%，其中，中院民事平均值为71.1790%。虽然我院对2014年裁判文书网络公开工作投入很多，但上网工作监管还存在一定漏洞，必须树立司法公开的常态化意识，消除"缓口气"思想，防止"时松时紧和阶段性回落"问题出现。还要全面提高裁判文书质量，防止因文书质量瑕疵导致已公开文书"撤回"问题的发生，确保2015年裁判文书上网工作稳步提高。

2. 网上办案指数

网上办案指数即信息填报、网上审批、电子卷宗指数的加权平均数，反映了网上办案的各项工作情况，有利于提升案件质效，实现司法公正。2014年网上办案指数中级人民法院民事平均值为97.63%。虽然我院对2014年网上办案工作投入很多、多次培训，但仍不能全面落实，这反映的不是工作能力问题，而是态度、责任心和大局意识的问题，要继续加大网上办案系统的运用力度，确保全体民事审判人员都能熟练运用网上办案软件，实现各项审判流程信息严格按照规定程序准确、及时流转上传。

3. 再审审查率

2014年全市法院再审审查率为1.45%，其中，中级人民法院民事平均值为3.53%。要努力提高一审案件质量，加强诉调对接，认真开展判前释法、判后答疑工作，提高当事人对裁判结果的认同度，减少上诉案件和申请再审案件数量，促进指标不断优化。

二、民事审判质效劣势指标原因分析

（一）民事纠纷日趋复杂化、多样化，审理难度加大

社会不断发展带来经济活动的日益复杂，公民的权利意识和法制观念不断增强，对人身权、财产权的重视程度提高，大量的矛盾纠纷以民事案件形式涌入人民法院，新类型案件不断出现，民商事纠纷交叉现象逐渐增多，案情越来越复杂，案件审理难度越来越大，民事审判面临的挑战越来越严峻。各种利益矛盾纠纷更加多元，尤其是在法律规范与道德规范存在冲突的情况下，直接导致一些具体案件适用法律困难、处理难度加大，难以实现社会效果与法律效果的统一。

（二）民事审判任务繁重，案多人少矛盾激化

民事案件面广量大，涉及人身权利、婚姻家庭、财产流转、生产经营等方方面面，与千千万万人民群众的利益息息相关。每年延安中院民事案件的收结案在全院案件中都占较大的数量和比例，2014年全院全年收案1833件（不含减刑、假释案件），其中民商事案件1355件，占全院总收案数量的73.92%；全院结案1429件，其中民商事案件1052件，占全院总结案数量的73.62%。目前全院从事民事审判的一线法官13人，每年承担着全院近3/4的案件审理，案件数量高位运行，法官工作超负荷。基层法院人均办案数更是居高不下，绝大多数法官长年累月处于加班状态，超负荷工作。

（三）部分法官能力不足

部分民事法官的司法能力和水平还不能完全适应新的形势，审判理念和司法作风还存在不足；年轻法官法律理论和审判实践存在差距，与资深法官交流互动少，办案技巧有待提升；部分法官凭经验办案，对案件出现的新情况、新问题缺乏深入思考，对新法律、新理论、新热点不关注不学习；个别裁判文书说理不透，逻辑性不强，说服力不够；审判实务中诉讼程序意识不足，轻程序、重实体观念依然存在。

（四）部分法官责任心不强

有的法官业务学习不够，对发改案件不重视，对保护当事人利益不上心。具体表现在：①没有理清双方当事人争议的焦点问题，致法庭调查及辩论阶段缺乏针对性，对当事人没有争议的问题依然让当事人一一举证，极大地浪费了司法资源，然案件事实仍未查清；②有的法官当庭不认证证据或认证不规范。有的案件一方当事人对对方提供的证据无异议，当庭不作认定，有的案件一方当事人对对方提供的证据有异议，当庭不作处理，也不告知待庭后合议时再作认证；③有的案件虽然当庭告知待合议庭评议案件时再作认证，但合议时并没有就该证据进行合议，有的案件不管当事人是否对一方提供的证据有无异议，均不作处理，整个庭审没有认证的过程，庭审程序走过场；④有的案件承办人对当事人诉争的法律关系没有理清，导致承担责任的主体错误，甚至遗漏实际应当承担责任的诉讼主体。审判人员如果对案件不尽心尽力，裁判文书出现错字、漏字、语法不通、格式不正确、录入不准确等常识性错误，当事人便不能感受到办案人员对自己应尽的那份责任，这难免让当事人对裁判结果的公正性持怀疑的态度，引发上诉案件。

（五）上下级法院沟通不畅、办案思维存在差异

由于审级上的原因，上下级法院在案件事实的认定与法律的适用上理解不同，这种差异使得完全杜绝发改案件很难，甚至不可能。上级法院有改判的权力，只要二审办案人员在事实认定和证据采纳上有不同的理解，就极有可能造成案件的发改。一审法官大多数是对案件进行事实审，对经验、直觉的重视高于二审法官，更注重民俗、情理性思维，而二审法官法律性思维较强，对法律的理解，尤其是立法的精神实质与价值等有更高的领会。

三、提升民事审判质效的措施

（一）强化案件质效意识，树立精品理念

2014年民事审判质效整体不佳，发改率、结案均衡度、再审审查率、当庭裁判率、法定（正常）审限内结案率等一些影响案件质量和效率的重点指

标效果不好，特别是民事案件调撤率等优势指标也出现下滑态势，司法公开工作不达标，信息化应用、监督预防措施不到位。必须高度重视提升案件质效的相关制度措施的健全落实，严格按照案件质量评估工作要求，以省法院新修订评估指标体系为基础，扎实开展民事审判案件考核评估，通过评估结果的科学运用，形成有效的倒逼机制，促进民事审判工作规范、高效、有序开展。针对指标短板，要深入分析研究，不断强化审判人员案件质效意识，统筹兼顾，多管齐下，对待每一个案件都必须"精雕细琢"，把办铁案、精品案作为最高工作目标，补齐短板、拉长长板，推动民事案件质效取得显著提升。

（二）扎实开展案件质量评查工作，切实提高审判工作质量和效率

发改率是法院审判能力与审判质量的重要体现，要将其控制在最低或合理的比率内。一是要严格落实省法院《关于建立全省法院发回重审、指令再审案件信息反馈机制的意见》，加强对发回重审、指令再审案件的监督与管理。二是要坚决贯彻落实《延安市中级人民法院关于贯彻群众路线践行司法为民保障公正司法的具体意见》，健全"点、线、面"审判质效控制体系，完善二审、再审改判或发回重审案件分析整改制度。二审、再审改判或发回重审的案件，应由审判管理部门登记，并于3日内将二审、再审裁判文书与原审卷宗一并交由原主审法官。原主审法官应当在7日内就原审裁判从事实认定、证据采信、法律适用等方面进行分析，形成书面报告后提交审判管理部门，由审判管理部门组织原主审法官或合议庭向审委会汇报，进行逐案分析，作出责任认定。会后，由审判管理部门填写《改判、发回重审案件登记表》，记入法官个人业绩档案。审判管理部门应当按期分析、通报二审、再审改判或发回重审的案件。

（三）进一步畅通上下级法院沟通反馈机制，充分发挥案例指导作用，加强对下业务监督指导

一是要严格落实改判、发回重审案件座谈沟通机制。对于可能发改的案件，必须要在裁判作出前与一审法院主管院长、庭长、主审法官进行座谈、沟通，明确指出案件存在的问题，给出案件办理思路，避免发回重审程序空转。二是对一些案情复杂、影响重大，尤其是同类型数量较多的案件以及新类型案件，下级法院也要及时与上级法院沟通，上级法院要及时给予必要的业务指导，最终能通过个别案件的请示、指导，使一审法官掌握类型案件的办理思路并准确把握法律适用的尺度。在此基础上，探索建立民事案件改判和发回重审标准，统一发改案件法律适用，杜绝随意发改，尽量减少发改案件。三是要建立热点难点类案案例指导制度。民事审判庭要结合评估结果，加强对民事审判中热点、难点问题的条线指导，认真调研拿出指导意见，采

取专题培训、类案剖析、情况通报等方式，充分发挥上级法院审级监督职能，指导帮助下级法院提高审判质效。

（四）继续加大信息化应用，推进民事审判工作精细化管理

网上办案系统能够有效整合流程监督、节点管理、案件评查、质效评估、审判态势分析等审判管理功能。因此，要创新审判管理方式，实现对民事审判质效的精细化管理，有效发挥审判管理对质效提升的"体检表"和"风向标"作用。一是要健全审判流程管理制度。严格落实《民事一、二审案件主审法官、书记员工作流程管理规定》，庭长要运用案件信息管理软件对案件的立案、分案、排期开庭、审理、送达、执行、归档、移送上诉等各个流程节点进行严格的监控管理，加大检查力度。要重点加强对审限延长、中止、中断、审限扣除、评估鉴定等情况的监控和管理，对临近审限的案件进行督办和催办，严格控制审限延长，从源头上减少隐性超审限案件和无故长期未结案件的产生，对于已经超过法定审限的案件要求承办人定措施、定时间、定责任，加强法官审限内结案及均衡结案的意识。二是要切实抓好网上办案制度的落实。审判人员应及时、全面、准确录入案件信息，庭长要随时进行抽查，坚决杜绝漏填、补填等不符合网上办案要求的行为。同时，庭长应加大结案审查力度，严格按照省法院《关于规范审判管理系统结案审查标准和程序的意见》，逐案审查，坚决杜绝违规审批。三是要加强审判运行态势分析。庭长要掌握本部门审判工作运行情况、总结审判工作经验，对影响审判质效的突出问题或共性问题每年至少开展一次专项态势分析，做到案件全程监控、审判态势及时分析、关键环节重点关注，使审判管理渗透案件审理的每个环节，实现对民事审判工作的全面、全程精细化管理，为审判质效提升提供强力科技保障。

（五）加强司法能力建设，不断提高审判人员的业务水平

高素质的法官队伍是高质量审判的基础，要进一步加强审判能力建设，让审判能力与社会需求相适应，防止脱节。要加强教育培训，保障法官按时参加业务培训，加大自主培训力度，常态化开展庭审观摩、裁判文书评比和优秀参阅案例评选活动；要加强后备力量建设，通过列席案件合议、审委会讨论、配备资深导师、典型疑难案件研讨等方式，实施重点培养；审判人员要加强对新颁布法律的学习，更新知识体系，学习应注重与审判实际相结合，不能照抄照搬，确保法律适用的统一性；要注重事实与证据的关系，正确指导当事人举证，减少二审因当事人提供新证据而被改判或发回重审；要追求艺术办案，顾及人民群众的司法需求和实际感受，提高把握社情民意的能力，提高化解矛盾、解决问题的能力，从根本上化解矛盾争议，实现案结事了。

要努力打造一支法律信仰坚定、业务能力扎实、实践经验丰富、群众工作能力强的民事法官队伍，解决当前我市法院民事审判中案多人少、法官"断层"、审判力量不足、审判任务繁重、新类型疑难案件增加等现实问题。

（六）加强办案人员司法"三心"理念，保证司法为民、公正司法

办好一个案件，要有责任心、细心、耐心，这也是对主审法官的必然要求。责任心，要求对案件的处理要尽职尽责，对当事人利益的保护要尽心尽力，正确、规范行使自由裁量权，维护司法权威，减少当事人对案件的上诉量，降低案件进入二审程序的概率。细心，要求主审法官要全面仔细地审查事实和分析证据，处理好事实与证据的严密逻辑关系，确保已经有充分证据的利益得到保护，避免对证据不够充分的诉请作出认定，防止事实与证据的错、漏认定；在文书制作上要以严谨的态度，提高文书的文字表达；对案件的具体情况进行审查，不要遗漏必要的共同诉讼当事人，有的案件因遗漏了当事人而被认定为违反法定程序因而被发回重审，这些问题都是能避免的。耐心，诉前判后答疑是减少当事人上诉的方式之一，对当事人的疑问敷衍了事，难免强化当事人对原判决的不满情绪，引发上诉，因此要做好判后答疑，不要让当事人在不明不白中只能作出上诉的选择。

民营经济发展法治环境存在的问题及对策研究[*]
——关于延安市民营企业涉诉案件的调研

引 言

改革开放40余年，我国民营经济经历了艰难的发展历程，从最初的"不宣传，不鼓励，也不急于取缔"，到"计划经济有益的必要的补充"，到"社会主义市场经济的重要组成部分"，到"必须毫不动摇地鼓励、支持和引导"，再到习近平总书记提出的"两个毫不动摇"和发展非公有制经济的"三个没有变"[①]，每一步都是历史性的进步，也是人们对它看法不断转变、高度重视的认同过程。迄今，民营经济在国民生产总值中的比重已超过2/3，民营经济在激烈的市场竞争中显示出巨大的生命力，成为国民经济的基础和社会主义市场经济的重要组成部分，成为促进生产力发展的重要力量。同时，我们清醒地意识到，发展民营企

---

[*] 本文获2016年度陕西省法院优秀调研报告三等奖。

[①] 2016年3月4日，习近平总书记看望出席全国政协十二届四次会议的民建、工商联界委员并参加联组讨论，发表了题为《毫不动摇坚持我国基本经济制度推动各种所有制经济健康发展》的重要讲话，提出我国基本经济制度的"两个毫不动摇"和发展非公有制经济的"三个没有变"。

业❶需要良好的法治环境，而民营企业发展的法治环境形势依然严峻。因此，分析和探讨其存在的问题和成因，寻求治理的对策，为民营经济发展营造良好的法治环境，对促进我市经济又好又快发展具有重大的现实意义。

一、案件调查：民营企业涉诉涉访案件基本情况

（一）民营企业涉诉案件情况

1. 民营企业涉诉案件数量

近年来，全市法院每年受理的各类诉讼案件中都有一定比重的民营企业涉诉案件。据不完全统计，全市法院 2015 年受理各类案件 27506 件，其中审结民商事案件 17498 件，总标的额达 22.51 亿元，分别比上一年增长 61.63% 和 126.46%，受理的民商事案件中涉及的民营企业涉诉案件约占近 20%，且近年来民营企业涉诉案件数量不断增加，且在民商事案件数量激增中占有一定比例。我市法院民营企业涉诉案件主要集中在民商事案件和执行案件中，以辖区的富县法院和洛川法院为例❷，2015 年，无民营企业涉诉刑事案件，有 1 件民营企业涉诉行政案件，有 186 件民营企业涉诉民商事案件，有 28 件民营企业涉诉执行案件，民营企业涉诉案件的增长导致涉民营企业执行案件随即攀升。

2. 民营企业涉诉案件类型

2015 年，全市法院共审结投资担保、民间借贷、合伙经营及保险、买卖、承包合同等案件 8870 件，在审结的民商事案件中民营企业涉诉民间借贷及其他纠纷最多，买卖合同纠纷及金融借款合同数量居中，数量较少的是劳动争议纠纷及承揽合同纠纷。以辖区的富县法院和洛川法院为例，富县法院 2015 年民营经济涉诉案件在各类型上均呈现大幅增长趋势，其中民间借贷纠纷在 2015 年激增并且反超其他类案件，成为民营企业涉诉最大类民商事案件；买卖合同纠纷稳步增长且比重缓慢增长；劳动争议类案件和金融借款类案件于 2014 年、2015 年迅速增长，反映了对劳动者权益的保护力度加大和民营企业

---

❶ 民营企业最初是与国营企业相对应出现的，随着改革的不断深入，尤其是所有权和经营权分离改革模式的确立，国营企业逐渐被国有企业所取代，但民营企业这个概念独立保存了下来。目前，学界对民营企业概念的界定并无统一认识，有的依据是企业所有制性质，有的依据是企业经营模式，有的依据是企业资本构成，有的依据是企业产权关系。广义的民营企业是指除国有和国有企业控股或由其运营的企业以外的其他各种组织形式的企业，人们通常说的私营企业、股份制企业、城乡集体企业、改制后的国有企业、乡镇企业等都属于民营企业的范畴。

❷ 由于辖区的富县和洛川县苹果产业发达，民间资本活跃，民营企业相对发达，具有一定代表性。

融资纠纷增多。洛川法院2015年审理民营企业涉诉买卖合同纠纷12件，涉案标的295万元；承揽合同纠纷5件，涉案标的48万元；民间借贷纠纷6件，涉案标的107.8万元。洛川法院民营企业涉诉案件总数与前些年相比有所下降，但其发展态势与县域经济发展总体方向大体仍保持一致。

3. 民营企业涉诉案件原被告分布

在经济活动中，民营企业自身合法权益在不断遭受侵害的同时也在侵害他方权益，处在既是侵权人又是被侵权人的双重角色。但囿于我市民营企业发展严重不足，管理不完善，法律意识相对薄弱，因此，在民营企业涉诉案件中民营企业作为被告的案件较作为原告的案件数量稍多。以辖区的富县法院为例，2013—2015年，富县法院受理的民营企业涉诉案件中民营企业作为被告的案件较之于作为原告的案件稍多，但不明显。经济往来中"三角债"的出现更凸显了民营企业既作为侵权人又作为被侵权人的特点。

4. 民营企业涉诉案件呈现的新特点

随着社会管理创新带来的经济社会发展新常态，民营经济群体性纠纷呈上升趋势，较为明显地反映在金融类合同纠纷和劳动争议案件中，且该类型案件往往不是集中诉讼，而是当事人呈观望态度的连锁诉讼，涉及人数多，难以及时有效审理和执行。此外，小型民营企业涉诉较多，在我市民营企业涉诉案件中有近80%以上的都是地方小企业，企业化治理程度低，抗风险能力差，大多是家族企业，法律意识较薄弱，不能很好地依法管理、经营并保护自身合法权益，涉诉可能性高，因此往往成为市场经济主体中的"弱势群体"。

（二）民营企业涉访案件情况

近年来，随着"三期叠加"效应不断释放，经济下行压力加大，供给侧结构性改革可能引发的矛盾和风险必然会通过信访渠道反映出来，形势复杂严峻。如一些非融资性投资担保公司及网络金融平台出现的非法融资集资很可能进一步暴露、发酵；一部分房地产开发商资金链断裂不能按期交房及农民工工资不能及时支付会引起上访；一批正在改制的国有企业因利益深度调整可能引发集体上访。特别是群众长期受信访不信法观念影响，涉法涉诉类问题大量堆积到信访部门，占总量的30%以上。在民营企业领域突出表现为非法集资和农民工劳资纠纷增多，仅2015年共清欠1.3万名农民工工资1.93亿元；2016年第一季度，因欠薪问题引发的上访达73批次，其中建筑工程拖欠工人工资5人以上集体访达64批，仅1月份就达49批；因开发商不履行合同约定、不按期交房或存在房屋质量、变更合同等纠纷问题引发的上访达34批。

民营企业与其他企业从业人员来访主要反映的诉求有：（1）拖欠工人工

资,涉及行业主要有煤炭、建筑、装修等;(2)经济纠纷,如商品房买卖、物业、供暖、拆迁安置、自然灾害、火灾、招商引资、人员聘用等;(3)行业管理,如交通客运、市场经营、服务业等;(4)企业改制、倒闭、破产影响职工工作、生活和养老等待遇;(5)非法融资或非法吸收公众存款;(6)行政执法、政策兑现。其中,因合同纠纷、拖欠工资引发来访占比达到80%以上,近年来非法融资问题也较为突出,涉及人数多、人员构成复杂,资金量大,处理难度大。

二、实践分析:服务和保障民营经济发展的做法和成效

(一)法院服务和保障民营企业发展的主要做法

1. 依法审理涉民营企业各类案件

一是严惩经济犯罪。积极参与社会治安综合治理,严厉打击利用合同诈骗、欺行霸市等扰乱破坏市场经济秩序的犯罪活动,尤其是严重危害生命健康的假冒伪劣食品、药品等方面的犯罪活动,全市法院2015年审结食品安全、合同诈骗、集资诈骗、非法经营案件37件。二是依法调节市场经济关系。通过民商事审判活动引导、规范市场主体经营活动,加大处罚不守信用、恶性违约、欠债不还等行为,尤其关注涉及群体性纠纷、劳动争议、拆迁安置等易激化、敏感案件,坚持平等保护不同性质市场主体,全市法院2015年审结民商事案件17498件,总标的额达22.51亿元,审结投资担保、民间借贷、合伙经营及保险、买卖、承包合同等案件8870件。三是强化司法审查职能。依法审理涉及税务、行政收费、工商管理、质量监督等行政案件,保护市场主体经营自主权,促进政府进一步完善经济调节、市场监管、社会管理和公共服务等职能,为民营企业谋求良好发展空间,全市法院2015年受理各类行政案件251件,比上一年增长66.23%,受理的一审行政案件中涉及信息电讯、劳动和社会保障、工商的共计27件。四是加大执行工作力度,促进市场资金顺畅流转。探索运用转让无形资产、劳务抵债等方式盘活民营企业,对民营企业审慎采取强制措施,维护民营企业正常运转,全市法院2015年共执结案件4006件,兑现执行款10.14亿元,公开曝光失信被执行人163人,将其中134人纳入全国法院"黑名单",采取限制高消费等信用惩戒措施59人次,罚款11人,司法拘留216人,坚决维护司法权威。

2. 开展"院企共建"活动

多年来,全市法院积极开展"院企共建"活动,与辖区16家中型企业建立了"院企共建"机制,免费提供法律培训、合同审查、风险评估、纠纷调处等服务。如辖区的吴起法院针对涉案企业在签订合同、借贷纠纷等方面的

案件提出司法建议，由涉案企业自行整改、堵塞漏洞，吴起法院每年针对企业提出的司法建议都保持在3件左右。延长法院与民营企业建立了共建机制，定期召开座谈会，了解企业发展状况，开展法律咨询和服务，为企业发展提供法治保障，延长法院近3年共受理各类涉民营企业案件89件，开展法制讲座6次。

3. 开展审判"五进"

充分发挥个案裁判的教育、评价、指引作用，大力开展一线审判和巡回审判，选择重点、典型案件，深入到企业厂矿就地调解、开庭、公开宣判，扩大办案的社会效果。全市法院2015年进农村、进社区、进学校、进企业等审判案件7656件。如辖区的吴起法院通过"五进"及结对帮扶非公有制企业的形式对民营企业进行指导和帮助，2013年以来年均"五进"活动保持在10次以上，定向帮扶企业12家，通过法律授课、座谈交流等形式与企业建立互动关系。

4. 推行多元化纠纷解决机制

全市法院以"两说"为依托，推动建立"机制联接、人员联动、纠纷联调、矛盾联防"的多元纠纷预防解决机制。通过"群众说事、法官说法"，将司法服务有机嵌入基层社会治理平台，着眼预防和化解矛盾纠纷、维护社会和谐稳定，引导法官积极参与县域治理、主动联系服务群众，并为企业确定"联系法官"。辖区的富县法院3年中进企业举办法制讲座26次，解答企业法律咨询178次，诉前解决矛盾纠纷74件，有效缓解了诉讼压力。

5. 落实司法便民措施

在民营企业涉诉案件中，做到法律面前人人平等，对于国有企业和民营企业一视同仁，不偏不倚；对于经营状况不好的企业予以诉讼费的减、免、缓交，加快办案速度；在执行程序中采取多种措施，切实维护民营企业的合法权益。辖区的延长法院，建立涉民营企业诉讼绿色通道，对涉及民营企业的案件要求快立、快审、快结，一般做到当天受理、当天送达、当天调解，调解不成的，优先安排开庭。

6. 落实普法责任

延安中级人民法院在凤凰网和延安广播电视台分别开设"法院在线""法在身边"栏目，全市法院2015年网上视频直播庭审258案、图文直播庭审190案、发布动态信息3400余条，引导群众遇事找法、办事依法、解决问题靠法。同时，开展多种形式的普法宣传，免费提供法律咨询、开展法律讲堂、发放宣传单、展示普法展板、开展宪法宣传、编发《果农服务手册》等，增强企业及员工的法律意识，了解有关法律法规和维权途径。

（二）法院服务和保障民营企业发展取得的成效

1. 一定程度上缓解了诉讼量的增长

尤其是在2015年各类诉讼案件数量急剧增长的情况下，部分涉民营企业矛盾纠纷在非诉调解中得以化解，较大数量的矛盾纠纷被化解在诉前，缓解了诉讼压力，依法维护了劳动者和企业的合法权益。

2. 一定程度上提高了审判效率

通过"法官说法"工作机制，增强了司法服务的针对性和时效性，解决纠纷实现了"短平快"，有针对性地向企业提供司法服务，解决了司法资源不足与司法需求激增的现实矛盾。

3. 法院在民营企业中的司法公信力有所提升

通过对企业开展多项法治活动，有效整合了社会资源、司法资源，形成了诉讼与非诉讼相衔接、多方联动化解纠纷格局，诉讼调解率及服判息诉率呈现上升趋势，民营企业和人民群众对法院法官的满意度有所提升。

4. 促进了民营企业管理的进一步完善

通过为民营企业提供积极有效的法律服务和保障，民营企业管理规范化、科学化水平有所提高，企业发展法治环境有所改善，企业效益逐步提高。

三、问题探究：民营经济发展的法治环境存在的问题及原因分析

目前，我市民营企业对其发展的法治环境总体评价满意度不是很高，尤其是对地方法治环境的评价有待进一步提高。

（一）相关法规政策尚不完善且落实不力

随着市场经济发展形势的快速变化，有些法律法规也存在与现实不相适应、内容缺失等问题，有些操作方式滞后于社会发展现状。如石油伴生气加工企业，长期存在与当地老百姓争气源的问题，石油伴生气归谁所有，使用权归谁，政策不明确。相关法规政策不完善，外部环境不佳。比如：加油站周边，黑油非法经营猖獗；个别企业周围群众寻衅滋事；客都超市外围乱设摊点，堵塞安全通道等。有些政府部门执法随意性较大，在执法尺度把握上不统一，企业优惠政策落实老化古板，上下照套，拖延时间，不切合实际。知识产权意识不强，相关法律知识欠缺，品牌意识薄弱；相关职能部门对我市特色优势企业及产品进行整合包装、对外宣传推介的力度不够。

（二）政府监管职能落实不到位

政府个别职能部门不能很好地发挥监督管理作用，这一点在房地产领域表现十分突出。部分房地产企业手续不全即进行开发建设，甚至冒着违法风险进行房屋预售，大量购房者法律意识淡薄，盲目签订认购协议，房地产企

业因手续不全无法建成房屋导致不能按期交房，有些勉强建成也因手续不全而无法取得房产证，导致大量"退房潮"纠纷涌向法院，无形中加大了法院的诉讼压力和执行压力。如辖区富县法院就曾受理过西安某置业有限公司和陕西某房地产开发有限公司的此类案件，大量购房者群体上访，案件进入司法程序后陷入执行困难，既损害了当事人利益，也浪费了大量社会资源。

(三) 民营企业融资难严重制约其发展

商业银行贷款门槛高，民间融资成本高，"两高"成为民营企业融资的两难选择❶。一方面大型商业银行把对民营小型和微型企业的融资服务看作是风险投资，民营企业发展初期往往很难贷到款；另一方面，部分中小企业经营效益相对低下，财务管理制度不健全，可供抵（质）押资产少，缺乏融资的基本条件。由于融资难，大多数民营企业只能依靠自我积累和民间借贷，但由于民间借贷融资成本高、使用周期不固定，反而加重了民营企业的负担，增加了社会不安定因素，导致近年来民营企业涉民间借贷案件增多。

(四) 民营企业法治意识不强、管理方式落后

我市民营企业总体来讲多是小微企业，规模小、产权结构单一、基础薄弱、观念滞后、普遍的法律知识欠缺，遇事找法、解决问题靠法、依法行事和在科技创新、依法管理等方面的法律意识不强，绝大多数企业未建立法律风险预防机制。据统计，我市仅有不到20%的民营企业聘请了法律顾问，大多数企业都是遇到诉讼才会聘请律师。企业防风险能力较弱，加之地方经济转型升级、下行压力持续加大，导致企业发展缓慢，后续矛盾纠纷不断。

(五) 中小民营企业用工不规范、劳资矛盾突出

由于中小民营企业规模较小，员工相对较少，企业往往不重视对员工的制度化管理，不能严格执行安全生产、劳动用工管理、职工技能鉴定、作业人员持证上岗等行业法律法规。有相当比例的一些企业没有与员工签订劳动合同，没有给员工购买养老保险、失业保险、工伤保险、医疗保险、生育保险，没有较为完善的用工保障制度。部分企业因管理、市场和资金链断裂等原因，出现经营困难引发拖欠员工工资等问题，导致个别企业陷入连锁诉讼的恶性循环。

(六) 涉企法制宣传有待进一步强化

客观而言，涉及企业的法律法规十分庞杂，企业难以全面了解相关法律规定，也无法正确有效地运用。如对鼓励创新和保护知识产权方面的法律法规，政府相关部门与企业交流互动较少，对企业的解释和辅导有限，企业遇到相关法律问题时往往束手无策。此外，行业商会（协会）等行业组织向企

---

❶ 王天龙：《浅析小微型企业融资问题》，百度文库。

业宣传法制、诚信引导以及支持维权、纠纷调处等工作做得还不够，行业组织相关作用有待进一步加强。

四、路径选择：新常态下优化民营经济发展法治环境的对策

针对新常态下民营企业涉诉反映出来的种种问题，我们有必要从政策法治环境的改善、民营企业素质的提高、行政机关职能的转变、司法审判职能的发挥等方面着手，进一步优化民营经济发展法治环境，依法促进民营经济健康持续发展。

（一）改善政策法治环境

要充分认识民营经济这一非公有制经济形态在市场经济中的重要地位，民营经济是推动我国经济转型升级的重要依托，对于支撑经济增长、促进科技创新、扩大社会就业、增加国民税收等发挥着重要作用。因此，要不断优化政策法治环境，构建公平竞争平台，为民营企业公平发展提供政策支持和法律保护。要制定优惠政策支持中小民营企业发展，引导其通过兼并、收购、承包等法律方式和途径把企业做强做大；要畅通融资渠道和方法，通过进一步完善信贷担保制度和直接融资体系为民营企业融资提供绿色通道，帮助民营企业脱离因融资难而频繁进行民间借贷的现实困境❶；要通过政策弥补民营企业法制不健全，杜绝法外各种乱象生存和权力"设租"与"寻租"机会，引导民营企业迈入良性法治发展轨道。

（二）增强企业法律意识

市场经济是法律经济，民营企业必须增强自己的法律意识和抵御风险的能力，才能在激烈的市场竞争中脱颖而出并不断壮大。要构建良好的企业治理结构，提高企业科学化管理水平，逐步打破地方中小民营企业传统家族式管理模式，运用法治思维和法治方法治理和解决企业发展中遇到的问题和困难，为企业可持续发展奠定基础；要增强企业法律意识，地方中小民营企业规模小，基础薄弱，应对风险能力差，更要懂得严格依法经营、依法管理、依法维护企业和职工的合法权益对完善企业自身发展的重要性；要善于运用法律，高度重视法律顾问在推进企业规范化建设和防范各类法律风险中的巨大作用，使法律服务能够有效渗透到企业重大经营决策、合同草拟签订、日常行为管理和规章制度制定等环节，而不仅限于诉讼代理。

（三）转变政府机关职能

在市场经济条件下，政府的主要职责是宏观调控、市场监管、社会管理

---

❶ 吕毅，《我国民营企业融资存在的问题及其对策》，对外经济贸易大学，博士学位论文，2007年。

和公共服务。要强化服务意识，进一步简化行政审批程序，缩短办事周期，改善法治政务环境，提高行政效率，为民营企业提供高效便捷服务；要健全社会化服务体系，积极发展行业商会、协会组织，为民营企业提供包括创业辅导、信息咨询、人员培训、产权交易、法律援助等各种专业化、规范化服务，帮助民营企业解决发展进程中的实际问题；要严格依法行使监管职责，通过对税收、劳动保障、环境保护、产品质量、食品卫生及其他市场秩序的监管，规范民营企业经营行为，严格打击各种违法经营活动，维护良好的市场经济秩序；要推动建立以企业信用信息公示系统为基础，形成以诚信为重点的更加全面的网络信息共享平台，深化诚信体系建设。

（四）发挥司法审判职能

市场经济对人民法院的基本要求是通过法院的审判活动来规范经济活动，保障市场机制的有序运行，维护正常的市场秩序。司法部门要强化大局意识，切实维护企业和社会稳定，及时依法公正审理关系民营企业发展、稳定的各类案件，充分发挥法律对民营企业涉及的各种利益关系所具有的规范、引导、调节和保障作用；要树立平等观念，创造保障各类市场主体平等使用生产要素的法治环境，通过司法手段保证民营经济的健康发展，促进私人财产法律保护制度的完善；要完善法律服务体系，加强诉讼指导，畅通民营企业依法维权投诉、申诉渠道，对长期严重资不抵债而又扭亏无望的困难企业，借助司法机制启动破产程序使其依法有序退出市场，通过法律手段帮助有希望的民营企业实现重生与发展，不断扩大服务的效能和效果。

结　语

在新的历史时期，国家发展经济的思路正在从政策推进转向制度保障，中国经济已经进入新一轮结构调整和增长时期，民营经济的发展也进入了重要历史发展阶段。习近平总书记讲：非公有制经济在我国经济社会发展中的地位和作用没有变，我们鼓励、支持、引导非公有制经济发展的方针政策没有变，我们致力于为非公有制经济发展营造良好环境和提供更多机会的方针政策没有变。具体到政商关系的"亲"和"清"，"所谓'亲'，就是要坦荡真诚同民营企业接触交往，特别是在民营企业遇到困难和问题情况下更要积极作为、靠前服务，对非公有制经济人士多关注、多谈心、多引导，帮助解决实际困难"；"所谓'清'，就是同民营企业家的关系要清白、纯洁，不能有贪心私心，不能以权谋私。""三个没有变"的重要论述，春风化雨，为非公有制经济发展注入强心剂，随着社会主义市场经济的不断发展与完善，持续发展中的民营经济必将会迎来更为灿烂辉煌的明天！

排查化解涉众纠纷　切实推动平安建设 *
——陕西延安中级人民法院关于涉众型经济案件的调研报告

近年来，群体性债务、非法吸收公众存款、集资诈骗、组织领导传销活动、恶意拖欠职工工资或工程款等典型涉众型经济案件呈高发态势，涉众型经济案件已成为当前影响经济金融秩序、区域和谐稳定的突出诱因。为做好涉众型经济案件的防范化解工作，延安中级人民法院成立课题组，以近3年来延安法院审理的1817件涉众型经济案件为分析样本，进行了专题调研，就如何防范、化解和处置涉众型经济案件提出对策建议。

一、涉众型经济案件分析

近年来，延安法院受理涉众型经济案件数量呈上升趋势，2016年为300件，2017年为763件，2018年1月至9月受理754件。从涉众型经济案件类型来看，犯罪（刑事）案件为84件，约占涉案总数的4.6%；民事案件为1713件，约占涉案总数的94.3%；行政案件为20件，约占涉案总数的1.1%。

涉众型经济案件呈现以下特点：一是涉案主体复杂，牵涉人员多。涉案人员身份几乎涵盖了社会各个阶层。在张某诈骗一案中，被害人身份包括公务员、企事业单位干部职工、农民、离退休和其他社会无业人员，被害人达2000余人。二是涉案地域广，涉案标的大。以梁某为首的

---

* 本文载于《人民法院报》2018年12月20日第08版。

组织领导传销活动案为例，犯罪活动遍布数省。从涉案标的来看，几万元到数亿元不等。三是被害人相对集中，主体熟识度高。同一纠纷和案件类型的被害群体呈类聚态势，彼此熟识度较高，如非法集资案件的借贷关系主要发生在亲戚、朋友、同事之间以及彼此认识的熟人之间，许以高利诱惑，继而相传犯罪信息。四是作案手段多样化，隐蔽性高。随着信息技术的不断发展，犯罪分子借助互联网、微信等新型大众社交平台采取虚假宣传、炫富、感情欺骗等手段引诱被害人上当，以便实施犯罪活动。五是社会影响广泛、处置难度大。基于此类案件的特殊性，涉案群众之间联络相对紧密，社会圈相对固定，容易出现过激的维权行为，处理不当极易引发社会群体维稳问题。

二、涉众型经济案件成因分析

一是融资渠道不畅。企业生产成本不断提升，销售订单数量下滑明显，部分企业经营困难，极易导致资金链断裂。同时，部分企业因联保担保受到拖累，致使自身资金受损。部分小微企业财务制度不健全和资产质量不高等因素，导致多数银行对小微企业融资仍持比较谨慎的态度，银行放贷周期长、下款速度慢的情况仍然存在，小微企业贷款难、贷款慢的困境没有得到根本解决。部分企业为确保生产正常运转，采取许以高利的方式吸引社会资金，一旦资金链断裂，便出现企业主跑路、企业破产倒闭等情况，引发涉众型经济案件。

二是公众趋利心理。一方面，随着经济持续快速发展，社会公众拥有的闲散资金增多，投资获利愿望也相应增强，希望获得多元化、高利润的渠道投资理财。市场投资需求的不断扩大与投资渠道相对狭窄之间的矛盾为犯罪者实施犯罪提供了可乘之机。在虚假宣传、高额回报利益的驱动下，部分社会公众被暂时的假象和虚假繁荣所迷惑，客观上为传销、非法吸收公众存款等涉众型经济犯罪的滋生提供了条件。另一方面，受害群体缺乏投资理财和法律专业知识，无法判别高额回报背后隐藏的巨大风险，只考虑资金增值，不考虑资金安全性，盲目投资，蒙受了巨大的经济损失。

三是市场诚信缺失。当前，经济的转型升级与社会意识形态、社会心理等结构要素之间未能得到协调发展，社会财富的累积、公众投资的乱象、市场诚信的缺失等社会结构要素失衡，企业诚信不足、个人诚信危机，严重扰乱市场经济秩序和社会生活秩序。

四是市场监管缺位。市场监管机制的不完善是导致涉众型经济案件多发的关键因素。一方面，管理机制失调，涉众型经济案件涉及多方监管职责，存在监管职能交叉、多头管理、监管职责主次不明、职责不清等问题；另一方面，协调机制不畅，在预防和处置涉众型经济案件中，司法机关虽然与其他职能部门间加强了协作，但亟须构建以综合治理的整体布局为基础的，运行高效、协调到位的工作机制，尤其是行政执法与刑事司法的对接方面，行政执法机关的主动配合仍需进一步加强。

五是法治思维欠缺。一些部门和执法人员法治意识不强，群众观念淡薄、政策法纪观念缺乏、工作方式简单粗暴等，引发群众不满；同时，"谁执法谁普法"责任制尚未完全落到实处，在执法过程中习惯于就事论事、就案说案，忽略了以案释法、以案普法、以法析理这一关键环节，没有形成处置一件、教育一片的良好社会效果。

三、对策建议

（一）着力优化法治环境

良好的法治环境是经济发展的重要基石。法治环境的优劣，直接决定着经济发展的速度与质量。一要抓好源头治理，在引进重大项目、作出重大决策前，扎实开展决策合法性、制度廉洁性、社会稳定风险性评估审查，从源头上预防、减少和消除影响社会稳定的隐患，推动决策科学化、民主化、法治化。构建涉众型经济案件涉稳问题防范化解与处置工作联动机制，形成防范化解处置联动合力，组织公检法司等政法部门常态化开展服务重点行业、重点园区、重点企业、重大项目专题活动，采取发送司法建议、涉稳风险提示等形式，多层次、各领域、全方位服务经济社会发展。二要准确把握调结构转方式中遇到的法律问题，妥善审理涉众型经济案件，运用司法智慧创造性地服务经济建设大局。严格落实"谁执法谁普法"责任制，充分发挥执法人员的骨干作用，用身边人、身边事来引导群众辨别、远离并自觉抵制非法集资、传销活动。

（二）着力优化营商环境

严格落实"放管服"改革各项要求，解决制约营商环境的深层次问题。全面梳理已出台的优化营商环境政策措施，逐项检查落实情况。一要进一步实化细化优化营商环境的具体措施，完善市场监管体系。以工程建设项目审批制度改革和相对集中行政许可权审批制度改革为契机，深化"放管服"改革和商事制度改革，推行"一网通办""多规合一""多评合一""最多跑一次"等办法。围绕增强市场活力，进一步清理有违公平的地方性法规规章和规范性文件，打破融资、审批环节中存在的"弹簧门"现象，为企业减负增效。二要坚决防范化解金融风险、维护金融秩序和安全，营造良好的金融法治环境。

(三) 妥善审理执行涉众型经济案件

一要依法严厉打击涉众型经济犯罪行为，以"社会稳定最大化、案件追赃挽损最大化"为目标，严格落实罪刑法定、疑罪从无、证据裁判、非法证据排除等原则，坚守防范冤错案件底线，防止将经济纠纷当作犯罪处理，防止将民事责任变为刑事责任，确保把每起案件都办成铁案。积极开展扫黑除恶专项斗争，坚决打击影响企业发展与项目建设的强揽工程、强买强卖、破坏生产经营等违法犯罪活动和村霸、地霸、材料霸等黑恶势力。认真履行民商事审判职责，维护规范有序公平竞争的市场环境，始终把"损失能否挽回"作为评价办案效果的重要标准，最大限度地挽回当事人的合法经济损失。二要积极助推困难企业发展，健全多元化商事纠纷解决机制。三要加大巡回审判力度，及时回应群众司法需求。依法审理行政许可及申请撤销仲裁裁决等行政案件，促进行政权力规范行使和公平交易。突出执行强制性，依法严厉打击涉众型经济案件规避执行、抗拒执行等违法犯罪行为。

(四) 深化"两说一联"机制建设

"两说一联"工作机制是延安推进基层协商民主和依法治理的最新实践，是传承发展"枫桥经验"的最新成果，应站在推进社会治理体系和治理能力现代化的高度，深化"两说一联"工作机制。拓宽"说事"范围，将"群众说事"范围拓宽至村（社区）经济社会发展、公共事务管理、社会保障评定、涉诉信访案件化解等领域，使大量涉及群众生产、生活的事务能在第一时间得到民主协商和依法化解。扩大"法官说法"主体，将"说法"主体扩大至检察官、警察、律师和各类调解组织，推进构建"法官说法"与行政调解、行业调解、人民调解等定向连接机制，形成多方联动化解纠纷、预防减少诉讼的格局。拓展"两说"平台，将"两说"机制拓展到辖区旅游、林果、学校、医疗、交通等领域，及石油煤炭企业、非公经济组织，搭建覆盖面更广的"两说"机制应用平台，切实构建起党委领导、政府负责、社会协同、公众参与、法治保障的现代乡村社会治理体制，及时有效排查化解矛盾纠纷，依法公正、民主协商处理群众利益诉求。

(五) 推动社会信用体系建设

严格落实信用体系国家标准，加快完善地方标准，建立完善省、市、县三级联动的信用工作组织体系。一要完善政府守信践诺机制，把政务履约和守诺服务纳入政府绩效评价体系，推进政务诚信建设。加强政府采购、政府和社会资本合作、招标投标、招商引资等经济活动领域诚信建设，防范信用风险。建立容缺机制，建立市场主体信用承诺制度，降低制度性交易成本，坚持"红黑名单"制度。推行第三方企业综合信用评价制度，发挥行业协会商会诚信自律作用，推动企业加强自我约束和自我管理。推动完善个人实名登记制度，建立个人信用档案，推行个人信用积分管理，推广使用个人信用报告，加强企业法定代表人、律师、金融从业人员等重点人群信用监管，完善和落实行业禁入制度。二要严厉惩处虚假诉讼行为，严格依照法律规定追究虚假诉讼、恶意诉讼、提供虚假证据等行为人的法律责任。三要建立健全守信联合激励和失信联合惩戒机制，培育和规范信用服务市场，加强诚信教育和信用文化建设。

法院贯彻调解优先原则情况的调研报告[*]

按照延安市委和市委政法委关于开展社会矛盾化解专项调研的工作安排，延安中级人民法院党组对该项工作进行了及时部署，确定了调研主管领导和具体承办部门。在调研中，一是选取案件较多的基层法院和法庭进行工作调研。春节前后，深入有关基层法院及部分人民法庭，征求对贯彻调解优先原则的工作意见和建议，积累了丰富的第一手资料。二是认真查阅五年来全市法院各类调解、和解案件，进行数据和文案调研。对2005年以来，全市法院民商事案件调解、刑事和解、行政和解和执行和解等数据进行了仔细研究、认真分析，从中提炼问题、发现问题、总结经验。三是认真听取了中级人民法院质评办同志关于近几年全市法院案件考评中，在贯彻调解优先、提高调解率方面发现的问题。在综合分析以上调研数据和文字材料的基础上，我们对全市法院贯彻执行调解优先原则的有效工作方法、存在的突出问题和解决问题的具体思路，进行了综合分析研究，现将调研有关情况报告如下。

一、全市法院五年来贯彻调解优先原则的具体司法实践及工作特点

从20世纪80年代后期到90年代初，随着《中华人民共和国民法通则》和《中华人民共和国民事诉讼法》（以下简称《民事诉讼法》）的相继颁布实施，民事调解被明确写

---

[*] 本文写于2010年3月。

进成文法，使得对民事调解传统的继承发扬具有了法理依据。20世纪90年代中后期，在司法改革中一度出现了片面强调法官中立和司法独立、忽视司法民主的倾向，民事审判方式改革特别是庭审方式改革，强调推进"一步到庭和法官保持中立的辩论式"改革方向，调解工作受到了一定程度的弱化。党中央"依法治国与以德治国相结合"法治建设指导思想和"构建和谐社会"目标相继提出后，调解因其独有的平稳化解矛盾纠纷的优势被重新定位，并得到了充分重视。在指导思想上有了从强调调判同等的"能调则调、当判则判、调判结合、案结事了"的十六字方针向"调解优先、调判结合"的发展与递进，最能体现司法民主、符合当前我国国情的调解制度得到了全面加强、不断完善和广泛运用。除民事调解和执行和解外，最高人民法院对推进轻微刑事案件、刑事自诉案件和行政案件和解也作出了明确具体的规定。❶ 调解这一独具中国特色的司法审判模式所承载的功能日益厚重，所涉及的审判领域日益广泛。

延安两级法院的调解工作也经历了相同的历程，尤其是近年来，利用延安曾经是陕甘宁边区首府的得天独厚的资源优势，我们对陕甘宁边区时期以"马锡五审判方式"为代表、以调解为主的司法传统进行了充分发掘和整理，提出了"弘扬延安精神、继承司法传统、争创一流法院"的工作目标。全市法院对调解工作给予了高度重视，各项调解工作均得到了较大推进，体现出以下特点：

（一）在指导思想上始终坚持调解优先

在贯彻人民法院三个"五年改革纲要"的工作部署中，两级法院在指导思想上始终坚持司法为民宗旨和牢固树立调解优先的原则，将程序透明、方式便民、裁判为民作为创新和完善审判方式改革的重点，特别突出对调解工作的重视，如中级人民法院明确规定"所有符合法定调解条件的案件必须首先进行调解"。❷ 各基层法院将加强调解工作、创新调解方法作为贯彻司法为民的具体体现，在审判的各个环节突出调解、加强调解，坚持立案调解及庭前、庭中、

---

❶ 最高人民法院于2004年8月下发了《关于人民法院民事调解工作若干问题的规定》；于2007年3月下发了《关于进一步发挥诉讼调解在构建社会主义和谐社会中积极作用的若干意见》，其中在第二条第六项规定"对行政诉讼案件、刑事自诉案件及其他轻微刑事案件，人民法院可以根据案件实际情况，参照民事调解的原则和程序，尝试推动当事人和解"。

❷ 2009年，中院民一庭从落实司法为民的高度出发，制定了包括加强诉讼调解、二审案件公开审理和听证等在内的"十二条规定"。经中院党组研究后，决定在全市民事审判工作中加以推广。

庭后调解和执行和解，切实做到了"多调少判"，调解工作得到不断加强。

（二）全市法院的整体调解率稳步提升

分析2005年以来全市法院民商事案件的调解结案率发现，全市基层法院在民商事案件总数大幅上升的压力下，调解率未降反升，由2005年的低于59.1%逐步提高到了2009年的70%（见表1）。黄龙县法院由于整体案件少，调解率连续几年达到了90%左右。基层法庭处于与基层群众直接接触的第一线，法官调解经验丰富，对社情民意了解深入，对当事人情况把握准确，调解成功率很高，如志丹县旦八法庭、黄陵县店头法庭和子长县涧峪岔法庭的调解率都保持在90%以上。

表1　全市基层法院五年来民商事案件调解情况统计

年度	收案数/件	结案数/件	调解数/件	调解率/%
2005	5808	6166	3643	59.1
2006	5688	5480	3432	62.6
2007	5890	5748	3681	64
2008	7233	7044	4651	66
2009	6557	6246	4378	70.1

备注：收案数不包括旧存案件，调解率含撤诉案件。

（三）中级人民法院民商事案件调解率较低

因为案件数量、案件性质和复杂程度及诉讼时限的不同，中级人民法院民商事案件的调解始终在20%左右徘徊，2007年和2008年甚至低于15%（见表2）。

表2　中级人民法院五年来民商事案件调解情况统计

年度	收案数/件	结案数/件	调解数/件	调解率/%
2005	630	648	161	24.8
2006	619	601	119	19.8
2007	630	558	74	13.3
2008	721	756	76	10.1
2009	1069	940	195	20.7

备注：收案数不包括旧存案件，调解率含撤诉案件。

（四）全市法院执行案件和解率不高，行政案件协调解决力度不断加大

5年来，全市法院执行案件的和解率始终低于20%（见表3），一些被执

行人确有困难或无财产可供执行的案件，只能通过执行特困救助的方式予以解决；在行政审判中，由于两级法院近年来对推进行政案件和解工作的重视，行政和解率增幅较大。2008 年全市法院行政案件和解撤诉率仅为 3.4%，而 2009 年增至 19.8%；刑事附带民事案件由于加大了"审执协调"力度，自动履行率约占到 60%，而执行过程中的和解率仅占 10% 左右。如 2009 年，全市法院共审结刑事附带民事案件 47 件，自动履行 27 件，和解 6 件。

表3 全市法院五年来执行案件和解情况统计

年度	收案数/件	和解数/件	和解率/%
2005	1688	262	15.5
2006	1755	311	17.7
2007	1689	307	18.2
2008	1847	217	11.7
2009	1904	242	12.7

（五）调解方法不断创新，调解制度不断健全

全市广大法官从维护社会稳定、促进社会和谐的高度出发，不断创新调解方式、提高调解艺术、增强调解能力，特别是基层法官在实际的调解工作中，创造出了诸如背靠背调解法、亲情引导调解法、依靠有关组织和律师协助调解法等一系列行之有效的调解方式。中级人民法院一方面注重加强对全市调解工作的指导，下发了《关于在全市法院贯彻"马锡五审判方式"的意见》等加强调解工作的规范性指导文件；另一方面在审判质量目标考核中加强对调解率和调解兑现率的考核，对提高调解率和规范调解行为起到了有力的促进作用。

二、贯彻调解优先原则存在的问题

《民事诉讼法》及最高人民法院发布的关于加强调解工作的规范性文件是贯彻调解优先的依据，各级法院是推进调解工作的主导，法官和当事人是参与调解的主体。通过近年来的诉讼调解实践，我们认为有三个方面的问题影响着调解质量和效率，对贯彻调解优先原则形成了不同程度的掣肘和阻碍。

第一，关于调解的法律、解释及相关规定存在的问题。

（1）《民事诉讼法》第 85 条规定"人民法院审理民事案件，根据当事人自愿的原则，在事实清楚的基础上，分清是非，进行调解"，即：人民法院主持进行的诉讼调解必须符合自愿合法的原则，同时强调要"事实清楚、分清

是非"。对于通过判决结案的，查清案件基本事实是分清当事人双方责任的基础和前提，而在双方当事人自愿调解的案件中，如果过分强调要查清事实、分清是非，有可能限制调解功能的有效发挥。因为，就调解案件本身来讲，肯定存在着一方主动让步和利益让与，换来双方的协商一致。对于案件事实法官不需要过多深入查证和过分纠缠于"事实清楚、分清是非"的标准，应该只负责对调解协议内容的合法性进行审查确认，如此才可能实现诉讼调解的效率最高化、成本最低化的诉讼价值。

（2）推进刑事自诉案件、轻微刑事案件和行政案件的和解工作的法律依据还不完善。最高人民法院《关于进一步发挥诉讼调解在构建社会主义和谐社会中积极作用的若干意见》中，虽然提出了要推进刑事自诉案件、轻微刑事案件和行政案件的和解工作，但对于如何启动、何时启动这三类案件和解，只笼统提出"参照民事调解的原则和程序"，并没有明确的法律规定和形成可以依据的具体司法解释。目前，关于如何构建适合我国国情的刑事和解等制度仍处于争论、探索和试点阶段。❶

（3）如何保障诉讼调解公正进行和调解协议有效履行的法律规定有待完善。《民事诉讼法》第182条规定"当事人对已经发生法律效力的调解书，提出证据证明调解违反自愿原则或者调解协议的内容违反法律的，可以申请再审。经人民法院审查属实的，应当再审"。该条规定将监督调解公正的权利赋予了一方当事人，但实践中当事人本身作为弱势群体，在举证证明调解违法方面存在先天不足。对于调解协议能否有效履行，最高人民法院《关于适用〈中华人民共和国民事诉讼法〉若干问题的意见》第123条规定，对"有履行能力而拒不执行人民法院发生法律效力的判决书、裁定书、调解书和支付令的"，按照《民事诉讼法》第102条第1款第6项规定处理，即"可以根据情节轻重予以罚款、拘留；构成犯罪的，依法追究刑事责任"，而《刑法》313条关于"拒不执行判决、裁定罪"的犯罪对象中，并没有包括生效的调解书在内（2002年关于此条的立法解释，也并未直接将生效调解书纳入该罪的犯罪对象），最高人民法院《关于适用〈中华人民共和国民事诉讼法〉若干问题的意见》作为司法解释的效力低于立法解释，除非通过立法解释扩大本罪的适用对象，否则二者存在法律冲突，对于打击恶意调解、保障调解协议的有效履行有不利影响。

第二，法院作为推进调解工作的主导力量在具体工作中也存在一些问题。

---

❶ 延安中级人民法院原院长冯迎春在《陕甘宁边区刑事和解制度》一文中，对构建刑事和解制度进行了初步的构想（见厦门大学出版社出版的《司法改革论丛》第十辑，齐树杰主编）。

(1)《民事诉讼法》第 86 条规定"人民法院进行调解,可以由审判员一人主持,也可以由合议庭主持,并尽可能就地进行"。该条对主持诉讼调解的主体作了明确规定。在审判实践中,各级法院往往实行的是法官"审调合一",民事法官既是案件的审判法官,同时也主持该案的调解。这样做,一方面由案多人少所致,另一方面也由于作为案件承办法官主持调解,更了解案情,有利于调解协议的达成。但有些法官在调解中表现出太大的随意性,想调解便调解,想判决便判决,想何时调解就何时调解,这些做法有损法律的严肃性。同时,部分法官对于已达成调解协议但又反悔的当事人,会因先入为主而在证据采信和事实认定方面对其不利。最高人民法院《关于民事诉讼证据的若干规定》第 67 条规定:"在诉讼中,当事人为达成调解协议或者和解的目的作出妥协所涉及的对案件事实的认可,不得在其后的诉讼中作为对其不利的证据。"这一规定也正说明,一旦法官对当事人在调解中认可某些事实有了先期了解和掌握,就有可能将其作为对该当事人不利的证据。因此,从这些方面讲,法官"审调合一"存在修正的必要。

(2)对调解的工作目标考核有时会产生适得其反的影响。我市两级法院从 2002 年就开始推行审判质量目标考核,其中对基层法院和中级人民法院的调解指标作了具体的规定,多数基层法院又对调解指标进行了到庭、到人的任务分解。这些做法在提高全市法院法官调解积极性和案件调解率的同时,也导致出现部分法院虚报调解数字、部分法官违法调解的问题。而且对调解率产生了带有功利性的过分追求,也就容易出现了久调不决,不重程序、只重结果,不钻研法律业务、只重经验办案的不良倾向。

(3)诉调结合的大调解格局还未形成。社会矛盾纠纷的解决方式有人民调解、行政调解、民事仲裁和诉讼等几种形式,人民法院诉讼调解所承担的只是部分矛盾纠纷的化解,大量的社会矛盾还是通过其他方式予以平息和解决的。法院作为化解矛盾纠纷的主导力量,如何加强与这些调解和裁决组织的协调,联合社会力量,构建化解矛盾纠纷的大调解格局,具有不容忽视和义不容辞的职责。从 2002 年 9 月最高人民法院下发《关于审理涉及人民调解协议的民事案件的若干规定》,到 2004 年和 2007 年针对调解工作的两个规范性文件的出台,一直致力于实现诉调的有效衔接机制建设。从我市的情况看,过去几年,我们主要抓了对人民调解组织的指导、人民陪审员制度的完善,但在构建大调解格局方面,与司法局、仲裁委等其他组织联系互动不够,对最高人民法院《关于人民法院民事调解工作若干问题的规定》提出的推行"委托调解、协助调解"制度落实不力。

第三,法官、当事人在主持和参与调解的过程中也存在影响调解质量的问题。

（1）部分法官存在压案调解、强迫调解问题，影响法院公信力。调解的当事人双方合意性特征，为一些法官实现"名利双收"创造了条件、提供了"挡箭牌"，特别是法官对双方当事人"利益均沾"的案件，通过不调不结案、威吓、强迫等手段，逼使当事人达成调解协议，而对这类案件往往还无从监督，即使当事人有反映，也会因缺乏证据而无法查证。还有一种情况是承办法官基于自身业务能力所限和可能错判的风险，往往利用承办案件的特权，说服当事人进行调解，表面符合调解的法定原则，其实损害了当事人对诉讼解决争议的选择权。

（2）部分当事人存在以调解受益的恶意心理。调解协议的最终达成，往往是在案件事实和证据等方面占有一定优势的当事人的部分让步，换取争议解决的效率性，而一些恶意当事人，借机向对方施压，迫使对方做出让步；或者以愿意调解为名，在调解协议达成后，又利用法律赋予其的反悔权，拒绝在送达文书上签字，达到拖延审判的目的。从我市法院的审判实践看，这些情况在一些人身损害赔偿纠纷案件中表现最为突出。

三、贯彻调解优先、推进调解工作的对策及建议

调解的司法价值，一是体现节约诉讼成本，通过简化程序，达到快速解决矛盾纠纷的目的；二是体现法律效果与社会效果的统一，这也可以看作是调解所承载的政治功能；三是体现对破损的社会关系在一定程度上的修复。真正符合法定程序、达到当事人真诚互谅的调解结果，对保持社会关系的稳定性、和谐性能起到判决所不能期望的高度。要最大限度地实现调解的司法价值，必须将调解看作是一项系统的社会矛盾化解工程，既要发挥司法机关的主导、指导和规范作用，更要动员社会纠纷化解力量，形成齐抓共管的大调解格局。针对上述存在的问题，结合我市社会实际和法院调解工作实际，我们对贯彻调解优先、推进调解工作和社会矛盾化解工作提出以下对策和建议。

（一）要进一步完善关于加强调解的法律法规，为推进调解工作提供有力的法律依据和保障

对于当事人在自愿前提下达成的调解协议，不必以"查明事实、分清是非"为基础，法院只负责审查其协议内容是否属于法律的禁止性规定，要赋予当事人更多的意思自治权；通过立法解释，明确《刑法》第313条适用对象包括经法院审查确认的调解书，同时对可能发生的当事人拒不履行生效调解协议的情形，应规定法官在制作调解书时附加相应的加重责任条款，防止

当事人恶意调解；要尽快对如何启动和推进刑事和解、行政和解等作出明确的解释，对建立立案前调解制度作出明确的指导意见。

（二）以推行"一线审判模式"为载体，大力推进全市法院诉讼调解工作

"一线审判模式"就是坚持司法能动，做到"诉讼矛盾纠纷在一线化解、司法便民为民在一线体现、审判方式创新在一线检验、法官工作考核靠一线衡量、法院物质建设向一线倾斜"，最终建立符合我市法院和社会实际的和谐司法审判机制。所谓的"一线"，就是指审判执行的第一环节、接触当事人的第一时间、案件和纠纷发生的第一场所、司法审判延伸的第一前沿。其中贯彻"调解优先"是实现"诉讼矛盾纠纷在一线化解"的一项重要内容，具体就是要做到"全面调解、全程调解"。第一，要在继续加强民商事案件的调解力度的同时，加大刑事附带民事案件、申诉和申请再审案件的调解力度，努力提高调解率，力争全市基层法院民商事案件调解率达到65%以上。第二，加强轻微刑事案件、刑事自诉案件、行政案件和执行案件的和解工作。严格遵照最高人民法院的两个规范性指导文件，对危害结果较小、被告人真诚悔过或积极赔偿，并得到被害人谅解的轻微刑事案件和刑事自诉案件，考虑适用非监禁刑，予以从宽处理。对于违反法定程序作出的具体行政行为，引导行政机关通过及时纠正等方式，征得原告谅解，并做撤诉处理，达到行政案件和解的良好效果。加强审执协调制度建设，在审判环节就要根据案件当事人的具体情况，为将来的执行创造条件。同时，对于被执行人已经履行了大部分职责的案件，力促双方达成执行和解协议；对于被执行人确无财产或下落不明的案件，要通过特困救助的方式予以解决，避免形成执行积案。第三，从程序上体现调解工作的全面性。按照最高人民法院关于调解的两个规范性文件要求，除继续加强庭前调解、庭中调解和庭后调解工作外，重点要加强立案阶段的调解。在立案庭设立专门的调解室，确定具有审判职称的立案法官专司调解，成为"调解法官"。也可按照最高法院关于推行协助调解、委托调解的规定，根据案件性质，邀请有关组织、个人或者人民陪审员参与调解，达成和解的，按照法律程序由人民法院予以确认；不能及时调解的，应及时移送审判部门。立案前后的调解必须把握高效、快捷的原则，要严格执行最高法院对立案调解的时限规定❶，绝不能以调解之名，对案件久立不审，影响案件审判效率。第四，继续加强对调解兑现率的考核考评。2008年中级人民法院在审判目标考核制中规定"调解兑现率"指标后，大大提高了调解的质

---

❶ 详见最高人民法院发布的《关于进一步发挥诉讼调解在构建社会主义和谐社会中积极作用的若干意见》第10条。

量，压缩了一些虚假调解的水分。据2009年中级人民法院质评办初步统计，全市基层法院调解案件兑现率达到了83.7%，较以前有了很大提高。在建立审判管理办公室的有利形势下，应当继续加强对调解规范性、合法性和有效性的考核，坚决杜绝部分法官违法调解的做法。

（三）贯彻调解优先，关键在于人民法院要以"协调互动"为指导，构建包含诉讼调解、人民调解、行政调解和民事仲裁在内的大调解格局

当前，法院工作面临的现实是，即使法院不断增编、增人、增机构，但案件数量依然大幅上升、审判压力依然不断加大。如何发扬人民调解的传统、动员社会各层面的力量、合力解决纠纷、适度缓解审判压力、更好地完成维护稳定的职责，是司法改革的迫切要求。从世界范围看，许多国家特别是英美法系国家，将重构纠纷解决机制作为司法改革的重点，提出了"替代性纠纷解决机制"的构想。这种机制就是要在民事诉讼制度之外寻求其他有效的纠纷解决机制，其所应包含的优点主要体现在：程序的灵活简便、效率的高效省时和成本的低廉。❶ 最高人民法院原院长王胜俊要求"始终把解决实际问题、化解社会矛盾放在首位"。不管采取裁判的方式还是调解的方式，都必须符合这一要求。因此，探求法院调解与人民调解等非司法途径解决纠纷机制的衔接，是贯彻调解优先的重中之重。

一是要坚持"协调互动"的指导思想，发挥法院和法官解决纠纷的专业特长，指导人民调解、行政调解组织开展诉前矛盾纠纷化解。陕西陇县法院的"一村一法官"模式和河南法院的"社会法庭"模式，就是将法院的权威、法官的专业化与基层调解组织的亲民化的职能和特长有机地结合在一起，充分发挥基层调解组织善于做群众工作的优势，辅之以法院对和解的确认和法官对调解业务的必要指导，构建起了以法院为主导的诉前矛盾纠纷化解机制。从延安的实际看，构建诉前矛盾化解机制具有深厚的群众基础，群众对边区时期的司法传统具有共识；党委对法院矛盾纠纷化解工作的大力支持，可以有效动员和集中法院以外的纠纷化解力量。

二是借鉴外地法院成功经验，充分发挥法院和法官的能动性，加强与人民调解组织的工作互动。全市90%以上的矛盾纠纷案件受理在基层，全市80%以上的人口是农业人口，因农村日常婚姻家庭琐事、邻里争议在基层各类诉争案件中占了多数，而这些矛盾纠纷如果能在诉前得到及时化解，无疑将大大降低基层法院的工作压力，也将及时避免矛盾的进一步激化，有利于

---

❶ 如从20世纪70年代中后期，由英国首席大法官沃尔夫勋爵倡议发起的英国民事诉讼改革运动，即"接近正义运动"，其宗旨就在于改革周期长、费用高、民众难以亲近的民事诉讼程序，并将替代性纠纷解决机制作为其中一项重要内容。

基层的稳定。从人民调解与诉讼调解的性质看，人民调解作为基层矛盾纠纷化解的"第一道防线"，强调温和、亲民的软处理，但刚性不足；诉讼是化解矛盾纠纷的"最后一道防线"，强调依法、理性，但柔性不足。因此，发挥二者长处，规避缺陷成为必要。基层法院虽然面临"案多人少"的矛盾，但通过发挥主观能动性和创新为民的方法措施，完全可以有效实现与人民调解的协调互动。在法院立案庭设立"调解室"，对于诉讼至法院属于民事调解和其他可以和解案件范围的，可以询问当事人是否同意先期委托所在地人民调解组织进行调解，对于愿意调解的，由调解室法官负责联系当地人民调解员，出具委托书进行委托调解。各基层人民调解组织对于本辖区发生的矛盾纠纷，如果认为需要法官协助指导，可以邀请法官参与调解。通过双向互动，及时发现和化解矛盾纠纷，降低诉讼成本，减轻法院审判压力。基层法院要大力加强巡回审判点建设，在人民法庭辖区中心城镇或中心村，设立法院巡回审判点，定期集中指导人民调解工作，协助做好矛盾纠纷的化解。

三是法院要加强与司法局的工作联系，在本辖区的企业、乡镇和农村，精选人民调解员，联合进行法律业务培训，形成诉讼调解与人民调解的网络化建设，扩大工作互动的覆盖面。

四是法院要加强与行政调解、仲裁调解等非诉纠纷化解机制的协调互动，通过司法审查与确认，支持他们对合同争议、劳动争议等矛盾纠纷的化解工作。

综上所述，贯彻调解优先，人民法院必须把握"全面调解、协调互动"的原则，强化诉讼调解，联合社会力量，共同化解矛盾纠纷。同时，要高度重视对法官调解能力的培训考核，加强法官职业道德教育，正确处理调解与判决的辩证关系，既要体现司法效率，更要注重司法公正。对于不属调解范围的或者调解、和解协议违反法律禁止性规定的，切实担负起合法性审查职责，该纠正的坚决依法纠正。

深化依法治国实践视角下的法院行政审判工作[*]

——关于全市法院行政审判工作的调研

2013年以来,延安两级法院围绕"让人民群众在每一个司法案件中都感受到公平正义"的目标,坚持司法为民、公正司法工作主线,忠实履行行政审判职责,依法妥善化解行政纠纷,切实维护公民、法人和其他组织的合法权益,监督行政机关依法行使职权,推进了平安延安、法治延安建设。2013年至2017年10月底,全市法院共受理各类行政案件1145件,审结1029件;其中,市中级人民法院受理行政案件455件,审结419件。

一、行政审判工作的主要做法和成效

(一)依法履行审判职责,助推法治政府建设

1. 严格公正司法,有效监督依法行政

坚持合法性审查标准,依法对行政权行使进行司法监督,对行政机关违法行政行为依法确认违法或撤销,对行政机关不履行或拖延履行法定职责的依法确认违法或责令限期履行,对行政机关行政行为侵权造成损失的依法判决赔偿,监督行政机关依法行政,切实维护公民、法人和其他组织的合法权益。2013年以来,全市法院共依法撤销或确认行政行为违法107件,其中决定行政赔偿5件,赔偿金额16.8万元。探索推行裁执分离模式,认真做好非诉行政案件审查和执行工作,在保证合法行政行为得到执行的前

---

[*] 本文写于2017年11月。

提下，坚持对违法的行政行为裁定不予执行。2013年以来，受理行政非诉审查案件76件，裁定不予执行14件，占行政机关申请法院强制执行案件总数的13.8%；依法办理国家赔偿案件6件，决定赔偿2案4.24万元。

2. 强化大局意识，切实支持依法行政

自觉将履行行政审判职能与服务党委、政府中心工作紧密结合，出台服务保障我市"十三五"规划顺利实施的意见，支持行政机关依法履行宏观调控、市场监管、公共服务、社会管理等职责，服务保障市委、市政府重大决策部署落实。2013年以来，行政一审案件判决驳回原告诉讼请求750件，占一审结案总数的85%；受理审查非诉行政执行案件101件，裁定准予执行87件，占申请执行案件的86.1%。围绕实施五大发展战略，支持行政机关依法履职，依法妥善处理新区建设、延河综合治理、三区九园产业布局、城乡统筹发展等重大项目建设引发的行政争议，保障重大项目建设顺利实施。注重行政争议实质化解，坚持依法裁判和协调化解相结合，在查清事实、分清是非、合法自愿的前提下，依法开展协调和解工作，促进行政争议实质性化解；对宣判前原告申请撤诉，或被告改变其所作具体行政行为，原告同意并申请撤诉的，依法进行审查并作出裁定。

3. 推进良性互动，协作助力依法行政

加强与政府法制部门、行政执法机关、信访部门的经常性工作联系，通过开展教育培训、召开执法疑难问题研讨会、召开联席会议等方式通报涉诉信访情况和存在的突出问题。每年制作行政审判"白皮书"，对行政案件进行全面梳理，总结行政案件的特点和规律，分析行政执法过程中存在的问题及原因，有针对性地提出规范行政执法、预防和化解行政争议的建议，并将白皮书报送市委、人大及政府有关部门，得到了相关部门的高度重视，为促进依法行政发挥了积极作用。针对个案审判中发现的苗头性、倾向性问题，及时向有关部门提出司法建议，规范执法行为，堵塞管理漏洞。依法参与重大建设项目社会稳定风险评估工作，重点加强法律风险的分析研判，从源头上预防和减少行政纠纷。推动落实行政机关负责人出庭应诉制度，引导行政机关依法参加诉讼活动，促进提升领导干部的法治思维和依法行政意识。2017年以来，行政机关负责人共出庭应诉20人次，同比增长78%。

（二）努力公正高效办案，切实践行司法为民

1. 全力提升办案质效

近年来，我市法院行政案件受案数年均递增33%。2016年受理行政案件323件，比2013年增长131%，结案323件，增长131%；其中，市中级人民法院受理139件，比2012年增长276%，结案139件，增长276%。紧抓司法

办案主业，加强目标任务管理，激发办案内生动力，构建"一周一通报、一月一评查、一季一考核"的精细化审判管理模式，确保收结案动态平衡、良性循环。建立员额法官、法官助理和书记员绩效考核机制，坚持以公正严明的考核奖优罚劣、晋职晋级，促进又快又好办案。完善繁简分流机制，推行简案快审、难案精审，全市法院简易程序适用率、当庭裁判率分别达到15%和30%。全面落实领导带头办案机制，2016年全市法院院庭长共办理行政案件182件，占结案总数的56%。2016年全市法院和市中级人民法院行政案件结案率分别达到100%和98%，审判质效在全省法院名列前茅。

2. 着力促进公正司法

开展"司法规范化"建设年活动，聚焦突出问题，开展专项整治，严肃查处销蚀司法权威、伤害群众感情、违反审判纪律的行为；借助案件管理系统细化办案流程、严管案件审限、强化内部监督，明确立案登记、案件移转、延长审限报批等各工作环节的时限和标准；建立长效机制，制定《行政上诉案件若干问题的规定》《庭审操作规程》《判前释明和判后答疑规定》等制度，规范司法行为，提升办案效果，2017年1月至10月全市法院一审行政案件服判息诉率达63.69%。通过审理上诉、申诉案件和接待信访等渠道，强化审判监督，坚持有错必纠，及时发现和纠正错误裁判，进一步提升审判质量。

3. 积极回应群众需求

构建人工服务、网上服务和12368热线服务"三位一体"的诉讼服务体系，改造建成了具备立案登记、诉调对接、财产保全等12项功能的诉讼服务中心，为群众提供一站式、全方位的诉讼服务。加强涉民生行政案件审理工作，依法审结涉及土地资源、城建拆迁、治安管理、劳动和社会保障等与民生密切相关的案件850件，占全部一审行政案件的96%。拓宽对行政相对人权益的保护范围，行政诉讼调整领域从传统的行政处罚、行政许可、行政强制行为，逐步扩展至行政补偿、行政协议等行为，努力满足人民群众日益增长的多元司法需求。针对一些行政案件矛盾成因复杂、政策法律规定不明确、纠纷无法一次性解决等特点，推动建立多元化纠纷解决机制，实现调解、仲裁、行政裁决、行政复议、诉讼等有机衔接、相互协调，形成化解行政争议的社会合力。推进"群众说事，法官说法"机制建设，延伸"说事"领域，扩大"说法"主体，拓展"两说"平台，构建多元化纠纷解决格局，促进基层民主协商与依法治理。开展"院长讲办案故事，树社会新风"活动，录播电视普法节目61期，开展普法巡展和法律讲座239场，提供法律咨询2.8万人次，推动在全社会树立有权必有责、用权需负责、侵权要赔偿的法制观念，市中级人民法院被市委、市政府评为2011—2015年全市法制宣传教育先进单位。

（三）扎实推进司法改革，着力提升司法公信

1. 推进立案登记制改革

严格执行新《行政诉讼法》，变立案审查为立案登记，依法保障行政诉权，畅通案件受理渠道，凡是符合法定受理条件的行政争议，全部纳入行政案件受理范围，做到有案必立、有诉必理，真正从制度上、源头上解决了行政诉讼"立案难"问题，为群众依法维权敞开了大门。坚决清理限制和剥夺当事人诉权的"土政策"，严禁以任何理由随意限缩受案范围、违法增设受理条件，定期开展不予受理和驳回起诉案件专项检查，决不允许出现群众"求告无门"现象。立案登记制自2015年5月1日起实施以来，全市法院行政案件当场登记立案率为100%。

2. 推进行政案件管辖制度改革

因行政案件原则上由被告行政机关所在地法院管辖，可能受到地方干预和地方保护，为使行政审判更加客观公正、取信于民，2016年依法指定宝塔区、富县、延川县三个基层法院对全市一审行政案件实行异地集中管辖，整合行政审判资源，改善行政审判环境。

3. 推进行政案件审判方式改革

研究出台各审判层级权力清单和责任清单，限缩审委会讨论案件范围，规范裁判文书签发，突出法官主体地位，保证裁判权责一致，做到"让审理者裁判，由裁判者负责"。推进庭审实质化，严格依法举证、质证和审查运用证据，认真落实由被告对行政行为承担举证责任的原则，保证庭审在查明事实、认定证据、保护诉权、公正裁判中发挥决定性作用。建立刑事、民事、行政和执行专业法官会议机制，为独任法官、合议庭正确适用法律提供咨询参考。拓宽群众司法参与，广泛吸收人大代表、政协委员、人民陪审员参与案件审判，听取裁判意见建议，一审行政案件陪审率达到99%。

4. 推进司法公开

建立健全阳光司法机制，依托审判流程、裁判文书、执行信息、案件庭审公开平台，利用法院门户网站、微博、微信等平台，及时公开案件流程信息744件，二审案件开庭率达100%，可公开生效裁判文书上网发布率保持100%，切实增强行政审判透明度，市中级人民法院被命名为全省司法公开示范法院。把庭审直播作为重要抓手，要求人人过关，通过网络视频直播行政案件开庭情况，中级人民法院被新浪网评为庭审直播最佳组织奖。

（四）全面贯彻从严治院，打造过硬法官队伍

1. 狠抓思想政治建设

扎实开展党的群众路线教育实践活动、"三严三实"专题教育、"两学一

做"学习教育，突出忠诚教育、廉洁教育和人民司法优良传统教育，注重把做合格党员与做优秀法官相结合，强化"四个意识"，坚定理想信念，坚守职业良知。建立鼓励激励、容错纠错、能上能下"三项机制"，激发干事创业精气神，让能者上、庸者下、劣者汰。全市法院行政审判工作中共有 3 个集体和 3 名个人获得省级以上表彰。

2. 狠抓司法能力建设

分级分类加强针对性业务学习培训，举办新《行政诉讼法》等专题培训班 5 期，参加上级法院调训 32 人次；首次与国家法官学院合作办班，系统培训全市行政审判法官 28 名，对全市法院书记员全员轮训。坚持办案力量向一线倾斜原则，严把资格审查、专业考试和综合考核三道关口，重点考核办案数量、办案质量和职业操守，对未完成规定办案任务、审判质效较差的法官在遴选中予以一票否决，分两批从行政审判岗位遴选出员额法官 20 名。坚持在实践中提升司法技能，常态化开展庭审观摩、裁判文书评比、案卷评查等岗位练兵活动，着力提高法官驾驭庭审、适用法律、制作文书、沟通协调、化解矛盾的能力，累计评查案件 813 件、评比裁判文书 817 份、观摩庭审 378 案。围绕行政审判工作重点、难点和热点问题加强调查研究，开展业务研讨，总结审判经验，1 则行政审判案例入选最高法院行政审判指导案例。强力推进信息化建设，完成网络系统改造升级，实现网上办公办案、网上管理考核。

3. 狠抓党风廉政建设

持续正风肃纪，认真落实"两个责任"，制定《全面从严治党主体责任和监督责任追究办法》《违法审判责任终身追究办法》等制度，严格执行中央"八项规定"精神，坚决把党的纪律和规矩挺在前面。加大执纪监督力度，逐案发放廉政监督卡，推行"廉政风险点"管理制度，开通网上投诉举报中心，对 13 个基层法院开展了司法巡查，促进公正办案、廉洁司法。坚持有案必查，核查处理投诉举报 20 件。2017 年 4 月，市中级人民法院对严重旷工的一名干警予以开除，以反面典型强化警示教育。严格执行《领导干部干预司法活动、插手具体案件处理的记录、通报和责任追究规定》《司法机关内部人员过问案件的记录和责任追究规定》，以零容忍的态度惩治司法腐败，确保廉洁司法。

二、行政审判工作存在的问题

（一）行政审判理念有待进一步更新

有的法官将服务大局等同于维护行政行为，轻视行政相对人的诉权保护；有的对监督行政机关依法行政存在畏难情绪，不能完全做到严格司法；一些法官大局意识不强，能力和担当不足，极少数律己不严、作风不正。

（二）行政审判力量有待进一步加强

面对行政案件持续大幅度增长，案多人少的矛盾越来越突出。

（三）行政案件办理难度加大

土地征收征用等案件行政相对人较多，非诉行政案件特别是房屋强制拆迁、土地违法利用等案件大幅上升，处理难度加大，影响社会稳定。

（四）当事人滥用诉权的问题较为突出

由于打行政官司成本低，一些当事人不能理性维权，随意提起诉讼，有的甚至恶意诉讼，造成司法资源的浪费。个别当事人长期缠诉闹访，扰乱庭审秩序，严重影响行政审判工作的正常开展。

（五）行政审判的外部环境有待进一步优化

有的领导干部不能正确对待行政诉讼，不尊重群众诉权，对解决行政争议态度不积极；有的行政机关负责人不愿出庭、应诉能力不高，甚至拒绝履行生效裁判。

三、行政执法和出庭应诉中存在的主要问题

（一）运用法治思维解决问题的能力有待提高

法律、法规及规章对行政执法过程中应坚守的原则、遵循的程序及有权作出何种行为有明确的规定。但是，有的行政机关在执法过程中遇事不找法，解决问题不靠法，不善于或者不习惯运用法治思维解决问题、维护稳定。一是依法行政意识不强。一些基层政府和行政机关负责人仍习惯于行政思维，以行政命令等方式代替依法行政。一些行政执法人员在执法过程中强调自己的管理职权，漠视行政相对人的权利，执法方式粗暴、简单。行政不作为现象在一些行政领域依然存在，一些行政机关怠于、延迟、消极履行法定职责或拒绝行政相对人提出的履行职责申请等行政不作为的现象在保护公民人身权、财产权以及政府信息公开类案件中较为突出。二是执法能力不足。个别执法人员法律素养不够，在执法过程中不能做到实体与程序兼顾，导致程序违法。新《行政诉讼法》赋予了法院对行政行为合理性审查的职能，有的行政机关因行政行为明显不当而败诉。三是执法工作不够严格规范，涉案事实不能充分调查取证，行政执法文书制作粗糙，应有的程序不能在文书上体现。四是一些部门拒不执行生效司法裁判。有的行政机关在法院责令其重新作出行政行为后，仍以同一事实、同一理由作出与原具体行政行为相同的行政行为，有的行政机关拒不执行人民法院生效裁判，严重损害法律尊严，影响政府形象。

（二）行政行为违反法定程序

一些行政机关重实体、轻程序，在作出行政行为时存在程序违法，造成行政相对人对行政行为产生怀疑，从而引发诉讼，主要表现在征收拆迁、行政处罚、不动产行政登记案件中。一是行政机关在作出行政处罚行为或行政决定行为时应告知权利的未告知，或告知权利程序存在瑕疵。如某公安分局行政拘留案件中，公安机关在作出行政拘留决定前，应当告知违反治安管理行为人作出治安管理处罚的事实、理由及依据，并告知违反治安管理行为人依法享有的权利，但实践中，处罚告知笔录、暂缓执行行政拘留告知笔录制作有瑕疵，在被处罚人签名栏中注有被处罚人拒绝签名，但告知内容中被处罚人意见却是空白，且没有日期，无法认定公安机关进行了权利告知程序。二是收集、调取证据不规范。如上述行政拘留案件中，公安机关在调查取证时存在同一时间段同一办案人与不同的相对人同时进行调查询问的情况，造成证据证明力不强，处罚事实认定缺乏足够的依据。又如土地房屋征收、拆迁、不动产行政登记等案件中，行政机关不依法定程序公示公告，不以法定程序调查取证等，导致因程序的不合法而败诉。

（三）行政处罚认定事实缺乏主要证据支持

行政机关作出行政行为必须在查清事实的基础上进行，认定事实缺乏主要证据支持，必然导致具体行政行为因证据不足而违法。有些行政机关在诉讼中提出的事实证据，不能相互印证，或仅有当事人对事实不明确的陈述，未有其他证据佐证等，不足以认定作出确定、改变、限制行政相对人权利行使决定的事实。又如群体治安案件，处罚决定事实部分套用一个人的违法行为事实对多个人进行同种类的处罚，导致部分被处罚人的处罚事实欠缺。再如不动产行政登记案件中，不认真审查权属来源或权属有无争议而进行登记，导致颁证错误被撤销。

（四）适用法律、行政法规错误

具体行政行为成立和生效的必要条件就是要有事实依据和法律依据，而准确适用法律、法规是行政机关依法行政的重要依据，法律适用偏差或错误，必然导致行政行为的不合法。有的行政机关在法律适用中不能全面准确地适用法律，只看行为不看后果或无违法行为却错误适用法律予以处罚。如因进京上访被公安机关行政拘留处罚的案件，《信访条例》（2005年5月1日起施行）规定，信访人采用走访的方式信访，应当到有关设立或指定的场所提出。走访不得围堵、冲击国家机关，不得拦截公务车辆。中南海周边不允许信访人员滞留或聚集，信访人不听劝阻，情节严重的，依据《治安管理处罚法》予以处理。一般信访人进京上访，只要在法律不允许滞留或聚集的地点信访被当地警方予以训诫的,都可以认定为不听劝阻、情节严重,违反了《治安处罚法》的相关规定,可以予以行政拘留。但对于进京上访尚未信访就被拦截,且未被当地警方予以训诫或移送的信访人,不构成《治安处罚法》中规定的情节严重应当予以处罚的行为。有的公安机关,为了配合当地政府打击信访人员非法上访,对于进京上访的不考虑情节一律予以行政拘留处罚,导致处罚事实依据欠缺,适用法律错误被撤销。有的行政机关对法律法规的立改废掌握不及时,错误选择了不应当适用的法律,有的适用的法规或规章存在与上位法相冲突问题。

(五)行政机关负责人出庭应诉意识薄弱、应诉能力有待提高

新《行政诉讼法》第3条规定"被诉行政机关负责人应当出庭应诉。不能出庭的,应当委托行政机关相应的工作人员出庭"。《最高人民法院关于适用〈中华人民共和国行政诉讼法〉若干问题的解释》第5条,将"行政机关负责人"定义为行政机关的正职和副职负责人。立法之所以将行政机关出庭应诉制度纳入到法律规范中,目的在于促进行政纠纷的实质化解,及时发现行政执法中的问题,提高行政机关依法行政水平和法治意识。同时,一些人员应诉能力不足,需要提升,主要表现在:一是有的行政机关虽然在法定期限内举证,但没有对证据进行梳理,缺乏针对性;二是委托出庭的工作人员不熟悉案情,对当事人提出的意见不能进行有力辩驳。

四、行政审判工作的努力方向

(一)持续加强队伍建设

牢固树立"四个意识",严肃党内政治生活,促进"两学一做"学习教育长效化、制度化。端正司法理念,把行政审判作为促进经济社会健康发展、推进国家法治进步、提升司法公信力的重要抓手,努力解决影响行政审判质效的深层次问题。认真落实"三项机制",努力形成公正司法、干事创业的良好氛围。加强教育培训工作,加快行政审判法官的知识更新速度,不断提升司法能力和水平,解决本领恐慌问题。加强对行政审判的力量配备和资源倾斜,夯实主体责任和监督责任,强化监督执纪问责,持续推进正风肃纪,确保公正廉洁司法。

(二)全力服务全市追赶超越大局

认真贯彻实施新修订的《行政诉讼法》,注重研究新情况新问题,增强行政审判服务大局的前瞻性、针对性和实效性。始终坚持公正严格司法,严格执行立案登记制,依法审查行政行为。加大对恶意诉讼、滥用诉权、缠诉缠访行为的惩处力度,营造良好行政诉讼环境。更好延伸行政审判职能,加强

与行政机关的良性互动、信息共享，完善多元化纠纷解决机制，齐心协力化解社会矛盾。

（三）扎实推进司法改革

严格落实司法责任制，做到有序放权与有效监督相结合。建立健全权责明晰、权责统一、监督有序、配套齐全的行政审判权力运行机制。完善行政案件审理方式和裁判方式，实现简案快审、繁案精审，提高行政审判的质量和效率。科学组建专业化办案团队，细化考核奖罚机制，提升改革整体效能。加快建设智慧法院，健全移动诉讼服务、电子档案查阅、律师服务、司法案例参阅等系统，让数据网上转、让群众少跑腿。

（四）坚持不懈便民利民

高度重视涉民生案件的审判、执行，做好土地征收、房屋拆迁、企业改制、市场准入、社会保障、医疗卫生等领域矛盾纠纷化解工作，注重保护弱势群体合法权益。继续深化"群众说事、法官说法"机制建设，促进基层治理民主化、法治化。处理好行政案件异地管理和方便群众诉讼之间的关系，降低诉讼成本。进一步落实诉讼终结和"诉访分离"制度，规范行政案件申请再审的条件和程序，及时解决群众合法合理诉求。按照"谁执法谁普法"要求，加大对行政审判及相关法律知识的宣传力度，用司法手段促进道德领域突出问题的解决，大力弘扬社会主义核心价值观。

五、对行政机关加强依法行政的建议

（一）运用法治思维和法治方式推进法治政府建设

党的十八大以来，党中央对全面推进依法治国特别是深入推进依法行政、加快法治政府建设作出一系列重要部署。中共中央、国务院印发的《法治政府建设实施纲要（2015—2020年）》中提出，政府工作人员特别是领导干部牢固树立宪法法律至上、法律面前人人平等、权由法定、权依法使等基本法治理念，恪守合法行政、合理行政、程序正当、高效便民、诚实守信、权责统一等依法行政基本要求，做遵法学法守法用法的模范。党的十九大进一步提出，建设法治政府，推进依法行政，严格规范公正文明执法。这些重要的战略部署对行政执法产生了重要且深远的影响，政府及行政机关应当高度重视，积极适应新常态、作出新转变，尽快完善相关机制，采取措施加以应对。要增强依法行政意识，将依法办事的能力和水平纳入绩效考核；强化执法人员的程序意识，严格遵循法律的既定程序，在兼顾实体与程序的同时，把握好合法与合理的尺度，在法律的框架内开展工作、解决问题，时刻以法律法规规范行政行为；加强法治教育培训，重点加强对一线行政执法人员的程序意识、证据意识及适用法律能力的培养。

（二）认真学习贯彻新《行政诉讼法》

新行政诉讼法在内容上有很大的修改，拓宽了对行政行为的审查范围，如行政协议、规范性文件等都纳入了行政诉讼范围；加大了对行政行为的审查力度，不仅对行政行为是否合法进行审查，也要对行政行为是否合理进行审查；强化了对拒不履行生效裁判行为的惩戒制裁措施，规定了行政机关负责人应当出庭应诉等，这些内容都是前所未有的创新，行政机关应当高度重视新《行政诉讼法》的学习，重点对执法人员进行专门的法律培训，不断提高执法人员的法律素养和执法能力。同时，为了应对新《行政诉讼法》规定的规范性文件一并审查的规定，行政机关应当提前对规范性文件进行清理，将制定程序不规范、内容与上位法相抵触的规范性文件废止，避免出现此类行政争议。

（三）着力做好涉及民生领域的执法工作

现在我国经济社会发展进入新常态，社会关系复杂多变，社会矛盾易发多发，在此情况下，涉及民生类的执法工作变得尤为敏感。行政机关应当适当调整对涉民生等重点工作的管理模式，积极回应群众关切，依法妥善处理涉及行政相对人人身权、财产权、信息公开、环境资源等方面权益的问题。反映到具体案件中，如对人民群众切身权益影响较大的房屋拆迁、土地征收案件，行政机关既要遵循法律程序，又要听取被拆迁人的合理要求，保护被拆迁人的合法权益，不能因为片面追求效率而忽视依法行政。此外，其他有关治安管理、环境资源、市场监管、劳动和社会保障的民生工作也应该引起行政机关的足够重视。

（四）充分发挥行政复议预防和化解行政争议功能

行政复议是行政系统内部重要的自我监督纠错制度。新《行政诉讼法》规定了复议机关做共同被告制度，有利于促进复议制度纠错功能的发挥。首先，要进一步严格履行复议职责，认真审查行政行为是否合法、合理，对于违法或不当的行政行为，依法予以撤销、变更或确认违法，切实发挥行政复议在化解行政争议中的层级纠错功能。其次，要进一步加强复议委员会的建设，充实复议工作力量，规范复议办理程序，确保复议案件质量。最后，要高度重视复议机关对复议案件的处理意见，让大量行政纠纷在复议中解决，从而降低解决行政争议的制度成本，不断提高行政执法的社会满意度和信赖度，提升政府公信力。

（五）认真落实行政机关负责人出庭应诉制度

行政机关负责人出庭应诉有利于行政机关提高自身依法行政的水平、有利于群众对行政机关依法行政的理解与支持、有利于行政案件矛盾纠纷的实质性化解。新的《行政诉讼法》将行政机关负责人出庭应诉规定为行政机关的法定职责，行政机关应当高度重视，严格执行。市政府已出台了《行政负责人出庭应诉办法》，为行政机关负责人出庭应诉提供了制度保障。今后，应继续将行政机关负责人出庭应诉工作作为衡量领导干部遵从法治、依法行政的重要衡量标准，合理设定考核指标，加大督促检查力度，确保行政机关负责人出庭应诉制度的落实。

罚金刑执行难及对策研究[*]

——关于延安两级法院罚金刑适用及执行情况的调研

罚金，是人民法院判处被告人向国家缴纳一定数额金钱的刑罚方法。罚金刑基本功能在于剥夺一定数额财产所有权，形成一定的制裁结果，强化行为人的规范意识，以达到抑制、预防犯罪的目的。随着市场经济迅猛发展，经济犯罪和单位犯罪现象日益增多，自由刑特别是短期自由刑所固有的弊端日益暴露，难以满足预防犯罪的需要，尤其是对于青少年犯罪、初犯、偶犯、过失犯罪，将会造成严重的负面效应。罚金刑作为一种更有效的惩戒措施被提上日程，是刑罚由严酷到轻微发展的历史必然趋势。然而，在司法实践中，大量罚金刑案件在执行中出现了问题，"罚金刑的问题可以归纳为观念的游离不定、制度设计欠缺、实践操作困惑，这种局面很大程度上源于罚金刑一些基本的理论问题没有在学术界引起足够的重视和充分的研讨，没有形成相对一致的共识用以指导立法和司法实践"[①]。因此，如何完善罚金刑执行制度，构筑罚金刑执行的新机制，破解罚金刑"执行难"已成为当务之急。

---

[*] 本文载于《三秦审判》2014年第5期，获2014年陕西省法院优秀调研报告一等奖；获2014年陕西省政法委全省机关优秀调研报告三等奖。

[①] 马登民、徐安：《财产刑研究》，中国检察出版社2004年版，第242页。

一、现实分析：罚金刑的适用及执行现状

由于罚金刑对贪利型犯罪者具有很好的惩治与威慑效果，所以，"'二战'后罚金刑在西方国家日益受到重视，其适用范围不断扩大，适用案件不断增加。德国20世纪70年代后罚金适用占到法院判决的84%，日本在1971年至1975年罚金适用判决一度占到刑事判决总数的96%"[1]。随着市场经济的不断发展与刑罚轻缓化趋势的出现，中国对罚金刑适用的需求渐增，刑法不仅规定了罚金刑，且在1997年刑法中扩大了罚金刑适用范围。司法机关越来越重视罚金的适用，自由刑统一天下的局面正在被打破，进入了自由刑与财产刑并驾齐驱的时代。从调查的情况看，延安市法院在适用与执行罚金刑方面，主要呈现两个特征。

（一）罚金刑适用率较高

首先，我国现行《刑法》从罪名上扩大了罚金刑的适用范围并调整了罚金刑的适用方式。刑法典分则及刑法修正案共有419个罪名，其中约有180个罪名涉及罚金刑，占整个条文的43%，其规定遍及第二章、第三章、第四章、第六章、第七章、第八章、第九章，涉及七大罪名。6年来，全市法院刑事生效判决所涉被告人共计12274人，其中适用罚金刑的被告人共计7906人，比例达64.4%。

其次，罚金刑在各类型案件中所占的比例也有所不同。调查发现，在所有犯罪案件中，侵犯财产罪、破坏社会主义市场经济秩序罪和妨害社会管理秩序罪这三类罪的罚金刑约占了全部罚金刑的90%左右，侵犯公民人身权利、民主权利罪的罚金刑适用率则较低。而且，尤以侵犯财产罪中盗窃、抢劫案件所占比例最高。罚金刑共涉及26个罪名，侵犯财产罪虽只涉及6个具体罪名，但6年来涉案人数年均占所有适用罚金刑被告人总数的70.14%。其中，盗窃罪和抢劫罪总人数年均占适用罚金刑被告人总数的64.14%。侵犯财产罪尤其是盗窃罪和抢劫罪，在实践中属多发性犯罪，也是适用罚金刑的重点。立法机关重视罚金刑在刑罚中的具体运用，意图通过加大对犯罪分子的经济制裁，以遏制我国当前经济犯罪日趋严峻的现状。

（二）罚金刑执行到位率低

首先，罚金刑的适用过宽，但被广泛适用的罚金刑并未发挥它剥夺罪犯再犯的经济能力和震慑犯罪的作用。如《中华人民共和国刑法》（以下简称《刑法》）第二百六十三条规定："以暴力、胁迫或者其他方法抢劫公私财物

---

[1] 翟中东、孙霞：《试评我国刑法罚金刑执行减免之规定》，载于《河南司法警官职业学院学报》2007年第5期，第15－18页。

的，处三年以上十年以下有期徒刑，并处罚金；有下列情形之一的，处十年以上有期徒刑、无期徒刑或者死刑，并处罚金或者没收财产"，像这种最高刑为死刑的犯罪中仍并处罚金的规定使判决难以执行。据有关媒体报道，1998年全国法院已执行的罚金数额仅为应执行数额的20%；另据北京市某基层法院统计，2003年全年共判处罚金1149万元，实际收缴罚金351万元，仅占判处罚金数额的31%❶。还有数据显示，我国罚金刑执结率有的地区低于1%，判决罚金的案件终止执行率达90%左右❷。罚金刑的执行情况普遍不容乐观，罚金刑执行到位率普遍较低。

其次，外来人员履行率低。我国《刑法》特别是分则中的侵犯财产罪案件中"并处罚金"的条文非常多，其中占多数的盗窃、抢劫等多发案件特点决定了绝大部分被执行人是经济状况较差的农民、流动人口，执行难度较大，加上此类案件的罚金数量总体上又比较大，对罚金刑的整体执行产生了重要的影响。据统计，全市法院2011—2013年被判处罚金刑应移送强制执行的罪犯4067人中有1058人是外来人员，占26%，目前实际履行的寥寥无几。虽然司法解释规定，被执行人财产在异地的可以委托异地法院代为执行，但实践中由于该类案件基本都属无财产可供执行案件，查找法律规定的结案凭证需要耗费大量的人、财、物，受托法院大多不愿接受委托，总以种种理由退回，极少有委托异地法院执行罚金刑的案例。

最后，大量未履行罚金刑案件并未进入执行程序。罚金刑执行的方式主要有四种：一是被告人或其亲属在庭前预交，这也是罚金执行的最主要方式；二是司法机关在刑事诉讼过程中查封、扣押、冻结的属被告人合法财产部分；三是直接冲抵罚金的被告人缴纳的取保候审保证金；四是移交法院执行部门强制执行。实践中，由于罚金刑案件登记制度不完善，有些法院对罚金刑甚至不移送执行机关，大量的罚金刑只停留在"空判"层面，严重影响了法院刑事判决的权威性。

二、实践反思：罚金刑执行难的症结

罚金刑适用范围的扩大与绝大多数罚金刑没有被执行形成了鲜明对比。法律的作用在于其能被执行，"刑罚的威慑力不在于刑罚的严酷性，而在于其

---

❶ 卢小毛：《罚金刑：困境与出路》，载于《南京审计学院学报》2008年第1期，第72–79页。

❷ 周光富：《罚金刑执行难之克服》，载于《政治与法律》2003年第6期，第126–129页。

不可避免性"❶。罚金刑目前的执行现状严重影响了罚金刑效能的发挥,损害了法律的权威。所以,探究罚金刑执行难的症结势在必行。

(一)罚金刑执行立法不健全

目前,关于罚金刑的法律规范较少,只有《刑法》第五十二条、第五十三条,和《最高人民法院关于执行〈中华人民共和国刑事诉讼法〉若干问题的解释》第359条,《最高人民法院关于适用财产刑若干问题的规定》和《最高人民法院关于财产刑执行问题的若干规定》,这些法律规范对于罚金刑的移交执行、职责范围、执行的具体程序及不执行罚金刑判决的处罚均没有明确具体的规定,导致司法实践中缺乏可操作性,出现执行混乱或推诿现象。经常出现罚金刑的执行法律文书引用的是《刑事诉讼法》的相关条文,而在具体执行过程中所依据的实际上是《民事诉讼法》中关于查封、扣押、冻结等的具体规定。罚金刑本身的附加刑性质就使其强制力不及主刑,而对其执行的立法不明确、缺乏可操作性更使其执行遭遇难度,导致罚金刑判而不执,沦为一纸空文。

(二)罚金刑裁量不科学

罚金刑的裁量原则,是指法院对被告人判处罚金时,据以科处罚金数额的根据。《刑法》第五十二条规定:判处罚金,应当根据犯罪情节决定罚金数额。这也是罪刑均衡原则在罚金裁量上的具体体现。《最高人民法院关于适用财产刑若干问题的规定》第2条进一步规范了罚金刑的裁量原则:人民法院应当根据犯罪情节,如违法所得、造成损失的大小等,并综合考虑犯罪分子缴纳的能力,依法判处罚金。由此可见,从有利于判决执行的角度出发,在罚金裁量的时候应当考虑犯罪分子缴纳罚金的能力。但在司法实践中,一些刑事法官却并没有按照这一规定,在判处罚金时往往比较单一、僵化,将判处的主刑长短与罚金刑的判处单一对应,这种僵化的对应使罚金刑的裁量极不科学,导致判处的罚金刑对于有钱的被告人威慑不够,而贫穷的被告人则无力缴纳,大大影响了罚金刑效能的发挥。罚金刑裁量不科学有主客观两方面原因。主观上,法官对罚金刑重视程度不够,在判处罚金刑时不够严谨,因为他们认为无论判处的罚金数额是高是低被告人绝大多数都不会缴纳。客观上,判处罚金刑的法官并不了解被告人的经济状况,也就无法结合被告人的经济状况科学裁量罚金刑。

(三)罚金刑执行主体不科学、实践不统一

罚金刑执行主体不科学、实践不统一是造成罚金刑执行率低和执行难的

---

❶ 贝卡利亚:《论犯罪与刑罚》,黄风译,中国方正出版社2004年版。

重要原因。2010年《最高人民法院关于财产刑执行问题的若干规定》中明确了财产刑由第一审人民法院负责裁判执行的机构执行。法律虽然规定我国罚金刑的执行机关是人民法院执行机构和执行人员，结束了罚金刑无执行主体的历史，但现实中罚金刑的执行依然混乱：有的法院罚金刑由作出该罚金刑判决的主审法官负责执行，有的由刑事审判庭专人负责执行，有的由执行局负责执行，还有的由法警队负责执行，而多数情况下是根本没有机构与人员负责执行，造成执行上的混乱和无序，从而影响了罚金刑的强制缴纳，限制了其功能的发挥。罚金刑执行由于没有申请人，要靠执行机构和执行人员主动启动执行程序。在目前案件执行压力大、司法资源有限的情况下，完全靠被告人自愿缴纳与司法人员自觉主动承担执行责任是不现实的。

（四）罚金刑执行保障制度缺失

造成罚金刑执行难的原因一方面是制度设置的原因，另一方面是罚金刑被执行人自身的原因。其中，一部分被执行人因本身经济困难确实无力承担，这主要存在于未成年人犯罪以及因经济窘迫而犯罪的人群中，有许多案件在审判时就已经注定是"空判"；另一部分人则是有能力履行而主观上不愿意缴纳，这些犯罪分子及其家属往往在判决前转移、隐匿、私赠、伪造债务、大肆挥霍甚至损毁可供执行财产，以使自己处于罚金刑履行不能的状态。究其原因，主要是缺失保障罚金刑有效执行的相关财产保全措施，不能通过采取先行查封、扣押、冻结犯罪嫌疑人或者被告人的财产等措施来确保罚金刑的执行。另外，"在司法实践中，被判处罚金刑的犯罪分子往往受到监禁，人身自由受到限制，无法通过劳动获取收入缴纳罚金，在客观上难以配合执行机关追缴罚金；犯罪人受到监禁后，其财产也脱离了其控制、保管，虽有缴纳罚金的义务，而自己无法履行缴纳的行为。而财产保管人又常以罚金应由犯罪人自己缴纳为由拒绝缴纳或者转移、隐匿被执行人财产，造成罚金刑难以执行"❶。目前法律对于财产保管人的这种行为没有相应的制裁措施，导致被执行人财产流失，造成罚金刑无法执行。

（五）罚金刑执行措施不完善

我国《刑法》第五十三条规定："罚金在判决指定的期限内一次或者分期缴纳。期满不缴纳的，强制缴纳。对于不能全部缴纳罚金的，人民法院在任何时候发现被执行人有可以执行的财产，应当随时追缴。如果由于遭遇不能抗拒的灾祸缴纳确实有困难的，可以酌情减少或者免除。"《最高人民法院关于执行〈中华人民共和国刑事诉讼法〉若干问题的解释》第359条也明确了

---

❶ 周光富：《罚金刑执行难之克服》，载于《政治与法律》2003年第6期，第127页。

以追缴的方式确保罚金刑的执行，但问题是，如果被执行人确无财产可供执行应否永久追缴？无期限追缴将使大量司法资源被长期牵制，而终身背负刑罚的被执行人也会消极应对生活，这是违背经济原则的。虽然《刑法》规定了罚金刑的减交、免交，《最高人民法院关于适用财产刑若干问题的规定》也明确了减免的条件，也许设计严苛的减免条件是维护刑事判决严肃性的要求，但对于符合减免条件由谁提出减免，如何办理减免，适用何种法律文书均无具体规定，操作起来相当不便，以致不能得到实际执行。罚金刑的不予缴纳可以分为客观上无支付能力不缴纳与主观上故意不缴纳两种情况。罚金刑裁判时的社会情况与罚金刑执行时的社会情况可能会发生变更（尤其对于罚金刑执行期较长的情况），对这一变更应当区分不同情况予以处理，对于客观无力缴纳罚金与主观恶意不缴纳罚金规定不同的执行措施，确保罚金刑的执行。

三、制度重构：多方面采取措施解决执行难

找到罚金刑执行难的症结后，我们应"对症下药"，探求解决罚金刑执行难这一顽症的"良方"，发挥罚金刑应有的作用。从目前各国名目繁多的罚金刑制度来看，仅局限于执行阶段难以有效解决罚金刑的执行难问题。

（一）完善罚金刑执行法律规定

加强和完善立法是解决罚金刑执行难的根本。目前，关于罚金刑立法的完善存在不同观点。有学者主张通过完善作为实体法的《刑法》来完善罚金刑执行的立法，认为"完善《刑法》规定，从根本上解决罚金刑执行难的问题"[1]。有学者主张通过同时完善《刑法》和《刑事诉讼法》来完善罚金刑执行的立法，呼吁"我国《刑法》和《刑事诉讼法》应尽快完善罚金强制执行措施的配套规定"[2]。还有学者主张除了完善《刑法》和《刑事诉讼法》外，还应完善《民事诉讼法》的相应规定，提出"罚金刑的执行，当犯罪人没有金钱但有财产时，要通过对犯罪人财产的变价来执行罚金刑。这个变价的过程与民事强制执行具有本质的相似性，因而客观上需要按照民事诉讼法的规定来操作"[3]。但有学者对此提出了意见，认为"民事法律与刑事法律毕竟有着本质区别，以民事法律的规定适用于刑事法律的执行，毕竟是不妥的"[4]。笔者认为，罚金刑的执行是一种法定程序活动，罚金刑执行难的症结也主要在于程序规定的缺失。所以，完善罚金刑执行立法的主要着眼点在于完善

---

[1] 朱旭伟：《罚金刑执行对策探讨》，载于《人民司法》1998年第6期，第54页。
[2] 于天敏：《谈罚金刑的正确适用》，载于《现代法学》1997年第5期，第37页。
[3] 周光富：《罚金刑执行难之克服》，载于《政治与法律》2003年第6期，第126页。
[4] 周光富：《罚金刑执行难之克服》，载于《政治与法律》2003年第6期，第126页。

《刑事诉讼法》中执行的有关规定，当前可以通过制定相应司法解释来完善罚金刑执行的立法。虽然罚金刑执行和民事执行的根本性质不同，但是他们执行的对象都是财产，在执行的方式、保障制度上有许多相同或相似之处。因此，在完善《刑事诉讼法》中罚金刑执行规定的同时，应考虑罚金刑执行与民事执行的关联性，可以在《刑事诉讼法》或司法解释中作出"准用民事诉讼法程序"的规定，并对民事诉讼与刑事诉讼不同的方面加以单独规定，既避免了立法方面的重复，节约了司法资源，又兼顾了罚金刑执行与民事执行的不同。

（二）确立有利于执行的科学裁量原则

罚金刑通过剥夺财产来惩罚犯罪并剥夺犯罪分子的再犯经济能力，这一特征决定了法官适用罚金刑不单要考虑犯罪情节，还应考虑犯罪人的经济状况和缴纳能力。因此，确立以犯罪情节为主、兼顾犯罪人经济状况的罚金裁量原则，能保障罚金刑最终得到有效、完全执行，真正发挥其作为刑罚的作用。可见，法官在裁量刑罚前必须先掌握被告人的财产状况，于是审前财产调查制度便成为必要。同时，审前财产调查也为避免被执行人及其家属采取转移、隐匿、处分财产等规避执行行为，确保罚金刑的执行奠定了基础。审前财产调查应主要由公安与检察机关承担，调查的内容主要包括：（1）讯问时，应要求犯罪嫌疑人对其个人财产进行陈述，并告知隐瞒真相、虚构事实将导致不利后果；（2）侦查过程中，可以要求犯罪嫌疑人所在单位、家庭提供包括其正当债权债务在内的财产状况说明；（3）由侦查机关和检察机关在案卷中专门制作被告人财产状况的说明。如有可能，可以"在诉讼文书中一律将财产状况列入犯罪嫌疑人、被告人基本情况，如同尽可能要求查清真实身份一样重视对财产状况的取证"❶。这种制度设想是完善的，但是否符合实际值得商榷，这可能导致侦查、检察机关因为无法确切掌握犯罪嫌疑人、被告人财产状况而影响案件进程；（4）检察机关在起诉书中不仅对主刑予以指控，对罚金刑的数额也应提出建议意见，对该罚金刑的数额开庭时进行举证质证，有人称之为"财产刑的诉辩程序"❷；（5）在开庭审理前，审判机关可以在检察机关调查结果的基础上进行必要的核实。

（三）科学设定罚金刑的执行主体

责任主体设定不科学极易导致制度执行处于停滞混乱状态。罚金刑执行

---

❶ 邱景辉：《罚金刑执行与监督若干问题研究》，载于《人民检察》2004年第2期，第48页。

❷ 重庆市第一中级人民法院课题组：《财产刑执行情况的调查报告》，载于《西南政法大学学报》2004年第5期，第54页。

主体不科学、实践不统一，使得法院内部对罚金刑的执行相互推诿，大多靠被告人自觉缴纳。因此，必须科学设定罚金刑的执行主体。对此，有人主张"设立专门的罚金刑（财产刑）执行机构。为保持我国刑罚执行机构及权力的完整性，仍应当由我国刑罚执行的专门机关如司法行政机关或公安机关，或在这些机关中设立专门的财产刑执行机构，来履行罚金刑的执行职能"❶。也有人认为"刑事执行的开展，可考虑充实现有执行庭的力量，扩大收案范围，由刑庭承办人将生效刑事判决中涉及财产的案件移送执行庭统一执行；也可以由刑庭安排专人开展执行工作"❷。笔者认为，罚金刑的执行主体应呈现连续性、相互协调性。既不应单纯由主审法官执行，因为主审法官的主要职责在于准确定罪量刑，没有过多的精力调查被告人的财产状况并执行罚金刑；也不应单纯由执行人员执行，因为执行人员未掌握主审法官在审理中掌握的被执行人财产状况，导致重复调查，浪费司法资源，加大了执行难度。对罚金刑的执行应公、检、法相互协调，法院的主审法官与执行人员相互配合，执行庭主管、刑庭协助。通过公安、检察机关审前财产调查为主审法官科学裁量罚金刑与敦促被告人自觉履行罚金刑奠定基础，在被告人超过期限不自觉履行时，由主审法官将罚金刑移交执行庭，同时将被告人的财产状况材料予以一并移送。

（四）确立罚金刑执行保障措施

根据罚金刑执行应关口前移的特点，确立罚金刑执行保障措施。首先，确立罚金刑保全制度。现实中，有的法院采取"预交罚金"的方法，直接让被告人尤其是取保候审的被告人或其家属在办理取保手续或判决之前以押金或保证金的形式或罚金的形式缴纳一定数额的金钱，在判决确定之后，按照"多退少补"的方法，将罚金直接从中扣除。对于这种"预交罚金"的做法，舆论界大多采取否定态度，而司法实践则倾向于放任。在为数不多的罚金刑得以执行的案件中，这种"预交罚金"形式的缴纳占绝大部分，这不得不引起我们的重视。笔者认为，在法律没有禁止、司法实践中实行而又有利于罚金刑执行的情况下，我们所要做的不是因为这一预交罚金的行为没有直接法律规范便予以扼杀，而是应探寻其存在有无合理性与法理依据，如有，则对这一制度便应予以肯定并完善。《最高人民法院关于执行〈中华人民共和国刑事诉讼法〉若干问题的解释》第214条规定：人民法院为了保证判决的执

---

❶ 周一兵、陈新政：《关于罚金刑执行问题的法律思考》，载于《湖南省政法管理干部学院学报》2002年第4期，第25页。

❷ 曾小滨：《对我国罚金刑规定与适用的评析》，载于《邯郸职业技术学院学报》2003年第2期，第46页。

行，根据案件具体情况，可以先行扣押、冻结被告单位的财产或者由被告单位提出担保。可见，被告以"预交罚金"作为担保是有法律依据的执行保全措施。另外，《最高人民法院关于适用财产刑若干问题的规定》第9条规定：人民法院认为依法应当判处被告人财产刑的，可以在案件审理过程中，决定扣押或者冻结被告人的财产。从法理可推断出，既然法院为保证财产刑的执行可依职权对被告人财产予以扣押或冻结，那么，法院要求且被告人肯主动提供财产担保的应有其合理性。如果可以由被告人及其近亲属提出财产担保，而且这种担保可以作为被告人悔罪态度好的一个因素换取自由刑的从轻处罚，只要能避免恶意的"加钱减刑"，"预交罚金"在法理上就能站得住脚。"预交罚金"可以促进罚金刑的执行，节约执行成本。

其次，建立罚金缴纳义务人和罚金实际缴纳人相分离的制度。在司法实践中，被判处剥夺自由刑被告人的罚金刑往往得不到执行。此类被告人的财产已不在其实际控制之下，是否缴纳罚金往往不是其意志所能决定的。因此，对于一个被剥夺人身自由的犯罪人，罚金刑的执行措施对其几乎是没有什么效用的。所以，应建立罚金缴纳义务人和罚金实际缴纳人相分离的制度，把罚金缴纳义务人与罚金实际缴纳人区分开来，规定罚金刑的执行措施不仅能够对被判处罚金刑的犯罪人实施，也能够对该犯罪人财产的保管人实施。这样能使恶意转移、变卖正在服刑人财产的行为得到遏制，服刑人财产的保管人大多不会冒着自己受到法律制裁的危险而拒绝以服刑人的财产缴纳罚金，从而有利于减轻司法机关的负担，节约司法资源。需要注意的是，罚金实际缴纳人的义务仅仅是实施缴纳行为，即缴纳义务人从其保管的财产中将应该缴纳罚金的部分上缴给国家，此外，其无须再承担任何财产上的义务。

（五）完善罚金刑执行措施

《最高人民法院关于执行〈中华人民共和国刑事诉讼法〉若干问题的解释》第359条中规定了财产刑的追缴制度，为罚金刑延期追缴提供了依据。有学者认为，从内容上看，这与《民事诉讼法》中债权人随时请求人民法院执行的规定基本相同，这在一定程度上混淆了刑罚和民事债务的区别，民事债务可以无限期地要求偿还，但刑罚却无此必要，罚金刑也是如此。国外大多对罚金刑规定了行刑时效。日本规定为3年，瑞士规定为5年，韩国规定为3年，超过行刑时效后就不再执行。此外，许多国家确立了易科自由刑或易科劳役的罚金刑易科制度。通过规定行刑时效和易科制度以克服罚金刑长期得不到执行有损刑罚严肃性的弊端。对于罚金刑易科制度，我国理论界和实务界不少人持否定态度，认为罚金刑易科制度有失刑罚公平性，会导致只有穷人才进监狱的不公平现象，出现"以钱赎刑"。"对于期满而不缴纳罚金的，无论理由正当与否，都不能让其他刑罚种类替代，尤其不能改判监禁。"❶ 笔者认为，不分情况地无限制追缴罚金会导致两方面结果：一方面，被告人因无期限背负罚金刑而失去创造价值的积极性；另一方面，司法资源被无期限牵制。所以，对于罚金刑的不能执行，我们应区分情况采取不同的执行措施。对于客观上有缴纳能力但主观上故意不缴纳罚金的服刑人或者罚金实际缴纳人（受刑人的财产保管人），应当实行无期限随时追缴制度，对于执行通知书限定期满仍恶意不缴纳罚金的，采取拘留、查封扣押、变卖、拍卖财产等执行措施，以促使服刑人或罚金实际缴纳人履行缴纳罚金义务。对于实践中相当一部分确实属于客观上无支付能力的，此部分人要么家庭贫困、无固定的职业和收入，要么遭遇了重大天灾人祸使得缴纳罚金确实有困难，对这种人采取拘留等执行措施并不能达到敦促执行的效果，我们可以借鉴外国做法对其易科劳动，给客观上无力缴纳罚金的服刑人创造通过劳动获取报酬缴纳罚金的机会。这样既可以避免出现"富人不进监狱，穷人才进监狱"的不公平现象，又能在非监禁的劳动环境中使罪犯得到教育和改造，也避免了司法资源长期被牵制于无法执行的罚金刑中。

总之，完善罚金刑立法，使罚金刑的判处与执行有法可依；在有法可依的前提下，科学裁量罚金以便执行；由公检法、主审法官与执行人员协调配合执行罚金刑，结束因执行主体规定不明确导致的执行混乱。同时，确立罚金执行保障制度并完善罚金不予执行时的不同执行措施，顺畅罚金刑的执行程序，多措并举，解决罚金刑执行难这一顽症。以上为笔者之浅薄所见，以期对解决罚金刑执行难问题贡献绵薄之力。

---

❶ 樊凤林：《刑罚通论》，中国人民公安大学出版社1994年版，第542页。

延安市中级人民法院关于开展扫黑除恶专项斗争工作的调研报告[*]

一、工作概况

（一）涉黑恶势力案件审理情况

2018年以来，延安市两级法院严格落实中央、省、市关于纵深推进扫黑除恶专项斗争的部署要求，抓住办案主业，坚持以事实为依据，以法律为准绳，又快又好地审结了一批涉黑涉恶案件。

截至2019年10月8日，全市法院一审共受理涉黑涉恶犯罪案件44件201人，其中涉黑案件2件25人，涉恶案件42件176人，包括涉恶集团案件4件32人。已审结28件149人，经审理认定为涉黑涉恶案件的共18件117人，其中黑社会性质组织犯罪2件25人，恶势力团伙犯罪13件63人，恶势力集团犯罪3件29人。剩余10件29人经审理未认定为涉黑涉恶案件。（详情见表1）

---

[*] 本文获2019年陕西省优秀调研报告三等奖。

表1 一审涉黑涉恶案件数据统计

法院	收案情况				结案情况				
	收案	人数	涉黑	涉恶	结案	人数	认定	涉黑	涉恶
中院	1	12		1/12	1	12	1		1/12
宝塔法院	16	68		16/68	12	55	7		7/37
吴起法院	1	3		1/3	1	3	1		1/3
子长法院	1	4		1/4	1	4	1		1/4
延长法院	6	15		6/15					
富县法院	2	6		2/6	2	6	2		2/6
洛川法院	6	22		6/22	5	16	1		1/4
黄陵法院	1	13		1/13	1	13			1/13
黄龙法院	2	25	2/25		2	25	2	2/25	
宜川法院	2	11		2/11	1	5			1/5
志丹法院	1	4		1/4					
甘泉法院	1	2		1/2	1	2			
延川法院	2	5		2/5					
安塞法院	2	11		2/11	1	8	1		1/8
合计	44	201	2/25	42/176	28	149	18	2/25	16/92

市中级人民法院共受理二审涉黑涉恶犯罪案件16件93人,其中涉黑案件1件24人,涉恶案件15件69人,已审结14件71人,包括涉黑案件1件24人,涉恶案件13件47人。

判处财产刑的19件64人中,涉黑2件22人被判处财产刑,21人被判处30万至2万不等的罚金,共计217.5万元;1人被判处没收个人全部财产;没收赃款172.79万元。涉恶17件42人被判处罚金共计68.9万元,没收赃款17700元;没收非法所得7300元;3700元继续追缴。

(二)具体工作措施

延安市两级法院在专项斗争中不断提高政治站位,强化斗争精神,全面实行"5224"工作机制,依法从严从快审判涉黑涉恶案件,推进扫黑除恶专项斗争向纵深发展。

1. 全面实行"5224"工作机制,准确、有力惩处黑恶犯罪

一是在办案机制上,坚持"五定一包一律"工作措施,即定办案人员、定督办领导、定办案期限、定目标责任、定奖惩办法,领导包抓重大疑难复

杂案件，一审涉黑涉恶案件一律由审判委员会研究决定；对涉黑涉恶案件逐案制定审理方案，抽调精干审判力量组建专门审判团队办理，做到快捷立案、优先审判、专案专办、全程提速。对重大案件，中级人民法院从审判业务、庭审准备、组织协调、后勤保障等各方面进行协调指导。加强与纪检监察、公安、检察机关的协作配合，建立涉黑涉恶案件提前了解案情和联席会商机制，根据工作需要提前介入相关案件审查。二是在依法从严上，坚持"两从""两不"。依法从严从快审判涉黑涉恶犯罪案件，做到"两从"，即在法定审限内从快审理，在法定量刑幅度内从重判处，确保打准、打狠。落实以审判为中心的刑事诉讼制度改革要求，严格适用罪刑法定、证据裁判原则，严把案件事实关、证据关、程序关和法律适用关，在定性处理上做到"两不"，即既不降格处理，也不人为拔高。三是在线索摸排上，坚持"两问""两建议"机制。通过刑事案件"最后一问"和民商事、行政及执行案件"第一问"制度摸排涉黑涉恶线索；"两建议"即对发现的涉黑涉恶线索和"打伞破网""打财断血"两个方面存在的问题，及时负责向有关单位发出司法建议。四是在办案效果上，坚持"四个必须"实现斗争目标。明确要求必须通过严惩黑恶犯罪彰显社会公平正义；必须通过严惩黑恶犯罪维护社会主义市场经济秩序；必须通过严惩黑恶犯罪弘扬社会主义核心价值观；必须通过严惩黑恶犯罪、强化全社会法治信仰，增强群众对专项斗争的信心。

2. 深挖彻查涉案线索，强化"打财断血"

一是深化刑事案件再翻查、大起底。截至 2019 年 10 月，全市法院已完成对 2016 年以来的涉黑涉恶案件和其他刑事案件再翻查。重点翻查涉黑涉恶案件有无"保护伞"，对其他刑事案件主要查清有无涉黑涉恶涉伞问题。对前期已查结的"保护伞"为零、"断财"不足甚至为零的案件，以及还在深挖彻查的案件，组织专门力量逐案进行翻查，确保做到查清查透，避免疏漏。全市两级法院及时开展案件"大翻查"行动，共翻查刑事案件 7244 件，从中翻查出 13 条线索，已按照相关要求开展研判、移送工作。对翻查的案件，严格落实签字背书制度，由承办法官、庭长及主管院长分别签名确认，每案一表，存档备查。二是加强线索摸排、移送工作。严格落实"两个一律""一案三查"制度，全市法院对受理的黑恶势力涉"保护伞"案件情况全面掌握、及时层报。对受理的涉黑无"伞"案件一律研判分析、深挖彻查其"保护伞"问题。对受理的涉恶无"伞"案件注重发现其背后的"关系网""保护伞"，对相关涉伞线索及时移交处理。健全"伞、网"线索核查背书制度，压实线索排查责任，二审阶段和案件评查时对线索排查背书、签字情况进行审查。进一步畅通举报渠道，广泛接受群众来电来信来访，规范线索收集、登记、核查、移送、管理机制，对接收到的举报线索及上级批办线索，及时由线索研判小组甄别筛查，做到线索及时受理、快速甄别、迅速移交。截至2019年10月8日，全市两级法院共受理涉黑涉恶线索191条，均已移送相关部门处理。三是建立健全"打伞破网""打财断血"联动机制。紧盯"打伞破网"主攻重点，主动排查，深挖彻查涉黑涉恶案件背后的"大伞""隐伞""庸伞"，一旦发现涉黑涉恶线索及"保护伞""关系网"，立即向有关单位发出司法建议、移送线索，并跟踪掌握办理结果。全市两级法院现已发出司法建议35件，回复6件，9个行业领域及相关司法部门采取行动，及时堵塞了管理漏洞。与市检察院、市公安局联合下发《关于办理黑恶势力刑事案件财产处置及执行工作的意见》，规范黑恶势力犯罪案件财产刑的判处，查清涉案财产的权属、性质，所判财产刑须明确财产的种类和数额，判决生效后刑事、执行部门做好工作衔接，及时交付执行。扎实开展财产刑专项执行行动，运用多种手段，查缴涉黑涉恶资产，加大黑恶势力案件财产刑执行力度，截至2019年10月8日，共计执行罚金1932071.71元，没收个人财产1735200元。对已认定的案件进行回溯梳理，发现存在漏查漏缴的，依法予以收缴罚没。从严掌握黑恶势力犯罪分子的减刑假释条件，将财产刑执行情况作为对涉黑涉恶罪犯减刑、假释的必查内容，提高财产刑执行到位率。

3. 建立健全会商机制，加强协同作战

延安市中级人民法院下发《关于建立涉黑恶案件提前了解案情和联席会商机制的通知》，进一步完善全市两级法院涉黑恶势力案件提前了解案情和联席会商机制，明确了提前了解案情的时机、案件类型、工作方式及相关法官职责和工作纪律。对于一般涉黑恶案件原则上从案件进入审查起诉阶段，重大涉黑恶势力案件特别是挂牌督办案件在侦查阶段可以通过听取案情介绍、参加案件讨论会议及联席会议、参与勘验、旁听侦查人员对犯罪嫌疑人的讯问过程等提前了解案情，进行会商。加强协作配合，在坚持依法独立公正行使审判权的前提下及时就案件定性、办案程序、证据收集、法律适用等交换意见，准确把握政策法律界限，统一司法裁判标准。

二、涉黑恶势力案件的特点

（一）一案涉及多个罪名，均为传统刑事案件

受理的44件涉黑恶势力案件中，其外在的犯罪行为均为传统的刑事案件，并未出现新型的犯罪类型，但犯罪行为之间具有一定的牵连性，或者同时实施多个犯罪行为，导致一案中可能涉及多个罪名，数罪并罚的情况较多。对于这类案件，虽然在事实认定和量刑时具有一定的复杂性，但人民法院积

累了丰富的审理经验，在一定程度上降低了案件认定裁判的难度。涉案罪名（见表2）也从侧面反映出犯罪分子犯罪手段较为单一，多采取使用管制刀具、棍棒威胁、恐吓、非法拘禁被害人，或通过车辆、砂石堵门或者阻止施工等方式迫使被害方就范，这些行为一般常见于故意伤害罪、寻衅滋事罪、敲诈勒索罪和聚众斗殴等罪名。比如，黄龙县法院审理的闫某等24人涉黑一案中，闫某、宋某、窦某等24人组成的黑社会性质组织以开设赌场、提供色情服务、承揽工程、开办公司放高利贷为主要获利手段，多次有组织地实施了故意伤害、寻衅滋事、非法拘禁等违法犯罪行为，涉及组织、领导、参加黑社会性质组织罪，包庇、纵容黑社会性质组织罪，开设赌场罪等11个罪名。

表2 涉案罪名统计表

罪名	案件数	认定	涉黑	涉恶
强奸	3	2		2
寻衅滋事	20	8		8
敲诈勒索	7	3		3
故意伤害	8	5		5
强迫、组织、协助卖淫	5			
开设赌场	7	5		5
非法拘禁	14	7		7
诈骗	2	1		1
其他	12	3		3

（二）涉案人员具有较强的宗族性和地域性特征

通过对涉案人员个人情况分析可以看出，同一案件中的涉案人员有的具有血缘宗族关系，有的则是来自于同一乡或者邻村，多以乡情、兄弟情、亲情等组织起来，具有更强的凝聚性。此外，黑恶势力的分布具有明显的地域性，其活动范围一般是以黑恶势力的首要分子或骨干分子的居住地为中心而展开的，就延安市而言主要是各乡镇集镇、城市边缘、经营场所等处，形成了土生土长的地方恶势力。如白某等8人寻衅滋事一案，被告人白某等利用家族势力及白某担任村干部的影响力，经常纠集被告人王某、白某、黄某、韩某、齐某、吕某等人，在甘泉县多次实施高利放贷、暴力讨债、寻衅滋事、故意伤害、非法拘禁、开设赌场等违法犯罪行为，长期为非作恶、欺压百姓，严重扰乱了经济、社会秩序。

（三）涉黑恶势力案件涉案人员多为社会闲散人员，低龄化问题比较严重

从调查情况分析可以看出，社会闲散人员达到了黑恶势力组织犯罪组成人员的90%以上，这些人本身受教育文化程度比较低，也没有一定的职业技能，加上就业大环境紧张，有部分人员长期处于一种无业状态，经济来源获取比较困难，希望通过一些方式快速解决生活问题，面对经济利益的诱惑，很容易诱发犯罪行为。同时，这些人中低龄化问题比较严重，单亲家庭和失学青少年犯罪居多，容易被社会闲杂人员引诱和利用，崇尚个人英雄主义，讲求金钱和享乐；文化结构普遍偏低，对事物的判断和把握能力相对较差，一经他人纠合，就走上犯罪道路。比如延安中级人民法院审理的吕某等12人强奸、抢劫涉恶一案中，5名被告人出生于2000年后，5名被告人为90后，但他们却是实施犯罪行为的骨干成员，其中年龄最小的拓某，生于2003年，为该恶势力团伙的骨干成员，主动或在同伙的教唆下先后实施了强奸、抢劫行为，数罪并罚决定执行有期徒刑九年。

（四）黑恶势力逐渐渗透到基层村干部中

近几年，随着延安市城乡建设和公路、铁路等基础设施建设的加快，土地征收所得大幅度上升，对于如何使用、分配款项村干部享有极大的决定权。同时开发商、建筑商为了获得乡村、城镇的部分建设项目，往往都会通过各种手段与村干部搞好关系。在村民委员会选举之际通过给乡镇干部行贿，或者以暴力、威胁的方式干预选举，从而在选举过程中获得村干部的职位；或者在选举的时候通过贿赂村干部，使得村干部与这些黑恶势力相互勾结为其"保驾护航"；更有甚者，某些黑恶势力的组织成员中有人曾经是当地的村干部，在各种经济利益的诱惑下，他们逐渐发展成为黑恶势力的组织者。如白某等8人寻衅滋事一案中，白某即为村干部。

（五）影响恶劣，社会危害性极其严重

就目前受理并认定为涉黑恶势力的案件来看，延安市辖区范围内的黑恶势力规模较小、力量较弱，但成员之间联系紧密，可在短期内集聚十几人甚至几十人参与违法犯罪活动，信息的交流和获取极为迅速而便捷。犯罪行为涉及的范围较广，既有高利借贷、车霸路霸，又有暴力讨债、开设赌场、组织强迫卖淫、强买强卖等，对正常的社会生产、生活秩序造成破坏，给人民群众的心理蒙上阴影，使他们的生命财产安全受到损害，其违法犯罪活动所带来的社会危害性极其严重。如刘某等5人犯寻衅滋事罪案中，被告人刘某为提升自己入股车队的客运量，指使被告人赵某纠集被告人杨某、梁某、雷某等人充当地下"执法队""出警队"，在运营时随意殴打他人，多次拦截、辱骂、恐吓他人，故意损毁公私财物，严重扰乱了社会秩序，造成恶劣社会

影响。

三、涉黑恶势力案件审理存在的问题及其原因

（一）存在的问题

1. 检察机关公诉与法院审理认定不一致

审理中发现，检法两院对于政策、法律法规、司法解释等理解的差异导致何为涉黑恶势力存在一定的认识差异。对于部分案件检察机关将其作为涉黑恶势力案件起诉至法院，而法院在基于案件证据、犯罪事实，结合相关法律、司法解释等，最终未予认定。如已审结的27件一审案件中，10案未予认定，比例近40%，明显偏高，影响了案件质效。另因涉黑恶势力案件审判在量刑上要求从严从重，认定的差异直接影响被告人的正当权利，也给人民法院审理案件带来了一定的压力。从根本上讲，公、检、法之间各项工作机制未落到实处，沟通交流不畅是导致案件认定差异的最主要原因。

2. 部分刑事案件存在刑、民交叉问题，如何处理存在争议

为了保证扫黑除恶专项斗争在法律框架内良性运行，准确甄别和依法严厉惩处黑恶势力犯罪，最高人民法院、最高人民检察院、公安部、司法部先后发布了《关于办理"套路贷"刑事案件若干问题的意见》《关于办理黑恶势力犯罪案件若干问题的指导意见》《审理黑恶势力犯罪案件适用〈关于常见犯罪的量刑指导意见〉实施细则的意见》等规范性文件，但实际的案情千变万化，部分被害人往往更倾向于通过民事诉讼程序追回其损失，这一现象在非法集资、非法吸收公众存款、诈骗等案件中较为普遍，被害人经常以民间借贷、借款合同为由诉至法院，因涉及人数较多，法院在罪与非罪的认定上慎之又慎。另外，当前部分民事案件的被告通过两问制度，向法院提供与案件有关的涉黑恶线索，而办案人员必须按照工作要求将线索移交扫黑办进行甄别，这个过程时间不定，民事案件的审理不得不中止，成为部分被告逃脱责任的手段。

（二）产生的原因

1. 社会原因

一方面黑恶势力犯罪作为一种有组织的犯罪，与个人犯罪有明显的区别，这种有组织的犯罪从形成到发展的整个过程需要一定的时间，然而由于社会力量薄弱，社会管理工作不到位，不能有效、及时地制约和预防犯罪，而且由于城中村的社会治安、环境等方面相对较差，而基层政权力量有限，不能有效地防控和协调各方面的利益关系，给了黑恶势力可乘之机。另一方面，涉案人员大都处于社会底层，由于受教育程度较低、经济较为贫困，加上社

会保障体系的缺失，他们基于对社会及自身现状的不满，长期闲散于社会又经常聚在一起且没有固定的收入，极易被人利用或者自发成为犯罪组织。

2. 经济因素

由于黑社会性质组织犯罪与经济之间存在着天然的联系，谋求最大的经济利益，既是黑社会性质组织形成、发展和壮大的动力，也是黑社会性质组织犯罪的最终目标之一。随着经济的发展，竞争机制和管理机制的不够规范，逐渐为黑恶势力组织的繁衍提供了一定的条件。例如，一些黑恶势力把持基层政权，采取"霸选""贿选"等手段插手、破坏农村基层选举，通过强揽工程、敲诈勒索、欺行霸市等手段获取经济利益。

3. 提前介入和沟通机制未落到实处

对于涉黑恶势力案件，法院提前介入，公、检、法沟通会商已经有了较为完善的制度规定，但因各单位在落实中顾虑较多并未积极推进，导致制度落实不到位，特别是对于如何把握法院提前介入的度和时机，以避免侦查或调查机关对审判机关形成不适当的依赖，形成先定后审的局面以及后续审理结果与法院会商意见相比呈现颠覆性变化的局面，各方意见不一。

四、意见建议

扫黑除恶专项斗争即将进入第三年，按照中央安排，2020年是专项斗争的收官之年，如何巩固已有成果并将扫黑除恶作为一项长效工作机制长期落实，彻底清除黑恶势力是重中之重。笔者结合审判工作实际及全盘工作安排，特提出以下建议。

（一）紧抓案件审理不放松，增强打击力度，发挥法律监督作用

坚持"5224"工作机制，准确、有力惩处黑恶犯罪，坚持"不拔高、不降格"，始终贯彻宽严相济的刑事政策，切实做到宽严有据，罚当其罪。认真对照黑恶势力的界定标准，反复梳理甄别，明确黑社会性质组织、恶势力犯罪认定标准、"软暴力"等方面法律政策界限。加强公、检两机关的配合，正确处理提前介入与审判的关系，准确把握提前介入的时机和程度。处理好依法办案与从快严惩的关系，一方面要依法办案，严格司法；另一方面要打破常规，在特定时期对涉黑恶案件进行从重从快处理。严打"保护伞"，加强与纪检监察机关协调配合，完善线索移交、双向反馈等机制，确保扫黑与"打伞"同频共振。主动排查，深挖彻查涉黑涉恶案件背后的"大伞""隐伞""庸伞"，一旦发现涉黑涉恶线索及"保护伞""关系网"，立即向有关单位发出司法建议、移送线索，并跟踪掌握办理结果。强化"打财断血"，继续加强线索摸排、移送工作，严格落实"两个一律""一案三查"制度，认真扎实

执行财产刑；对检察机关起诉的案件要严格审查涉案财物，必要时提前介入了解案情；对涉黑恶案件量刑时，从严判处财产刑。

（二）建立扫黑除恶长效机制

针对当前涉黑涉恶问题的新动向，切实把专项治理和系统治理、综合治理、依法治理、源头治理结合起来，把打击黑恶势力犯罪和反腐败、基层"拍蝇"结合起来，把扫黑除恶和加强基层组织建设结合起来，既有力打击震慑黑恶势力犯罪，形成压倒性态势，又能有效铲除黑恶势力滋生的土壤，形成长效机制。加强对重点人口和流动人口的管理，集中整治黑恶势力违法犯罪突出的地区，严密对滋生黑恶势力的行业、场所、区域进行控制，防止黑恶势力的滋生和蔓延，彻底铲除黑恶势力犯罪的根源和基础，真正做到打防结合、标本兼治。保持社会治安的良好状态，彻底净化黑恶势力赖以滋生的土壤和条件，同时坚决铲除在一定区域或行业内实施的各种违法犯罪活动，对那些大案不犯、小案不断，长期滋扰欺压群众，或借国家实施土地征用和重点工程中有意设置障碍，进行寻衅滋事、敲诈勒索的"地霸、行霸、村霸"进行有效打击，净化社会环境，保证社会和谐有序发展。

（三）强化社会治安综合治理，加强法制宣传，消除"黑恶势力"存在的基础和条件

为了有效遏制黑恶势力犯罪，从源头上根除黑恶势力的滋生和蔓延，要和各级政府部门加强联系，强化社会治安综合治理工作，加强法制宣传和教育，不断提高群众的法制意识，从源头上杜绝黑恶势力的形成。同时对已经形成的有黑恶势力苗头的犯罪，冒头就打，决不手软，以免其形成气候。特别对于青少年集中的学校等单位，应加强对学生的宣传，正确引导青少年树立正确的人生观和价值观，有效预防、减少青少年犯罪，各学校、家长和社区还应加强对失学青少年的监管力度，为他们创造良好的学习工作条件，保证其健康成长。

"扫黑除恶"是一项长期而艰巨的任务，要不断探索和完善打黑除恶工作的新方式、新方法，要把集中打击与经常性打击结合起来，把治标与治本结合起来，探索构建扫黑除恶的长效工作机制确保社会的和谐安定，保证我国政治经济的持续有序发展。

法治信访建设的实践探索及推进路径[*]
——以延安两级法院涉诉信访工作为视角

党的十八届三中全会作出的《中共中央关于全面深化改革若干重大问题的决定》明确指出，要把涉法涉诉信访纳入法制轨道解决，建立涉法涉诉信访依法终结制度。推进法治信访建设，实现涉诉信访工作法治化，是解决涉诉信访问题的努力方向和必由之路。近年来，延安法院在推进法治信访建设中进行了大胆有效的实践探索，积累了行之有效的做法和经验。本文通过对涉诉信访案件总体特点的分析、司法实践的总结和当前面临形势、问题及其成因的探究，提出下一步推进法治信访建设的对策建议。

一、涉诉信访案件总体特点

（一）来信来访总量持续呈下降趋势

2014—2016 年，全省法院来信来访总量逐年下降，但仍然高位运行。2014 年至 2016 年 7 月，全市法院共受理来信来访 832 件 3016 人次，化解各类信访案件 341 件。其中，息诉罢访 122 件，依法导入司法程序 163 件，教育疏导和移转 56 件。2014 年，受理来信来访 395 件，化解信访案件 180 件；2015 年，受理来信来访 271 件，化解信访案件 124 件；2016 年 1 至 7 月，受理来信来访 166 件，化解信访案件 37 件。市中级人民法院受理来信来访 454 件 1755 人次，化解信访案件 138 件。其中，纳入司法程序 66 件，教育疏

---

[*] 本文写于 2016 年 10 月。

导和移转32件，息诉40件。

（二）信访案件类型相对集中

财产侵权、拆迁安置与补偿、房屋买卖租赁，建设工程合同、劳动争议，人身损害赔偿、医疗事故赔偿，土地承包经营，不服行政处理决定、确认行政行为违法、行政不作为，故意杀人、故意伤害等案件占到信访总量的70%。

（三）信访事由涵盖面广

从接访情况来看，申请判后答疑占总量的41.07%，有新证据要求再审的占0.67%，反映适用法律错误的占43.11%，反映认定事实错误的占38.95%，反映程序违法的占52.74%，反映违法违纪枉法裁判的占49.93%，要求约见领导的占86.91%。

（四）诉求扩张

信访主体主要为部队退役人员、农民、失业人员、下岗职工、退休干部、伤残人员等，涉及人身、医疗损害赔偿，赡养抚养家庭纠纷，执行财产不到位的案件以及1995年《国家赔偿法》实施之前的部分刑事案件，信访诉求从其原审诉求扩大几倍或几十倍，要求赔偿因法院改判和效率问题造成的诉讼成本和多次上访的经济损失。

（五）信访案件中确有错误案件较少，瑕疵案件比例较大

从241件进京访案件评查结果来看，2件确有问题已经重新立案审查，占到总数的0.83%；瑕疵案件11件，相对比例较大，占到总量的4.6%。

二、延安法院推进法治信访建设的实践探索

（一）紧抓第一要务，全力化解信访案件

一是抓积案清理，以清理促化解。坚持将减少存量、控制增量作为涉诉信访工作的重要目标，持续部署开展了领导干部大接访大下访大化解、集中清理涉诉信访积案、反无理缠访闹访、涉诉信访"老户"化解等一系列专项活动，使全市法院涉诉信访工作呈现出总量逐年递减的态势。专项活动期间，全市法院累计走访和约谈信访人2278人次，化解初信初访案件538件，中央、省、市所交办的232件涉诉信访案件中息诉28件、导入程序204件。二是狠抓督查问责。推行"周统计，月通报，季研判"的信访工作督查制度，对思想懈怠、行动迟缓、落实不力的单位和部门坚决给予通报批评，对未完成化解任务的在年度目标任务考核中给予"一票否决"。市中级人民法院多次被市委、市政府评为"全市涉诉信访工作先进集体"，并被省委政法委评为"全省清理积案先进集体"。三是抓多方联动，以联动促化解。建立中级人民法院领导包抓涉诉信访工作制度，中级人民法院领导班子成员每人联系包抓2

至3个基层法院，分片包抓、定向指导，形成了以上率下、上下联动的工作态势。充分发挥第三方作用，广泛吸收律师和人民调解员参与化解信访案件479件，为来访群众提供法律咨询和服务1100余人次，让人民群众有序参与司法。强力推进"群众说事，法官说法"便民联动机制，主动参与基层社会治理，构建矛盾纠纷多元化预防和化解体系，将大量矛盾纠纷化解在萌芽状态，使一些常年积累的问题得到解决。四是抓案件评查，以评查促化解。制定印发《涉诉信访案件评查工作制度》，将案件评查由审判、执行领域延伸到涉诉信访工作领域，重点评查长期缠访闹访、中央、省、市交办涉诉信访案件和赴省进京上访案件。2014年至2016年7月，累计评查涉诉信访案件241件，评查出一类案件（合格案件）228件、二类案件（实体正确，程序有瑕疵案件）11件、三类案件（质量缺陷案件）2件。对评查出的一类案件，及时落实属地化解责任，必要时启动案件终结程序；对二类案件及时将评查结果反馈给原案件承办人，限期对案件瑕疵进行补正并做好信访人的息诉化解工作；对三类案件依法启动审判监督程序并对相关人员落实责任追究。五是抓经常排查，以排查促化解。坚持日常排查和集中排查相结合，在抓好日常排查的基础上，每月组织一次集中排查、梳理和分析，做到情况清、底数明。对排查出可能引发赴省进京上访、群体性事件和影响社会稳定的信访案件，采取领导包案、任务分解、责任到人、限时解决的方式及时予以化解。2014年以来，全市法院共排查涉诉信访老户案件21件，已办结10件，并同步建立重点人员信访工作台账。六是抓困难救助，以救助促化解。统筹解决信访群众的法律问题和实际困难，2014年以来累计救助涉诉特困人员55人，发放救助金88.8万元，使子长张某、洛川杨某、宜川马某、延川花某等一批多年上访人员息诉罢访。

（二）畅通信访渠道，积极回应群众需求

一是着力优化信访服务。在原有"立案信访窗口""诉讼服务大厅"的基础上，通过整合司法资源，优化司法环境，拓展服务范围，完善服务措施，将诉讼服务中心打造成为集立案登记、案件查询、材料收转、判后释疑、信访接待、投诉举报等多项功能于一体的"一站式"诉讼服务平台，使得接访工作更为便捷高效。推行院、庭长开门接访和预约接待制度，最大限度畅通当事人信访渠道。二是着力创新信访方式。加强信息化建设与运用，开通与上下级法院互联互通的远程视频接访系统，累计远程视频接访61件64人。开通网上院长信箱和12368热线电话，共办理答复院长信箱来信11件、网上信访28件，让信访群众足不出户即可表达诉求。推行民事案件"最后一问"机制，让当事人在审判、执行、信访各个环节把话说完，充分了解群众司法需求，及时解决群众信访事项。三是着力加强信访管理。先后制定了涉诉信访工作流程规定、信访案件首办责任制、信访案件风险评估预防制度、案件评查等多项制度，实现涉诉信访工作规范化、程序化。严格信访工作考核机制，将涉诉信访案件发生数量和化解情况纳入各基层法院、各部门年度目标任务考核和法官个人业绩考核指标体系，使重视信访、参与化解、促进息诉成为每个部门、每位法官的自觉行动。将重大敏感案件风险研判、评估与防控贯穿于立案、审判和执行工作全过程，及时告知当事人诉讼风险，及早研判潜在信访风险和社会稳定风险，并研究制定相应防范处置预案。推行"领导包案、带案下访"工作制度，对中央、省、市交办的涉诉信访案件和案情较为复杂的初信初访案件，由包案领导与案件合议庭"会诊"后形成化解预案，深入实地调查了解，答复解决信访请求。

（三）深化改革创新，不断完善工作机制

一是严格诉访分离，强化导入环节。正确区分诉与访的不同性质，把涉诉信访从普通信访中剥离出来。对于当事人提出依照法定程序解决纠纷的请求，包括起诉、上诉、申请再审、申请执行、申请国家赔偿等程序内的事项，依法按诉处理。对于信访人的诉求已经由人民法院依照法定程序审理、审查终结，仍通过来信来访反映问题，按信访规范处理。2014年以来，所处理的来信来访事项中，按诉处理341件，按访处理333件。规范案件受理审查工作，制定《再审审查工作流程规定》，对申诉和申请再审案件受理、审查、听证、结案等环节作出明确规定。二是实施分类处理，维护法治秩序。实行涉诉信访事项分类处理，对于诉类事项依法导入诉讼程序，严格依照法律规定办理；对于访类事项，通过接访答复、判后释明、案件评查、公开听证、司法救助、案件终结等程序办理。坚持将判后答疑作为当事人信访或提出申诉、申请再审的必经程序，结案后依法及时解答当事人提出的法律困惑和合理质疑，让当事人赢得明白、输得清楚，有效解决当事人"盲目信访"现象。2014年以来，全市法院累计组织判后答疑382件，答疑后申请再审348件，通过再审审查提起再审18件、指令再审3件。正确区分合法信访与违法信访，依法打击违法信访行为，移送公安机关给予治安管理处罚、追究刑事责任7案9人，坚决维护宪法法律尊严和司法裁判权威。三是落实依法终结，畅通信访出口。对经过复查、评查、听证程序，将法律问题解决到位、解释疏导教育到位、实际困难帮扶到位后，仍无理上访的涉诉信访案件，按照《涉诉信访终结办法》依法予以终结。对已终结案件不再作为涉诉信访案件进行受理、交办和统计，依法交由相关党政机关和基层组织落实教育稳控帮扶措施，确保终结案件从司法程序中依法、严格、有序退出。

（四）加强源头治理，着力防控信访问题发生

一是立足以人为本，推进法官队伍职业化。以开展党的群众路线教育实践活动、"三严三实"专题教育和"两学一做"学习教育为载体，突出对党忠诚、司法廉洁和群众观点教育，确保司法者带头守法、有权者首先有德。加强业务培训，自主举办专题培训21期，组织73名法官参加国家法官学院系统培训，选调302名法官干警参加上级法院业务调训。拓展实践教学，对一线法官的6692份裁判文书、1103个庭审和8416件案件进行了观摩评比，切实提高司法能力。推行发回、改判案件沟通交流和剖析整改、对口部门业务指导机制，深入基层带案指导，不放过每个有瑕疵案件，树立起严谨负责的司法作风。二是立足提质增效，推进审判管理精细化。构建"一案一评查，一月一通报，一季一约谈，一年一考核"的审判管理模式，建立审判流程管理、审判质效评估、错案责任追究制度，不断增强法官办案质量意识和责任意识。开展"司法规范化建设年"活动，聚焦"六难三案"、开展"六查六纠"，开列清单、建立台账、逐项整改；启动减刑假释暂予监外执行、隐性超审限、量刑规范化等12个专项整治，制定办案规则8项，统一裁判尺度，确保依法办案。依托案件流程信息管理系统，全面实行网上立案分案、流程监控、评查报结，最大限度减少各种差错和瑕疵。坚持以庭审为中心，严格落实公开审判、举证质证、法庭辩论等诉讼制度，保证庭审决定性作用。全市法院一审案件息诉服判率2014年达到90.07%，2015年达到92%。三是立足强化监督，推进接受监督常态化。自觉接受人大监督，设立人大联络工作机构，推行审判人员定向联络人大代表工作机制和人大代表旁听庭审"一证通"制度，办理人大交办案件72件，其中有涉诉信访案件6件，已经办结3件，正在办理3件。加强审判监督，通过二审发回重审192案、改判75案。率先在全省推行"信访投诉""案件评查"与"责任追究"三位联动工作机制，及时发现违法违纪线索，严格实行责任倒查，将信访责任与办案责任有机结合。深入推进司法公开，加强审判流程公开、执行信息公开、裁判文书公开三大平台建设，向当事人逐案送达《司法公开告知书》，二审案件全部开庭审理或公开听证，减刑假释案件全部上网公示，网上视频直播庭审258案，可公开生效裁判文书上网发布率保持100%。

三、法治信访建设面临的形势、问题及其原因

我国当前正处在社会转型、经济转轨的关键时期，各类社会矛盾易发、多发，法治信访建设形势和问题依然十分严峻，突出表现在如下四个方面：一是进京赴省上访数量高位运行。从近三年涉诉信访案件数据来看，日常涉

诉信访接待量虽有下降，但进京赴省访数量却逐年攀升，防控难度较大。二是越级上访现象呈现增多趋势。许多信访人既不走法律程序，也不走正常信访渠道，却"热衷"于越级上访，既扰乱了正常的信访工作秩序，又降低了信访工作的效率，给各级党政机关和法院工作带来了巨大压力。三是人案分离问题较为突出。一些信访人长期居住外地，或者开始上访后迁居外地，要么不预留任何联系方式，要么随意变更联系方式，异地稳控难度非常大。四是缠访闹访、重复上访现象较为突出。部分信访人员的信访案件已经中央政法委或最高人民法院复查认定终结，而信访人仍就同一问题再次上访、数次登记。五是涉诉信访组织化、规律化、暴力化趋势开始显现。一些涉诉信访当事人往往有目的、有组织地相互串联，交流"经验"，专门在全国"两会"等重大敏感时期相约上访，且往往采取冲击机关、拦截车辆、拉条幅、自杀等暴力行为，制造声势，扩大影响，借此向法院施压。

究其原因，主要来自如下四个方面：一是政策原因。现行信访案件交办处理机制和考核机制存在着很大弊端，中省有关机关往往多头交办、反复交办涉诉信访案件，且将涉诉信访案件化解情况纳入各级党委政府年度目标责任考核体系，致使个别地方出现花钱买平安的做法，使一部分信访人员法外获益，这从某种程度上刺激和助长了当事人的上访欲望，导致缠访闹访、重复上访、越级上访问题时常发生。二是法律原因。现行法律对信访秩序的规范本就较为薄弱，对缠访闹访的违法行为缺乏行之有效的处罚对策，从上至下尚未建立一套行之有效、便于操作的法律法规，使一些无理缠访闹访的人钻了法律的空子。加之，劳教制度取消之后，使得政府用以打击无理缠访、闹访行为的手段和力度急剧缩减。三是司法原因。少数法官政治和业务素质不高，甚至违法违规办案，致使部分案件在认定事实、适用法律、运用证据、审判程序等方面存在错误，造成当事人上访、申诉；个别法官缺乏大局意识，单纯就案办案，忽视社会效果，不注意释法析理，不考虑结案后的息诉问题，造成当事人信访；还有些是审判人员工作不细致、不认真，造成工作上有瑕疵，被当事人抓住不放，上访不止。四是社会原因。有些诉讼代理人为了自身利益，诉前对当事人拍胸脯打包票，输了官司不是正确引导而是将脏水往法院和法官身上泼，挑唆当事人缠诉。还有一些媒体未审先判，干预司法，成为当事人上访的"助推器""发动机"。

四、推进法治信访建设的努力方向及路径

（一）大力培育法治信仰

习近平同志指出，要在广大干部群众中树立法律的权威，使人们充分相信法律、自觉运用法律，形成全社会对法律的信仰，弘扬法治精神，培育法治文化，在全社会形成学法、尊法、守法、用法的良好氛围。从当前处理涉法涉诉信访的实际来看，法治理念并未深入人心，传统的"人治"思想依然影响着我们的涉法涉诉信访工作。在涉诉涉法信访案件中，有一部分群体是因为法律知识缺乏，他们不了解法律的规定，对法院的判决、裁定及决定不认同，不了解违法的后果，无理取闹，漫天要价，这些行为在导致自己权益难以受到法律保护的同时，对法律的权威性、有效性、统一性也是一种损害。此外，在司法实践中，在司法机关办理的个别案件中，为了让一些坚持过高甚至无理要求的上访人息访，不惜打破法律、政策界限，无原则地忍让、迁就，明显超出了依法合理解决问题的限度。这种措施短期换来的是较高的息访率，对当地的平安建设作出了一些贡献，但从长远来看，负面攀比和示范效应膨胀，信访总量将持续上升，息诉罢访的难度将逐渐加大。因此，营造一个良好的社会风尚，让群众和干部发自内心地认同法律、信赖法律、遵守和捍卫法律已刻不容缓。

（二）切实端正司法理念

坚持以人民为中心，回应群众多元信访需求，深入查找、着力整改人民群众反映强烈的突出问题，变事后化解为事前防控、变群众上访为法官下访、变被动接访为主动约访，让人民群众有更多获得感。坚持严格公正的司法理念，在信访案件的处理中，不能突破法律底线。否则就会以牺牲司法权威为代价，换来问题的一时解决，使得一些群众产生信访不信法、以访压法的倾向。因此，要不断强化审判管理，深化司法公开，提高办案质效，确保公正廉洁司法，把案件审理过程变成公平正义的实现过程。坚持尊法守法的价值导向，坚决摒弃"花钱买平安""摆平就是水平""无原则息事宁人"的错误思想，引导群众正确对待裁判结果，理性维护自身权益，绝不允许通过无理缠访闹访获取非法利益。

（三）加大排查化解力度

深入分析涉诉信访案件的特点和成因，认真落实判后答疑、释法析理、依法纠错、依法救助等有效措施，切实解决信访群众的实际问题，促进息诉罢访。认真落实涉诉信访风险评估机制，加大矛盾纠纷排查力度，积极落实稳控化解措施，及时有效化解涉诉信访苗头。继续抓好中央、省、市交办案件办理工作，做到组织领导到位、责任主体到位、措施跟进到位。发挥联动优势，充分借助综治维稳体系和信访联席会议，积极争取支持配合，及时协调相关部门联合化解疑难复杂和重大敏感涉诉信访案件。狠抓工作督查和指导，对涉诉信访工作制度执行情况和案件化解情况开展专项督查，强化对重点地区、重点案件的督查督办。

（四）推进涉诉信访改革

认真贯彻落实中共中央办公厅、国务院办公厅《关于依法处理涉法涉诉信访问题的意见》精神和最高人民法院"四个必须，五项制度"规定，严格实施诉访分离，着力在涉诉信访事项的入口、处理、退出三个环节上下功夫，确保涉诉信访案件入口畅通、流转有序、办理高效。严格规范涉诉信访案件处理，把首办负责、评估预防、内部监督、案件评查、巡回督导等机制贯穿于案件办理全过程，有效提高办理涉诉信访案件的登记、办理、答复工作效率，确保符合条件的信访案件得到公正审判、及时执行。强化退出环节，严格终结程序和标准，对确属无理上访的，依法终结信访程序，切实维护司法裁判权威。落实《关于依法处置违法信访的意见》精神，一手抓维护合法权益，一手抓规范信访秩序，坚决惩处违法信访，切实保护合法信访。

（五）不断深化源头治理

加强法官队伍建设，常态化开展庭审观摩、裁判文书评比和案件质量评查，不断提高司法水平，规范司法行为。坚决向执行难宣战，加大执行力度，穷尽执行措施，严惩拒执行为，确保同步够格实现两年内基本解决执行难，全力以赴破除实现公平正义的最后一道藩篱。加强审判管理，强化内部监督，坚决防止冤假错案的发生，努力从源头上减少涉诉信访数量。进一步深化"群众说事，法官说法"便民联动机制建设，促进基层民主协商与依法治理，着力预防减少诉讼。严格落实党风廉政建设主体责任和监督责任，严肃查办伤害群众利益、影响司法公正、销蚀司法权威的不良言行。建立涉诉信访工作与审判、执行工作双向沟通机制，加大审判工作息诉考核力度，做到相互协调、有机衔接，对涉诉信访工作中发现的案件审理和执行问题及时反馈、认真整改。加强信访工作队伍建设，积极协调将市中级人民法院信访办变更为申诉审查庭，配齐配强工作力量，筑牢信访工作的组织基础。

（六）积极构建综合治理格局

一是从涉诉信访政策层面上，对已经终结的案件，相关接访单位不再登记、不再受理，杜绝多头批（交）办、重复批（交）办现象的发生。二是要从涉诉信访立法层面上，应逐步建立起解决涉法涉诉信访问题的有效机制。涉法涉诉信访案件的反映、甄别、交办、受理、答复等各个环节，都应当以法律法规的形式规范下来，努力杜绝多头、多级反映，多方、多渠道交办等问题。三是从涉诉信访执法层面上，要形成依法打击非法上访、缠访、闹访现象的联动机制，持续开展"反无理缠访"专项整治活动，切实维护正常的涉诉信访秩序。四是从涉诉信访考核层面上，将涉诉信访与一般信访区别对待，转变当前以"息诉罢访率"为主的单一考核指标要求，避免因为追求息诉罢访而给予当事人一定的经济利益，损害法律尊严。五是从涉诉信访保障层面上，加快建立市县两级涉诉信访救助基金，健全司法救助体系，及时解决确需救助的上访人的实际困难。

"刑事和解"制度发轫于陕甘宁边区对建立和完善我国当代刑事和解制度仍有意义

刑事和解是指在刑事诉讼中，加害人以认罪、道歉和赔偿等形式与被害人达成和解后，国家专门机关对加害人减轻、从轻处罚，或者免除处罚，不追究刑事责任的制度。刑事和解是一种以协商形式恢复被加害人破坏之原有秩序的刑事案件解决方式。

近读《陕西日报》，方知法学界绝大多数学者认为，目前世界上所推崇的"刑事和解"制度是西方刑事法学的创举，源流于1974年加拿大安大略省基秦拿县的一次"被害人与加害人和解尝试方案"。其过程是"基秦拿县的一名年轻缓刑官员说服法官让两名被判处破坏艺术作品犯罪的少年同所有被害人见面，并把赔偿全部损失作为其判处缓刑的条件，最后案件得以圆满解决"。直到"1978年，美国印第安纳州埃尔克哈特市首次将'被害人与加害人和解'方案引入美国"，至此，"和解方案迅速传遍整个美国和欧洲"。

法学专家、原西北政法大学校长贾宇教授通过多年悉心研究，在2008年11月28日省司法厅召开的专家、学者研讨会上披露，刑事和解制度其实起源于我国陕甘宁边区时期。另据延安市中级人民法院编纂的《延安地区审判志》等历史文献考证，早在1943年6月12日，陕甘宁边区政府就颁布施行了《陕甘宁边区民刑事案件调解条例》，充分说明"刑事和解"在陕甘宁边区就已普遍推行并形成制度。从时间上推算，陕甘宁边区"刑事和解"制度之发轫与实施,比加拿大至少早31年,比美国更要早35年。

作为在原陕甘宁边区首府——延安工作的当代法官,我们有责任廓清历史面目,还原历史真实,也应该义不容辞地从完善和推进当代中国社会主义刑事司法制度的高度入手,对边区"刑事和解"制度之流变及意义作出探究。

一、陕甘宁边区"刑事和解"制度之流变

和解,就是消除争执与矛盾,重归和好。这是刑事案件得以用最小司法成本,予以迅速处理,并获取最和谐法律效果的最好结局。而要实现刑事和解,多种形式的刑事调解就是必不可少而又行之有效的手段,只有通过调解,才有可能实现"刑事和解"。从1937年7月陕甘宁边区高等法院成立到1950年边区高等法院建制撤销,我党在陕甘宁边区大力推广多种形式的调解,边区参议会和政府通过法律的形式,颁布了多部关于规范和适用调解的法律,使调解获得普遍遵守的效力,调解制度也成为边区司法制度的必要补充。

(一) 边区刑事调解制度的三个发展阶段

第一阶段,从1937年7月边区高等法院成立到1943年6月以前。主要在各乡选出人民仲裁员、人民检查员,组成人民法庭,调解乡村民众的一切纠纷,并检举在乡村中违反法律的行为。由乡长、自卫军连长、锄奸主任和工、青、妇群众团体负责人,组成人民仲裁委员会领导人民法庭工作。后来两个组织合而为一,组成调解委员会。调解委员会有权调解纠纷,当事人不服即可向司法机关起诉。这时的调解原则尚不明确,范围狭窄,程序不完备,形式不齐全,调解制度处于初期阶段,但在减少诉讼案件、维护革命秩序等方面发挥了积极的作用。由于缺乏监督,有部分仲裁员、检查员利用职权,借调解骗取吃喝,不事生产,引起群众不满。为此,1942年12月8日,边区高等法院发布命令"取消仲裁员之组织",规定"所有人民纠纷问题,可由当事人所在之乡村地四邻亲友出面调解,无须专设固定之机关"。

第二阶段,从1943年6月到1947年3月国民党胡宗南部队进攻边区以前。这一时期,是边区刑、民事调解制度日益完善、程序日益规范、组织日益健全的重要时期,集中体现在几项重大规范制度之发布实施,包括:1943年边区政府发布《关于普及调解的指示》;同年6月8日,边区高等法院公布《实行调解办法,改进司法作风,减少人民讼累》的指示信;同年6月12日,《陕甘宁边区民刑事案件调解条例》公布施行;同年12月20日,边区高等法院发布《注意调解诉讼纠纷》的指示信;1944年1月6日和6月6日,边区政府两次发出号召:"提倡并普及以双方自愿为原则的民间调解";特别是高

等法院绥德分庭副庭长乔松山向边区参议会常驻会和边区政府提出《普遍建立调解制度，订立乡村公约，切实做到减少人民诉讼纠纷》的提案，经过1944年7月边区参议会常驻会第十一次会议、边区政府第五次政府会议讨论通过。边区高等法院于8月发布指示信，发动广大群众切实搞好民间调解，并指出"调解案件时，要遵守双方自愿原则"。随后，边区高等法院通令所属各级司法机关全面系统地调查调解等工作，在1945年10月12日召开的边区第二届司法会议（亦称推事、审判员联系会）上，补充和发展了边区政府和高等法院的指示和条例，形成了比较完善的调解制度，使边区调解工作走上了法律化、制度化的发展道路。

第三阶段，1948年4月光复延安到1950年边区建制撤销。1948年8月6日、9月1日和次年3月，边区高等法院先后三次发布有关调解工作的指示信，明确指出："由于边区的巩固和扩大，民刑案件相对增多，要求大力加强调解，老区继续贯彻调解政策，新区以调解的范例教育群众，培养调解积极分子，使群众相信调解，然后逐步推行调解制度。"并要求区乡设专人负责调解工作。从中可以看出，这一时期是边区调解工作逐步巩固、推行地域范围逐步扩大、参与调解人员逐步增加的巩固、发展和逐步趋于完备的阶段。尤其是"九一指示信"重新解释了调解的原则，强调了调解工作要发动群众，调查研究，适当照顾经济贫困群众，合理解决纠纷。

从边区调解工作的三个发展阶段看，走过了摸索、修正、完善和扩大推广的辩证发展路程，特别是始终坚持将人民群众作为调解的实践主体，在边区参议会和政府的领导下，全方位、多层面参与调解，并在具体的和丰富多彩的调解实践中，积累了诸多正确的主观因素，反映和指导客观实践，如对调解组织、调解范围和调解原则的不断修正，推动了边区调解工作的不断完善。

（二）边区时期刑事调解的范围与原则

1943年颁布的《陕甘宁边区民刑事案件调解条例》，从立法上对包括刑事案件在内的各种案件的调解进行了较为细致的规定，而这些规定涉及了调解的宗旨、方式、程序等各个方面的内容，其中特别值得说明的是，规定中明确指出凡刑事类案件，除了内患罪、汉奸罪、故意杀人罪等22项犯罪明文规定不能够调解外，均可根据原、被告双方的意愿进行和解，这种和解的行为可在案件侦查、审理的全过程中进行，并被视为解决纠纷的首选途径。由于在具体的适用过程中，出现了若干调解偏宽之倾向，如一些人命案也进行调解，助长了封建意识和陈规陋习，纵容了某些犯罪分子。针对这一情况，边区政府和高等法院进行了调查总结，在1945年第二届司法会上作了纠正；

边区高等法院在1949年3月的指示信中指出：什么性质的案件才可以调解呢？内部纠纷，也可以说是私益方面的，如一时气愤或过失引起的轻微伤害；凡侵害的客体是国家，损害的是公共利益，社会危害性大，不能调解；侵犯的客体是个人，损害的是私人利益，社会危害性较小，可以调解。这个规定，直到边区政府撤销，始终是确定刑事调解范围的根据。

边区政府和高等法院经过探索和不断总结经验，形成比较完善和科学的调解原则。1944年，边区政府主席林伯渠、副主席李鼎铭、高等法院院长雷经天指出：（调解）一要虚心听取群众意见；二要善于转变当事人情绪；三是主持调解的人要能提出哪个方面都顾到而又恰当的解决方法；四是调解结果要取得双方当事人的完全愿意，不可有稍微强迫（万一当事人不同意调解，要告状，不应阻止他）；五要随时注意积极方面。

（三）边区调解刑事案件之组织形式及结案方式

考证有关边区时期文献资料，陕甘宁边区时期调解刑事案件有民间调解、群众团体调解、政府调解和司法调解等四种形式。

（1）民间调解。1944年1月6日，边区政府主席林伯渠提出："提倡并普及以双方自愿为原则的民间调解，以减少人民诉讼到极小限度，区乡政府应善于经过群众中有信仰的人物（劳动英雄、公正士绅等），去推广民间调解工作。"1944年6月6日，边区政府在关于普及调解指示信中"号召劳动英雄，有信仰的老人和公正人士参加调解，……百分之九十以上，甚至百分之百的争执，最好能在乡村中，由人民自己调解"。在实践中，也涌现出了一些民间调解模范，如绥德西直沟村郭维德、延安县的边区劳模申长林、边区劳动英雄吴满有等。

（2）群众团体调解。主要有两种形式：一是不建立专门调解组织，遇到群体纠纷，由群众团体负责人出面调解；二是建立专门组织——调解委员会或调解小组进行工作，例如：延安县川口区五乡商会成立调解小组，由商会负责人及会员选出代表数人组成。实践中，主要以定边、庆阳和延安等地群众团体调解工作比较活跃。1944年5月23日的《解放日报》就报道了定边抗日救国联合会调解纠纷案例和经验，并号召"各县群众团体要学习它的办法"。

（3）政府调解。边区政府、专员公署、县政府的民政部门，特别是区乡（市）政府，都有调解民间纠纷的职权。边区民政厅调解的范围多为基层政权难以处理的群众控告公务人员、军队人员违反法令、侵犯人民利益的案件。从边区政府有关统计资料考证，仅1939—1940年两年间，边区民政厅就调解此类刑事案件446件。专署和县政府的调解由民政科（即一科）负责；除一科外，专员、县长也依职权进行调解。他们往往能深入民间，为民止讼解忧，为干部和群众作出榜样，推动了调解工作的深入开展。陇东分区专员马锡五带头调解，成绩卓著，典型案例流传边区，群众衷心拥护。区乡政府由于接近群众时间多，便于了解真实情况，且距纠纷发生地点近，便于调查访问，因此成为刑事调解最主要和最基本的形式。《陕甘宁边区乡（市）政府组织条例（草案）》第14条第5款规定乡（市）政府的一项基本任务就是"调解民间纠纷"。区乡政府在解决民间纠纷中的作用非常突出，如仅1944年，延安县经区乡政府解决的纠纷就达1900件，鄜县经区公署解决的有1100件。

（4）司法调解。司法调解指边区高等法院、分庭、县司法处的调解。司法调解又分庭内调解和庭外调解。庭内调解，即法庭直接调解。1943年6月8日的《陕甘宁边区高等法院指示信》中指出："审判人员务先将案情全部了解，得出是非曲直之所在，复须了解当事人之心理，以及当事人的生活情况，酌定调解方案，耐心说服，获得双方当事人的自愿承诺，不得加以强迫和压抑。如初次调解承诺，复又翻异者，亦可再次进行调解。"法庭调解成立之案，须记录双方当事人承诺的条件，当场朗诵无讹，由双方当事人署名盖章，或按指印存案，再照双方承诺的条件，制作调解笔录，送达双方当事人收执为据，即将讼案注销。庭外调解，由司法干部和群众结合，最主要的形式有：法庭指定双方当事人的邻居、亲友、当地公正士绅、年老长者、劳动英雄、乡参议员或工会、农会、商会、妇女联合会、青年救国会及抗援会等民众团体进行调解；法庭指定区、乡政府调解；审判人员会同区乡干部、当地群众代表及双方亲族邻里共同进行调解；高等法院定期派出理事，协同县司法处裁判员，一起深入乡间，到争端多的地方，集中调解案件。由于司法调解主持调解的是懂得政策和法律、熟悉业务的推事、审判员和兼司法领导职务的专员、县长，他们调解的案件，事实清楚，是非明确，说理充分，公正合法，而且手续比较完备，便于执行。

在调解结案方式上，边区政府确立了下列原则：一是调解方式必须符合政策法律。赔礼认错要有是非标准，赔偿损失要符合法律规定，按照条例的要求进行，不得非法取利，额外敲诈勒索；二是调解方式要符合善良风俗人情，不得沿袭旧社会陋习痼疾、封建迷信；三是调解方式要贯彻照顾贫苦的原则，执行"富裕帮贫苦"的政策，体现调解工作的人民性。在实践中，除法律规定的方式外，还创造了一些既符合法律又符合善良风俗人情的调解方式，最有代表性的有：互请吃饭或装烟，多用于同族或亲邻之间矛盾时间长、隔阂深的纠纷；帮工，多用于一方吃了些亏，又不便于赔偿，多由另一方给帮几天工。双方当事人达成和解后，由调解的主持人或组织，根据双方协议的内容制作和解书。和解书是在双方当事人自愿基础上达成的一种协议，它不具有法律效力，但对双方当事人都有约束力，和解书是纠纷和解的凭证。

二、陕甘宁边区刑事和解制度之主要特点与现实意义

从以上史料分析，足以说明陕甘宁边区时期已经建立起比较完备的"刑事和解"制度，这种刑事和解制度的特征主要体现在：边区参议会和边区政府是调解的主导组织，大的调解原则都由他们负责制订颁布；边区高等法院是半独立的司法机构，主要在边区政府的领导下开展调解工作，司法调解只是众多调解形式中的一种；刑事案件除个别涉及公益的犯罪外，均可和民事案件一样适用调解；刑事案件的和解可以在侦查、审判的全过程中进行；调解是解决纠纷的首要形式。

边区刑事和解制度的产生及推广有其特定的政治背景和具体的社会需求。从政治层面来考量，刑事和解制度的推广，有利于团结可以团结的最多数人，稳定边区社会，树立边区政府亲民、为民形象，赢得民心，获取多数支持；刑事和解制度和民事调解制度的推行，是我们党与国民党旧法统相决裂、为建立全新的司法制度所做的必要实践和探索，也是陕甘宁边区司法制度能成为新中国司法制度奠基石的价值所在。从当时社会需求看，刑事和解和其他调解制度的推行，与"止诉、少诉"和"恤刑、省民"的传统司法文化相符合，更能迎合基层群众的司法价值观，让群众、受害人亲身参与纠纷解决，发挥主体作用，更能赢得基层群众的感情和政治认同；同时，也有利于节约司法资源，及时、快速地处理纠纷，巩固包括政权建设在内的根据地各项建设。从边区政府推行"刑事和解"的实际案例看，都取得了良好的社会效果。

三、对陕甘宁边区刑事和解制度之借鉴

当代中国社会主义司法制度的建设可以说正处于不断探索、变革和完善的时期，对西方主流法治思想和制度是照搬、移植抑或甄别吸收，存在诸多争议。但有一点，我们必须建立的是符合中国社会现实和传统文化、符合社会主义法治理念的司法制度，由此层面考量，今天从构建和谐社会的高度出发，建立和完善刑事和解制度不能抛开陕甘宁边区时期的有益探索和具体司法实践，而应结合当前我国国情、民情最大限度地加以扬弃地继承。正如西方学者庞德所说："中国在寻求'现代的'法律制度时不必放弃自己的遗产。"

（一）建立和完善刑事和解制度之意义

如果说，陕甘宁边区时期刑事和解制度和其他调解制度的推行，对政治、

法律和社会等各层面都产生了积极影响,那么在现阶段推行刑事和解制度,从政治层面考量,当前虽然仍是刑事案件高发期,但从整个刑事案件类别的结构比例来看,由民事矛盾纠纷而转化为刑事案件的占了相当比例,轻微刑事案件亦有一部分,这些案件的被告人与被害人如能就刑事犯罪达成谅解,有助于缓和双方之间的关系,防止进一步的破裂形成社会不安定隐患,更有利于促进社会的和谐与稳定。从法律层面来考量,一就刑罚的本质来看,应该是惩罚与改造并重,而主张限制刑事和解的多基于传统刑事司法理念,重惩罚轻改造。推行轻微或涉私益刑事案件和解解决,被告人在征得被害人谅解后,有助减轻因犯罪行为而产生的心理和道德负担,或能安心改造,或能及早回归和融入社会,双方之间因犯罪所致的关系裂痕亦或心理仇恨或可弥补与消除,或者即使启动刑罚的适用,也能收到较好的效果;二从法律效果来看,推行刑事和解,能使刑事案件被害人更好地参与到涉及自己利益的案件解决当中来,拥有一定的法律话语权,更能从维护自身利益或减少损失的角度,决定是否与被告人达成谅解,有效解决重惩罚轻被害人人权保障的问题,尤其是大量刑事附带民事赔偿的问题或可得到一定程度的解决;三从司法效率上看,如何能通过案件繁简分流处理,使越来越多的轻微刑事案件通过和解的方式得以迅速处理,将精力更多地投入对重大刑事案件的审判当中,实现"需要公正的案件更加公正,需要效率的案件更加有效率"的司法程序价值目标,显得很有必要,很有价值。因此,由上述分析可见,刑事和解制度是更能体现"以人为本"的科学的刑事司法制度设计,加之我们有历史的客观素材和实践实例,更能将其有效地推行和完善。

(二)参考与借鉴陕甘宁边区刑事和解制度,建立和完善我国现代刑事和解制度

不可否认,实事求是应是我们作为法律工作者应有的素质。陕甘宁边区刑事和解制度因应了当时的政治需求与社会现状,有其进步性,亦有局限性,如刑事案件的解决方面,有时过于顾虑,反复调解,不够严厉;在具体的运作方式上,人治观念突出,重实体轻程序,重群众运动轻司法主导,重个人魅力轻依法化解等,这些或多或少地对当今法制建设产生了和产生着影响,但我们更应该透过现象看到其进步的主流本质。从调解程序、调解范围和原则及调解方式方面,陕甘宁边区刑事和解制度都可以给我们以参考和借鉴。一是从调解程序上讲,可以从侦查、起诉和审判的各环节开展刑事和解,需要从制度上加以保障的是如何防范以罚代刑等徇私枉法问题,如何解决起诉前一方反悔的问题。二是从适用和解的刑事案件范围看,边区据以确定刑事和解案件范围的指导思想可以作为有益参考,从刑期和刑罚种类角度看,可

以考虑对于可能判处五年或三年以下有期徒刑、拘役、管制或其他非监禁刑的刑事案件适用和解，以基层法院为重点，在立案阶段实行繁简分流，达到提高诉讼效率的目的；对于重大刑事案件，如果被告人能征得被害人谅解，或者已做出一定的补偿，可以作为酌定从宽情节予以考虑。三是从推行刑事和解的组织形式上看，完全可以参照陕甘宁边区刑事和解的实践经验，以法官为主导，发动社会力量进行调解，实现诉调对接。

城乡统筹背景下法院工作的新思考

2010年7月,省委作出关于支持延安率先实现城乡统筹发展的重大决定。推进城乡统筹发展,必将启动新的发展模式,出台新的政策规定,催生新的利益群体,出现新的权利诉求,最终形成新的纠纷发展态势,一些新类型案件可能不断涌现。处在这样的社会背景之下,以什么样的司法策略来作出积极的回应,为延安率先实现城乡统筹发展提供有力司法保障和优质法律服务,是延安市法院当前所面临的一个重大课题。

一、服务与保障——法院司法功能的有力回应

当前,我国社会主义市场经济不断形成,不断扩展,市场主体的多元化,交易方式的转变,社会正由传统的权力、利益、主体的一元格局走向多元格局的转型期社会。转型期的社会,人们的价值观念日趋多元,社会关系日趋复杂,不同的利益日趋分化,矛盾与冲突日趋增多。与此同时,随着城乡统筹战略的实施,发展模式的新旧交替,导致新旧矛盾交织影响,各类案件将会呈现群体化、复杂化发展趋势,使社会稳定面临考验,维稳压力进一步增大。法院作为国家审判机关,打击刑事犯罪活动,调节经济社会秩序,衡平各种利益关系,维护社会和谐稳定,服务保障改革发展的职责将更加重大。

(一)前提:找准司法功能的定位

找准法院在服务城乡统筹发展中的功能定位,才能厘定法院的保障职责,提高司法权威。纠纷解决和司法裁判

是司法职能天然的最本质含义。法院的功能定位首先在于解决纠纷,维护维定。所谓解决纠纷的职能,即定纷止争机制的功效及价值,其意旨在对个案进行公正的司法处理,实现司法对社会冲突和民间纠纷的最终解决理想。现代意义上的司法即是以法院为核心并以当事人的合意为基础和国家强制力为最后保证的,以解决纠纷为基本功能的一种法律活动。从司法的性质看,其功能是调整矛盾,解决纠纷,而其所蕴含的内在价值目标在于实现社会和公众对公平、正义、自由、秩序等法律价值的期盼。

在城乡统筹发展的进程当中,农村人口向城市迁徙、集中,加速了城市化的进程,同时,随着工业反哺农业,农业生产也将朝着规模化、集约化的趋势发展,这也将使传统的乡土社会处于不断的发展变迁中,人们的生产、生活方式及价值观念将发生改变。包括一些已经根植于顽强乡土社会被人们当作维持社会秩序的一些诸如道德准则、公认标准、民风习俗等行为准则,都将会遇到一些新的价值观、信仰的冲突。当这些习惯法、道德准则、个人权威等信仰与国家制度、以城市价值观为主导的新的价值体系发生冲突时,人们会对城市产生不适应,产生复杂的、艰难的思想抉择,引发社会秩序的不稳定因素,表现在司法领域是产生诸多新的矛盾和纠纷。这种纠纷通常不是大规模进入司法程序,而是首先通过个案尝试获取司法认同的方式潜入。一旦稍有疏忽,个案的裁判效应将会使隐藏在其后的纠纷大量出现,甚至引发群体性诉讼,影响社会稳定。

秩序的存在是人类一切活动的必要前提。秩序构成了人类理想的要素和社会活动的基本目标。有秩序的社会不一定就是和谐的社会,但和谐社会一定是秩序良好的社会,秩序是和谐的必要条件,也是重要特征。城乡统筹打破旧的社会秩序平衡,涌现或隐藏各式新的社会矛盾纠纷。要建立和维护一个新的秩序平衡,需要法院司法功能的介入和释放,以实现社会公正为目标,以国家的强制力为后盾,发挥社会矛盾减压阀的纠纷解决功能,从而为统筹城乡发展建设秩序井然的外部司法环境。强调秩序的任务就在于通过调整各种互相冲突的利益,减少人们之间的相互摩擦和无谓的牺牲,以使社会成员在最少阻碍和浪费的情况下享受各种资源,符合城乡统筹改革试验公平与效率兼顾的主要目标。法院通过一次次的司法活动,实现社会公平正义,同时赢得司法权威和公众对法治的信仰,使司法功能得到扩张,让民众把司法作为定纷止争、维护稳定、促进和谐的自觉选择。与此同时,法外救济的方法如游行、围攻、上访等方法也将下降到最低,正常的社会秩序将得到维持。

(二)目标:司法的民生关注

司法在服务城乡统筹发展进程中发挥定纷止争的职能,加强对民生的司法关注，是中国当代法治应当体现的以人为本、民生诉求和社会和谐的要求。应当着手从两个方面予以加强和发展。首先，在司法理念的层面上应当确立平等保护的权利观。城乡统筹发展的目标在于打破城乡分治的格局，破解城乡二元结构矛盾的命题，促进城乡共同发展、共同富裕。从某种意义上讲，城乡统筹发展的过程也是一场乡村城市化的过程，在人口上，农村人口逐步向城市、城镇集中；在地理上，地理学上的城市地域逐渐向农村扩张；在经济学上则表现为农村经济逐渐向城市经济转化；而从法学意义上来说，城市化则是一场权利平等的运动，即仅由部分城市居民享有的"市民权利"向惠及包括农村居民的公民权利转化的过程。可以预见，在权利平等保护的理念指导下，诸如"城乡同命不同价"等带有明显城乡二元价值观色彩的法律难题将迎刃而解。其次，是构建司法为民的工作机制，在司法实务中的技术性救济手段上扶弱限强，实现一种实质意义上的平等。一直以来，城乡分治的二元格局本身就积累了许多矛盾和问题，在城乡统筹发展中，还会出现一些带有阶段性的新矛盾，影响社会和谐稳定的压力进一步增大。一是要建立一种和谐社会语境下的权利、利益表达机制，引导公众通过正当的渠道表达诉求，从而达到科学引流、疏导社会矛盾的目的。从司法的层面上讲就是要解决好民众打官司难的问题，适度扩大受理案件范围，合理确定诉讼成本，将司法诉讼作为一项所有人均可以接近和享有的社会福利，从而使得社会变革期所积蓄的社会压力得到释放。二是要奉行相对积极的司法中立原则，改革和完善诉讼模式。具体表现在法院应当运用多种举措为民众提供诉讼便利与服务，比如恰当地行使释明权进行诉讼指导、提供司法救助，改善司法作风等。而平等地保护当事人享有的司法福利，还需要对弱势一方的当事人提供更多广义上的司法救助，尤其是对下岗工人、民工、残疾人等弱势群体予以应有的人文关怀。社会弱势群体在城乡统筹发展的背景下是客观存在的，这一群体维权意识、法律常识薄弱，诉讼能力有限，其维权的难度往往很大，更需要司法的人文关怀，从而提升司法面向社会公众的亲和力。

（三）措施：构筑解决纠纷的新格局，找准调判定位

被动性是司法的本质属性之一，"不告不理"则是诉讼法的基本原则。然而，如果过于机械、片面地强调司法的被动性则并不符合当前的实际。一个成熟的法治社会，纠纷解决机制通常由诉讼、仲裁、行政处理、民间调解等多元化形式构成。在服务城乡统筹发展的视野下，多元化解决纠纷机制，尤其是大调解机制，有利于整合各种社会资源，能够将法律、民间习俗、文化传统等因素融于纠纷解决当中，作为化解纠纷的一种创新机制，是传统人民调解制度的拓展和延伸。法院出于社会责任积极参与大调解机制，主动将诉

讼调解融入大调解格局中，全方位、多层面地探索和实践诉调对接，必将进一步强化法院的诉讼调解功能，形成多元化的纠纷解决机制。事实上，大调解的纠纷解决机制不单是解决法院司法资源短缺，减轻法院的诉讼压力，还为民众纠纷解决的需求提供了更多的选择机会。诉调对接制度，将法院的司法功能向社会推进，无形中降低了司法的成本，扩大了司法的范围，增进了民众的司法参与度。从另一角度讲，不单纯仅仅依靠司法来解决纠纷，而是在国家许可的范围内更多地培养自治性的纠纷解决机制，能够有效地弥补法律对社会的规制不足，逐步培养社会自治能力的发展。不言而喻，诉调对接的纠纷解决机制，对化解城乡统筹中的矛盾纠纷预备了更多的选项，从而有效地避免因矛盾激化引起的社会震荡。

二、两个效果相统一——司法的社会价值考量

法律效果与社会效果相统一，是当前法院工作的一个基本价值要求，这与我国法律适用的现状以及我国社会正处于一个急剧变革的转型期相关。统筹城乡发展是一场旨在解决城乡二元结构矛盾的持续改变过程，势必出现一系列政策调整。由于法律具有稳定性及滞后性，而政策具有灵活性与先行性，司法实践中极有可能出现政策与现行法律相冲突的问题。如何正确处理政策与法律的关系，如何评价政策实施的法律后果，都给司法带来了压力和挑战。在这种背景下，法院既要通过严格的法律适用来厉行法治，又要在法律适用中能够反映出城乡统筹发展的需求，能够适应社会变革所带来的变化，综合各种社会价值考量。

法律是稳定的，它既不可能无所不包，也不可能预见到一切可能的事情，加之成文法与法俱来的滞后性，使得任何法律都不可避免地存在缺漏和盲区，所反映的社会关系亦具有一定的局限性。而社会是发展的，处于转型期的社会更是一种超前的发展。美国著名法官卡多佐曾指出，法律作为社会控制的一种工具，最重要的是司法的作用。法律作为社会制度体系中的一个子系统，必须符合特定的社会制度道德原则——社会正义原则，同时法律又必须能够为追求最佳社会效益提供利益方案。任何司法不仅要接受社会的价值评判，有时还要发挥社会价值的引导作用，机械的法律适用不能适应社会转型期的司法实际，因为，法院的司法行为并非只是拘泥于法律条文本身的意义，运用逻辑推理方式来推断当事人之间的矛盾纠纷，同时，还必须关注社会的评价和司法的效果。具体到城乡统筹发展中，由于许多纠纷纠缠着法理与情理的冲突、法律滞后与政策超前的矛盾、纠纷的群体性与个案的示范性的勾连，许多纠纷不能单独地从法律条文的角度予以厘清，否则不仅不能使纠纷得到

妥善地解决，反而会使司法处置不当进一步激化矛盾。由此，对情理、政策以及个案的示范性的考量必然构成法官思维的一部分，以避免单纯追求个案公正导致对系统性后果的忽略，造成不好的司法效果。

三、对城乡统筹发展中的部分法律难题的思考

（一）农民工权益的保护问题

农民工这个社会群体，奔波于城市与农村之间：一方面，他们为中国的工业化、城市化和社会主义现代化建设作出了巨大贡献；另一方面，则由于长期形成的城乡分割的二元社会结构问题，农民工因为没有城市户籍，以一种城乡不等价、不合理的交换方式，成为城市的边缘群体、弱势群体。统筹城乡发展则是致力于消除城乡二元格局，缩小城乡差别，实现城乡间的协调发展。要从根本上解决农民工问题，将是一项宏大的系统工程，囿于司法的有限性，相当一部分的工作超出了司法活动的边界，是司法所力不能及的。但是，对于农民工的权益保护，司法并非无所作为，而是必须要有所作为。

农民工体制长期以来的种种弊端，已形成了诸多的社会问题与经济问题，进而演化积累了种种矛盾纠纷，直接影响到城乡关系、经济发展和社会稳定。首先，法院应当高度重视农民工问题在司法领域的具体反映，在立案、审判、执行等各环节建立健全农民工权益的司法保护机制，着手消化在旧体制下积累的矛盾，防范在社会变革中产生的新矛盾。其次，农民工的权利结构层次发生了根本变化，已从最初的劳动权、获得报酬权等生存性权利提升到市民权、平等权等发展性权利，因此，司法保护的策略也应当与时俱进地发展，平等保护的司法理念是保障与服务的关键。

（二）农村土地流转的规范问题

对于主导统筹城乡发展的决策层而言，做好土地经营权流转这篇大文章，推进以规模化、专业化、集约化为特征的现代农业，促进农村富余劳动力的转移，调动城市资金、技术、人才要素向农村流动，是盘活统筹城乡发展这盘棋的关键环节。从某种角度而言，土地新政的出台，体现了政府在现代化进程中所发挥的强有力的支配与指导作用。在这样的背景下，如何加强对这种支配、指导的法律规制，妥善处理由此而引发的矛盾纠纷，则是法院服务大局的司法职责之所在。首先，要找准涉及农地流转的法律边界。就构成我国相关农村土地承包经营权的法律框架而言，现行的法律、行政法规、司法解释包括有：1999年《土地管理法》、2002年《农村土地承包经营法》、2006年《农业合作社法》、2007年《物权法》、2007年国务院颁布的《农业合作社登记管理条例》、2005年最高人民法院《关于审理涉及农村土地承包纠纷

案件适用法律问题的解释》等。目前,有关立法均明确规定了农村土地承包经营权的"依法流转"的基本原则,即承包经营权流转(包括转包、出租、互换、转让或者其他方式)均须依照全国人大及常委会制定的法律或国务院制定的行政法规进行,并作了严格的限制性规定,如限制流转的程序与对象,不得改变土地用途等。在厘清法律的基础上,在具体处理农地流转纠纷案件等司法实务工作中,要有服务发展的意识。对法律没有明令禁止或是规定不详时,而出台的富有远见与前瞻性的土地政策,应持支持和合理审查的态度,坚持法律效果与社会效果相统一的价值考量标准,找准最佳的利益平衡点。其次,则应当严守法律的底线。在城乡统筹发展中,守住耕地与粮食的底线,既是法律的底线,也是政策的底线。因此,还应当加大司法的审查与制裁力度,制裁违法侵占耕地和基本农田的行为,制裁擅自将农用地转为建设用地的行为。

总之,在当前和今后相当长一个时期,实现城乡统筹发展是延安市的中心工作。可以预见,城乡二元分化的隔阂将日趋淡化,经济、社会的发展将更具活力,民众的主体意识、政治意识将逐步觉醒。在社会变革过程中各阶层以及各个不同社会主体之间错综复杂的利益矛盾和冲突将直接或间接地反映到司法领域。服务和保障城乡统筹发展,妥善衡平法律与地方发展政策之间的冲突,经济超前发展与法律规范滞后之间的矛盾,已经成为当前延安市法院工作的基本价值趋向。

参考文献:

[1] 牛敏. 统筹城乡发展的司法策略 [J]. 当代法官,2007 (5).

[2] 重庆高级法院课题组. 人民法院服务统筹城乡综合配套改革试验的思考及策略 [J]. 重庆审判,2007 (4).

从解决执行难的角度解读拒不执行判决、裁定罪

——以延安市两级法院拒不执行判决罪为实例

拒不执行判决、裁定罪是指行为人对人民法院已经发生法律效力的判决或者裁定有能力执行而拒不执行,情节严重的行为。近年来,逃避执行的"老赖"屡见不鲜,"执行难"问题日益突出,作为维护人民法院司法权威和当事人合法权益的终极司法手段,拒不执行判决、裁定罪的刑事立法和司法一直在不断完善,对解决"执行难"问题发挥了一定的积极作用。但从司法实践来看,拒不执行判决、裁定罪的适用明显乏力,呈现适用比例严重偏低、适用范围过于狭窄、入罪门槛不甚统一、刑事处罚过于轻缓、自由裁量有失均衡、启动追诉过于被动等特点,对于破解"执行难"效果甚微。本文从拒不执行判决、裁定罪的立法变迁以及在本地的现实适用情况入手,提出改进立法和具体适用的建议,希望能为破解"执行难"、诚信社会的建立尽微薄之力。

一、拒不执行判决罪的立法变迁

随着实践中对人民法院生效判决、裁定拒不履行的情形不断增加,1997年《刑法》将拒不执行判决、裁定的行为单列成罪,第三百一十三条规定:"对人民法院的判决、裁定有能力执行而拒不执行,情节严重的,处三年以下有期徒刑、拘役或者罚金。"

2002年全国人大常委会出台了《关于〈中华人民共和

国刑法〉第313条的解释》（以下简称《立法解释》），规定下列情形属于《刑法》第三百一十三条规定的"有能力执行而拒不执行，情节严重"的情形：（一）被执行人隐藏、转移、故意损毁财产或者无偿转让财产、以明显不合理的低价转让财产，致使判决、裁定无法执行的；（二）担保人或者被执行人隐藏、转移、故意毁损或者转让已向人民法院提供担保的财产，致使判决、裁定无法执行的；（三）协助执行义务人接到人民法院协助执行通知书后，拒不协助执行，致使判决、裁定无法执行的；（四）被执行人、担保人、协助执行义务人与国家机关工作人员通谋，利用国家机关工作人员的职权妨害执行，致使判决、裁定无法执行的；（五）其他有能力执行而拒不执行，情节严重的情形。

2007年最高人民法院、最高人民检察院、公安部联合下发《关于依法严肃查处拒不执行判决、裁定和暴力抗拒法院执行犯罪行为有关问题的通知》（以下简称《通知》）。

2015年最高人民法院基于司法实践中存在的问题，作出了《关于审理拒不执行判决、裁定刑事案件适用法律若干问题的解释》（以下简称《司法解释》），其中第二条规定，负有执行义务的人有能力执行而实施下列行为之一的，应当认定为全国人民代表大会常务委员会关于《刑法》第三百一十三条的解释中规定的"其他有能力执行而拒不执行，情节严重的情形"：（一）具有拒绝报告或者虚假报告财产情况，违反人民法院限制高消费及有关消费令等拒不执行行为，经采取罚款或者拘留等强制措施后仍拒不执行的；（二）伪造、毁灭有关被执行人履行能力的重要证据，以暴力、威胁、贿买方法阻止他人作证或者指使、贿买、胁迫他人作伪证，妨碍人民法院查明被执行人财产情况，致使判决、裁定无法执行的；（三）拒不交付法律文书指定交付的财物、票证或者拒不迁出房屋、退出土地，致使判决、裁定无法执行的；（四）与他人串通，通过虚假诉讼、虚假仲裁、虚假和解等方式妨害执行，致使判决、裁定无法执行的；（五）以暴力、胁迫方法阻碍执行人员进入执行现场或者聚众哄闹、冲击执行现场，致使执行工作无法进行的；（六）对执行人员进行侮辱、围攻、扣押、殴打，致使执行工作无法进行的；（七）毁损、抢夺执行案件材料、执行公务车辆和其他执行器械、执行人员服装以及执行公务证件，致使执行工作无法进行的；（八）拒不执行法院判决、裁定，致使债权人遭受重大损失的。

2015年《刑法修正案（九）》对该罪进行了修改：一是对拒不执行判决、裁定情节特别严重的，增加一档刑罚；二是将拒不执行的单位，列入了拒不执行判决、裁定罪打击范围。将《刑法》第三百一十三条修改为："对人民法院的判决、裁定有能力执行而拒不执行，情节严重的，处三年以下有期徒刑、拘役或者罚金；情节特别严重的，处三年以上七年以下有期徒刑，并处罚金。单位犯前款罪的，对单位判处罚金，并对其直接负责的主管人员和其他直接责任人员，依照前款规定处罚。"在笔者看来，《刑法修正案（九）》一方面将单位纳入犯罪主体之中，有利于刑罚的合理化，降低刑罚执行难度，促进社会变迁和刑法规范之间的协调统一。因为单位作为依法成立的社会组织，具有相应的民事行为能力和行政行为能力，继而也具有犯罪能力。单位较自然人具有更优越的物质基础，其犯罪所带来或可能带来的社会危害性更大，将单位作为拒不执行判决、裁定罪的犯罪主体，是其具有实施该犯罪能力的必然。单位成为犯罪主体后，被害方合法权益也有了更大更快捷的救济可能。目前对单位进行处罚相比自然人更有处罚效果，单位一般拥有固定的账户、资产、经营范围，在社会经济中影响力更大，对于单位声誉更加重视。在单位存在拒不执行行为时，法院可以依法对单位进行罚款处罚，公开公示。不久前河南某法院对于医院拒不配合调查取证行为进行的罚款就是一种对于单位拒不配合的有效震慑，在社会中引发了广泛热议。单位拒不执行判决、裁定的方式更加隐秘，更加恶劣，一些单位组织闲散人员围堵办案法官，聚众闹事，或者以各种方式转移资金、抽逃资产，这就需要对单位犯罪进行严厉处罚，打击单位的拒绝执行行为。

另一方面《刑法修正案（九）》在原有刑罚的基础上增设了"情节特别严重的，处三年以上七年以下有期徒刑，并处罚金"的规定。《刑法》对于拒执罪"情节严重"的情形并无具体规定，相关的司法解释也是与"有能力执行而拒不执行"放在一起通过具体的情形列举来进行说明，并无明确单独的解释。可见"情节严重"作为理解"情节特别严重"的基础，对"情节严重"的认定标准尚缺乏统一性，那么在本来已经比较难以判断的基础上又增加了更为主观的"特别"这一程度词，就使得对于"特别严重"的判断难以厘定，司法实践中亦缺乏可操作性。

2018年8月14日陕西省高级人民法院、陕西省人民检察院、陕西省公安厅联合出台《关于办理拒不执行判决、裁定刑事案件的指导意见》，列举了应当认定为属于拒不执行判决、裁定刑事案件中"有能力执行而拒不执行，情节严重的"十三种情形，涵盖了《立法解释》和《司法解释》中规定的十二种情形。

二、拒不执行判决、裁定罪近三年在延安的审理情况

为了更直观地展现拒不执行判决、裁定罪在延安两级法院的审理情况，

我们制作了以下图表。通过观察图表，我们会发现，在近几年生效裁判法律文书执行力度不断加强的情况下，拒不执行判决、裁定罪成案率并不高，且没有明显的起伏。这一系列数据反映出了两个层面的问题：一方面拒不执行判决、裁定罪属于冷门罪，执法部门、司法机关在使用时尚有生疏，不能及时利用它来打击犯罪行为；另一方面，通过我们的调研，该罪在立法环节还有需要明确和补强的必要，这方面的问题将在后文中深入阐述。

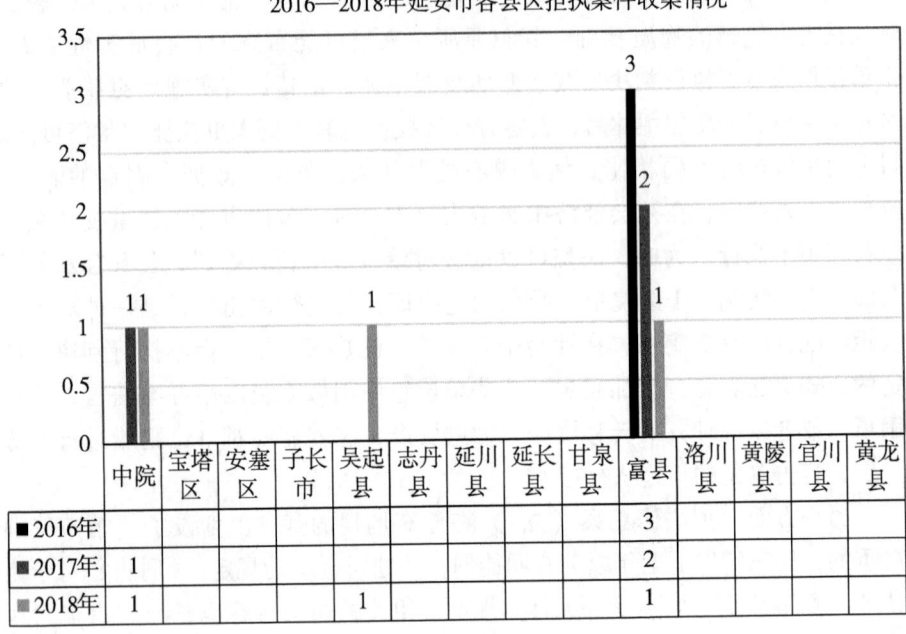

2016—2018年延安市各县区拒执案件收案情况

	中院	宝塔区	安塞区	子长市	吴起县	志丹县	延川县	延长县	甘泉县	富县	洛川县	黄陵县	宜川县	黄龙县
2016年	1									3				
2017年	1									2				
2018年	1				1					1				

■ 2016年　■ 2017年　■ 2018年

三、拒不执行判决、裁定罪的立法纰漏

（一）入罪认定标准不够明确

拒不执行判决、裁定罪是典型的不作为犯罪。被执行人的作为义务源自于已经生效的判决、裁定，执行义务人"有能力执行却拒不执行，情节严重"是构成拒执罪的必备客观要件，但对于该条款的实质内涵、时间节点的把握，实践中理解不一。

首先，如何判断执行义务人是否"有能力执行"。执行义务人的财产状况并非一成不变，有可能随时间、经营风险等客观因素的变动而变动。例如作为执行义务来源的原判决、裁定书生效之后，执行义务人占有或实际控制资产200万元，应履行债务标的100万元，但在拒执罪立案前或诉讼过程中，因投资、经营风险、家庭重大变故或增加其他债权人的强制执行申请，被执行人原有资产发生大幅贬值，执行义务人实际占有资产只有5万元，排除维持家庭生活必需资产外，近乎破产的义务人是否仍属于"有能力执行"？判断"有能力"应该以原判决、裁定书生效时间为起点，还是以拒执罪立案时间为起点？

其次，"拒不执行"应以何时为计算起点。是以原判决、裁定书的生效时间为起点，还是以申请执行人提起强制执行申请之日为起点，亦或以法院执行局发出执行通知书之日为起点？1998年最高人民法院司法解释曾规定，"法院发出执行通知之日"即视为被执行人拒不执行之起点，但此解释仅明确了被执行人的拒执时间起点，对于协助执行人、担保人等其他执行义务人拒执的时间起点，却并无明确规定，当以"法院发出执行通知之日"还是"收到协助执行通知之日"为起点？同理，"拒不执行"行为的完成，当以送达执行通知书为准，还是以发现执行义务人有能力执行而拒不执行时为准，甚或以执行部门采取强制性措施之日为完成标志呢？纵览目前关于拒执罪的刑事法律法规，均无明示。

最后，拒不执行判决、裁定罪属于行为犯，且以"情节严重"为既遂标准。关于"情节严重"，全国人大常委会在专门立法解释和最高人民法院的司法解释的列举性规定仍不免落于太过抽象的窠臼。"情节特别严重"与"情节严重"的实质区别究竟为何？"致使判决、裁定无法执行"到底是致使原生效判决、裁定永久无法执行，还是致使原生效判决、裁定暂时无法执行？是致使原判决、裁定全部不能执行，还是影响部分判决、裁定内容不能执行？实践中争议颇大。

（二）犯罪主体、对象覆盖不全

依据《刑法》第三百一十三条和最高人民法院《关于审理拒不执行判决、裁定罪具体应用法律若干问题的解释》，拒执罪犯罪主体指向被执行人、协助执行义务人、担保人等负有执行义务的自然人和单位，犯罪对象指向法院依法作出的、具有执行内容的生效判决、裁定。但在实践中，除上述负有执行义务或协助执行义务的主体外，执行义务人的亲友、下属员工（单位犯罪中）等案外人基于私情、义气等以围堵或以暴力方式阻挠执行，或积极帮助义务人逃避执行的，其不法行为有可能同时触犯妨害公务罪、拒不执行判决、裁定罪、非法处置扣押冻结财产罪等多罪名，对此想象竞合犯，是否一概排除在拒执罪之外？作为具有执行内容的生效法律文书，除了判决、裁定之外，仲裁裁决、民事调解书、行政调解书、公证债权文书、诉讼保全裁定、先予执行裁定、支付令等都可以作为执行依据。其中民事调解书、行政调解书同样可以确定执行内容，如离婚调解书中关于财产分割、夫妻债权债务的划分。

当申请执行人以执行生效调解书提起执行程序后,该生效调解书是否可以直接作为认定拒执罪的对象?

四、适用拒不执行判决、裁定罪的程序困境

我国对于拒不执行判决、裁定罪目前采取了公诉和自诉相结合的方式,也是为了更好地解决罪名难以实际运用的难题。现实中,很多在行为上符合拒不执行判决、裁定罪的被执行人在当事人向公安机关和检察机关提出控告后,公安机关和检察机关往往不会轻易追究被执行人的刑事责任,公诉程序往往卡在前期而无法进行。自诉方式的建立,有助于破解目前的难题,申请人可以径直向法院提出自诉,法院立案受理后认定被执行人犯罪的就可以依法裁判。但在实践中,自诉人举证范围、举证能力依然受到很大限制。由于社会征信体系的不完善,据以判断执行义务人执行能力的财产状况等信息,毋论自诉人很难自行获得,即使是法院自身依职权调查取证也很难独立完成。自诉人能提供的多为犯罪线索,与举证责任中要求的举证能力、举证范围还有很大差距,举证负担仍然较重。

同时在公诉程序中,对拒不执行判决、裁定罪的追诉始于法院发现案情,经由公安机关侦查取证、检察院审查起诉,最终又回到法院审理裁判,可见法院在整个公诉程序中既是控告者、启动者,又是裁判者、证明人,同时还是终结者和执行者,身份多重且相互矛盾。不论是程序正义还是实体正义,法院都很难摆脱有罪推定的责难。

参考文献:

[1] 孙建强. 新词"老赖"[J]. 语文学习, 2007, 10, 71.

[2] 谭金生. 拒不执行判决、裁定罪"情节严重"之实例考察——以2014年全国法院385份一审判决书为样本[J]. 西南政法大学学报, 2015(3).

后 记

光阴似箭，岁月如歌。一转瞬，我已年届花甲。圣人说"立德、立功、立言"谓之人生"三不朽"，即将离开沉浮奋斗四十载的司法事业，退而静休，步入人生新的阶段。回望过去四十年悠悠岁月、风风雨雨和匆匆往事，虽不说功名赫赫，但也从1982年起辗转供职于洛川县人民检察院、洛川县人民法院、黄陵县人民法院和延安市中级人民法院，三尺办公桌见证了一份份法律文书的诞生，神圣的审判席记录了一次次法槌的敲响，无数的不眠夜留下了对"黄陵模式"的探索思考，进而不避千难、克除万险于黄陵县一小小基层法院破冰力行，终是为今日以法官制为核心的司法改革的全面铺陈推开做了力所能及的先行实践。路遥先生说，"我们可以平凡，但绝对不可以平庸"。四十年来，我点点滴滴的努力，只源于对公平正义的信仰，根植于对生我养我这片土地和一方人民的热爱，得益于军旅生涯锤炼的坚强品质和正义情怀，总算活出了真性情，干出了些许成就。这四十年值得回味和总结。

在告别挚爱而为之奋斗一生的司法事业前，谨将四十年的人生经历、职业感悟和亲历亲为的司法实践，特别是对司法改革的深邃思考和探索成果选编整合为《法槌千钧》一书，希望能给仍在为司法事业奋斗的同人提供帮助与参考。

在此，首先要特别感谢我的老师西北政法大学校长、博士生导师杨宗科教授在百忙之中为本书作序。衷心感谢长期以来关心、帮助、支持我的老领导和同事们——孔德勤、康天军、冯迎春、刘群、常东山、刘尚军、刘文武、王玉刚、闫涛、贺洁、武烨、田家军、杨红红等同志,也感谢他们在本书组稿、编撰过程中无私的指导、支持与帮助,再次致以诚挚的谢意。

雷　钧
2022 年 8 月